法曹倫理

髙中正彦［著］
Takanaka Masahiko

発行 民事法研究会

はしがき

　本書の前身は、民事法研究会の実務法律講義シリーズの一冊として2005（平成17）年4月に刊行した「法曹倫理講義」であるが、同シリーズが事情によって打ち切りとなったため、独立の単著として刊行することにした。旧著は、主に法科大学院のテキストとしての活用を予定したため、「法曹倫理講義」と題したが、法科大学院のテキストとする目的に特化する要請もなくなったので、「講義」という教科書風の用語を削除して単に「法曹倫理」という書名に改めた。しかし、そのことは、本書が法科大学院の授業における教材として利用されることを諦めたわけでは決してなく、法科大学院のテキストとしての活用はもちろんのこと、弁護士会の倫理研修における教材としての活用も射程に入れた書物とすることとしたものである。

　ところで、旧著を刊行してから8年弱が経過したが、この間に法曹倫理をめぐる状況は激変したといってよい。旧著刊行時には、開校して間もない法科大学院のテキストとする目的で数冊の書籍が発刊されたばかりであったのに、今や法曹倫理に関する教科書・体系書は十指に余る数に達している。それだけでなく、その学問的水準と研究者層も8年前には予想もしなかったほどの充実を見せている。法曹倫理を必修科目とする法科大学院制度が実現しなければ、法曹倫理についての現在の隆盛振りはあり得なかったといってよいであろう。そして、目を弁護士会に転じても、不祥事を根絶し質の高い法曹を輩出するために弁護士倫理の涵養が内外から強く指摘され、新人弁護士に対する倫理研修の強化だけではなく、すべての弁護士を対象とする義務的な倫理研修の受講サイクルも10年から5年に短縮されている。

　さらに、倫理規範運用の最先端ともいうべき弁護士の懲戒実務では、遺言執行者の利益相反問題や守秘義務の秘密主体の範囲をはじめとして、それまでの解釈・運用の見直しを迫る実例が相当数出現するようになった。検察官についても、世間に衝撃を与えた不祥事が続き、検察官倫理の確立が社会の耳目を集める状況となった。これらの実務の動きも、法曹倫理の研究内容を

はしがき

深化させることの要因となっている。

　以上のような状況から、旧著については、民事法研究会の田口信義社長より2年も前に改訂の要請を受けていたのであるが、ちょうどその頃、日本弁護士連合会の弁護士倫理委員会において「解説弁護士職務基本規程（機関誌自由と正義臨時増刊）」の改訂作業が開始され、私は、図らずもその改訂チームの座長を仰せつかったため、そちらに全力投球をせざるを得なくなった。この解説書は、2012（平成24）年3月に完成を見たが（「解説弁護士職務基本規程［第2版］」として刊行）、7月、8月の土曜日を返上して開催された改訂原稿の検討会議では、優秀なメンバーから実に多くのことを学ぶことができたし、私の考えの未熟さを思い知らされたことも一再にとどまらなかったのは、まことに幸いであった。この場を借りて、解説書改訂チームのメンバーの方々に心からの感謝を申し上げたいと思う。

　また、旧著刊行後、一橋大学の後藤昭先生、村岡啓一先生のお誘いを受けて「継続的法曹倫理教育の開発」と題する研究会に参加する機会をいただき、また、名古屋大学の森際康友先生からは、「職域拡大時代の弁護士倫理」、「弁護士人口の増加と職業倫理」と題する国際シンポジウムで2回にわたって意見発表の機会を与えていただいた。これらに参加したことによって、原点に立ち戻って自らの考え方を見直す絶好の機会を得ることができたように思う。三先生には衷心よりお礼を申し上げたい。

　本書は、旧著を一新した内容となっており、旧著の改訂版という位置づけが相応しくないほどの加筆・修正の量になっている。本書の執筆に着手するにあたり、旧著を法科大学院でテキストとして使用していただいた畏友の実務家教員からは、解説が簡略に過ぎる、ケースの一部が学生には経験的連想が働かない難しいものとなっている等の貴重なアドバイスをいただいていた。実のところ、旧著執筆過程では、法科大学院では学生が文献を渉猟した予習を尽くしたうえで教室内で教員の指導のもとにゼロからの思索をし相互の討論を経て自己の見解を創り上げていくものと思い込んでいたのであり、そのために「考えてみよう」式の簡単な叙述に終始したのであるが、省みれば、

私自身でもそのようなことができようはずもなく、やはり一定の結論を導くための考え方の筋道を示す適度な解説が必要ではないかと気づいたのである。そのようなことで、本書の解説部分は旧著とは同一性が認められないほど面目を新たにしたと自負している。ただ、ケースについては、弁護士会の倫理研修でも十分に使用に耐え得る内容にすることを予定したため、実務に直結した事例を掲げる方針を維持せざるを得ず、若干の追補をしたうえで旧著の体裁を維持することとし、法科大学院の授業における担当教員の方による補足説明に期待させていただくこととした。ご海容をお願いしたい。

　私は、2011（平成23）年7月に弘文堂から『判例弁護過誤』を、2012（平成24）年3月には三省堂から『弁護士法概説［第4版］』をそれぞれ刊行したが、本書は、それらの貧しい成果を私なりに取り込んだものとなっている。読者の方におかれては、折に触れて上記2冊を併読していただければ幸いである。そして、本書を法科大学院の法曹倫理の授業のテキストとして、また、弁護士会の倫理研修の教材として、活用していただきたいと切に願っている。もちろん、法曹倫理に関心を寄せている方々、倫理問題に直面してその克服策を模索している実務家の方々にも本書を手にとっていただけたとすれば、望外の喜びである。

　最後に、面倒な原稿の整理や誤字・脱字のチェックをしてくれた私の法律事務所の永田優紀子、山野下紗代、葛西里紗の三氏に深甚なる謝意を表したい。また、民事法研究会の山田政弘氏にも格別のお世話になった。ここに厚くお礼を申し上げる。

　2013（平成25）年2月

髙　中　正　彦

旧著『法曹倫理講義』はしがき

　2004（平成16）年４月、新たな法曹養成制度の中核的機関としての法科大学院（ロースクール）がスタートし、数多くのロースクール生が、高度の専門的法律知識を有することはもちろん、幅広い教養と豊かな人間性を基礎に十分な職業倫理を身に付けた法曹になることを目指している。

　本書は、そのようなロースクール生が「法曹倫理」を学ぶ際の教材として利用されることを第一の目的として執筆したものである。また、日本弁護士連合会は、1997（平成９）年に「倫理研修規程」を制定して、弁護士の倫理研修を義務化しているが、その研修においても、サブ・テキストとして使用できるような工夫をしている。

　法曹倫理は、弁護士倫理、裁判官倫理、検察官倫理の３つに分かれるが、中心をなすのは、いうまでもなく弁護士倫理である。日本弁護士連合会は、2004（平成16）年11月、それまでの「弁護士倫理」を全面的に見直し、新たな時代を見据えた「弁護士職務基本規程」を制定した。本書は、この「弁護士職務基本規程」を具体的なケースに即して解説したものであって、同規程の理解を深めてもらうことを１つのそして主要な目標としている。

　これまでにロースクール生に向けた「法曹倫理」に関する書物が、少なからず出版されているが、これらは、どちらかといえば倫理の哲学的側面に重点を置いて解説がなされているように思われる。これに対し、本書は、ケースを通じて法曹倫理を学ぶ実践的な手引書としての性格を持ち、内容的には、より親しみやすいかとも自負している。しかし、法曹倫理の究極にあるものを哲学的に探求することを望む読者にとっては、極めて空疎かつ低次元な内容になっていることは否めない。これは、ひとえに哲学的思索能力が欠如している筆者の資質に起因するのであって、ご海容をお願いしたい。また、裁判官倫理と検察官倫理については、先行して刊行された類書を大幅に参照させていただき、そのエッセンスを記述したに過ぎない内容となっていることもお詫びしたい。

旧著『法曹倫理講義』はしがき

　本書の執筆依頼は、かねてご交誼をいただいている民事法研究会の田口信義社長から1年半前にあったが、高邁な法曹倫理を語る資格も能力も持ち合わせていない私としては、「弁護士職務基本規程」の制定を待ちこれを解説する形で執筆したいと申し出たところ、田口社長もこれを諒とされ、ようやくここに出版に至ったものである。日本弁護士連合会における「弁護士職務基本規程」の立案過程では、図らずも、弁護士倫理改正検討ワーキンググループの座長を委嘱され、あるべき弁護士倫理を真剣に追求する絶好の機会をいただいたのであるが、その結果を本書に反映し得たかどうかは、はなはだ心許ない。しかし、読者が法曹の倫理を考究する際に、本書がいささかでも参考になれば、幸いこれに過ぎるものはない。

　最後に、索引や資料の作成等では、田口社長はじめ民事法研究会の方々には、大変なお世話をいただいた。ここに厚く謝意を表する次第である。

　2005（平成17）年4月

髙　中　正　彦

●本書の利用方法●

　本書は、はしがきでも触れたように、法科大学院における法曹倫理授業のテキストとしての利用と弁護士会における倫理研修の教材としての利用との双方を睨んで叙述している。もちろん、弁護士が実務を処理する過程で倫理問題に遭遇して解決策を検討する際の解説書としても利用いただくことができるが、それについては特に注意いただきたいこともないので、法科大学院と弁護士会倫理研修における利用方法を述べることしたい。

第1　法科大学院における利用方法
1　法曹倫理学習の意義
　法科大学院において法曹倫理が必修科目となり、担当教員は、それぞれ創意工夫を凝らした授業に励んでいるようであるが、司法試験科目でないこと、実務経験が皆無であるために実感がわかないこと等から、法曹倫理の授業を敬遠したり軽んじたりする学生もいるとの声がある。確かに、学生は裁判実務の慣行、弁護士業務の内実等に全くといってよいほど通暁していないため、今ひとつ関心や興味がわかないことも理解できないではない。しかし、厳しい職業倫理が確立されていることは法曹が国民から真の信頼を受けるための必須の要件である。倫理を無視し、金銭的満足のみを追いかける弁護士は、国民から見捨てられるだけでなく、本人も懲戒処分や刑事処分を受けて堕落の道を歩み、最後には絶望と悲嘆のうち人生を終えることになる。これは、いくつかの不幸な実例の教えるところである。

　良き法曹・立派な法曹を目指し、ぜひとも法曹倫理の学習に邁進していただきたいと願うものである。

2　ケースについて
　講義形式の叙述が続いたのでは、法曹倫理に対する関心や興味がわかないのではないかと考え、各テーマの冒頭に、ケースを設けている。このケースは、私の実体験に基づく事例、知人・友人の弁護士から聞いた事例、判例に

現れた事例、弁護士会の倫理研修で知った事例等をベースとしているものであるが、実務経験のない者にとってはやや難解なところがあるかもしれない。授業を担当する教員によって補充の説明がなされることを期待したい。また、ケースを適宜アレンジして議論を深めることも期待している。

3 主な検討対象条文について

議論をする際の参考とするため、主な検討対象条文を掲記した。しかし、当該のケースについて適用が考えられる条文は、掲記のものに限定されるわけでは決してないことに留意していただきたい。むしろ、複数の条文が検討対象となっているケースのほうが多いといってよいであろう。多角的に検討することを切に望むものである。

4 解説について

各テーマを学習する際に論点となる事項を解説し、またケースに対しても私の考え方を示すこととした。解説の部分については、適宜参考文献を掲げておいたので、疑問が湧いたとき、さらに深く勉強してみたいとき等には、ぜひ参考文献に当たっていただきたい。また、ケースの検討に関する部分は、私の個人的な考え方を示したものであり、別の考え方があることは十分に承知しているし、むしろ、私の考え方に対する批判的検討をぜひお願いしたいと思っている。特に、法曹としてのあり方や理想とすべき法曹像を考究する問題や論点については、厳しい反駁の対象としていただきたいと考える。

第2 弁護士会倫理研修における利用方法

1 倫理研修のテキストとしての利用

本書は、弁護士会の倫理研修において活用されることを十分に射程に入れて執筆している。過去の弁護士会の倫理研修は、講壇の上からの講義形式によって一方的方向から行われていることが多かったように思われるが、講義内容が平板であったときには、参加した側の印象度や感銘度が薄くなる欠陥があったと聞き及んでいる。講義形式自体を否定するわけでは決してないが、主体的に参加してもらい、印象度を深めた研修を実現するためには、やはり

ケース・メソッドが優れていると考える。大規模弁護士会の倫理研修では、バズ・セッション方式、シンポジウム方式、討論方式等が採用され、講師陣や進行役にも練達の弁護士が選ばれて、相当に充実した研修が行われているが、小規模弁護士会では、ノウハウやマンパワーの点も含めて、現時点ではさまざまな困難を抱えているように見受けられる。本書は、そのような困難を抱えている弁護士会において、倫理研修テキストとして利用していただきたいことを願って執筆している。もちろん、大規模弁護士会で倫理研修のための教材を作成する際に本書が利用されたとしたら、これまた幸いに思う次第である。

2　倫理研修講師へのお願い

倫理研修で本書の一部を使用する際には、ぜひケースをアレンジして、多角的な討論をされるようにリードしていただきたいと思う。若手弁護士はもちろん、先輩弁護士からも経験談や失敗談を披露してもらい（失敗談の披露はなかなか難しいが）、これらをもとにして倫理の課題に関する理解を深めていただくことを念願している。

【凡　　例】

1　法　令

法令は、2013（平成25）年1月1日現在のものである。

2　法令等の略記

法令は、概ね有斐閣版・六法全書の略記例による。ただし、本文中では、次の略記をしている。また、条文表記の際に「第」は省略することを原則としている。

外弁法	外国弁護士による法律事務の取扱に関する特別措置法
日弁連会則	日本弁護士連合会会則
職務基本規程	弁護士職務基本規程

括弧内で法令等を引用するときは、次の略記をしている。

法	弁護士法
外弁	外国弁護士による法律事務の取扱いに関する特別措置法
会則	日本弁護士連合会会則
職基	弁護士職務基本規程

3　判例の略記

最大判昭和42・9・27民集21巻7号1995頁は、最高裁判所昭和42年9月27日大法廷判決・最高裁判所民事判例集21巻7号1995頁をさす。

大　判	大審院判決
大阪高判	大阪高等裁判所判決
東京地決	東京地方裁判所決定

4　判例集の略記

民　集	大審院・最高裁判所民事判例集
刑　集	大審院・最高裁判所刑事判例集
集　民	最高裁判所裁判集民事編
高民集	高等裁判所民事判例集

凡　例

高刑集	高等裁判所刑事判例集
下民集	下級裁判所民事判例集
下刑集	下級裁判所刑事判例集
行例集	行政事件裁判例集
東高民時報	東京高等裁判所判決時報・民事
新　聞	法律新聞
評　論	判例評論
判　時	判例時報
判　タ	判例タイムズ
ジュリ	ジュリスト
金　法	金融法務事情
金　判	金融・商事判例
自　正	自由と正義

【参考文献】

太字は、本文中で略記したものである。

1 法曹倫理

法政大学比較法研究所・弁護士倫理の比較法的研究（日本評論社・1986）

日本弁護士連合会弁護士倫理に関する委員会編・注釈弁護士倫理［補訂版］（有斐閣・1996）

林屋礼二＝小堀樹＝藤田耕三＝増井清彦＝小野寺則夫＝河野正憲＝田中康郎＝奥田隆文編・法曹養成実務入門講座(1)法曹のあり方法曹倫理（信山社・2003）

田中紘三・弁護士の役割と倫理（商事法務研究会・2004）

加藤新太郎編・ゼミナール**裁判官論**（第一法規・2004）

武井康年＝森下弘編・ハンドブック**刑事弁護**（現代人文社・2005）

小島武司＝田中成明＝伊藤眞＝加藤新太郎編・**法曹倫理**［第2版］（有斐閣・2006）

加藤新太郎・コモン・ベーシック**弁護士倫理**（有斐閣・2006）

藤倉浩一郎監修＝日本弁護士連合会訳・完全対訳ABA法律家職務模範規則（第一法規・2006）

塚原英治＝宮川光治＝宮澤節生編・プロブレムブック**法曹の倫理と責任**［第2版］（現代人文社・2007）

小島武司＝柏木俊彦＝小山稔編・テキストブック**現代の法曹倫理**（法律文化社・2007）

佐藤博史・刑事弁護の技術と倫理（有斐閣・2007）

田中宏・弁護士のマインド－法曹倫理ノート（弘文堂・2009）

東京三会有志・弁護士倫理実務研究会編著・弁護士倫理の**理論と実務**（日本加除出版・2010）

飯村佳夫＝清水正憲＝西村健＝安木健・弁護士倫理［補訂版］（慈学社・

2011)

森際康友編・**法曹の倫理**［第2版］（名古屋大学出版会・2011）

瀬木比呂志・法曹制度・法曹倫理入門（判例タイムズ社・2011）

ロナルド.D.ロタンダ＝当山尚幸訳・概論アメリカの法曹倫理（彩流社・2012）

日本**弁**護士**連**合会**弁**護士**倫**理**委**員会編・**解説**弁護士職務基本規程［第2版］（日本弁護士連合会・2012）

飯島澄雄＝飯島純子・弁護士心得帖（レクシスネクシス・ジャパン・2013）

2　弁護士法

福原忠男・増補弁護士法（第一法規・1990）

日本弁護士連合会調査室編・条解弁護士法［第4版］（弘文堂・2007）

高中正彦・弁護士法**概説**［第4版］（三省堂・2012）

3　弁護過誤

専門家責任研究会編・専門家の民事責任（別冊NBL28・1994）

加藤新太郎・弁護士**役割論**［新版］（弘文堂・2000）

平沼髙明法律事務所編・事例にみる弁護過誤（第一法規・2011）

高中正彦・判例**弁護過誤**（弘文堂・2011）

4　統計資料

日本弁護士連合会編著・弁護士**白書**［2012年版］（日本弁護士連合会・2012）

5　裁判所法

最高裁判所事務総局総務局・裁判所法逐条解説上・中・下（法曹界・1967～69）

兼子一＝**竹下**守夫・**裁判法**［第4版］（有斐閣・1999）

6　検察庁法

伊藤栄樹・**検察庁法**逐条解説（良書普及会・1986）

序論　法曹倫理

第1章　法曹倫理の意義と淵源 …… 2
Ⅰ　総　説 …… 2
Ⅱ　プロフェッションとしての法曹 …… 3

第2章　弁護士の倫理 …… 6
Ⅰ　総　説 …… 6
Ⅱ　弁護士倫理の根拠 …… 7

第3章　裁判官・検察官の倫理 …… 10
Ⅰ　総　説 …… 10
Ⅱ　法曹倫理に関する報告書 …… 11

第1編　弁護士倫理

第1章　弁護士倫理総論 …… 14
Ⅰ　弁護士制度の歴史 …… 14
Ⅱ　弁護士の義務規定の歴史 …… 18
Ⅲ　弁護士自治 …… 20
Ⅳ　弁護士職務基本規程 …… 22
Ⅴ　弁護士懲戒制度 …… 25

目次

  Ⅵ 弁護過誤……………………………………………………………29

第2章 基本倫理……………………………………………………32

 第1節 弁護士の使命と職務………………………………………32
  Ⅰ 弁護士の使命………………………………………………………32
  Ⅱ 弁護士の職務………………………………………………………36
 第2節 職務の独立性と公共性……………………………………40
  Ⅰ 職務の独立性………………………………………………………40
  Ⅱ 職務の公共性………………………………………………………43
 第3節 真実義務と誠実義務………………………………………46
  Ⅰ 真実義務……………………………………………………………46
  Ⅱ 誠実義務……………………………………………………………50
 第4節 信用・品位の保持……………………………………………54
 第5節 法律事務所に関する規律…………………………………59
  Ⅰ 法律事務所の名称…………………………………………………60
  Ⅱ 複数事務所の設置…………………………………………………61
 第6節 営利業務従事に関する規律………………………………63
  Ⅰ 所属弁護士会への届出義務………………………………………64
  Ⅱ 品位の保持…………………………………………………………66

第3章 依頼者との関係における倫理……………………69

 第1節 職務を行い得ない事件……………………………………69
  Ⅰ 相手方の協議を受けて賛助し、またはその依頼を承諾した事件…70
  Ⅱ 相手方の協議を受けた事件で、協議の程度・方法が信頼関係に基づくもの……………………………………………………………75
  Ⅲ 受任中の事件の相手方からの依頼による別事件………………77
  Ⅳ 公務員として職務上取り扱った事件……………………………82
  Ⅴ ADR の手続実施者として取り扱った事件……………………85

15

目 次

  Ⅵ 相手方との間に親族関係がある事件……………………………87
  Ⅶ 別事件の依頼者・顧問先等を相手方とする事件………………89
  Ⅷ 依頼者の利益と他の依頼者の利益が相反する事件……………92
  Ⅸ 依頼者の利益と自己の経済的利益が相反する事件……………98
  Ⅹ 利益相反に関する諸問題…………………………………………100
  Ⅺ 弁護士法25条違反行為の効力……………………………………112
 第2節 守秘義務………………………………………………………115
  Ⅰ 秘密保持義務………………………………………………………116
  Ⅱ 事件記録の管理……………………………………………………128
  Ⅲ 事務職員等の監督…………………………………………………131
 第3節 弁護士報酬に関する倫理……………………………………134
  Ⅰ 弁護士報酬の決定…………………………………………………135
  Ⅱ 弁護士報酬の説明…………………………………………………142
  Ⅲ 委任契約書の作成…………………………………………………145
  Ⅳ 報酬分配の制限……………………………………………………147
 第4節 事件受任過程における倫理…………………………………151
  Ⅰ 広　告………………………………………………………………151
  Ⅱ 依頼の勧誘方法……………………………………………………155
  Ⅲ 有利な結果の保証…………………………………………………159
  Ⅳ 不当な事件の受任…………………………………………………161
  Ⅴ 依頼者紹介の対価…………………………………………………163
  Ⅵ 依頼の諾否の通知…………………………………………………167
  Ⅶ 事件の見通し等の説明……………………………………………169
  Ⅷ 不利益事項の説明…………………………………………………173
  Ⅸ 法律扶助制度等の説明……………………………………………175
 第5節 事件処理過程における倫理…………………………………176
  Ⅰ 速やかな着手と遅滞のない処理…………………………………177
  Ⅱ 処理経過の報告……………………………………………………180

目 次

　Ⅲ　依頼者意思の尊重 …………………………………………183
　Ⅳ　法令・事実関係の調査 ……………………………………187
　Ⅴ　預り金品の保管 ……………………………………………189
　Ⅵ　他の弁護士の参加 …………………………………………191
　Ⅶ　共同受任者間の意見対立 …………………………………193
　Ⅷ　複数依頼者間の利害対立 …………………………………195
　Ⅸ　信頼関係の喪失 ……………………………………………198
　Ⅹ　依頼者との金銭貸借 ………………………………………201
　Ⅺ　依頼者との紛議 ……………………………………………205
　Ⅻ　係争目的物の譲受け ………………………………………207
　ⅩⅢ　非弁護士との提携 …………………………………………210
　ⅩⅣ　違法行為の助長 ……………………………………………214
第6節　事件処理終了時における倫理 …………………………217
　Ⅰ　処理結果の報告 ……………………………………………218
　Ⅱ　預り金品の清算 ……………………………………………221

第4章　共同事務所・弁護士法人における倫理 ……………225

第1節　共同事務所における倫理 ………………………………226
　Ⅰ　監督権限ある弁護士の責務 ………………………………226
　Ⅱ　秘密保持義務 ………………………………………………228
　Ⅲ　職務を行い得ない事件 ……………………………………230
　Ⅳ　事件情報の管理 ……………………………………………235
第2節　弁護士法人における倫理 ………………………………237
　Ⅰ　社員弁護士の責務 …………………………………………239
　Ⅱ　社員の常駐義務 ……………………………………………241
　Ⅲ　秘密保持義務 ………………………………………………243
　Ⅳ　弁護士法人が業務を行い得ない事件 ……………………245

17

Ｖ　社員等が職務を行い得ない事件……………………………………251

第5章　組織内弁護士の倫理……………………256
　　Ⅰ　自由と独立の保持……………………………………………………259
　　Ⅱ　違法行為の措置………………………………………………………261

第6章　刑事弁護における倫理……………………266
　第1節　真実義務……………………………………………………………266
　第2節　刑事弁護活動に関する倫理………………………………………274
　　Ⅰ　最善の弁護活動………………………………………………………274
　　Ⅱ　接見の確保と身体拘束からの解放…………………………………277
　　Ⅲ　防御権の説明・助言…………………………………………………279
　　Ⅳ　利益相反行為…………………………………………………………280
　第3節　国選弁護における倫理……………………………………………284
　　Ⅰ　対価の受領……………………………………………………………285
　　Ⅱ　私選弁護への切り替え………………………………………………288

第7章　相手方・他の弁護士との関係における倫理……………………291
　第1節　相手方の関係における倫理………………………………………291
　　Ⅰ　直接交渉………………………………………………………………292
　　Ⅱ　相手方からの利益供与………………………………………………295
　　Ⅲ　弁護士からの利益供与………………………………………………298
　第2節　他の弁護士との関係における倫理………………………………300
　　Ⅰ　名誉と信義の尊重……………………………………………………301
　　Ⅱ　不利益に陥れる行為…………………………………………………303
　　Ⅲ　不当介入………………………………………………………………306
　　Ⅳ　弁護士間の紛議………………………………………………………308

第8章　裁判の関係における倫理 ……………………312
　Ⅰ　裁判の公正と適正手続の確保 ……………………312
　Ⅱ　偽証のそそのかし ……………………………………317
　Ⅲ　裁判の引き延ばし ……………………………………320
　Ⅳ　私的関係の利用 ………………………………………324

第9章　弁護士会・官公署との関係における倫理 ……………………………………327
　第1節　弁護士会との関係における倫理 ……………327
　　Ⅰ　会則の遵守 …………………………………………327
　　Ⅱ　委嘱事項の処理 ……………………………………331
　第2節　官公署との関係における倫理 ………………333
　　Ⅰ　委嘱事項の処理 ……………………………………333
　　Ⅱ　受託の制限 …………………………………………335

第2編　裁判官倫理・検察官倫理

第1章　裁判官倫理 ……………………………………338
　Ⅰ　裁判官制度の歴史 ……………………………………338
　Ⅱ　裁判官に求められる資質と能力 ……………………340
　Ⅲ　裁判官倫理の規範 ……………………………………341
　Ⅳ　裁判官の独立性 ………………………………………343
　Ⅴ　裁判官の公平性 ………………………………………347
　Ⅵ　裁判官の政治的自由 …………………………………351
　Ⅶ　裁判官の品位保持 ……………………………………355

目 次

第 2 章　検察官倫理 ……………………………………………360
　I　検察官制度の歴史 …………………………………………360
　II　検察制度改革………………………………………………362
　III　検察官の独立性 …………………………………………364
　IV　公益の代表者………………………………………………366
　V　検察官の公正性 ……………………………………………368

〔資料編〕 ……………………………………………………373
　・弁護士職務基本規程
　・日本弁護士連合会会則（抄）
　・（旧々）弁護士倫理
　・（旧）弁護士倫理
　・弁護士の業務広告に関する規程
　・弁護士の報酬に関する規程
　・公職就任の届出等に関する規程
　・営利業務の届出等に関する規程
　・法律事務所等の名称等に関する規程
　・依頼者の本人特定事項の確認及び記録保存等に関する規程
　・開示証拠の複製等の交付等に関する規程
　・刑事法廷における弁護活動に関する倫理規程
　・債務整理事件処理の規律を定める規程

●判例索引 ………………………………………………………426
●事項索引 ………………………………………………………429
●著者略歴 ………………………………………………………436

序論

法曹倫理

第1章　法曹倫理の意義と淵源

I　総　説

　法曹とは、法の運用に携わる専門職集団としての裁判官、検察官および弁護士の3者を指すのが一般であるが、この法曹には一般市民の倫理とは異なる特別の倫理が求められる。たとえば、ある弁護士が会社の倒産処理を依頼されたときに、幼いときからの友人がその会社に就職をしようとしていることを知ったとしても、当該の友人に対し、就職先の会社が倒産必至であることを告げてはいけない。もし「君が就職しようとしている会社は倒産寸前だから、止めたほうがいい」とアドバイスすれば、一人の市民からすれば非難はされないが、法曹としては守秘義務違反となるのである。また、ある弁護士が不動産業者から賃貸マンションの住人に対する明渡問題に悩む大家を紹介され、その大家から建物明渡請求事件を受任して処理することになった際に、一般社会の常識では不動産業者に対して紹介料を支払っても何ら咎められないが、弁護士の世界では、紹介の対価を支払ってはならないのである（職基13条）。さらに、建築工事の瑕疵を理由とする損害賠償請求事件を担当する裁判官が真夏に現地に赴いて検証をする際に、訴訟当事者が好意で用意した冷たいお茶を飲んでよいかがことさら問題となるのも、同じような例の1つである。

　倫理（Ethics）とは、一般に、「人倫のみち。実際道徳の規範となる原理。道徳」（広辞苑［第7版］）あるいは「人として守るべき道。道徳。モラル」（大辞林［第3版］）をいうものとされているが、**法曹倫理**（Legal　Ethics）とは、「法曹が、法システム、司法制度、社会一般、依頼者などの利用者、法曹相互関係、所属組織に対して、その職務遂行にあたって遵守すべき価

値・原理・規則などの行動規準」をいうものである（小島ほか・法曹倫理・1頁）。この中には、法曹としてのあるべき姿・理想の姿を示す自律的・自主的規範、懲戒や刑罰の根拠規定となる強制的な実体規範とが混在するが、ここで学ぶ法曹倫理は、**プロフェッション**（Profession）としての法曹が、その職務を遂行するうえで遵守を要求される特別の倫理的責任であり、その違反について懲戒処分などのサンクション（Sanction）が予定されているものが中心となる。しかし、法曹としてのあるべき姿・理想の姿を考究することを軽視してよいわけではなく、本書でも、折に触れてこの点に言及するように努めている。

II　プロフェッションとしての法曹

　法曹なかんずく弁護士は、古来より、聖職者（牧師）・医師と並んで三大プロフェッションと呼ばれている。聖職者は精神の悩みを、医師は肉体の悩みを、弁護士は紛争の悩みを、それぞれ救済する公益的任務を負う職業とされてきたわけである。プロフェッションとは「学識（科学または高度の知識）に裏付けられ、それ自身一定の基礎理論を持った特殊な技能を、特殊な教育または訓練によって修得し、それに基づいて、不特定多数の市民の中から任意に提示された個々の依頼者の具体的要求に応じて、具体的奉仕活動を行い、よって社会全体の利益のために尽くす職業」と定義されるのが一般である（石村善助・現代のプロフェッション（至誠堂・1967）25頁）。

　「国民が自律的存在として、多様な社会生活関係を積極的に形成・維持し発展させていくためには、司法の運営に直接携わるプロフェッションとしての法曹がいわば『国民の**社会生活上の医師**』として、各人の置かれた具体的な生活状況ないしニーズに即した法的サービスを提供することが必要である」（司法制度改革審議会意見書・2001）が、そのためには、法曹の質と量を充実していくことが必要であることは明らかであろう。「量」の拡大は法曹人口の拡大ということになるが、「質」の充実についてもっとも重要なもの

の一つが、法曹倫理の確立であることは異論がないところである。

　このようなプロフェッションがプロフェッションとして社会的に承認され社会的地位を得るためには、それが一つの集団として社会に存在して活動し、社会から承認されることが必要であり、その職業団体が、プロフェッションとしての技能の教育、訓練、維持、向上のための基本的責任を負い、さらに、構成員の行為を規制し、時にはその非行に対して懲戒を加える自己規律的性格を持つ団体であることが基本的特徴となっている（石村・前掲書34頁）。したがって、プロフェッションの倫理は、国家が遵守を強制するものが基本となるべきではなく、当該のプロフェッションが所属する団体がその構成員に向けて自らを規律する自律的・自主的規範として定められるものが中心をなすべきである。さらに、その性質上から倫理規範のすべてが成文化されているわけではなく、倫理の根底ないし究極にあるものを探求することが必要になることもある。その意味でただ一つの「正解」があるとは限らないことがある。法曹倫理の学習は、弁護士法、職務基本規程などの成文法規の解釈論が中心とはなるが（それには、だいたい「正解」がある）、解釈論では結論が分かれてしまう問題についての基本的価値観・倫理観をどのように探求し、確立していくかが重要な地位を占めていることをまず銘記する必要がある。

　ただ、そうはいっても、倫理の根底あるいは究極にある普遍的規範・基礎的規範を探求することはなかなか容易ではない。個別具体的な行為規範ないし行動準則は、時代の進展とともに変化するものであり、流動性は避けられないから、普遍的規範・基礎的規範の所在がともすればぼやけてくるのである。しかし、現時点での個別具体的な行為規範・行動準則を学ぶうちに、法曹倫理の根底にある普遍的規範、法曹倫理の根幹をなす基礎的規範がおぼろげでも見えてくることがある。私は、これらを探求し続けようとする地道な努力は、立派な法曹へと成長させる貴重な栄養源となるものと考える。

〔参考文献〕

小島ほか・法曹倫理1頁

R.W.ラビノヴィッツ「日本弁護士の史的発達」（自正8巻9号6頁）

大野正男「職業史としての弁護士および弁護士会の歴史」講座現代の弁護士2（日本評論社・1970）1頁

小山稔「戦後弁護士論序説」変革の中の弁護士（上巻）（有斐閣・1992）37頁

第2章　弁護士の倫理

I　総　説

　法曹倫理は、弁護士の倫理が大半を占める。公務員である裁判官や検察官に比較してその数が圧倒的に多いこと、弁護士は、法的紛争や刑事事件の当事者と直接の法律関係に立って職務行為を行うこと、わが国ではほぼ完全な弁護士自治制度が採用され、自律的規範を定立することができる環境が整っていること等からみて、当然のことといえよう。そして、前述（3頁）したように、弁護士の倫理を論ずる場合には、プロフェッション性をどのようにとらえ、どのように位置づけるかという問題を切り離すことができない。

　歴史を概観すると、わが国では、キリスト教文化の伝統がほとんどないために、プロフェッションということが意識されるようになったのは、弁護士制度（代言人制度）ができてから1世紀近くも経過した1960年代後半に入ってからのことになる（石井成一「職業としての弁護士とその使命」講座現代の弁護士1（日本評論社・1970）1頁）。それまでは、判事・検事の在朝法曹に対抗する「**在野法曹**」と位置づけられるのが常であり、在野性・反権力性が弁護士の特質とされていた。プロフェッション論は、弁護士の社会的存在意義を公共性・公益性に置く考え方であり、今もってわが国で主流をなす考え方といってよい（宮川光治「あすの弁護士」変革の中の弁護士（上）（有斐閣・1992）3頁）。ただ、このような見解（**プロフェッション・モデル**）は、弁護士の公共的責務を過度に強調することにつながりやすい面があるとの批判がなされ、やがて、依頼者の利益のために党派的に行動する弁護士像が対向概念として示され、これは「**法サービス・モデル**」ないし「**ビジネス・モデル**」と称された。そして、最近では、プロフェッション・モデルを弁護士の職業的エー

トス・モデルとし、ビジネス・モデルを弁護士の社会的機能化のための制度モデルとして、これらを統合すべく、弁護士と依頼者とが協働して問題と解答を創造していく「関係志向的モデル」という弁護士モデルが示されるに至っている（和田仁孝ほか編・弁護士活動を問い直す（商事法務・2004）1頁）。しかし、ひるがえって考察すると、これらの弁護士モデルは、他のモデルの考え方を完全に排斥するわけではなく、たとえば、依頼者主権を前面に押し出すビジネス・モデルも、弁護士のプロフェッション性を完璧に排除するものではないと思われる。その意味で、弁護士モデルは、相互排斥の関係、二律背反の関係ではなく重畳的・併存的な関係に立つと考えるべきである。仮に、純粋型としてのビジネス・モデルがあるとすれば、弁護士職の公共性・公益性は不要となり、特有の倫理も依頼者主権の前ではかなり後退することを迫られるのではないかと思われ、法曹倫理の学習をする場合には採用の限りではないこととなる。このように見ると、弁護士倫理を考察する際にはプロフェッション性を基礎に捉えなければならない（同旨・加藤・弁護士倫理11頁）。

II　弁護士倫理の根拠

弁護士倫理とひと口にいっても、その根拠ないし法源は、1つにとどまるものではない。弁護士としてのあるべき姿を示す自律的ないし道徳的規範から、懲戒処分や刑罰等の根拠となる実体的規範まであるからである。しかし、本書では、実体的規範たる倫理規定をとりあげて検討することを主とする。そのような規範としては、弁護士法、日弁連会則および職務基本規程がある。

1　弁護士法の規律

弁護士法は、第4章に、12か条にわたる弁護士の権利義務に関する規定を置いている。そのうちの義務に関するものとしては、法律事務所の設置義務（法20条2項）、複数事務所の設置禁止（同条3項）、法律事務所の届出義務（法21条）、会則を守る義務（法22条）、秘密保持の義務（法23条）、委嘱事項等

を行う義務（法24条）、職務を行い得ない事件の禁止（法25条）、汚職行為の禁止（法26条）、非弁護士との提携の禁止（法27条）、係争権利の譲り受けの禁止（法28条）、依頼不承諾の通知義務（法29条）、営利業務従事の届出義務（法30条）がある（弁護士法人に関する義務は、省略する）。

　これら弁護士法上の義務規定に違反した行為は、同法56条の「この法律に違反し」た場合に該当し、懲戒処分の対象となる。

2　日本弁護士連合会会則の規律

　弁護士法46条2項1号は、日本弁護士連合会の会則の必要的記載事項として、「弁護士道徳その他会員の綱紀保持に関する規定」を定めているが、これに基づき、日弁連会則第2章は、「**弁護士道徳**」を章名として、10条から15条までの6か条の規定を定めている（参考資料387頁を参照）。

　これらの規定は、訓示的義務を定めたものであって、その違反は直ちに会則違反として懲戒に付されるわけではないと解される。

3　弁護士職務基本規程の規律

　日本弁護士連合会は、2004（平成16）年11月10日の臨時総会で、日弁連会則16条を改正して「本章に規定するもののほか、弁護士の道徳及び倫理並びに弁護士の職務の規律に関し必要な事項は、会規をもって定める」とするとともに、その会規として、「弁護士職務基本規程」（会規第70号）を制定した。

　職務基本規程は、全82か条からなり、前文、第1章（基本倫理）、第2章（一般規律）、第3章（依頼者との関係における規律）、第4章（刑事弁護における規律）、第5章（組織内弁護士における規律）、第6章（事件の相手方との関係における規律）、第7章（共同事務所における規律）、第8章（弁護士法人における規律）、第9章（他の弁護士との関係における規律）、第10章（裁判の関係における規律）、第11章（弁護士会の関係における規律）、第12章（官公署との関係における規律）、第13章（解釈適用指針）に分かれている（全文は、巻末資料374頁を参照）。

そして、それぞれの規定違反については、当該規定が行動指針または努力目標を定めたにすぎないものか、それとも具体的な行為規範・行為義務を課したものかによって、懲戒の実体規範・根拠規定となるかどうかが決まる。

第3章　裁判官・検察官の倫理

Ⅰ　総　説

　裁判官および検察官の倫理については、これまで体系的な研究があまりなされておらず、裁判官や検察官の不祥事や問題行動が起きたときに、応急的・断片的に「倫理」が語られる程度であったといってよい。

　すなわち、裁判官についていえば、それは特別職の国家公務員とされ、国家公務員法の服務規律の規定の適用はなく、裁判所法で、一般公務員よりも高度の規律が定められている。さらに、わが国の裁判官に関する廉潔性については伝統的にその維持・確立が図られていること、分限制度・弾劾裁判制度等の裁判官固有の倫理維持のための制度があること等から、国家公務員倫理法についても、適用除外とされている。その意味で、裁判官倫理は、裁判所法の規律、裁判官分限法・裁判官弾劾法の解釈問題に振り替えられていた感があったのである。

　また、検察官についても、一般職の国家公務員として公務員に関する服務規律が適用され、さらに、検察官同一体の原則によって、個々の検察官の倫理に委ねられた部分が少ないことから、その倫理が論ぜられることは、裁判官よりも少なかったと認められる。

　しかし、法科大学院における法曹教育の理念の1つとして、法曹としての責任感や倫理観を涵養することがあげられ、「法曹倫理」のうちの裁判官と検察官の倫理を学ぶことは、重要な意義を有するものとなった。

II　法曹倫理に関する報告書

　裁判官と検察官の職業倫理について、日本法律家協会法曹倫理研究委員会（委員長：団藤重光東京大学名誉教授）がまとめた**「法曹倫理に関する報告書」**（法の支配32号47頁）があり、これが大いに参考となるので、その要旨を紹介する。

1　裁判官倫理

　「法曹倫理に関する報告書」によれば、裁判官倫理の基準原則・大綱的原理としての義務は、①裁判活動における法忠実性、独立性、公平中立性、公正の保持義務、②裁判活動に対する一般的信頼を傷つけるような行動・態度を避止すべき義務、③一定の品位を保持すべき義務、④絶えず変化し進歩する法律、社会、経済、文化に関する知識と経験を吸収し、これを裁判に反映させるよう努める義務、⑤裁判の迅速化と能率化のために努力し、創意工夫をすべき義務の5つであるとされる（なお、森際康友＝長谷部恭男＝松本恒雄＝加藤新太郎「グローバル時代における裁判官の職業倫理―日仏比較を中心にして」（判タ1251号32頁以下参照））。

2　検察官の倫理

　「法曹倫理に関する報告書」に検察官の基本的倫理としてあげられているのは、①公正であること、②外部から見て公正さを疑われることをしないこと、③公益の立場に忠実であることの3つである。なお、検察官特有の倫理問題として、独任制の官庁であることと上司の指揮監督権との関係がある。

　検察官倫理については、大阪地検特捜部検事の証拠改ざん事件等の不祥事を受けて法務大臣の私的諮問機関として設置された「検察の在り方検討会議」が、2011（平成23）年3月に、「検察の再生に向けて」と題する報告書をとりまとめたが、そこでは、検察官が職務の遂行にあたって従うべき基本

規程を明文化したうえで公表し、検察官の使命・役割を検察内外に明確にするべきであるとされている（指宿信・証拠開示と公正な裁判（現代人文社・2012）119頁以下参照）。

第1編
弁護士倫理

第1章　弁護士倫理総論

I　弁護士制度の歴史

　弁護士倫理を学ぶうえで、わが国における弁護士制度の歴史を知っておくことは極めて有益である。わが国の弁護士制度は、当初はフランス、その後はドイツの弁護士制度を範として設計され、戦後は、アメリカ法の影響も受けて大きな改正がなされている。この歴史は、弁護士のあり方を考察する際に大いに参考となるものである（髙中・概説1頁）。

1　代言人規則

　わが国の弁護士制度は、1872（明治5）年の**代言人**制度に始まる。欧米列強に伍する近代国家の建設を目指した明治政府は、司法制度の整備にも着手し、司法卿（現在の法務大臣）の江藤新平が中心となって「**司法職務定制**」（太政官無号達）を定め、証書人（現在の公証人）、代書人（現在の司法書士）と並べて、代言人制度についての規定を設けた。その41条は、証書人につき、「各区戸長役所ニ於テ証書人ヲ置キ田畑家屋等不動産ノ売買賃貸及生存中所持物ヲ人ニ贈与スル約定書ニ奥書セシム」と規定し、42条は、代書人につき、「各区ニ代書人ヲ置キ各人民ノ訴状ヲ調成シテ其詞訟ノ遺漏無カラシム」と規定した。さらに、43条は、代言人につき、「各区ニ代言人ヲ置キ自ラ訴フル能ハサル者ノ為ニ之ニ代ハリテ其訴ノ実情ヲ陳述シテ冤枉無カラシム」と規定した。すなわち、訴訟に関していえば、代書人が訴状を作成することとし、代言人は、法廷において訴訟の実情を陳述して誤りのないようにするという二元制度を採用したのである（代書人強制主義は、1年で廃止されている）。しかし、司法職務定制では、代言人の資格や権利義務等については何ら規定

しなかったために、江戸時代に公事（訴訟）のために江戸に赴いた者を宿泊させた公事宿において公事のやり方などを指南した**公事師**から代言人になった者が混在し、代言人の質も均質的なものとならず、一部には相当に質の低い者（いわゆる**三百代言**＝青銭三百文という廉価で代言を引き受ける質の低い代言人）もいたといわれている。

その後、大審院（現在の最高裁判所）を設置することが決定し、司法権が府県の裁判所から大審院に移管されることとなったこと、民事訴訟の代理に関する制度を整備する必要が生じたこと、代言人を公認の職業として政府の監督下に置く必要が生じたこと等から、1875（明治9）年に「**代言人規則**」（司法省布達甲第1号。**明治9年代言人規則**と呼ぶ）が制定された。そこでは、代言人となるには司法卿の免許を受けなければならないものとされた（免許代言人と呼ばれる）。初年度に免許を受けた代言人は、全国で174名であった。

その後、代言人の数が増加していくとともに、一部の代言人に私利私欲に走るなどの質の低下が問題とされることもあったため、代言人の監督を強化する必要があるとされて、1880（明治13）年に、代言人規則の改正がなされた（**明治13年代言人規則**と呼ぶ）。改正事項としては、代言人免許を受けるためには定式の試験を経るものとされたこと、**代言人組合**への強制加入制度が採用され、代言人組合に対する各種の監督措置が規定されたこと、懲罰制度が整備されたこと等があげられる。

2　旧々弁護士法と旧弁護士法

1889（明治22）年に、大日本帝国憲法が発布され立憲国家としての基礎が固まり、裁判所構成法、民事訴訟法、刑事訴訟法等の司法の運営に必須の法律が制定されたことから、これらの法律中に規定されていた「弁護士」に関する法律を制定することが急がれ、1893（明治26）年に、弁護士法（明治26年法律第7号。**旧々弁護士法**と呼ぶ）が制定された。そこでは、弁護士の職務範囲は裁判所における活動にあるものとされたこと、免許制を廃止して、試験合格を資格要件とすること、各地方裁判所に弁護士名簿を備え、これに登

録すべきこと、各地方裁判所の管轄区域ごとに弁護士会を設け、弁護士会は、所属地方裁判所検事正の監督を受けること、弁護士の懲戒は、判事懲戒法に規定する手続によること等が規定された。なお、「弁護士」という語は、1875（明治8）年の広沢真臣参議暗殺事件の裁判で「**弁護官**」を選任した先例に倣い、官吏でないために「士」としたものといわれている。

　さらに、1933（昭和8）年には、旧々弁護士法の大改正がなされた（昭和8年法律第53号。**旧弁護士法**と呼ぶ）。改正の骨子は、弁護士の職務範囲を裁判所における活動に限定せず、一般の法律事務取扱いに拡張したこと、女子にも弁護士資格を付与し、修習制度として弁護士試補制度を設けたこと、弁護士名簿を司法省に備えるものにしたこと、弁護士の権利義務に関する規定を大幅に整備したこと、弁護士会を法人とし、その監督者を司法大臣にしたこと、弁護士の懲戒は、司法大臣の命または認可により、検事長が申立てをするものとしたこと等である。この旧弁護士法の制定については、弁護士の地位向上を求める弁護士層からの改正要望運動が大きく寄与している。

3　現行弁護士法

　第2次世界大戦の敗戦と日本国憲法の制定を受け、それまでの天皇大権下のわが国の法律のあり方を根本的に見直すことが必須となり、旧弁護士法も改正が検討されることとなった。ところが、司法省内に置かれた弁護士法改正準備委員会が策定した改正案については、裁判所側の反対や弁護士会側との意見対立があったために、なかなか成案が得られなかった。このような硬直した状況を脱するため**議員立法**の動きが急速に高まり、弁護士出身議員の多かった衆議院司法委員会が立法作業に携わることとなり、衆議院法制部（後に衆議院法制局）が改正案の立案を担当することとなったのである。そして、1949（昭和24）年5月、国会会期末の間際に憲法59条2項に基づく衆議院の再議決によって、現行弁護士法が成立するに至った（昭和24年法律第205号）。

　現行弁護士法の特色をあげると、弁護士の使命に関する規定を冒頭に置い

たこと、弁護士資格の基本を最高裁判所司法研修所における司法修習の終了としたこと、弁護士名簿の登録を自治組織である日本弁護士連合会の権限としたこと、日本弁護士連合会が弁護士会と弁護士の監督権をもつことにしたこと、懲戒について、弁護士会に置かれた綱紀委員会・懲戒委員会の議決に基づくものとする自治的制度に改めたこと、法律事務取扱ノ取締ニ関スル法律を廃して、弁護士法中に非弁護士の取締規定を置いたこと等がある。

4 平成15年弁護士法改正

1999（平成11）年7月、わが国司法制度の改革と基盤の整備に関する必要な施策を調査審議するため、内閣に「**司法制度改革審議会**」が設置され、2年間の審議を経て、2001（平成13）年6月に意見書を公表した。その意見書は、弁護士制度についても大胆な改革を求めるものであった。

その後、意見書の具体化を図るため、同年11月に、内閣に「司法制度改革推進本部」が設置され、弁護士制度の改革案は、**法曹制度検討会**において議論がなされた。その結果、2003（平成15）年7月に、弁護士法改正を盛り込んだ「司法制度改革のための裁判所法等の一部を改正する法律」（平成15年法律第128号）が成立した。改正の理念は、多様なバックグラウンドをもった弁護士を社会に数多く輩出し、社会生活上の医師たる法曹の一員として、社会の隅々にまで法の支配を確立するための諸活動を展開していく態勢を整備するとともに、国民に信頼される存在となるように弁護士会の透明化を確保していくことなどにあった。

改革された内容は、次のとおりである。

① 弁護士資格の特例を拡充するとともに、一定の研修受講と法務大臣の認定に一本化した。

② 公職就任の制限と営業の許可制度を廃止し、営利業務従事については、事前の届出制とした。

③ 弁護士報酬の透明化・合理化のため、弁護士報酬の標準を定める規定を弁護士会会則の必要的記載事項から削除した。

④　懲戒手続の透明化・迅速化・実効化を図るため、綱紀委員会に弁護士以外の外部委員を導入したこと、日本弁護士連合会の綱紀委員会を法定委員会とし、懲戒請求者からの異議の申出案件の審査を行わせることにしたこと、綱紀審査会を日本弁護士連合会内に新設し、懲戒請求者のさらなる不服申立てを可能としたこと、異議の申出の期間を法定したこと、綱紀委員会・懲戒委員会に部会制度を導入したこと、懲戒処分を官報で公告するようにしたこと等の改正がされた。

⑤　弁護士法72条の規制範囲明確化のため、他の法律に別段の定めがあるときも規制対象外であることをただし書で規定した。

〔参考文献〕

奥平昌洪・日本弁護士史（厳南堂書店・1928）

日本弁護士連合会編・日本弁護士沿革史（日弁連・1959）

谷正之・弁護士の誕生（民事法研究会・2012）

II　弁護士の義務規定の歴史

1　代言人規則時代

　代言人規則中には、代言人の義務を定める規定は置かれていなかったが、懲罰対象となる行為が置かれ、間接的に禁止行為を規定していた。すなわち、明治9年代言人規則によれば、①法廷において法律を非難し、官吏を侮辱する行為、②法廷において憶測や詐欺の弁をふるう行為、③相手方を罵倒・誹謗して名誉を侵害する行為、④報酬金を前受けし、または過大な報酬金を受け取る行為、⑤他人間の詞訟の目的物を買い取り、自己の利益を図る行為、⑥訴訟を教唆する行為、⑦徒に時間を引き延ばして訴訟当事者の妨害をする行為が懲罰対象としてあげられていた。

　明治13年代言人規則では、上記の行為のほかに、①証拠を捏造する行為、

②代言人組合のほかに結社を組織し、営業を営む行為、③代言人組合が定めた議会（総会）の取締規則に違反した行為が懲罰事由として追加された。

2　旧々弁護士法時代

旧々弁護士法では、弁護士の権利義務に関する規定がはじめて置かれ、①正当な理由のない裁判所の命令事項を辞することの禁止、②職務を行い得ない事件、③係争権利の譲り受けの禁止、④依頼不承諾の場合の通知義務、⑤事務所の設置および届出義務が定められた。

3　旧弁護士法時代

旧弁護士法では、さらに弁護士の義務規定が整備され、上記のほかに、①複数事務所設置の禁止、②誠実に職務を行い、職務の内外を問わず品位を保持すべき義務、③所属弁護士会の会則を遵守する義務、④正当な理由なく所属弁護士会の指定事項を辞することの禁止、⑤公職兼任の制限、⑥営利業務従事に対する所属弁護士会の事前許可が加えられた。

4　現行弁護士法

現行弁護士法では、旧弁護士法を踏襲した弁護士の各種義務が次のように規定されている（弁護士法人に関する各種義務は省略）。

① 法律事務所を所属弁護士会の地域内に設ける義務（20条2項）
② 名義のいかんを問わず2個以上の法律事務所を設置することの禁止（20条3項）
③ 法律事務所の設置・移転を所属弁護士会に届け出る義務（21条）
④ 所属弁護士会と日本弁護士連合会の会則を遵守する義務（22条）
⑤ 職務上知り得た秘密を保持する義務（23条）
⑥ 官公署の委嘱した事項・弁護士会等の指定した事項を行う義務（24条）
⑦ 職務を行い得ない事件（25条）

⑧　汚職行為の禁止（26条）

⑨　非弁護士との提携の禁止（27条）

⑩　係争権利の譲り受けの禁止（28条）

⑪　依頼不承諾のときの通知義務（29条）

⑫　営利業務従事等を所属弁護士会に届け出る義務および変更事項を届け出る義務（30条1項・3項）

以上の義務の内容については、本編の該当部分で解説する。

Ⅲ　弁護士自治

1　意　義

　弁護士倫理を論ずる場合、弁護士自治との関係を無視することができない。

　弁護士自治とは、一般に、弁護士の資格審査や懲戒を弁護士の団体に任せ、それ以外の弁護士の職務活動や規律についても、裁判所、検察庁または行政官庁の監督に服せしめない原則をいう。このような自治が求められる根拠としては、①弁護士は基本的人権の擁護という使命を果たす過程で時に国家権力と厳しく対峙することが避けられないが、そのようなときに国家権力側の監督に服していたのでは職業的使命が達成できないこと、②現代国家では適正な裁判の実現や司法の円滑に運営に弁護士は不可欠となっているが、弁護士の資格付与と監督権が国家権力側にあれば、十分な弁護活動が期待できなくなり、適正な裁判の実現と司法の円滑な運営に支障が生じることになること、③近代民主主義国家では三権分立主義が採用されているが、司法の分野でも、裁判所、検察庁および弁護士会が相互に独立対等な存在であってこそ民主的な司法の運営が可能となることに求めることができる。そして、弁護士自治の内容をなすものとしては、①弁護士会による弁護士資格試験の施行、②弁護士会による弁護士実務修習の施行、③弁護士会による弁護士資格の付

与と登録、④弁護士会による弁護士の指導監督と懲戒、⑤弁護士会に対する強制加入の5つをあげるのが例である。

弁護士法は、弁護士となるためには日本弁護士連合会に備えた弁護士名簿に登録されることが必要であり（法8条）、弁護士に対する指導・連絡・監督権は所属弁護士会と日本弁護士連合会が持ち（法31条、45条）、懲戒権も、所属弁護士会と日本弁護士連合会が有する（法56条2項、60条）。さらに、弁護士は、弁護士会に強制加入しなければならない（法36条）。このような意味で、弁護士会・日本弁護士連合会は、ほぼ完全な自治権を有するものである（髙中・概説13頁）。

弁護士自治は、弁護士の職業倫理の確立と無縁ではない。プロフェッションがプロフェッションとしての社会的存在を認められるためには、それが集団として存在し社会から承認されることが必要であるが、社会の承認を受けるためには、その集団（団体）が、職業倫理を自ら確立して、構成員の行動を規制し、その非行に対しては自ら懲戒を加える自己規律性を持たなければならないと認められるからである。弁護士自治は、国家権力の容喙を排除することに重点が置かれがちであるが、職業倫理を確立して厳しく遵守していくことも、弁護士自治から導かれることを忘れてはならない。

〔参考文献〕
第二東京弁護士会編・弁護士自治の研究（日本評論社・1976）

2　弁護士自治と弁護士倫理

弁護士の自治的団体である弁護士会および日本弁護士連合会は、その自治機能として、会員たる弁護士の職業倫理を確立するように努めることが要請される。そして、弁護士法33条2項7号は、弁護士会の会則の必要的記載事項として「弁護士道徳その他会員の綱紀保持に関する規定」を置くべきことを定め、同法46条1号は、日本弁護士連合会の会則にも同様の規定を置くべきことを定めている。

これを受けて、日本弁護士連合会は、弁護士の職業倫理を確立するための

規定として、「弁護士職務基本規程」(会規第70号) を定め、多くの弁護士会では、会則中に、日本弁護士連合会の職務基本規程を遵守すべき旨の規定を置いている。

IV　弁護士職務基本規程

1　旧々弁護士倫理・旧弁護士倫理

弁護士職務基本規程は、弁護士法46条2号、33条2項7号に制定根拠を置くものであるが、この職務基本規程の前身である旧々「弁護士倫理」および旧「弁護士倫理」とは、その性格を異にしている。

すなわち、**旧々弁護士倫理**は、会則中の総則的規定 (10条から15条までの6か条) だけでは職業倫理確立のためには不足であるとの認識のもとに、1955 (昭和30) 年3月の日本弁護士連合会理事会において議決されたものであった。それは、一般規律、法廷等における規律、官庁との規律、弁護士間の規律、依頼者との規律、事件の相手方との規律、その他の規律の7章に分かれ、全35か条からなるものであった (全文は、巻末資料387頁を参照)。

しかし、その後20年を経過して弁護士の業務範囲も拡大し多様化したため、新たな弁護士倫理を制定することとなり、10年近くの検討期間を経て、1990 (平成元) 年9月に、全面的改正がなされた。その際、弁護士の総意をもって確認し宣明する倫理であることを明らかにするため、日本弁護士連合会の総会決議という制定方式を採用した。ただ、その性格に関しては、「外的強制の基準又は懲戒事由の規定化としてではなく、個々の弁護士が職務の遂行に際して依拠すべき倫理的行動指針」とされ、弁護士倫理の規定に違反することをもって直ちに懲戒事由とはしないとの取扱いが確認されている。

旧弁護士倫理は、前文および8章61か条からなるが、1章は、倫理綱領の9か条、2章は、一般規律の8か条、3章は、依頼者との関係における規律の

25か条、4章は、他の弁護士との関係における規律の8か条、5章は、事件の相手方との関係における規律の2か条、6章は、裁判関係における規律の5か条、7章は、弁護士会との関係における規律の2か条、8章は、官公庁との関係における規律の2か条となっていた（全文は、巻末資料391頁を参照）。

〔参考文献〕
日本弁護士連合会弁護士倫理に関する委員会編・注釈弁護士倫理〔補訂版〕（有斐閣・1996）（旧弁護士倫理の注釈書）

2　制定の経過

　旧弁護士倫理が制定されたのが1990（平成元）年であるが、それ以降の弁護士を取り巻く環境は大きく変貌した。バブル経済崩壊後のわが国経済は混迷を極め、金融システムの瓦解、相次ぐ大型企業の倒産という未曾有の危機を迎え、世界経済のグローバル化の著しい進展もあり、事前規制型社会・行政依存型社会から自己責任原則に立脚した自由競争型社会・事後救済型社会に転換することにわが国の将来を託することとなった。そこでは、公正で透明なルールとしての法が支配する社会へと脱皮することが必須であって、司法に対する期待が過去に例がないほどに高まったのであった。

　このような状況下で、司法制度改革審議会意見書は、法曹の一員たる弁護士の役割を「**頼もしい権利の譲り手**」であり、「**信頼しうる正義の担い手**」であることと位置づけ、高い職業倫理の下で、質の高い法的サービスを提供すべきことを指摘したのであった。また、同意見書は、法曹人口を大幅に拡大すべきことを指摘したから、さまざまな思考と倫理観をもつ弁護士が幅広く出現することが予想されること、公職兼任や営利業務従事の自由化に伴って弁護士の活動領域が拡大し、新たな倫理問題が現れる可能性が高くなること、報酬規定が撤廃され、価格競争が激化することが見込まれること、弁護士の業務基盤の拡充強化を目的とする弁護士法人制度が導入され、また、法律事務所の共同化・大規模化が大都市を中心として顕著に進行していること等の状況もあった。

そこで、日本弁護士連合会は、新しい時代に即応した弁護士倫理を策定することとし、2001（平成13）年4月、「**弁護士倫理委員会**」を設置し、旧弁護士倫理の見直し作業に着手した。同委員会は、2003（平成15）年5月、第1次案をとりまとめ、各弁護士会への意見照会を行った後、同年11月には、第2次案を策定した。その後、日本弁護士連合会内の「弁護士倫理改正検討ワーキンググループ」での検討を踏まえ、「弁護士職務基本規程」案を最終確定し、理事会の審議を経て、2004（平成16）年11月10日の臨時総会に付議された。

そして、同総会で賛成多数で可決されて成立し、2005（平成17）年4月1日から施行された（日弁連弁倫委・解説「提案理由の骨子と制定経過の概要」参照）。

3　性　格

旧々弁護士倫理および旧弁護士倫理は、懲戒事由を成文化をしたものではなく、弁護士が職務を行う過程で自主的・自律的に依拠すべき行動指針であるとの性格づけをし、「弁護士倫理」違反のゆえをもって懲戒処分をすることができないものとした。しかし、実際には、懲戒処分の根拠規定をして「弁護士倫理」の条項違反が指摘されることもままみられた。

職務基本規程は、規範としての位置づけを明確にすることが国民の弁護士に対する信頼を確保するためには必要であるとの認識から、「**会規**」として制定することとし、その違反は、弁護士法56条1項にいう「会則違反」に当たるものとした。そのため、日弁連会則を改正し、職務基本規程制定のための根拠規定（16条）を置くこととした。

ただし、職務基本規程の条項の中には、弁護士の心構え、行動指針を定めたものが入らざるを得ないため、倫理的規範と義務規範とを明確化する解釈適用指針に関する規定（82条）を末尾に定めている。

4　内容的特色

　職務基本規程は、内容的にも旧弁護士倫理と相当に異なっている。前述した今日的状況に対応するため、組織内弁護士における規律、共同事務所における規律、弁護士法人における規律が新設され、また、営利業務従事の自由化、報酬規定の撤廃等に対応する規定も新設されている。さらに、倫理の神髄ともいうべき利益相反行為（Conflict of Interest）に関する規律を整備している。

5　職務基本規程違反

　弁護士法、職務基本規程の違反は、弁護士法56条1項に定める「この法律又は所属弁護士会若しくは日本弁護士連合会の会則に違反」したことに該当し、懲戒事由となる。ただし、職務基本規程の定めを形式的に解釈・適用することは、弁護士の職務行為の多様性と個別性をかんがみない結果となりがちであり、結果的妥当性を著しく損なう場合もあり得る。懲戒制度を硬直的・機械的に運用することは妥当でなく、会則違反行為についていえば、懲戒に値する会則違反が懲戒事由であると考えるべきである。

　このような観点から、職務基本規程82条1項は、「この規程は、弁護士の職務の多様性と個別性にかんがみ、その自由と独立を不当に犯すことのないよう、実質的に解釈し運用しなければならない」と定めている。

Ⅴ　弁護士懲戒制度

1　自治的懲戒制度の意義

　弁護士懲戒制度は、**自治的懲戒制度**となっており、これは、弁護士自治の根幹をなすものである。

自治的懲戒制度が求められるのは、次のような理由による。すなわち、弁護士は、基本的人権の擁護と社会正義の実現という使命を果たす過程で、時として、国家権力と厳しく対峙することがある。そのような場合に、国家機関が弁護士の懲戒権をもつこととすれば、弁護士の使命の達成が困難となり、ひいては国民の人権擁護が全うできないこととなる。そのために、弁護士の懲戒は、弁護士の団体が自律的に行うことが求められるのである。戦前の弁護士が、裁判所等の国家機関からの懲戒権行使によって、苦難の時代を過ごしたことを忘れてはならないのである。

2　懲戒手続の概要

　弁護士懲戒制度の概要は、次のとおりである（詳細は、髙中・概説258頁以下参照）。

　弁護士について懲戒事由があると思料する者は誰でも、その弁護士の所属弁護士会に懲戒の請求をすることができる（法58条1項）。懲戒事由は、弁護士法違反、所属弁護士会または日本弁護士連合会の会則に違反したとき、所属弁護士会の秩序または信用を害したとき、職務の内外を問わず**品位を失うべき非行**があったときである（法56条1項）。

　懲戒請求を受けた弁護士会は、弁護士会に置かれた**綱紀委員会**に事案の調査を命ずる（法58条2項）。綱紀委員会が、調査の結果、懲戒事由に該当する事実があると判断したときは、弁護士会に置かれた懲戒委員会に事案の審査をさせることを相当とする旨の議決をする。この議決があると、弁護士会は、**懲戒委員会**に対して事案の審査を求める（法58条3項）。

　弁護士会から事案の審査を求められた懲戒委員会は、審査を行い、懲戒するかどうか、懲戒するとしてどのような処分とするかを議決する。そうすると、弁護士会は、この議決に拘束されて、当該の弁護士を懲戒する（法58条5項）。

　以上のように、懲戒手続は、綱紀委員会による調査と懲戒委員会による審査の2段構造になっている。綱紀委員会と懲戒委員会の委員は、弁護士のほ

か、裁判官・検察官・学識経験者たる外部委員で構成され（法66条の2第1項、70条の3第1項）、透明性を確保している。

懲戒の種類は、戒告、2年以内の業務の停止、退会命令、除名の4つである（法57条）。戒告は、対象弁護士を戒め、反省を求める処分であり、業務の停止は、職務行為を行う能力を一定期間剥奪するものである。退会命令と除名は、いずれも弁護士の身分を一方的に奪うものであるが、除名は、3年間弁護士資格を喪失させる。また、懲戒処分がなされると官報および日本弁護士連合会の機関誌に掲載して公告されるほか、一定の場合には一般に公表される。

なお、所属弁護士会から懲戒処分を受けた弁護士は、日本弁護士連合会に対して行政不服審査法に基づく**審査請求**をすることができ（法59条）、審査請求を棄却または却下した裁決に対しては、**取消訴訟**を提起することができる（法61条）。他方、懲戒請求者については、所属弁護士会が懲戒しない旨の決定をしたとき、処分が不当に軽いと思料するとき、懲戒手続を相当期間内に終えないときは、日本弁護士連合会に対して**異議の申出**をすることができる（法64条1項）。この異議の申出制度は、弁護士法が特に認めた不服申立制度であるが、異議の申出を却下または棄却されたときのうち、弁護士会の綱紀委員会の手続のみを経由したものについては、日本弁護士連合会に置かれた**綱紀審査会**に対する綱紀審査の申出ができることとなっている（法64条の4第1項）。この綱紀審査手続は、学識経験者委員のみで構成される綱紀審査会が、綱紀委員会がした棄却または却下の決定を見直すものである。

以上をフローチャート図にすると、次頁のとおりである。

［参考文献］
日本弁護士連合会調査室編著・弁護士懲戒制度の研究と実務［第3版］（日弁連・2011）
日本弁護士連合会調査室・弁護士資格懲戒事件議決例集第1巻～第7巻（1966～2002）
日本弁護士連合会調査室・弁護士会懲戒事例集（上・下巻）（1999）

第1章 弁護士倫理総論

〔図〕 懲戒手続フローチャート

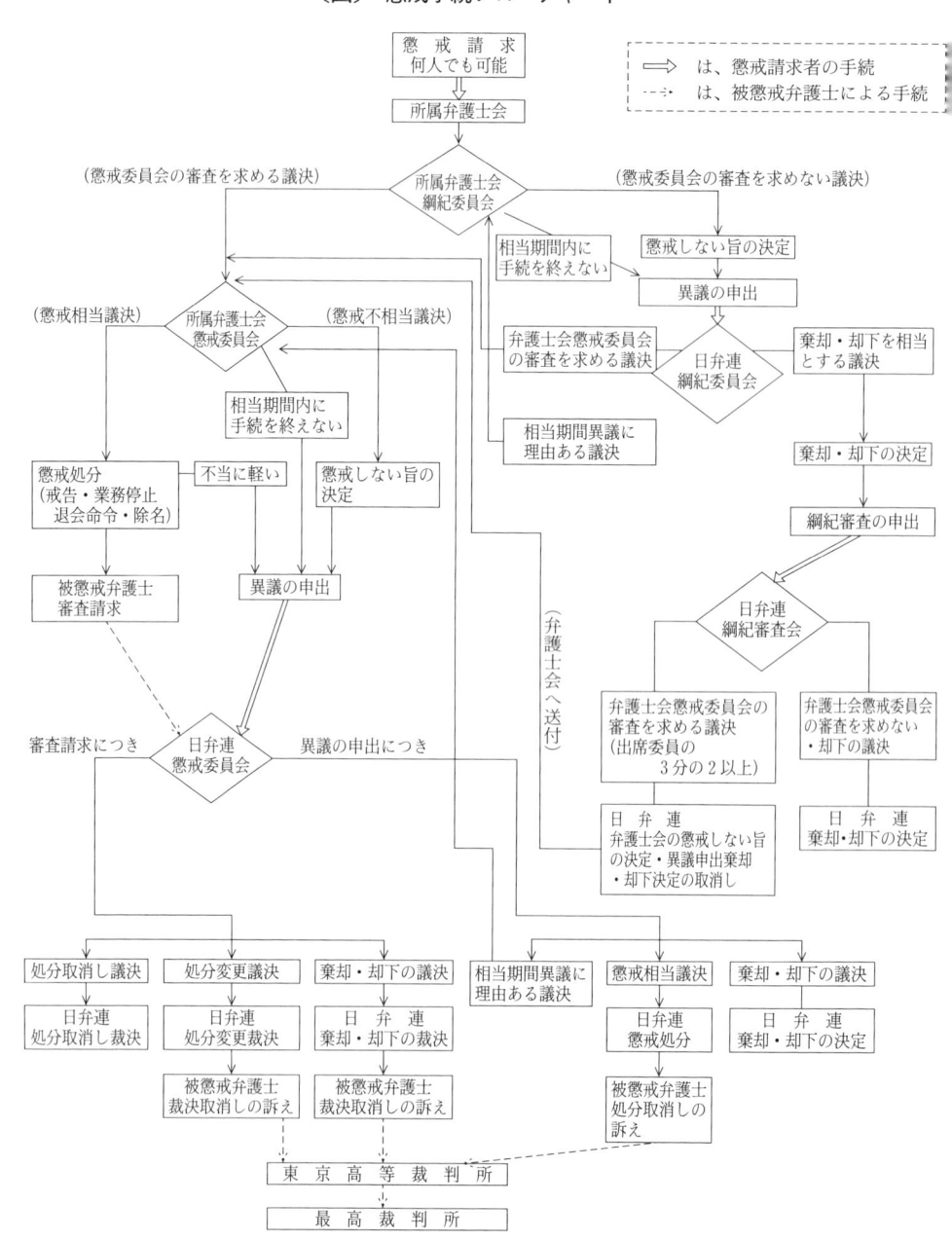

日本弁護士連合会・弁護士懲戒議決例集第 8 巻～第13巻（2007～2011）

VI 弁護過誤

1 総　説

　職務基本規程の違反は、**弁護過誤**に直結するものではないが、弁護過誤と無縁ではない。職務基本規程では、弁護士の職務活動の領域や対象に応じて、各種の行為規範を規定しているが、その中の依頼者との関係における規律の違反行為は、場合によって依頼者に対して負う善管注意義務違反と重なり合うことがある。さらに、相手方の関係における規律の違反行為についても、場合によっては、不法行為を構成し損害賠償義務を発生させることがある。
　弁護過誤は、依頼者に対する責任を問われるものと第三者に対する責任を問われるものとがある。

2 依頼者に対する責任

　弁護士と依頼者との関係は、委任ないし準委任の契約関係にあるとするのが通説・判例である（髙中・概説34頁、内田貴・民法 II［第 3 版］（東京大学出版会・2011）290頁、大判昭和 5・3・4 新聞3126号10頁）。したがって、弁護士は、依頼者に対して**善管注意義務**を負って、委任事務を処理しなければならない（民644条）。善管注意義務の違反があれば、債務不履行として、損害賠償責任を負担しなければならない。
　民法は、受任者の義務として、委任事務の処理状況および委任終了時の委任事務処理経過と結果を報告する義務（民645条）、受取物等を引き渡す義務（民646条）を規定しているが、受任者たる弁護士が依頼者に対して負う善管注意義務の具体的な内容を分析すると、事件処理の過程に応じて変化する。すなわち、受任段階では、依頼者から正確な情報や事実を聴き出し、その意

図を的確に把握して、あらゆる視点からの法的吟味を行い、問題解決のために最適の法的措置を選択する義務として構成され、事件処理段階では、依頼者が事件解決の意思決定をするのに必要な報告と説明を尽くし、判断を誤らせないようにする義務が中心となる。そして、最終の解決段階では、不服申立期間の遵守等依頼者の裁判を受ける機会や期待を保護し、依頼者に不測の損害を与えないようにする義務となる。依頼者に不利な判決であれば、不服申立方法や勝訴の見込み等を助言し、反対に、有利な判決のときは、権利実現のための適切な法的手段を説明・教示する義務がある。

依頼者に対する責任が問われた裁判例については、参考文献を参照されたい。

職務基本規程の規律内容は、民法上の受任者の義務内容を超えるものを含んでいるが、職務基本規程違反でないとしても、善管注意義務違反（たとえば、不服申立期間の徒過）が懲戒事由たる「品位を失うべき非行」とされることがあるので、注意が必要である。

3　第三者に対する責任

弁護士がその職務を行う過程で、相手方その他の第三者から**不法行為責任**を問われることがある。このような事例の多くは、**名誉棄損**と**不当訴訟・不当執行**に関するものである。

名誉棄損については、準備書面の記述や証人尋問での質問の中で、相手方本人や関係人の名誉を侵害したという事案が典型例であり、当初から相手方当事者の名誉を侵害する意図でことさら虚偽の事実や事件と関連性のない事実を主張する場合、そのような意図がなくとも、主張の表現内容、方法、態様が著しく適切さを欠く非常識なものである場合等、弁論活動の内在的制約を超え、社会的に許容される範囲を逸脱していることが明らかな弁論活動は、違法性を帯びるとされる（大阪高判昭和60・2・26判時1162号73頁、東京地判平16・8・23判時1865号92頁）。

不当訴訟については、訴訟提起等が違法であることを知りながらあえて積

極的に関与し、または相手方に対して特別の害意をもって本人の違法な訴訟提起に乗じてこれに加担するとか、訴訟提起等が違法であることを容易に知りうるのに漫然と看過して訴訟活動を行う等、代理人の行為それ自体が本人の行為とは別の不法行為と評価される場合に限って、弁護士の不法行為責任が生ずるとされる（東京高判昭和54・7・16判時945号51頁）。

　ただ、国民の弁護士を見る目は厳しくなっており、名誉毀損や不当訴訟以外の類型でも、不法行為責任を問われるようになっている。

〔参考文献〕

加藤新太郎・弁護士役割論［新版］（弘文堂・2000）

川井健編・専門家の責任（日本評論社・1993）

山川一陽ほか編・専門家責任の理論と実際（新日本法規・1994）

専門家責任研究会編・専門家の民事責任（別冊 NBL28）（商事法務研究会・1994）

川井健編・専門家責任訴訟法（青林書院・2004）

平沼髙明法律事務所編・事例にみる弁護過誤（第一法規・2011）

髙中正彦・判例弁護過誤（弘文堂・2011）

第2章 基本倫理

　職務基本規程の第1章は、「基本倫理」と題して8か条の規定を置いている。具体的な行為規範を定めたものは真実義務・誠実義務を定めた1か条がある程度であり、その余は、弁護士のあり方、弁護士の心構えを定めた行動指針あるいは努力目標の規定である。しかし、具体的な行為規範ではないからといって、軽んじてよいわけでは決してない。むしろ、弁護士はどうあるべきか、弁護士に期待される役割は何かという根源的な問いを投げかける規定であるといってよい。

第1節　弁護士の使命と職務

　弁護士法1条は、**弁護士の使命**が基本的人権の擁護と社会正義の実現にあると定め、同法3条1項は、**弁護士の職務**は、当事者その他関係人の依頼または官公署の委嘱によって訴訟事件、非訟事件、行政庁に対する不服申立事件その他一般の法律事務を行うことであると規定する。このような使命が劈頭に規定されたのは、現行弁護士法になってからのことであり、念願の弁護士自治を獲得した弁護士層の熱い使命感を表しているというべきである。また、職務範囲については、裁判所における法廷活動を軸にしているものの、裁判外における広範囲な活動を予定しているものである。

I　弁護士の使命

●ケース1●

　A弁護士は、お金を儲けたいとの動機で弁護士となり、依頼者を開

拓して現在は100社の顧問会社を獲得し、毎日早朝から深夜まで仕事漬けの生活をし、国選弁護、当番弁護、弁護士会の委員会等の仕事はもちろん、社会奉仕の活動等も、お金にならないとの理由で一切していない。

　Ａ弁護士のあり方に問題とすべき点はあるか。

　最先端の法律問題を処理したいという知的欲求から、同様の行動をとった場合にも問題とすべきか。

── ● ケース２ ● ──

　Ｂ弁護士は、指定暴力団であるＸ組の顧問弁護士に就任し、もっぱらＸ組の組員が起こした刑事事件の弁護とＸ組関係者を被告とした民事事件の代理人を受任している。しかし、刑事事件では、被害者との円満な示談成立に努め、民事事件でも、裁判所の和解勧試に積極的に応じ、裁判所の指導に従った和解の成立に努めている。

　Ｂ弁護士の訴訟活動には問題がないとしても、反社会的勢力である指定暴力団の顧問となり、その依頼事件のみを処理していること自体を回避すべきであろうか。

主な検討対象条文
○弁護士法
（弁護士の使命）
１条　弁護士は、基本的人権を擁護し、社会正義を実現することを使命とする。
○会則
10条　弁護士は、人権の擁護者であり、社会正義を顕現するものであることを自覚しなければならない。
○職務基本規程
（使命の自覚）
１条　弁護士は、その使命が基本的人権の擁護と社会正義の実現にあることを自覚し、その使命の達成に努める。

33

【解　説】

1　プロフェッションとしての弁護士

弁護士は、古典的三大プロフェッションとされているが（前出3頁）、弁護士法1条は、弁護士がプロフェッションとしての役割を深く認識し、基本的人権の擁護と社会正義の実現という公共の利益に奉仕すべき使命を託されていることを定めたものと理解すべきである（日弁連弁倫委・解説3頁）。

2　脱プロフェッションの動き

しかし、プロフェッション性を過度に協調することは、かえって依頼者の権利・利益の確保を公共性の下位に置くことにつながりかねないとの批判が起こり、依頼者利益の確保に奉仕することこそが弁護士のあり方ではないかとの考え方が擡頭してくるようになった。さらに、わが国経済が国際化・高度化を著しく進展させ、また企業統治のあり方として**コンプライアンス確立**が強く求められるようになるにしたがって、弁護士業務がわが国経済のシステムの中に組み入れられ、大企業や外資企業が弁護士に対する依頼を積極化するようになり、企業活動の中枢部分に参画する弁護士を少なからず誕生させることとなった。これらは、弁護士の活動領域を拡大するとともに、弁護士の存在と活用を広く認知させる効果があった反面で、私的な利益追及のみを目標として行動する弁護士群を発生させ、**弁護士業務の商業化・産業化を**招いている。弁護士大国といわれ、110万人以上の弁護士が活動しているアメリカでは、金儲けのための事件漁りに専念する弁護士、売上至上主義に立って高額の報酬請求に汲々としている弁護士が珍しい存在ではなくなっているといわれる（R.ズィトリン＝M.ラングフォード＝村岡啓一訳・アメリカの危ないロイヤーたち－弁護士の道徳指針（現代人文社・2012）134頁）。また、イギリスでは、**ソリシター**（Solicitor; 事務弁護士）に対する高額報酬等の苦情をロー・ソサイエティ（Law Society）が適正に処理できなかったことも原因となって、苦情処理手続が弁護士会の外部に移管され、その限りで弁護士自

治が崩壊するに至っている（吉川精一・英国の弁護士制度（日本評論社・2011）186頁）。

このような**脱プロフェッション**の動きの中で、弁護士はそのアイデンティティを確立するとともにこれから進むべき道を真剣に考えなければならない時を迎えたように思われる。

3　反社会的勢力・凶悪犯の弁護

ここで、弁護士の使命ないし役割の関係で、暴力団等の**反社会的勢力**や世間を震撼させた**凶悪犯罪者**の弁護について述べることとしたい。市民に対して弁護士のイメージ調査をすると、カネになればヤクザの仕事も引き受ける人、極悪人でも弁護する人等の声が聞かれることがある。しかし、これは、弁護士の使命や職責を正しく理解しないものというほかはない。弁護士は、紛争を引き起こした人、犯罪者として訴追された人に対しても、万人に公平・公正であるべき法が適正に執行されるように努め、一個の人間として保障されるべき権利を適正に擁護するのが職責であり、その職責を果たすうえで基本的人権の擁護と社会正義の実現という使命に基づいて行動することが要求されるのである。マスコミや世論がつくり上げた予断は、弁護士が職務活動を行ううえで有害無益であるとすらいってよく、無心の境地から職務に邁進しなければならない。

4　ケースの検討

［ケース１］

Ａ弁護士は、金儲けをしたいとの動機で弁護士になっているが、その動機自体は問題とすべきことではない。また、仕事漬けの生活を送っていることも、何ら問題とならない。問題は、国選弁護、当番弁護などの公益的な仕事、弁護士自治維持のために必須の弁護士会委員会の仕事等に目もくれない点である。それが、カネにならないとの理由からであろうと、知的欲求を満足させることに役立たないという理由からであろうと、結論に変わりはない

というべきである。

［ケース2］
　B弁護士は、反社会的勢力である暴力団X組の法律顧問となり、X組関係者の民事事件と刑事事件を取り扱っているが、そのこと自体を問題とするべきではない。問題とすべきなのは、職務行為に違法不当な点はないかということであるが、B弁護士にはこれも認められない。

II　弁護士の職務

●ケース3●

　A弁護士は、不動産仲介を業とするQ株式会社の依頼によって、売主Xと買主Y間の土地売買契約の立会人をすることとなり、Q社が用意した売買契約書に立会人として署名押印し、Q社から立会料として30万円を受け取った。立会いは、XとY間の売買契約が真正に成立したことを証明し、後日のクレームを阻止する目的でなされている。
　A弁護士のとった行動は、弁護士としての職務であろうか。また、このような立会いは、弁護士として回避すべきであろうか。
　Q社からではなく、Xからの委任によって同人から15万円の立会料を受け取った場合は、どうか。

●ケース4●

　B弁護士は、女子大生Xから、大学教授Yを被告とするセクシャル・ハラスメントを原因とする損害賠償請求訴訟の依頼を受け、Q地方裁判所に訴訟を提起した。ところが、Yは著名な学者であったためにB弁護士の事務所にマスコミ関係者からの取材の電話が殺到した。そこで、B弁護士は、Xの同意をとることなく、取材に逐一対応する時間と労力を省くため、Wホテルの1室を借りて記者会見を行ったが、その際、訴状のコピーを集まった記者に配布した。当日夜のテレビニュー

スと翌日の朝刊でこれを知ったYは、事実に反する記者会見を行われ、名誉を毀損されたとしてB弁護士に対する損害賠償請求訴訟を提起しようとしている。

　B弁護士は、損害賠償請求訴訟において、記者会見は弁護士の職務行為であり、正当業務行為として違法性がない旨を主張しようと考えているが、正当か。

主な検討対象条文
○弁護士法
（弁護士の職務）
3条　弁護士は、当事者その他の関係人の依頼又は官公署の委嘱によって、訴訟事件、非訟事件及び審査請求、異議申立て、再審査請求等行政庁に対する不服申立事件に関する行為その他一般の法律事務を行うことを職務とする。

【解　説】

1　弁護士の職務範囲

　弁護士の職務は、弁護士法3条にあるとおり、関係者の依頼または官公署の委嘱によって法律事務を取り扱うことであるが、「**法律事務**」とは、法律上の権利義務に関し争いや疑義がある案件または新たな権利義務関係を発生させる案件について、法律上の効果を発生、変更させる事項を処理することをいう（東京高判昭和39・9・29高刑集17巻6号597頁、髙中・概説38頁）。法律事務の範囲は広く、弁護士の活動が期待される領域もこれに基づいて相当に広汎なものとなっている。

　弁護士の職務範囲に関する立法の変遷をたどると、明治26年制定の旧々弁護士法では、「通常裁判所ニ於テ法律ニ定メタル職務ヲ行フモノ」と規定され、裁判所における**法廷活動**に限定されていた。ただ、裁判外において相手方と交渉する行為は、弁護士の職務の範囲内であるが、事実たる慣習（民92

条）として認められるものとされていた（大判昭和6・11・18刑集10巻609頁）。そして、昭和8年改正の旧弁護士法においては、「訴訟ニ関スル行為其ノ他一般法律事務ヲ行フコト」に拡張され、現行法に引き継がれている（髙中・概説34頁）。

2　契約立会い

契約立会いとは、一般には、契約が問題なく成立した事実を証明するために締結現場に立ち会うことをいい（最判昭和36・5・26民集15巻5号1440頁）、**立会人**が弁護士であっても、法律専門家ということに伴って付随的に契約内容につき法律上の観点から適切な指導、助言をすることが期待されることがあるとしても、立会人の本質に変わりはなく、契約当事者の代理人または仲介人とは異なり、契約の目的である権利関係の帰属、内容あるいは契約当事者の権限の有無等を自ら調査したりする義務はないとされている（東京地判昭和60・9・25判タ599号43頁）。

このように見ると、一般的な立会人の仕事は、弁護士法3条に規定する「職務」ではないということになる。現実にも、弁護士としての立会人は、高い社会的地位に着目し、後日問題が発生したときにその証言が強い信用力を持つことが期待されているに過ぎないこと、立会いの過程では契約締結経過を見守り、さらに契約当事者に対して後日の翻意をさせないようににらみをきかせることが役割となっていること等が一般であることにかんがみると、職務でないことが首肯されるであろう。むろん、契約締結現場で法的助言や法的意見の提示が求められることもあり、立会いの際行うことのすべてが弁護士の職務でないとすることはできない。

バブル経済の絶頂期に、地上げ現場で弁護士が立会いを依頼されるケースがしばしばあったようであり、ある弁護士は、「大安」に売買契約の締結がなされることが多いことから、手帳の大安日に×印を付けていたほどである。しかし、そのうちの幾人かは、バブル経済の崩壊とともに堕落していったことはあらためて述べるまでもない（髙中・弁護過誤30頁）。

3　記者会見

テレビや新聞で、著名事件を受任した弁護士が華々しく**記者会見**をしている姿を見ると、記者会見は弁護士の職務の一環をなしているように感ずる人も多いであろう。しかし、弁護士が提訴に関連して行う記者会見は、弁護士の職務行為に関連して行われる活動とは評価できるが、弁護士の職務行為それ自体とまで見ることができるかには疑問の余地があり、依頼者の事前の承諾に基づかず、弁護士の独断で開かれたときには、弁護士の訴訟活動に関連して行われた職務行為と評価できるかどうかも疑問であって、名誉毀損の成立あるいは違法性の阻却に関し、一般の表現活動と区別してことさらに優遇する取扱いをすべき積極的な法的根拠は見出しがたいとした判例がある（東京地判平成17・3・14判時1893号54頁。髙中・弁護過誤280頁）。記者会見のすべてが弁護士の職務ではないと断定することはできないが（接見内容をマスコミに公表することについて、武井ほか・刑事弁護82頁）、これを行うについては細心の注意を払う必要があることを肝に銘ずるべきである。

4　ケースの検討

[ケース3]

Ａ弁護士が不動産仲介業者Ｑ社の依頼によって行った不動産売買契約の立会いは、その目的、行為態様、報酬支払者等を総合すれば、弁護士の職務とはいえないと考える。これに対し、売買契約当事者であるＸから依頼をされた場合は、契約書の法的点検その他の法的助言を目的とし、行為態様や報酬支払者をみても、弁護士の職務であるといえよう。

[ケース4]

Ｂ弁護士の行った記者会見は、依頼者の未同意、会見の必要性や態様等から見て、弁護士の職務ではないと考える。なお、ケースと類似の事案において、上記東京地判平成17・3・14の控訴審である東京高判平成18・8・31判時1950号76頁は、記者会見が提訴の事実を摘示したにとどまり控訴人・原告の

第2章　基本倫理

名誉を毀損したものではないとし、弁護士の職務範囲内かどうかについては言及していない（髙中・弁護過誤283頁）。

第2節　職務の独立性と公共性

弁護士の職務の基本要素として、独立性があげられる。そこで、なにゆえに独立性が要求されるのかを考察する。さらに、弁護士の職務は、公共性を持つともいわれるが、その公共性の内容と公共性が要求される根拠についても、検討することとする。

I　職務の独立性

●ケース5●

A弁護士は、ノンバンクであるX株式会社の顧問弁護士であり、その法律事務所をX社本店内に置き、無償で使用している。また、弁護士会費、事務員給与等もすべてX社が負担している。A弁護士の受任事件は、X社の貸付債権回収事件のみであり、すべての収入をX社に依存しており、貸付債権回収のための提訴、訴訟上の和解等は、すべてX社の指示するままに行い、和解の席上でも、「担当役員に確認します」「担当役員はこういう意向です」「担当役員はこれ以上譲歩しないといっています」とのみ述べ、A弁護士個人の考えは一切述べたことがない。

A弁護士のあり方に問題があるか。

主な検討対象条文
○会則

15条　弁護士の本質は、自由であり、権力や物質に左右されてはならない。
○職務基本規程
（自由と独立）
2条　弁護士は、職務の自由と独立を重んじる。
（依頼者との関係における自由と独立）
20条　弁護士は、事件の受任及び処理に当たり、自由かつ独立の立場を保持するように努める。

【解　説】

1　職務の独立性が求められる根拠

　弁護士と依頼者の法律関係は、委任または準委任の契約関係にあるとされるが、事務の委託という側面を他の契約類型と比較すると、雇用との違いは、自己の裁量で事務を処理するという**独立性**を有する点にあり、請負との違いは、仕事の完成を目的とするものではない点にあるとされる（内田貴・民法Ⅱ［第3版］（東京大学出版会・2011）289頁）。また、委任契約の受任者には、委任事務処理についての**自由裁量性**があり、委任者の指示のみによることなく、委任の目的に従って最も合理的に委任事務を処理する権利義務を有するともされる（我妻栄・債権各論中二（岩波書店・1962）656頁）。

　しかし、弁護士の「独立性」については、そのような委任契約に基づく一般的意味での判断の独立性以上の強い意味が付与されている。これは、プロフェッションとしての公共的責務を負っていることから説明すべきである。すなわち、弁護士は、依頼者の依頼に基づいて法律事務を処理するものであるが、依頼者の利益のみを確保するだけではなく職務遂行を通じて社会公共のために尽くす職責をも負っているため、独立性が特に強く要求されると認められるのである。依頼者の依頼内容が違法ではないがコンプライアンスの観点から疑問があるような場合に弁護士がどのように行動すべきかは、独立性の観点から考えていくべきである（日弁連弁倫委・解説41頁。なお、小島ほか・法曹倫理70頁参照）。

2　独立性の内容

　弁護士の職務の独立性については、**①権力からの独立性**、**②依頼者からの独立性**、**③他の弁護士からの独立性**という3つの要素からなるとされる。まず、権力からの独立性については、弁護士がその使命を果たす過程において時に司法制度その他の諸制度のあり方自体について批判し、提言をしていくことが要請されることがあるが、その役割を果たすためには、国家権力をはじめとするさまざまな権力から独立していなければならないと解される。次に、弁護士は、依頼者との関係でも、委任事務を処理する過程において、依頼者の意思や指示にひたすら盲従するのではなく、その公共的使命を果たすため、判断の独立性、行動の独立性、経済面での独立性を保持することが求められる。さらに、他の弁護士との関係、すなわち、勤務弁護士の場合や共同事務所や弁護士法人に所属する場合に、他の弁護士に隷属せず、自由かつ独立の存在として職務を行うことが求められる（日弁連弁倫委・解説4頁）。

3　第三者委員会

　企業や組織が犯罪行為、法令違反行為、社会的非難を招く行為等の不祥事を起こした場合において、企業等は、その内部に**調査委員会**を設けて調査を行う方法と企業等から独立した委員のみで構成する**第三者委員会**を設けて調査を行う方法の2つの手法が採用されることがある。最近は、企業の社会的責任（CSR）の観点から、株主、投資家、消費者、従業員、取引債権者等のステーク・ホルダーに対する説明責任をより果たすために、第三者委員会方式を採用する例がかなり見受けられるようになっている。

　この第三者委員会は、企業等から独立した立場で、中立・公正で客観的な調査を行うことが求められているため、委員の一人に弁護士が選任されるのがほとんど通例化している。そして関係者のヒアリング、関係書類・電子情報の検証、各種アンケート調査等を行って、不祥事の原因を分析し、必要に応じて再発防止策を提言する調査報告書を作成して、企業等に提出するのが

一般である。このような性格からみて、当該企業等と利害関係のある者が委員に就任することは回避すべきである。特に、当該企業等の顧問弁護士は、委員になることができないのが原則と解すべきである。当該企業等から個別事件の依頼を受けている弁護士については、第三者委員会の性格を損なうかどうかの観点から判断すべきである。なお、第三者委員会について、日本弁護士連合会は「企業等不祥事における第三者委員会ガイドライン」を2010（平成22）年に制定している（日本弁護士連合会弁護士業務改革委員会編・企業不祥事における第三者委員会ガイドラインの解説（商事法務・2011）参照）。

4 ケースの検討

［ケース5］

A弁護士は、法律事務所をX社内に設け、弁護士会費、人件費等もすべてX社負担とし、受任事件もすべてX社の事件というのであるから、まさにX社丸抱えの状態にある。加えて、個別の事件処理についても、X社の指示のままに処理し、自己の意見を全く述べないというのであるから、依頼者からの独立性は、全くといってよいほど認められない。弁護士は、依頼の趣旨に関する依頼者の意思を尊重して職務を行わなければならないが（職基22条）、そのことと依頼者の言いなりに行動することとは峻別しなければならない。

II 職務の公共性

● ケース6 ●

A弁護士が所属するQ弁護士会では、「公益活動等に関する会規」を制定し、会員に一定の公益活動をすることを義務づけ、1年当たり5万円の負担金を支払った者については、当該年度の公益活動に参加したものとみなすこととしている。A弁護士は、「公益活動等に関する会規」の定める公益活動に興味はなく、仕事を誠実にこなしたほうが依頼者の

人権を擁護することにつながるとの考えを有しており、直ちに5万円をQ弁護士会に納付した。
　A弁護士の行動に問題はあるか。

主な検討対象条文
○会則
10条　弁護士は、人権の擁護者であり、社会正義を顕現するものであることを自覚しなければならない。
○職務基本規程
（使命の自覚）
1条　弁護士は、その使命が基本的人権の擁護と社会正義の実現にあることを自覚し、その使命の達成に努める。
（弁護士自治）
3条　弁護士は、弁護士自治の意義を自覚し、その維持発展に努める。
（公益活動の実践）
8条　弁護士は、その使命にふさわしい公益活動に参加し、実践するように努める。

【解　説】

1　公益活動の位置づけ

　弁護士に対しては、**公益活動**への積極的参加を求める声が大きい。たとえば、司法制度改革審議会意見書は、「社会における弁護士の役割は、弁護士法第1条第1項に定める使命に基づき、国民にとって『頼もしい権利の護り手』であるとともに、『信頼しうる正義の担い手』として、高い質の法的サービスを提供することにある。**弁護士の社会的責任**（公益性）は、基本的には、当事者主義訴訟構造のもとでの精力的訴訟活動など諸種の職務活動により、『頼もしい権利の護り手』として、職業倫理を保持しつつ依頼者の正当な権利の実現に奉仕することを通じて実践されるが、同時に、『信頼しうる

正義の担い手』として、通常の職務活動を超え、『公共性の空間』において正義の実現に責任を負うという社会的責任（公益性）も自覚すべきである。たとえば、**プロ・ボノ活動**（無償奉仕活動の意であり、たとえば、社会的弱者の権利擁護活動などが含まれる）、国民の法的サービスへのアクセス保障、公務への就任、後継者育成への関与等により、社会に貢献することが期待されている」と述べている。

弁護士は、依頼者の私的利益を擁護し、それを通じて社会的責任を果たすのみでは足りないとされるわけである。職務活動外での社会貢献の活動が国民の心を打ち、その結果弁護士自治への支持も盤石なものとなることが期待されているというべきである。

2　公益活動の義務化

弁護士会の中には、会員に対して公益活動への一層の参加を促すため、「公益活動等に関する会規」というような会規を定め、公益活動を義務化するところがある。また、東京等の大規模弁護士会では会員の**会務離れ現象**が認められるため、これの対応策としての意味づけもある。そして、義務化の1つとして、一定額の負担金を納付した会員については、公益活動（会務活動）を行ったものとみなす措置を講じて、柔軟な運用をしている。ただ、「公益活動」にどのようなものを含めるかについての会員のコンセンサスを得ることがなかなか難しく、実情にあった見直しをする弁護士会も現れている（小島ほか・法曹倫理208頁参照）。

3　ケースの検討

［ケース6］

A弁護士は、弁護士会の公益活動義務化の会規に規定した負担金を直ちに納付しているが、負担金さえ支払えば職務を離れた公益活動を行う必要はないと考えているとすれば、弁護士の公共性を正しく理解していないといわざるを得ないであろう。

第3節　真実義務と誠実義務

　職務基本規程5条は、真実の尊重と誠実な職務遂行を規定するが、この2つの義務は、しばしば衝突し、弁護士に困難な決断を求める。特に、刑事事件について義務の衝突が尖鋭な形で現れるが、ここでは民事事件について論ずることとする（刑事事件については、後出266頁）。

I　真実義務

> ● ケース7 ●
>
> 　A弁護士は、Xから、子供とともに居住する夫Y賃借人名義の建物について、Yを被告とする明渡請求訴訟の訴状の送達を受けたとして、その訴訟の対応について相談された。Xによれば、夫Yは、3年前に別の女性と出奔して音信不通となっており、賃料は、XがY名義で送金し続けていたが、パートの収入が下がり、最近3か月の賃料支払いをしていなかったとのことであった。そして、「夫Y名義の訴訟委任状に私が署名押印しますので、裁判に出てくれませんか。立ち退きするにも、時間が必要です」と涙ながらに訴えた。
> 　A弁護士は、この訴訟委任状を裁判所に提出して訴訟活動を行ってよいか。

> ● ケース8 ●
>
> 　B弁護士は、Xの依頼によって、Qが振り出しYが裏書きした約束手形について、Yを被告とする約束手形金請求訴訟を提起することとなったが、Xから預かった約束手形を見ると、振出日が白地であった。このままでは満期における適法な呈示がないこととなり、Yに対する裏書責任を追及できないので、B弁護士が自ら振出日を適当に記入し、

これをもとに手形訴訟を提起した。Yは、答弁書で適法な支払呈示のないことを主張したが、B弁護士は、これを否認した。
　B弁護士の行為に問題はあるか。

主な検討対象条文
○職務基本規程
（信義誠実）
5条　弁護士は、真実を尊重し、信義に従い、誠実かつ公正に職務を行うものとする。

【解　説】

1　民事訴訟当事者の真実義務

　民事訴訟においては、判決の基礎をなす事実の確定に必要な訴訟資料の提出を当事者の権能と責任とする弁論主義が採用されているが、そのことは、自己の認識に反して事実を主張したり争ったりすることを容認するものではない。民事訴訟の目的は、手続保障を遵守しつつ、実体的真実に可能な限り迫ることにあり、民事訴訟法2条が「当事者は、信義に従い誠実に民事訴訟を追行しなければならない」と規定し、当事者の虚偽陳述に対する過料の制裁（民訴206条）や文書の成立の真正を争った者に対する過料の制裁（民訴230条）を規定しているのは、**真実義務**を前提とした規定であると理解されている（加藤・弁護士倫理133頁。真実義務について、伊藤眞・民事訴訟法［第4版］（有斐閣・2011）294頁、髙橋宏志・重点講義民事訴訟法(上)［第2版］（有斐閣・2011）462頁）。

　そして、民事訴訟当事者の真実義務は、弁護士（訴訟代理人）を通じて履行されることが期待されており、弁護士は、依頼者の主張が無限定に真実であるとの前提に立って行動してよいわけではなく、依頼者が語る事実関係に

ついて一応の資料の裏づけを伴った認識をすべきであると考えられる。当事者の真実義務は、弁護士の公共的責務によって根拠づけられる弁護士倫理の規範と相まって、民事訴訟における**実体的真実の発見**のための制度的基盤を形成するものと解するのが相当である（加藤・弁護士倫理136頁）。

2　積極的真実義務と消極的真実義務

　民事訴訟当事者の真実義務が肯定されるとして、それは、真実を積極的に提示しなければならないという積極的義務として構成されるわけではない。当事者は、真実に反することを知りながらことさらに主張を展開して証拠を提出したり、相手方の主張を争ったり反対証拠を提出したりすることができないという消極的意味を持つもの（**消極的真実義務**）として理解しなければならない。また、「真実」とは、神のみが知るような客観的真実・実体的真実を意味するのではなく、当事者の認識を前提とする主観的真実を意味することに留意しなければならない（日弁連弁倫委・解説9頁）。

3　真実尊重義務

　弁護士については、民事訴訟当事者と同じ意味の真実義務（消極的真実義務）が課せられているわけではない。職務基本規程5条が、「真実を尊重し」と規定しているように、弁護士は、民事訴訟当事者の真実義務を訴訟代理人として履行する役割を担うものであるが、それは、当事者の同じ地位に立たさせるわけではない。そして、弁護士が尊重すべき「真実」とは、**客観的真実**ではなく、当事者の主張や証拠に照らして法律専門家・プロフェッションとしての合理的・論理的な判断の下に当該事案の実体を把握し認識した結果、弁護士自らが真実と信ずるに至った**主観的真実**をいうものである（日弁連弁倫委・解説9頁）。

　そうすると、民事訴訟の依頼者が自己の認識と異なる虚偽の事実を主張したり、自己の認識に反して争ったりしたとき、弁護士に対しては、訴訟当事者の真実義務違反を指摘して、そのような行為を止めるように説得すること

が求められる。訴訟を遂行している中で、相手方からの新たな証拠の提出等によって弁護士が真実と考えていた事柄が変化し、依頼者の主張と対立するようになったときは、まず、依頼者の認識と弁護士の認識との相違を解消するための努力をすべきであるが、それでも相違が解消されない場合に、依頼者に対する誠実義務を優先させて依頼者の主張に沿って訴訟追行をすれば、当事者の真実義務違反に加担することにもなりかねない。したがって、辞任を視野に入れた対応を検討すべきであろう（日弁連弁倫委・解説10頁、森際・法曹の倫理16頁［北川ひろみ］）。

4　ケースの検討

［ケース7］

A弁護士は、Xが偽造した訴訟委任状を提出してよいかに悩むことになるが、Xの不幸な境遇に同情したとしても、**偽造委任状**を提出することは絶対にしてはならない。A弁護士は、別途Xからの訴訟委任を受けて、XがY所有の建物について使用貸借権（占有権原）があることの確認を請求する訴訟を提起し、その訴訟中で和解の道を模索すること等を検討すべきであろう。場合によっては、調停の申立てもあり得るであろう。

［ケース8］

B弁護士は、裏書人に対する遡求権がないことを知りながら、これを作出するために真実に反する白地補充をしたものであって、虚偽の証拠を自ら作成し、その虚偽の証拠に基づいた手形訴訟を提起したものといわざるをえない。職務基本規程75条に違反することは明らかである。なお、これと同様の白地手形の振出日を補充して訴訟提起をした事件として、広島地判平成7・7・17判時1564号98頁がある（高中・弁護過誤57頁）。

第2章　基本倫理

II　誠実義務

●ケース9●

　A弁護士は、Xから、Yに対する300万円の売掛金請求事件を受任し、Q地方裁判所に対して売掛金請求訴訟を提起した。その第1回口頭弁論には、Y本人が出頭し、請求原因事実は全部認めると述べたうえ、「Xさんに対する買掛金の支払いを怠ったのは、本当に申し訳ないと思っています。ただ、いまは一括で支払うお金がなく、毎月10万円の30回分割で支払うことでぜひご了解いただきたい」と強く和解を希望した。しかし、A弁護士は、Xから「300万円がすぐに支払われないと、私の事業も破綻する」と言われていたため、Yの和解申入れを拒否し、速やかな判決の言渡しを求めた。そして、2週間後の仮執行宣言付判決に基づいて、Yの唯一の資産である在庫商品を差し押さえ、300万円全額の回収に成功した。ところが、この差押えの直後にYの事業は経営破綻し、Yは、悲嘆に暮れて自殺した。
　A弁護士の行動に問題があったというべきであろうか。

●ケース10●

　B弁護士は、PがQを被告として提起した建物明渡請求訴訟について、Qの訴訟代理人に就任した。建物明渡請求の請求原因は、賃貸借契約期間の満了ということであったが、B弁護士は、Pの建物賃貸借契約の更新拒絶の通知には借地借家法28条に規定する正当事由がない旨を記載した答弁書を陳述した。その後、P訴訟代理人であるX弁護士から、B弁護士の答弁書に対する反論書面が郵送されてきたが、その封筒の中に、X弁護士が作成したP宛ての「報告書」が誤って同封されており、そこには「P氏がQ氏に行った本件建物賃貸借契約を更新しない旨の通知には、被告Q氏が主張するように、正当事由はないと思います。

残念ですが、判決となれば敗訴の公算が高いと考えますので、適当な額の立退料を支払う和解に持ち込んだほうが有利であると思料します」と記載してあった。

B弁護士は、この誤って送付された報告書について、無視する、Qに伝える、X弁護士に伝える、書証として裁判所に提出する、という4つの選択肢のどれを選ぶべきか。

主な検討対象条文
○弁護士法
（弁護士の使命）
1条（1項略）
2　弁護士は、前項の使命に基づき、誠実にその職務を行い、社会秩序の維持及び法律制度の改善に努力しなければならない。
○職務基本規程
（信義誠実）
5条　弁護士は、真実を尊重し、信義に従い、誠実かつ公正に職務を行うものとする。

【解　説】

1　誠実義務論争

弁護士法1条2項に規定する「**誠実義務**」については、委任契約の受任者として委任者に対して負う善管注意義務とどういう関係に立つか、誠実義務は独立した法的義務とみるべきかが争われている。これについては、①弁護士は、法律の専門家であり、弁護士の職務が公共的性格を有していることから、誠実義務は、通常の善管注意義務が加重された独自の義務であって、法的義務と解すべきであるとする説（加藤・役割論345頁）、②弁護士の善管注意義務は、専門的知識に基づいて依頼事案を客観的にも最善かつ最適時に処

理すべき義務として具体化されているはずであり、一般人に比較して極めて加重された義務内容ではあるものの、事案の種類や状況に応じて要求される注意の程度に軽重があるに過ぎず、誠実義務は単なる倫理的義務であるにとどまると解する説（鈴木重勝「弁護士の義務と責任」山川一陽ほか編・専門家責任の理論と実際（新日本法規・1994）120頁）、③誠実義務は、弁護士の依頼者に対する善管注意義務と社会に対する公共的責任を統合した弁護士の専門家責任をうたったものであり、委任や準委任以外の場合でも、高度の職業的義務である善管注意義務（同時に公共的責任）が生ずるという意味を持つとする説（小林秀之「弁護士の専門家責任」専門家の民事責任（別冊 NBL28号）78頁）がある。

　弁護士の職務が公共的・公益的性格を有すること、弁護士法1条2項は1項を受けて個別の行為規範としての義務を規定したものと解すべきこと、弁護士法1条2項は、旧弁護士法において弁護士の権利義務の章にあった20条を継受していると解されることからみて、善管注意義務とは独立した独自の法的義務と考えるのが相当である（高中・概説27頁。森際・法曹の倫理9頁［森際康友・北川ひろみ］参照）。

　なお、加藤・役割論367頁は、弁護士と依頼者との関係は**信認関係** (Fiduciay Relation) にあり、誠実義務は、この信認関係に基づく忠実義務の根拠となるとし、第1に、依頼者のために誠心誠意職務を行うべき忠実義務として、第2に、弁護士の能力が平均的水準より高い場合にはその弁護士の能力を基準として義務違反を決定するという意味で、善管注意義務を加重するものとして機能するとする（小島ほか・法曹倫理57頁。なお、四宮和夫＝能見善久・民法総則［第8版］（弘文堂・2010）124頁、樋口範雄・フィディシャリー［信認］の時代（有斐閣・1999）参照）。

2　相手方に対する配慮義務

　誠実義務は、依頼者に向けた義務であることを第一義とするのはもちろんであるが、依頼者に最善を尽くしさえすれば足りる義務とするべきであろう

か。この点について、加藤・役割論362頁は、誠実義務は、弁護士業務のあり方全般を規律するものとして理解すべきであり、弁護士が専門的知識と技能を活用して、依頼者の利益だけではなく、関わりを生じた第三者の利益をも害することにないように職務を遂行すべき注意義務としても機能すると述べる。加藤・弁護士倫理150頁は、依頼者の利益と第三者の利益との間には濃淡ないし比重の軽重があることにかんがみ、「**公益配慮義務**」「**一般的公益侵害回避義務**」と呼ぶことを提唱している。

3 ケースの検討

［ケース9］

A弁護士は、依頼者Xの利益の最大化には極めて忠実であったが、相手方Yの利益を何ら考慮しない姿勢に問題が全くなかったとはいえないであろう。Xも、売掛金が即時に入らないと倒産する可能性があったというが、その確実度の確認作業をしたとは思われないし、Yの窮状を詳細に聞きただすこともしていない。もちろん、XとYのどちらに重く誠実義務を尽くすべきかといえば、Xであることに争いはない。だからといって、Yの利益を一顧だにしないでよいとはいえないのではないだろうか。ただ、このケースをある弁護士会の倫理研修で出題したところ、A弁護士のとった行動に問題はない（やむを得ない）とする意見が少なからずあった。

［ケース10］

B弁護士は、依頼者Qにとって裁判の進行上有利な証拠を獲得したのであるが、依頼者に対する誠実義務を全うするという視点のみに立てば、「報告書」をPに示さなければならないということになろう。他方、相手方の過誤によって偶然に取得した証拠を利用することはフェアプレーの精神ないしは信義則に反するとの考え方を重く見れば、X弁護士には「報告書」が誤送付された事実を告知しておくことが求められるであろう。このケースもある弁護士会の倫理研修で出題したが、何もしないで放置しておくという意見とX弁護士に誤送付されたことを伝えるとする意見とが半ばした。依頼

者Qに伝えるとした意見は意外と少なく、証拠として裁判所に提出するという意見は、見あたらなかった。

なお、ABA法律家職務模範規則4.4条(b)は、弁護士は、自己の依頼者の代理に関する文書を受領し、それが誤って送付されたことを知りまたは合理的に知り得べき場合は、速やかに送付者に知らせなければならないと規定している。アメリカでは、**ファクシミリの誤送信**への対応は、主に守秘義務の観点から論じられている（ロナルド．D．ロタンダ＝当山尚幸訳・概論アメリカの法曹倫理（彩流社・2012）72頁参照）。

第4節　信用・品位の保持

社会公共のために尽くす職責を負っているプロフェッションは、社会から信頼され、品格をもっていなければならない。一般的イメージとして、医者と弁護士は金持ちであるとの声が聞かれるが、これは羨望のみに基づいているわけではなく、金銭欲を露骨に見せて拝金主義者になることを戒めているとみるべきである。委任契約が無償を原則としているのは、ローマ法において委任は高級な知的労務の提供であり対価になじまないという観念があったことに由来していることを想起すべきであろう（内田貴・民法II［第3版］（東京大学出版会・2011）290頁）。弁護士がプロフェッションとして社会から高い信頼を勝ち得るためには、信用・品位を保持する努力を常に怠ってはならない。

●ケース11●

A弁護士は、『借金を踏み倒して再出発』という題名の本を出版し、その中で、「財産を家族名義に移して隠してしまおう」「弁護士費用をサラ金から借り入れて支払えば実質負担はゼロになる」「サラ金なんて弁護士を付ければ取立てがなくなり怖くない」「自宅の競売には知人を住まわせて対抗しよう」等の詐害行為、否認行為、競売妨害行為を推奨す

るかのような過激な記載している。
　A弁護士の書籍は、品位を害するといえるか。

●ケース12●

　B弁護士は、テレビのワイドショーに頻繁にコメンテーターとして出演しているが、社会の耳目を集める刑事事件について、その弁護人の弁護活動を批判し、「中学生でもできるお粗末な弁護活動であり、とてもまともな弁護士とは思われない。あれでは被告人がかわいそうだ」等と発言し、居合わせた他のタレントに対しても「本当にあの弁護士はバカですねー」と述べて笑いを誘った。
　B弁護士は、弁護士の信用を毀損し、品位に欠ける行動をしたといえるか。

●ケース13●

　C弁護士は、弁護士報酬は依頼者に満足を与えた結果として支払いを受けるものであるから、依頼者が了解する限りは最高額を請求しても何ら問題はないとの考えから、あらゆる事件について依頼者が支払うことのできる最高金額を請求している。依頼者のうちには、支払資金がないために親族からの借入れをして支払う者や消費者金融会社から借入れをして支払う者までいる。C弁護士は、うすうすそのことに気づいてはいたが、弁護士報酬を支払うために借入れを起こすことには何の問題もないと考えている。
　C弁護士は、廉潔を保持しているといってよいのだろうか。

●ケース14●

　D弁護士は、弁護士は難関といわれる司法試験に好成績で合格していること、その経営する事務所も大規模化して高い収入を得ていること、東京証券取引所一部上場の会社の社外監査役に複数就任していること、

ライオンズクラブ等での役職にも就いていること等から、自分は偉いと思っており、タクシーに乗るときや新幹線に乗るときも、運転手や車掌に対し、「おい、おまえ、俺を誰だと思っているんだ」等と極めて横柄な態度で接している。

D弁護士の行為は、品位を欠くと評価すべきか。

主な検討対象条文
○会則
11条　弁護士は、法律学その他必要な学術の研究に努めるとともに、絶えず人格を錬磨し、強き責任感と高き気品を保たなければならない。
○職務基本規程
（名誉と信用）
6条　弁護士は、名誉を重んじ、信用を維持するとともに、廉潔を保持し、常に品位を高めるように努める。

【解　説】

1　信用の維持

弁護士は、自己のみならず弁護士職全体の信用を維持するように努めなければならないものとされている。このような**信用維持**の努力義務は、昭和30年制定の旧々弁護士倫理から一貫して規定されているところである。プロフェッションとしての弁護士は、社会公共のために尽くす職業であるから、社会から信頼されていなければならないのは当然のことであり、そのためにこのような規定が置かれている。

2　廉潔の保持

弁護士に**廉潔の保持**が求められるのは、なぜであろうか。プロフェッションであることは、生計の手段であることを否定するものではなく（三ヶ月

章・法学入門（弘文堂・1982）108頁）、弁護士が依頼事件を処理して適正・妥当な報酬を得ること、その結果として相当に高額の収入を得ることも何ら問題とされることではない。しかし、拝金主義者になり下がり社会から公共性・公益性を忘れた守銭奴と批判されるような事態は、弁護士に対する信頼を損いかねないことも明らかである。職務基本規程6条の「廉潔」とは、社会からも高い評価を受けるような高潔な人格を磨くという趣旨であって、弁護士に対して清貧に甘んずることを強要するものではない（日弁連弁倫委・解説14頁）。

3　品位の保持

　弁護士に対して**品位保持義務**を課したのは、昭和8年の旧弁護士法20条からであるが、以来現在まで品位保持は、弁護士の基本的義務とされている。「品位」の文言は、弁護士法56条1項に規定する懲戒事由としての「品位を失うべきの非行」にも用いられているが、弁護士法2条の「弁護士は、常に、深い教養の保持と高い品性の陶やに努め」とある中の「品性」と同義であるといわれる（日弁連弁倫委・解説15頁）。**品位**を一般的に定義すれば、「人に自然に備わっている人格的価値」（広辞苑［第6版］）あるいは「見る人が自然に尊敬したくなるような気高さ、おごそかさ」（大辞林［第3版］）であるが、弁護士の品位というときは、法律的知識や法律実務に通暁しているだけではなく、社会から真の信頼を受けるに足りる高潔な人格を有していることをいうものと解されるのである（日弁連弁倫委・解説15頁）。なお、弁護士法56条の「品位を失うべき非行」に当たるとされた懲戒事例が参考となる（髙中・概説265頁）。

4　ケースの検討

［ケース11］
　A弁護士の出版した書籍の題名は、購買層の歓心を買うためにかなりショッキングであるが、内容は、さらに過激であり、法律の抜け道を教示した

り、違法行為をあえて推奨するものとなっている。一般人の出版であれば、憲法上の出版の自由に基づき、どのような出版物を刊行するか、どのような記載をするかについて、原則的に第三者が容喙すべきではないのであるが、弁護士については、弁護士全体の品位を保持するとの観点から制約を受けることがあり得る。もちろん、弁護士であっても、出版の自由が保障されているから、それとの均衡を図る必要があるが、やはり社会から弁護士が出版した書物としての品位がないと厳しく批判されるものは、問題があるというべきであろう。

[ケース12]

B弁護士は、テレビのバラエティ番組で他の弁護士の弁護活動を批判するに際し、過激な言葉遣いをした点において、弁護士の信用を毀損し、品位を失う言動に及んだと評してよいであろう。最判平成23・7・15民集65巻5号2362頁は、タレントでもある弁護士が、テレビのトーク番組において、いわゆる光市母子殺害事件の弁護団の弁護活動を批判し、弁護士会に対する懲戒請求を呼びかけた行為について、娯楽性の高い**テレビ番組**における表現行為の一環であって、その趣旨も視聴者自身の判断に基づく行動を促すものであり、態様も視聴者の主体的な判断を妨げるようなものではないし、社会の耳目を集める刑事事件の弁護人は、その弁護活動の当否について国民によるさまざまな批判を受けることはやむを得ないのであり、弁護人が受けた精神的苦痛は社会通念上受忍すべき限度を超えるとまではいえないとして、不法行為の成立を否定しているが、その案件でも、品位を失うべき非行として弁護士会における懲戒処分の対象となりうることは別論であるとされている（髙中・弁護過誤343頁参照）。

弁護士がテレビ番組に頻繁に登場するようになり、バラエティ番組などで弁護士が明るく振る舞っている姿は、弁護士に対する距離感を縮める役割を果たしているのであるが、それでもその言動には一定の内在的な制約があるといわざるを得ない。

[ケース13]

C弁護士は、弁護士報酬の請求・受領に関して「廉潔」の範疇を超えていると評価してよいであろう。依頼者に借入れをさせてまで弁護士報酬の支払いを受けるような行為は、社会から高い評価を受けることはあり得ない。分割による支払い等を検討するべきであると考える。

［ケース14］

　D弁護士は、社会の信頼を受けるに足る高潔な人格を備えていないといわざるを得ないであろう。私がこれまでに接した範囲ではあるが、尊大ないしは横柄極まる態度をとる弁護士が過去にいたことは事実であり、今後も消滅することはないであろう（瀬木比呂志・法曹制度・法曹倫理入門（判例タイムズ社・2011）73頁以下に記載された複数の弁護士の尊大、横柄、自己中心の態度には、ほとほと呆れるとともに、同じ職にある者として恥ずかしい限りである。決して同書に記載された品位という言葉とは無縁の弁護士になり下がってはならない）。私が心から尊敬する社会的評価の高い方々（弁護士も含む）は、決して偉ぶらず、実に懇切丁寧な態度で接してくれる。「実るほど頭を垂れる稲穂かな」という格言を忘れてはならない。本当に偉い人は、実に腰が低いものである（東京高判平成18・9・20判タ1240号192頁は、弁護士の私生活上の行為が品位を失うべき非行に当たるとした例である）。

第5節　法律事務所に関する規律

　弁護士の事務所は、法律事務所と称し（法20条1項）、弁護士が所属する弁護士会の地域内に法律事務所を設けることを要し（法20条3項）、名義のいかんを問わず、2個以上の法律事務所を設けることができない（法20条3項）。法律事務所は、弁護士が活動する本拠としての性格を持つが、この法律事務所に関する規律を学ぶこととする。

I　法律事務所の名称

> ● ケース15 ●
>
> 　A弁護士は、市民に身近な場所で法律相談を主とした業務を行いたいと考え、Q駅前の裏路地にある雑居ビルの1室を借り受け、その事務所に「A市民法律相談センター」の名称を付けた。
> 　A弁護士の法律事務所名称に問題はあるか。

主な検討対象条文
○弁護士法
（法律事務所）
20条　弁護士の事務所は、法律事務所と称する。

【解　説】

1　法律事務所の名称規制

　弁護士法20条1項は、弁護士の事務所について、**法律事務所**と称さなければならない（外弁45条1項参照）と規定していないから、法律事務所と称する義務があるとは解されない。しかし、弁護士法74条は、**法律事務所の名称**の使用を弁護士以外の者に禁止していることからすれば、弁護士に対しては法律事務所の名称の使用を義務づけることも許されなければならない。そこで、日本弁護士連合会は、「法律事務所等の名称等に関する会規」（会規第75号。巻末資料405頁参照）を制定し、法律事務所以外の名称、たとえば、法律相談センター、弁護士事務所、法律センター等の使用を禁止している。同会規は、ほかに、複数名称の禁止、誤認のおそれのある名称の禁止、品位を損なうおそれのある名称の禁止等を定めている。

2 ケースの検討

[ケース15]
A弁護士は、「法律相談センター」の名称を使用することができない。

II 複数事務所の設置

― ● ケース16 ● ―

　A弁護士は、Q弁護士会に所属する弁護士であり、その法律事務所を、Q弁護士会があるQ県R市内に設けている。ところが、A弁護士は、自宅をQ県に隣接するO県のP市に構え、P市が出身地であることもあって、依頼者の多くもP市の住民や企業であった。そこで、A弁護士は、自宅に「A法律事務所P市出張所」と記載した看板を掲げ、週のうち半分くらいは自宅の応接室で依頼者との打ち合わせを行っている。
　A弁護士の行動に問題はあるか。

主な検討対象条文
○弁護士法
（法律事務所）
20条（1項・2項略）
3　弁護士は、いかなる名義をもってするを問わず、2箇以上の事務所を設けることができない。

【解　説】

1　複数事務所設置禁止の趣旨

弁護士法20条3項が**複数事務所の設置**を禁止しているのは、①弁護士間の

過当競争による事件の奪い合いの弊害を防止すること、②**非弁護士の温床**となるおそれを防止すること、③弁護士会の指導監督権の行使に支障を生じさせないようにすることが立法趣旨であるとされる（髙中・概説104頁）。しかし、①の過当競争の防止ということについては、競争規制を緩和している現在の傾向から見ると、あまり強く主張することができなくなっていると考えられる。したがって、複数事務所の禁止の趣旨は、②と③にあるというべきであろう。

なお、弁護士法人では、社員の常駐を要件として、従たる事務所の設置が認められている（法30条の16）。これについては、後出241頁参照。

2　事務所の数の判断基準

法律事務所は、弁護士の**活動の本拠**であり、そのような活動拠点としての実質を有するかどうかによって事務所を設置したかどうかを判定すべきである。したがって、外観からは法律事務所を設置したとは認められなくとも、**自宅**において法律事務処理を行うことが常態化し、自宅が活動の本拠としての実質を有するに至れば、事務所を設けたと認定される。自宅が法律事務所に当たるとされた例として、東京高判昭和38・2・25行例集14巻2号366頁、東京高判昭和50・1・30行例集26巻1号87頁がある。

次に、法律事務所の個数の判断方式であるが、実質面と形式面の双方から判断すべきである。すなわち、実質面については、**分室**、執務室、会議室等の物理的には分離している施設を届け出た法律事務所の施設と有機的・機能的に観察し、法律事務所としての有機的施設が1つとみるべきかどうかによって判断し、形式面については、看板、表札、名刺、封筒、ホームページ等の外観からみて、所属弁護士会に届けた法律事務所とは別個の事務所を設けたと認定できるかによって判定すべきである（髙中・概説105頁）。

3　ケースの検討

［ケース16］

A弁護士がP市にある自宅に掲げた「A法律事務所P市出張所」の看板を掲げ、1週間の内の半分くらいをその自宅で依頼者との打ち合わせ等をしているというのであるから、実質面でも形式面でも、Q弁護士会に届け出た法律事務所とは別に自宅に複数目の法律事務所を設けたと認定される。

第6節　営利業務従事に関する規律

　弁護士法旧30条1項本文は、「弁護士は、報酬ある公職を兼ねることができない」と定め、同条3項は、「弁護士は、所属弁護士会の許可を受けなければ、営利を目的とする業務を自ら営み、若しくはこれを営む者の使用人となり、又は営利を目的とする法人の業務執行社員、取締役若しくは使用人になることができない」と定め、公職兼任を禁止するとともに営利業務従事に許可制を設けていた。**公職兼任禁止**は、弁護士は国民の側にあってその使命を果たすことを本質とする職業であるから、公権力とは距離を置くべきであること、公職を兼務すれば弁護士の職務の独立性が侵害されるおそれがあり、これを防止する必要があることが制度趣旨とされた。また、**営利業務従事の許可制**は、弁護士が営利業務に従事することを無条件に認めると弁護士の品位と信用を十分に保持するできなくなるおそれがあることが制度趣旨とされていた（髙中・概説145頁）。

　しかし、わが国社会の隅々にまで法の支配を確立させるためには、弁護士が、伝統的な法廷活動にとどまらずに、公的機関、国際機関、非営利団体（NPO等）、各種企業、民間団体、労働組合等に積極的に進出し、その健全な運営に貢献することが期待されることとなる。このような見地から、2003（平成15）年の弁護士法改正によって、公職兼任と営利業務従事に対する事前規制が廃止され、前者は自由化され、後者は弁護士会に対する事前の届出制に改められた。なお、日本弁護士連合会では、会則をもって公職兼任についても事後の届出制度を採用している（巻末資料402頁を参照）。

白書188頁によれば、2012（平成24）年6月現在、**任期付公務員**として活動する弁護士は106名に及び、また、同年5月現在、営利業務に従事する弁護士は、全弁護士の約1割に相当する3368名（内訳：取締役2300名、使用人425名、その他643名）に達している。この数は、今後も大きく伸びていくであろうことは確実である。

そこで、弁護士の活動領域の拡大という見地から、営利業務従事に関する倫理を検討する（なお、企業の使用人たる弁護士＝組織内弁護士については、第5章において検討する）。

I　所属弁護士会への届出義務

●ケース17●

A弁護士は、ライオンズクラブで知り合ったXから、Xが代表取締役を務めるY株式会社の非常勤取締役に形の上だけ就任してもらいたいと要請された。Xは、「取締役会はそもそも開かないし、株主総会にも所用を理由に欠席して差し支えないから、取締役報酬もなしにしてほしい」とのことであったため、A弁護士は、無報酬の取締役なので就任の登記が済んでから所属するQ弁護士会に届け出れば足りるものと判断し、登記が済んでから届け出た。

A弁護士の行動に問題はあるか。

●ケース18●

B弁護士は、学校法人Yへの理事就任を求められたが、所属するQ弁護士会への届出は必要ないと考えている。

B弁護士の考えは正しいか。

宗教法人の理事に就任すること、信用金庫の理事となることはどうか。

主な検討対象条文

○弁護士法

（営利業務の届出等）

30条　弁護士は、次の各号に掲げる場合には、あらかじめ、当該各号に定める事項を所属弁護士会に届け出なければならない。

一　自ら営利を目的とする業務を営もうとするとき　商号及び当該業務の内容

二　営利を目的とする業務を営む者の取締役、執行役その他業務を執行する役員（以下この条において「取締役等」という。）又は使用人になろうとするとき　その業務を営む者の商号若しくは名称又は氏名、本店若しくは主たる事務所の所在地又は住所及び業務の内容並びに取締役等になろうとするときはその役職名

【解　説】

1　営利業務の意義

「**営利を目的とする業務**」とは、私的利益を図るために対外的取引をすることをいう。「営利を目的とする業務を営む者」とは、営利業務を営む法人、自然人をいい、法人については、会社法上の株式会社、持分会社（合名会社、合資会社、合同会社）が当然に含まれる。営利法人概念の構成要素としての**営利性**は、対外的活動によって得た利益をその構成員に分配することを意味するが（神田正樹・会社法［第14版］（弘文堂・2012）6頁）、そのような性格がない一般社団法人や公益社団法人、一般財団法人や公益財団法人、特定非営利活動法人（NPO法人）はもちろん、中小企業等協同組合法に基づく信用協同組合、農業協同組合、水産業協同組合、消費生活協同組合、信用金庫法に基づく信用金庫も、営利を目的とするものではない。学校法人、宗教法人、医療法人等も、非営利目的の法人である。

「取締役、執行役その他業務を執行する**役員**」とは、会社法348条の取締役、同法402条に基づき委員会設置会社に置かれた執行役、持分会社における業

務執行社員などをいう。「**使用人**」とは、実質的に見て営利業務を営む個人または法人と支配従属関係に立つ者をいい、雇用関係にある者に限定されない。報酬の有無も関係がない。監査役、清算人は、業務執行をするものではないから、これらに就任するについては届出不要である。発起人も同様である（髙中・概説147頁）。なお、営利業務従事の届出手続については、「営利業務の届出等に関する規程」（会規第55号。巻末資料403頁）が規定している。

2　ケースの検討

［ケース17］

　A弁護士は、無報酬で取締役に就任するからといって、所属弁護士会への事前届出が不要となるわけではない。なお、Xが、Y社について取締役会も開かない等と申し向けている点は、コンプライアンスあるいはコーポレート・ガバナンスの点から問題であることはもちろんであり、弁護士として黙認していてよいとは思われない。

［ケース18］

　B弁護士は、学校法人の理事への就任を依頼されているが、学校法人は非営利目的であり、届出は不要である。宗教法人の理事、信用金庫の理事に就任することも同様である。

II　品位の保持

● ケース19 ●

　A弁護士は、アパート3棟を所有して賃貸業務を営んでいるが、老朽化したためマンションへの建て替えを企画した。しかし、そのためにはアパート3棟の賃借人15名全員を立ち退かせる必要があったため、A弁護士は、「私は弁護士であるが、今般アパートを取り壊すことになったので、早急に立ち退いてもらいたい。立ち退かないときは、あらゆる法的手段を講ずる所存である」と記載した通知書を賃借人全員に発送し

た。

　A弁護士の行為は、品位を損なうものであるか。

● ケース20 ●

　B弁護士は、マンション建設・販売を目的とするX建設株式会社の代表取締役に就任している。X社は、都心にマンション用地を探していたところ、前から目をつけていたR所有の土地がライバルのQ不動産株式会社によって買い上げられたとの情報に接した。B弁護士は、土地所有者Rのところに赴き、「契約の履行の着手前であるし、手付倍返し分の金額を上積みするので、ぜひQ社との売買契約を解約し、X社に売っていただきたい。必要ならば、裏金も支払いたい」と申し向け、Q社との売買契約を反故にさせてRからの土地買い上げに成功した。B弁護士は、過去にも数回このような手法でマンション土地の買い上げをしていた。

　B弁護士は、品位を損なう行為に及んだといえるか。

主な検討対象条文
○職務基本規程
（営利業務従事における品位保持）
16条　弁護士は、自ら営利を目的とする業務を営むとき、又は営利を目的とする業務を営む者の取締役、執行役その他業務を執行する役員若しくは使用人となったときは、営利を求めることにとらわれて、品位を損なう行為をしてはならない。

【解　説】

1　営利業務従事における品位

　旧弁護士法30条3項は、弁護士の品位保持のために営利業務従事を所属弁

護士会の許可制としたが、弁護士の活動領域を拡大するために、届出制に改められた。しかし、営利業務従事には品位の保持の要請があることに変わりはなく、職務基本規程16条は、確認的に品位の保持を定めている。ここに**品位**とは、一義的に明らかにすることは困難であり、事業の形態、弁護士の関与の度合い、報酬の多寡、社会的影響等を総合的に判断して決定することになろう。所属弁護士会の許可制の下では、貸金業、古物営業、風俗営業などが一律に不許可の対象とされていたことがあるが、これらの営業内容だから直ちに品位を害すると断定することは困難である。

2　ケースの検討

［ケース19］

Ａ弁護士は、賃貸人が法律専門家である弁護士であることをことさらに強調してアパートからの立ち退きを要求し、立ち退かないときは何をするかわからないとの恐怖感を与える記載をした書面を送付している。一般国民の目からすれば、品位を害するといってよいであろう。

［ケース20］

Ｂ弁護士は、Ｘ社の代表取締役として、不動産の買い上げ（地上げ）に際して商道徳に反する手法を用いてマンション建設用地を取得しているものであり、品位を害する業務を行ったというべきであろう。

第3章　依頼者との関係における倫理

　基本倫理に続き、依頼者との関係における倫理を学ぶことにする。弁護士倫理の中核は依頼者との関係における規律であるいってよく、分けても「職務を行い得ない事件」（利益相反行為；Confrict of Interest）と守秘義務は、世界共通の法曹倫理の二大テーマである。職務基本規程は、それまでの旧弁護士倫理に比較して依頼者関係の規律を大幅に拡充しているが、それは当然の流れというべきものである。

　依頼者との関係における倫理として、前述の二大テーマに続き、弁護士報酬の規律を検討し、次いで、事件受任過程における倫理問題、事件処理過程における倫理問題、事件終了時における倫理問題を検討する。

第1節　職務を行い得ない事件

　弁護士法25条は、弁護士の**利益相反行為**を掲げ、それらについて職務を行うことを禁止しているが、それは、当事者（相手方も含むが、主には依頼者である）の利益の保護ということのほかに、弁護士の職務遂行の公正さを確保すること、品位を保持して弁護士全体に対する社会の信頼を確保することも趣旨としている。職務基本規程27条は、弁護士法25条と同趣旨の規律を定め、同規程28条は、制度の趣旨をさらに敷衍した規律を定めている。

　利益相反行為の規律は、弁護士倫理の中でも守秘義務と並んで最も重要なものであり、多くの困難な問題を提供する。弁護士法25条に関する判例は実に多いのであるが、このことは、利益相反行為がいかに多く裁判において問題とされたかを物語っている。また、利益相反行為の禁止に違反したために

第3章　依頼者との関係における倫理

懲戒処分を受けた者も少なからず存在し、その中の何人かはこれを契機として堕落している。

　弁護士は、事件受任時はもちろん処理時においても、常に利益相反に注意を怠らないように自覚するとともにケアフルな執務体制を整備し、利益相反問題を覚知したときは、直ちに適切な措置を講ずるようにしなければならない。

I　相手方の協議を受けて賛助し、またはその依頼を承諾した事件

●ケース24●

　A弁護士は、Q市の無料法律相談を担当しているが、その相談日に妻Xから夫Yとの離婚の相談を受けた。Xによれば、「Yの頻繁な暴力に耐えきれず、離婚を考えているが、どうしたらよいか」とのことであり、A弁護士は、早急に離婚の調停を申し立てることをアドバイスし、離婚の際の慰謝料、財産分与等についても、一般的な実務の傾向を説明した。ところが、1か月後に、顧問会社の社長Wに連れられてYがA弁護士の事務所を訪れ、「Xから夫婦関係調整の調停を申し立てられたのでどうしたらよいか」との相談を受けた。

　A弁護士は、Yとの相談の途中で過去に法律相談をしたXの相手方であることに気が付いたが、どうすべきか。

　A弁護士は、Yに対する法律相談を拒絶した後、Xからの離婚事件を受任することはどうか。

●ケース25●

　B弁護士は、高校時代の友人Xから電話を受け、一緒に食事をすることになった。酒を飲みながら昔話に花を咲かせていたところ、Xは、「妻Yとの離婚話が進行中であり、悩んでいる」とこぼした。B弁護士

は、酒に酔っていたこともあって、ただ「そうか。大変だな」というだけであった。ところが、後日懇意にしている知人Wから、その長女の離婚事件を頼まれたが、長女とは、Xの妻であるYであった。

　B弁護士は、Yの離婚事件を受任してよいか。

● ケース26 ●

　C弁護士は、Xの依頼を受けてYに対する貸金請求訴訟を提起したところ、訴訟進行中に、資金に窮したXは、Yに対する貸付債権をQに譲渡した。Xは、Qを同道してC法律事務所を訪れ、「このたび、Qさんに私の貸金債権を譲渡しましたが、Yに対する裁判は引き続き先生にお願いします。このことは、Qさんも、了解しています」といい、Qは、C弁護士宛ての訴訟委任状を差し出した。そこで、C弁護士は、Q訴訟代理人として、民事訴訟法47条に基づくQを申立人とする独立当事者参加の申立てをし、また、X訴訟代理人として、Xの訴訟脱退の手続をした。

　C弁護士の行為に問題はあるか。

　YがXからQに対する債権譲渡が通謀虚偽表示であるとしてその効力を争っている場合とそうでない場合とで差異があるか。

● ケース27 ●

　D弁護士は、交通事故でYを死亡させた被告人Xの依頼を受け、自動車運転過失致死事件の弁護人となったが、その刑事裁判が進行しているときに、被害者Yの相続人であるPおよびQから、「Xの雇用主であったZ株式会社が運転手であるXのみに責任を転嫁してあまりに不誠実なので、Z社に対する使用者責任を追及する損害賠償請求訴訟を提起してほしい」との依頼を受けた。なお、Xも、Z社をすでに解雇されているので、PとQの依頼を受けてもよいといっている。

　D弁護士は、P・Qの訴訟代理人としてZ社に対する損害賠償請求

訴訟を提起してよいか。

主な検討対象条文
○弁護士法
（職務を行い得ない事件）
25条　弁護士は、次に掲げる事件については、その職務を行つてはならない。
　（ただし書は略）
一　相手方の協議を受けて賛助し、又はその依頼を承諾した事件
○職務基本規程
（職務を行い得ない事件）
27条　弁護士は、次の各号のいずれかに該当する事件については、その職務を行ってはならない。（ただし書は略）
一　相手方の協議を受けて賛助し、又はその依頼を承諾した事件

【解　説】

1　協議と賛助の意義

　弁護士法25条1号、職務基本規程27条1号の趣旨は、相手方のいわば手の内を知っている事件および一度相手方の依頼を承諾した事件について、その取扱いを許せば、内部事情を含む秘密を打ち明けた相手方の信頼を裏切ることとなるため、これを防止しようとすることにある（最大判昭和38・10・30民集17巻9号1266頁）。

　相手方から「**協議**」を受けるとは、法律事件について法的解釈や解決方法に関する相談を受けることをいい、乗り物の中で雑談的に話を聞いた場合、一般的な悩み事として話を聞き法律的解決の相談に入ることがなかった場合は、協議を受けたとはいえない（最判昭和30・8・9裁判集民事19号31頁）。

　「**賛助**」とは、協議を受けた事件について、相談者が希望する一定の結論や利益を擁護するための法律的見解・法律的解決手段を教示することをいう

(最判昭和33・6・14新聞100号15頁)。相談者に対して、相談者の希望とは反対の意見、たとえば法的に成り立たないとか違法であるとかの意見を述べたときは、賛助したことにはならない。なお、賛助したというために相手方との間に信頼関係があったかどうか、金銭の授受があったかどうかは関係なく、無料法律相談で初対面であったとしても、賛助と認定することに問題はない。

依頼を「承諾」した事件とは、事件処理の申込みを承諾したことをいう。

なお、相手方の協議を受けて賛助した事件や相手方の依頼を承諾した事件については、当事者の同意によって禁止を解除することはできない。したがって、事件処理を続けたいと思っても禁止を解除する措置はないので、注意が必要である（髙中・概説120頁、東京三会有志・理論と実務66頁［溝口敬人］）。

2　事件の同一性

弁護士法25条1号、職務基本規程27条1号違反というためには、弁護士が関与した事件が一方当事者と相手方とで同一でなければならない。同一かどうかは、訴訟物が同一かどうかではなく、その基礎をなす法的紛争の実体が同一かどうかによって決定される（青森地判昭和40・10・9判タ187号185頁）。一方が民事事件、他方が刑事事件であっても、同一性が認定されることがある。

3　独立当事者参加

民事訴訟法47条は、**独立当事者参加**について定めているが、これには詐害防止参加と権利主張参加の2つの類型がある。ケース26は、権利主張参加であるが、判例は、訴訟参加の申出人と当該訴訟の原告または被告との間に実質的な利害対立があるかどうかによって、判断する。すなわち、ケース26において原告Xとの間で権利譲渡に争いがなく参加申出の手続上もXを相手方としないときは、依頼者Qの信頼を裏切るものではなく、弁護士の品位を損なうものでもないとし（最判昭和37・4・20民集16巻4号913頁）、原告Xの代理人の地位にとどまり、XもYに対する請求を維持しているときに、Q代理人としてXとYを相手方として参加の申出をすることは、弁護士法

25条1号に違反するとする（名古屋高判昭和30・7・19下民集6巻7号1526頁）。

4 ケースの検討

[ケース24]

　A弁護士は、**無料法律相談**の相談者であるXから離婚の法律相談を受け、これに回答したものであるから、賛助に当たることはもちろんである。したがって、Yから事情を聴取している過程でXの法律相談に対応したことに気付いたときは、直ちにYの相談を中止しなければならない。なお、Yの相談を中止する際に、Xとの法律相談で回答した内容はもちろん、相談を受けたこと自体を開示すれば、守秘義務違反となるから、中止や辞任理由の説明には細心の注意が必要となる。

　なお、A弁護士がYの法律相談を拒絶した後にXから事件依頼を受けることは、Yの相談がどこまでの事実を開示し、A弁護士がこれにどこまでの回答をしたかによる。法的見解を述べ、法的解決方法を教示したりしていれば、Xの事件依頼を受けることはできない。そうでない限りは、一応Xからの事件依頼を受けてもよいが、いかに賛助に至っていないからといって、一度法律相談で顔を合わせたYを相手方としてよいものであろうか。Xの事件依頼は受けないのが賢明ではないだろうか。

[ケース25]

　B弁護士は、友人Xと旧交を温めるための会食の席で、悩み事の打ち明けとして妻との離婚の話を聞いただけであり、Xから協議を受けたものとは認められない。したがって、その妻であるYの依頼を受けてもよいということになるが、Xに対する配慮からすれば、受任しないほうが賢明であろう。

[ケース26]

　C弁護士は、XおよびXから債権を譲り受けたQの両名の依頼を受けているが、そこに利害対立がなければ、XとQ双方の事件を受任してよい。これに対し、XとQが同一債権の帰属をめぐって争っているような場合に

は、一方の事件しか受任できない。XとQが債権の帰属を争っている場合だけでなく、債務者であるYがXからQに対する債権の譲渡を通謀虚偽表示であるとして無効を主張し、債権の帰属が争点になっている場合にも、同様にXとQの一方のみしか受任できないと解するのが相当であろう。

[ケース27]

D弁護士は、一方は自動車運転過失致死罪に問われているXの刑事事件、他方は、その刑事事件の被害者の相続人であるPとQの民事事件であり、事件の同一性がないと考えることも可能である（類似ケースについて、仙台高判昭和46・2・4下民集22巻1・2号81頁）。しかし、紛争の実体は一個の交通事故であり、それが刑事事件と民事事件に分かれて発現しているとみるべきである。したがって、刑事事件の当事者Xが同意したとしても、弁護士法25条1号には同意による解除がないから、D弁護士は、PとQから民事事件を受任することができないと解するべきである。

II 相手方の協議を受けた事件で、協議の程度・方法が信頼関係に基づくもの

●ケース28●

A弁護士は、電話帳を見たというXの突然の訪問を受け、面談した。Xは、「妻Qの不貞行為の相手方Yを許せない。最低でも1億円の慰謝料を請求したいのでぜひ引き受けてほしい」と主張したが、A弁護士は、「そのような巨額の慰謝料は到底裁判で認められない」と回答した。ところが、Xは、「そんなはずはない」と強硬に詰め寄ったため、事実関係を全く聞かずに事件受任を断った。その後、知人Wに連れられてきたYがA弁護士を訪れ、原告Xからの損害賠償請求の訴状を示し、被告訴訟代理人になってほしいと依頼された。

A弁護士は、Yの依頼を受けてよいか。

> **主な検討対象条文**
> ○弁護士法（職務を行い得ない事件）
> 25条　弁護士は、次に掲げる事件については、その職務を行つてはならない。（ただし書は略）
> 二　相手方の協議を受けた事件で、その協議の程度・方法が信頼関係に基づくと認められるもの
> ○職務基本規程
> （職務を行い得ない事件）
> 27条　弁護士は、次の各号のいずれかに該当する事件については、その職務を行ってはならない。（ただし書は略）
> 二　相手方の協議を受けた事件で、その協議の程度・方法が信頼関係に基づくと認められるもの

【解　説】

1　唾付け・封じ込め

　弁護士法25条2号、職務基本規程27条2号は、相手方から法律相談を持ちかけられただけの事件であっても、その協議の程度と方法が信頼関係に基づいていると認められれば、相談を受けた事件について職務を行ってはならないと規定する。信頼関係に基づくという絞りをかけたのは、弁護士の少ない地域において狡猾な当事者が自分の依頼予定以外の弁護士にいわば**唾付け**をしておいて相手方代理人とならないように**封じ込め**てしまう弊害があると考えられたためである。同じような弊害は、弁護士過疎地域ばかりでなく、特定の法律分野、たとえば知的財産権訴訟のエキスパートについても起こり得るであろう。

　協議の「程度」とは、協議の内容や深さをいい、「方法」とは、回数、時間、場所等の協議の態様をいう。「**信頼関係に基づく**」とは、協議の程度と方法を全体としてみたとき、依頼を承諾したのと同程度の信頼関係に起因していたことをいう（高中・概説125頁）。

メールによる法律相談が相当に普及しているが、中には唾付けを狙った者もいないではないから、注意が必要である。

2 ケースの検討

[ケース28]

A弁護士は、飛び込みで事務所を訪れたXについて、事実関係の聴取を行わずに受任を拒絶したのであるから、協議の程度および方法が信頼関係に基づくとは認められないと解される。したがって、Yの事件依頼を受けてよい（東京地判昭和26・8・24下民集2巻8号1027頁参照）。ただ、Xが極めて狡猾な人物であった場合は、後にA弁護士に対して牙をむき、弁護士法25条2号違反を主張してくる可能性がないではない。「君子危うきに近寄らず」の態度をとることが適切な場合もあることを知ってほしいと思う。

Ⅲ 受任中の事件の相手方からの依頼による別事件

● ケース29 ●

A弁護士は、被告人Xから傷害被告事件の弁護人を受任し、被害者であるYの自宅に赴いて示談交渉を行った。そして、A弁護士の誠意が通じ、円満に示談が成立した。ところが、示談書の取り交わしの後、Yから、「実は、私の息子Zが消費者金融から相当の借金をしており、首が回らない状況にあります。この示談金の一部でA先生の弁護士費用をお支払いし、また返済資金の一部にも回したいと思いますので、ぜひ息子の債務整理をしていただけませんか」といわれた。

A弁護士は、Zの債務整理事件の依頼を受けてよいか。よいとすれば、どのような手続が必要か。

A弁護士が傷害被告事件の処理を完全に終えた後に、Yから知人Qの債務整理事件を紹介された場合は、受任してよいか。

A弁護士が国選弁護人であったときは、どうか。

● ケース30 ●

　B弁護士は、X株式会社から、競合メーカーであるY株式会社がX社の特許権を侵害したことに基づく製造差止請求事件を受任し、知的財産高等裁判所において訴訟を遂行していたが、訴訟も結審間近となった頃、Y社の法務部長Qから電話が入り、「B先生の法廷での鋭い弁論と尋問にはいつも感服しておりました。実は、当社と競合するW社が製造している製品が当社の特許権を侵害しているので、製造差止事件をお願いしたいのです」と切り出してきた。Y社法務部長Qによれば、その特許権は、Y社の社運がかかっている重要なものであった。そこで、B弁護士は、「わかりました。お引き受けします。ただ、X社の了解を取らないと具体的な職務活動はできないことになっていますから、しばしお待ちください」といって電話を切った。その直後、B弁護士は、X社の担当者に面会して詳細に事情を説明し、Y社からW社を被告とする製造差止事件を受任してよいかを尋ねたところ、X社は、「B先生は、当社にとって大切な弁護士ですから、他社の仕事をされては困ります」といわれ、同意がとれなかった。
　B弁護士は、今後どのようにすべきか。

主な検討対象条文

○　弁護士法
（職務を行い得ない事件）
25条　弁護士は、次に掲げる事件については、その職務を行つてはならない。ただし、第3号及び第9号に掲げる事件については、受任している事件の依頼者が同意した場合は、この限りでない。
　三　受任している事件の相手方からの依頼による他の事件

○職務基本規程
（職務を行い得ない事件）
27条　弁護士は、次の各号のいずれかに該当する事件について、その職務を行ってはならない。ただし、第3号に掲げる事件については、受任している事件の依頼者が同意した場合は、この限りでない。
三　受任している事件の相手方からの依頼による他の事件

【解　説】

1　受任中の事件の相手方からの依頼

　弁護士法25条3号、職務基本規程27条3号は、受任して現に処理中の事件の相手方から別の事件を依頼された場合、その別の事件を取り扱ってはならないと規定する。これは、主には受任中の事件の依頼者の利益を保護する趣旨が大きいと考えられる。もちろん、一方で依頼者の事件を処理していながら、敵対する相手方から別の事件を依頼され、これを依頼者に無断で処理するようなことがあれば、弁護士は依頼者の権利・利益を護る職業であるとの社会の信頼を根底から損なうおそれがあることも根拠となっている。ただ、受任中の事件の依頼者が同意をすれば禁止が解除される仕組みとなっている点からすれば、やはり受任中の事件の依頼者保護が優先していると考えざるを得ない。

　「受任している事件」 とは、現に受任して処理中の事件をいい、過去に受任して処理を終えた事件は含まれない。実際にも、依頼事件を誠実に処理していたことが敵対する相手方からも **「敵ながらあっぱれ」** という高い評価を得て、その敵方の事件を依頼されることは弁護士冥利に尽きるといわれることがある。

　相手方とは、受任して処理中の事件の相手方本人をいい、相手方の依頼とは、相手方が事件の依頼をすることであって、事件の紹介をした場合を含まないとされている（高中・概説127頁）。

2　他の事件

「他の事件」とは、受任中の事件とは別の事件をいい、受任中の事件との関連性があるかどうかを問わない。たとえば、受任中の事件が刑事事件であり、相手方が依頼した事件が民事事件であっても、問題はない。

3　依頼者の同意

　弁護士法25条3号、職務基本規程27条3号の禁止は、受任中の事件の依頼者が同意をすれば、解除される。しかし、その同意は、事前の同意であることを要し、事後の同意では要件を満たさないとされている。
　ところで、困難な問題は、受任中の事件の依頼者の同意を取得する過程にある。この同意については、とれるのが当然の前提とされているようであるが、同意がとれなかったときには、**守秘義務違反**の問題が顕在化することを特に指摘しておかなければならない。すなわち、依頼者の同意をとる過程では、受任中の事件の依頼者に対して、相手方から依頼を受ける予定の事件の内容を知らせ、それをもとに同意をとるのが通例である。何の説明もなしに敵対する相手方の事件を処理することに同意をする事態は容易に想像することができない。しかし、その同意がとれなかったときには、守秘義務違反の事実のみが残ることとならざるを得ない（相手方から依頼を受ける予定の事件について正式の委任契約が成立していなくとも、守秘義務が発生すると解すべきであろう）。同意は簡単にとれるように見えるが、実は大きな問題が伏在しているのである。

4　ケースの検討

[ケース29]
　A弁護士は、Xから受任中の刑事事件の相手方Yから、息子Zの債務整理事件を依頼されたのであるが、弁護士費用も債務弁済金の一部もYが負担するということであるから、債務整理事件を抱えているZを紹介すると

いうことではなく、父親として息子Ｚの債務整理事件を依頼するというものと理解すべきであろう。紛争を抱える第三者を紹介することは依頼とは違うのであるが、紛争当事者ではない者であっても依頼者すなわち委任契約の当事者になることができるから、その限界は微妙である。Ｙが事件依頼をするということになると、刑事事件の依頼者であるＸの同意をとらなければならない。

　Ｘの刑事事件の処理を完全に終えれば、相手方Ｙから別の事件の依頼を受けることに制限はなく、ましてや、ＹからＱを紹介されて委任契約を締結することに制限はない。ただ、当初の依頼者が相手方の事件を処理しているＡ弁護士を見たときに、不公正な処理をしていたのではないかとの疑念を持たれないような注意は必要であろう。依頼者は、自分のみに対して誠実義務を尽くすものだと考えているのが通例といってよく、事前の連絡もなく事件の相手方から別の事件を依頼されて処理している姿を見たときには、あまりいい顔はしないことが多いのである。

　Ａ弁護士が国選弁護人であったときについては、職務基本規程49条１項に規定する対価受領の禁止の問題となる。別事件の依頼が、実質的に見て対価性を帯びることはあり得るし、それは国選弁護事件が終了した後も同様であると考える（東京三会有志・理論と実務75頁［岡田理樹］参照）。

［ケース30］
　Ｂ弁護士は、Ｘ社の同意がとれるものだと思ってＹ社が依頼しようとする事件の内容をＸ社に開示したところ、同意がとれなかったというわけであり、ケースでは、Ｙ社との間で委任契約が成立していると認められるから、Ｙ社がＢ弁護士に事件の概要を開示したことは「職務上知り得た依頼者の秘密」を漏らしたこととなり、守秘義務違反を犯したことにならざるを得ない。このような立場に立たされたＢ弁護士は、Ｙ社から厳しく守秘義務違反を追及されることは必至と思われ、その後のＹ社を被告とする特許権侵害に基づく差止請求訴訟の遂行にも大きな影響があろう。同意の取得には細心の注意が必要なのである。

Ⅳ 公務員として職務上取り扱った事件

―● ケース31 ●―

　A弁護士は、Q市の教育委員会の委員に就任中、Q市立V中学校で教師のZが生徒Xに体罰を加えてXが傷害を負ったとの報告を受け、その経過に関するZからの事情聴取を行い、Q市としてZに対する懲戒処分をすべきかどうかの対応策を検討したことがあった。ところが、その後、Xの親権者であるYとZは、Q市を被告として国家賠償請求訴訟を提起した。A弁護士は、Q市の顧問弁護士も勤めていたため、被告Q市の訴訟代理人となって、YとZの提起した訴訟に対応した。
　A弁護士に問題はあるか。

―● ケース32 ●―

　B弁護士は、元Q地方裁判所の書記官であったが、書記官在職中に口頭弁論調書の作成等を行ったXのYに対する損害賠償請求事件について、弁護士となってから、Xより、「当初の代理人のR弁護士が死亡したので、私の訴訟代理人をぜひお願いしたい」と依頼された。B弁護士は、2年以上も前の書記官時代の事件であったために、取り扱ったことを忘れており、Xの依頼を引き受けることとした。
　B弁護士はXの依頼を受けてよいか。

―● ケース33 ●―

　C弁護士は、元公証人であるが、公証人時代にQの公正証書遺言を作成した。ところが、弁護士となった以後、亡Qの相続人であるXから、「生前にQがYから買い受けていた土地の遺贈を受けているが、それが遺言書に記載されていない。その土地の登記名義がまだYのままとなっているので、Yに対して所有権移転登記手続請求訴訟を提起

してほしい」と依頼された。

C弁護士は、Xの依頼を受けてよいか。

主な検討対象条文
○弁護士法
（職務を行い得ない事件）
25条　弁護士は、次に掲げる事件については、その職務を行つてはならない。
　（ただし書は略）
四　公務員として職務上取り扱つた事件
○職務基本規程
（職務を行い得ない事件）
27条　弁護士は、次の各号のいずれかに該当する事件については、その職務を行ってはならない。（ただし書は略）
四　公務員として職務上取り扱った事件

【解　説】

1　公務員の意義

　公務員として職務上取り扱った事件を禁止するのは、将来弁護士として事件依頼を受けることを予定して公職にある間に事件処理に手心を加えたり、公職在任中の関与を誇張して依頼者に過大な期待を抱かせる弊害を防止すること、公職にあるときに処理した事件について、立場を変えて弁護士として非難したり、公職在任中の行った処理に拘泥して弁護士の職務遂行に無理をするような事態を防止することにある（髙中・概説127頁）。

　「**公務員**」とは、裁判官、検察官が代表的なものであるが、国家公務員法および地方公務員法上の公務員が広く含まれる。特別職・一般職の別、非常勤・常勤の別も問わない。したがって、**調停委員**、教育委員会・選挙管理委員会・収用委員会・労働委員会等の各種委員も当然に対象となる。**公証人**も、

法令に基づき公務に従事する者として、ここにいう公務員に当たると解される（髙中・概説128頁）。

2　職務上取り扱った事件

「職務上取り扱った」とは、公務員であったときに当該事件の処理に実質的関与をしたことを要すると解すべきであり、たとえば、**司法修習生**が検察実務修習で被疑者の供述調書の作成と浄書に関与した案件について、弁護実務修習で同じ被告人の弁論要旨の作成と浄書に関与しても、実質に関与したものではないので、弁護士法25条4号違反とはならない（大阪高判昭和59・10・16判時1138号161頁）。

3　ケースの検討

［ケース31］

A弁護士は、Q市教育委員会の委員としてV中学校におけるZの体罰事件につき、Z本人から事情聴取をしたうえ、懲戒処分をすべきかどうかという事案の実質に関与していると認められるから、Q市の訴訟代理人となることはできない。なお、類似事案について、東京高判昭和58・10・7判タ520号143頁は、教育委員会において事案処理に実質的に関与していないとして弁護士法25条4号違反ではないとしている（東京三会有志・理論と実務78頁［溝口敬人］を参照）。

［ケース32］

B弁護士は、Q地方裁判所の裁判所書記官として口頭弁論調書の作成等を行ったというのであるから、事案の実質に関与したといわざるを得ない。したがって、Xの事件を受任することはできない。

［ケース33］

C弁護士は、公証人として遺言公正証書の作成をしたが、その内容となっている遺言物件に関する訴訟の代理人となることは、遺言の実質に関与したと解すれば、弁護士法25条4号違反となるが、公証人は、遺言者の口授する

第1節　職務を行い得ない事件

ところを単に筆記しただけであって遺言の実質に関与していないと解すれば（民969条）、違反とはならない。判例（東京高判昭和46・3・9判タ264号351頁）は、後者の見解を採用する。しかし、遺言公正証書の「作成」をしたのは公証人であるから、訴訟の被告となった者には奇異に映るのではないだろうか。

Ⅴ　ADRの手続実施者として取り扱った事件

●ケース34●

　A弁護士は、公益財団法人日弁連交通事故相談センターQ県支部において、示談斡旋の担当弁護士に就任している。ある日、交通事故被害者Xの申立てによって、加害者Yが自動車損害賠償責任保険契約を締結しているZ損害保険会社の担当者Pを呼び出し、示談斡旋を行った。A弁護士は、同センターが発行している「交通事故損害賠償算定基準」をもとに損害額を計算して、斡旋案をXとPに示したが、Pは、Z社の内部的賠償基準から大きくかけ離れていると主張し、示談不成立に終わった。その後、A弁護士は、Xから「A先生の斡旋案で満足していますので、ぜひ私の事件を引き受けてください」といわれた。

　A弁護士は、Xの損害賠償請求事件を受任してよいか。

主な検討対象条文
○弁護士法
（職務を行い得ない事件）
25条　弁護士は、次に掲げる事件については、その職務を行つてはならない。
　（ただし書は略）
五　仲裁手続により仲裁人として取り扱つた事件
○職務基本規程

第3章　依頼者との関係における倫理

> （職務を行い得ない事件）
> 27条　弁護士は、次の各号のいずれかに該当する事件については、その職務を行ってはならない。（ただし書は略）
> 五　仲裁、調停、和解斡旋その他の裁判外紛争解決機関の手続実施者として取り扱った事件

【解　説】

1　裁判外紛争解決機関の手続実施者

　弁護士法25条5号は、仲裁人として取り扱った事件の職務行為を禁止しているが、職務基本規程27条5号では、調停、和解斡旋等の裁判外紛争解決機関の手続実施者に拡張している。**仲裁人**等は、中立公正な立場から紛争の実態を当事者双方から聴取して実質に通じていることから、当該事件の取扱いを禁止したものである。

　裁判外紛争解決機関（ADR；Alternative Dispute Resolution）は、民事調停・家事調停等の司法型、国民生活センター・**建設工事紛争審査会**等の行政型、**交通事故紛争処理センター・そんぽADRセンター・弁護士会仲裁センター**・国際商事仲裁協会等の民間型に分かれるが、裁判外紛争解決手続の利用の促進に関する法律（平成16年法律第151号。ADR法）による認証を受けたADRを含め、設置が進んでいる。そして、原発ADR、金融ADR、事業再生ADRなど、国民の認知度も高まっており、今後は、注意を要する利益相反の類型になっていくであろう（日本弁護士連合会ADRセンター編・紛争解決手段としてのADR（弘文堂・2010）参照）。

2　ケースの検討

［ケース34］
　A弁護士は、わが国でも取扱い事件が多いADRの一つである日弁連交通事故相談センターの示談斡旋を担当し、当該交通事故の中身を精査したうえ

でXとPに斡旋案を提示しているのであるから、Xの依頼を受けることはできない。

VI 相手方との間に親族関係がある事件

──● ケース35 ●──

　A弁護士は、顧問先であるX信用金庫から、Y株式会社に対する貸付債権請求事件の依頼を受けた。Y社の登記事項証明書を取り寄せてみると、社外取締役の中に妻の弟に当たるZが含まれていた。X信用金庫の担当者の説明によれば、Y社の経営は極度に逼迫しているとのことであり、依頼のあった貸金請求事件で強制執行まで進むと、Y社を倒産に追い込むことはほぼ必至であり、その結果、社外取締役であるZにも波及するおそれがあった。
　A弁護士は、X信用金庫の依頼を受けてよいか。

──● ケース36 ●──

　B弁護士は、父Qの死亡により、同人の遺産分割をすることになったが、Qの配偶者でBの母でもあるXの老後の不安を少しでも軽減するため、Xの取得財産を手厚くした分割案を作成し、弟Yと妹Zに示した。ところが、YとZは、自分たちの法定相続分をあまりにも無視しているといってB弁護士の作成した遺産分割案を強く拒否した。B弁護士は、Xと相談した結果XとBが申立人となって、YとZを相手方とする遺産分割の調停申立てをすることとなり、B弁護士は、Xの委任状をもらって調停の申立てを行った。
　B弁護士がとった行動に問題はあるか。

主な検討対象条文

○職務基本規程

（職務を行い得ない事件）

28条　弁護士は、前条に規定するもののほか、次の各号のいずれかに該当する事件については、その職務を行ってはならない。ただし、第１号……に掲げる事件についてその依頼者が同意した場合……は、この限りでない。

一　相手方が配偶者、直系血族、兄弟姉妹又は同居の親族である事件

【解　説】

1　相手方が親族である事件

　職務基本規程28条１号は、弁護士と一定の親族関係にある者を相手方とする事件の取扱いを禁止している。弁護士が親族に遠慮して職務を全うすることができないおそれがあるためである。その一定の親族関係としては、配偶者、直系血族、兄弟姉妹、同居の親族（親族とは、民法725条に従い、６親等内の血族・配偶者・３親等内の姻族をいう）としている。これらに該当しない親族、たとえば、**内縁関係**にある者、同居していない親族等を相手方とする場合でも、弁護士法56条に規定する懲戒事由たる品位を失うべき非行とされることはあり得るから、注意が必要である（日弁連弁倫委・解説77頁。なお、東京三会有志・理論と実務86頁［安西愈］参照）。

2　ケースの検討

［ケース35］

　Ａ弁護士は、受任事件の相手方であるＹ社の取締役に同居していない３親等内の姻族であるＺがいたわけであるが、相手方はＹ社であり、Ｚはその影響を受ける立場にあるだけであるし、Ｚは同居もしていないのであるから、職務基本規程28条１号の要件には該当しない。したがって、Ｘ信用金庫の依頼を受けてよいのであるが、このような場合あえてしてＸ信用金庫の

秘密を妻に話してしまいがちとなる。しかし、それは守秘義務違反となるから、注意すべきである。

[ケース36]

B弁護士は、自らも申立人となって兄弟姉妹のYとZに対する調停申立てを行い、さらにXの依頼を受けて同様の調停申立てをしているが、依頼者であるXの同意があるから、問題はない。

Ⅶ 別事件の依頼者・顧問先等を相手方とする事件

● ケース37 ●

A弁護士は、クレジット業を営むX株式会社から、その東京支店に関係する相当数のクレジット代金請求事件を受任して処理をしているが、別の顧問先のQ株式会社の社長から、その従業員であるYのクレジット・サラ金関係の債務整理事件を依頼された。Yから事情を聴取すると、負債総額は300万円、債権者数は10名であり、月給から毎月5万円の返済が可能とのことであった。ところが、債権者の名前を聞くと、X社が30万円の立替金債権を有していたことが判明した。ただ、X社の担当支店は、大阪支店であり、A弁護士が知っている社員はいなかった。

A弁護士は、YのX社に対する債務整理事件を受任してよいか。

● ケース38 ●

B弁護士は、Q損害保険株式会社の顧問をし、その損害保険契約者が起こした交通事故に基づく損害賠償事件を多数受任しているが、交通事故の被害者であるXから、Yに対する損害賠償請求事件の依頼を受けた。B弁護士は、Xから事情を聴取したところ、加害者Yが損害保険契約を締結している先は、Q社であった。B弁護士は、事件の相手方はQ社ではなくあくまでも加害者であるYであることから、Xの依頼を

受けてもよいと考え、受任した。

B弁護士のとった行動に問題はあるか。

主な検討対象条文
○職務基本規程
（職務を行い得ない事件）
28条　弁護士は、前条に規定するもののほか、次の各号のいずれかに該当する事件については、その職務を行ってはならない。ただし、第2号に掲げる事件についてその依頼者及び相手方が同意した場合……は、この限りでない。
二　受任している他の事件の依頼者または継続的な法律事務の提供を約している者を相手方とする事件

【解　説】

1　別事件の依頼者・顧問契約先等を相手方とする事件

　職務基本規程28条2号は、受任中の他の事件の依頼者および継続的な法律事務の提供を約している者を相手方とする事件の取扱いを禁止する。弁護士法25条3号、職務基本規程27条3号の趣旨を敷衍したものである。

　「受任中の他の事件の依頼者」とは、現に処理中であって、社会的実体としての同一性が認められない別の事件を依頼している者をいい、委任契約を締結している当事者に限定されない。また、「継続的な法律事務の提供を約している者」とは、現に処理中の事件がなくとも、将来継続的に法律事務を提供することが予定されている者をいい、**顧問契約先**が典型例であるが、企業不祥事に関する**調査委員会**の委員に就任している会社も含まれるであろう（日弁連弁倫委・解説78頁）。

2　ケースの検討

［ケース37］

A弁護士は、多重債務者のYから依頼を受けた債務整理事件の債権者の中に現にクレジット代金請求事件を受任して処理中のX社があることを発見したというのであるから、これを受任すれば、まさに職務基本規程28条2号の要件を満たすこととなる。Yについての債権管理事務を担当しているのが大阪支店であって、A弁護士を知るものが存在しないことは、禁止の解除事由に当たらない。職務基本規程28条2号の禁止の解除事由は、YとX社の双方から同意を取得することであるが、現実には守秘義務との関係から可能であると思われない。結局、A弁護士としては、Yの債務整理事件の受任を断るほかない。

[ケース38]
　B弁護士は、交通事故の被害者Xから加害者Yに対する損害賠償請求事件の依頼を受けたところ、Yが自動車損害賠償責任保険を締結していたのが自らが顧問契約を締結しているQ損害保険会社であったというのであるが、形式的に見れば、事件の相手方はあくまでもYであって、Q社ではない。しかし、社会的実体から見れば、Yの負担する損害賠償債務は、免責事由がない限り、Q社が塡補することになっており、訴訟実務でも、加害者の訴訟委任状を受けて出廷するのは、損害保険会社が選定した弁護士であるのが例である。そして、弁護士は、損害保険会社と協議をしながら訴訟を遂行させるのであって、訴訟の帰趨に関する決定権をもっているのは、加害者ではなく損害保険会社となっている。これは、訴訟となっていない任意の示談交渉の現場でも同様である。

　そのように見ていくと、B弁護士がYを相手方とする損害賠償請求事件の実質的な相手方はQ社であるといってよいであろう。したがって、B弁護士は、Xの事件を受任すべきではなく、辞任をすべきであろう。

　なお、Q社が顧問先であってもXの賠償請求問題についていい加減な処理はできないし、Q社も顧問先の弁護士が代理人であることから丁重な対応をするのが通例であるためXにとっても不利益はないとの意見に接することがある。しかし、私は、賛成できない。

第 3 章　依頼者との関係における倫理

Ⅷ　依頼者の利益と他の依頼者の利益が相反する事件

──● ケース39 ●──

　A弁護士は、Xから、Qクレジット会社を原告、Xとその息子Yが共同被告になっているクレジット代金請求訴訟について、被告両名の訴訟代理人になってくれるよう依頼を受けた。Xによれば、「訴状には、私XがYとQクレジット会社間のクレジット契約に基づく債務について連帯保証をしたと書いてありますが、息子Yを問い詰めたところ、勝手にXの氏名を記入して、実印を押捺したとのことです。私が連帯保証をしていないことを争おうとも思ったのですが、争わずに、Yの債務を整理して再出発させたいのです」とのことであった。Xは、「息子Yも深く反省しており、弁護士費用、訴訟上の和解における和解金はすべてXが工面するので、ぜひ自分（X）とYの訴訟代理人になってほしい」と頼んだ。

　A弁護士は、XとYの双方の訴訟代理人になってよいか。

　双方あるいは一方を受けないとした場合、受けない人のためにどのようなことをすべきか。

──● ケース40 ●──

　B弁護士は、顧問契約を締結しているX信用金庫の担当者Pからの電話で、「貸付先であるW株式会社について倒産のうわさがあるので急ぎ10億円の貸付債権の保全策を相談したい」といわれ、午後1時に打ち合わせをすることとした。ところが、電話を切った直後の午前11時30分に、同じ顧問契約先であるY建設株式会社の社長Qが事前連絡なしに事務所を訪れ、「建築工事を請け負った先のW社について倒産のうわさが盛んに流れているので請負工事代金1億円の回収策を相談した

い」といい出した。ＰとＱの話を総合すると、Ｗ社の資産額は少なく、到底Ｘ信用金庫、Ｙ社の債権額に足りていない。

　Ｂ弁護士は、Ｘ信用金庫の事件、Ｙ社の事件を受けてよいか。

　受けてよいとすれば、どのようにすべきか。

　双方あるいは一方を受けないとした場合、受けない理由をどのように説明するか。

── ●ケース41● ──

　Ｃ弁護士は、Ｘ株式会社とＹ株式会社の顧問弁護士を務めているが、Ｘ社の担当者の訪問を受け、Ｙ社に対する損害賠償請求事件の依頼を受けた。Ｃ弁護士は、「Ｙ社の顧問もしているので、この事件は別の弁護士に頼んでほしい」というと、Ｘ社の担当者は、「先生の顧問料を現在の２倍の額にするので、Ｙ会社の顧問を降りてほしい」といった。Ｙ社の顧問料は、僅かであった。

　Ｃ弁護士は、Ｙ社の顧問契約を解除し、Ｘ社の事件を受任してよいか。

── ●ケース42● ──

　Ｄ弁護士は、死亡したＱの遺産分割をＸから依頼された。Ｘによれば、「父Ｑは、生前俺に万が一のことがあったときは、その遺産はＤ先生に適正に分けてもらうよう厳しく申し渡されていました。このことは、弟のＹと妹のＺも同じであり、後日ＹとＺも連れてきて先生の遺産分割案に絶対に異議を述べないことを誓わせます」とのことである。そして、後日ＹとＺが、Ｄ弁護士の事務所を訪れ、Ｘのいうように、Ｄ弁護士の遺産分割案には絶対に異議を述べないと述べた。

　Ｄ弁護士は、Ｘ・Ｙ・Ｚの３名から、亡Ｑの遺産の分割案を作成する事務を受任し、各人から弁護士報酬を受領してよいか。

> **主な検討対象条文**
> ○職務基本規程
> （職務を行い得ない事件）
> 28条　弁護士は、前条に規定するもののほか、次の各号のいずれかに該当する事件については、その職務を行ってはならない。ただし、……第3号に掲げる事件についてその依頼者および他の依頼者のいずれもが同意した場合は、この限りでない。
> 三　依頼者の利益と他の依頼者の利益が相反する事件

【解　説】

1　依頼者相互間で利益が相反する事件

　職務基本規程28条3号は、依頼者相互間で利益が相反する事件の職務を禁止している。同一事件の当事者双方から依頼を受ける場合は、弁護士法25条1号、2号、職務基本規程27条1号、2号の問題となり、相手方から別の事件の依頼を受ける場合は、弁護士法25条3号、職務基本規程27条3号の問題となり、さらに別の依頼者を相手方とする事件を依頼される場合は、職務基本規程28条2号の問題となる。依頼者相互間の利益が相反する事件とは、これら以外が対象となる。

2　ドミノ倒し型（将棋倒し型）

　職務基本規程28条3号の典型例が、ケース39のような**ドミノ倒し型**ないしは**将棋倒し型**の利益相反である。すなわち、**連帯保証人**は、保証債務を履行すると主債務者に対する求償権を取得し（委託を受けない保証人につき民462条）、ドミノ倒しのように、利害が対立する関係になる。当初は、債権者に対抗する関係で一致していた主債務者と連帯保証人は、保証履行という局面で利益が相反するに至る。このような場合に、どの時点で利害が対立するといえるのか、保証履行をした時点か、求償権の行使を受けて具体的に意見対

立した時点（双方の喧嘩が始まった時点）か、そもそも当初から潜在的な利益対立状況があったというべきなのであろうか。考え方は分かれるが、あまりに厳格な考え方は、実務を萎縮させるおそれがあろう。弁護士の品位と信用を維持する見地を強調すれば、保証履行の時点をもって利益が相反するとの考えにも惹かれるものがあるが、具体的な意見対決が認められたときと考えるのが穏当なところであろう（なお、東京三会有志・理論と実務106頁［宇田川和也］参照）。

なお、ドミノ倒し型のもう一つの例としては、建物収去土地明渡請求事件において、土地賃借人が建物を建てて所有している場合における当該建物の賃借人との関係もある。すなわち、土地賃借人兼建物賃貸人の甲と建物賃借人の乙とを同時に受任すると、甲が敗訴して建物を収去することになれば、乙の建物賃借権も消滅するにいたり、甲と乙との利害が鮮明に対立することとなり、進退窮まることにもなるわけである。

3 同一パイの奪い合い型

職務基本規程28条3号についてのもう一つの典型例は、ケース40のような**同一のパイ**を複数の依頼者が奪い合う類型である。すなわち、同一の債務者に対して複数の債権者が自己に有利な債権回収を競い合う関係である。こちらを立てればあちらが立たない板挟みの関係といってもよい。

このような場合、先に相談にきた者を優先する考え方、親疎によって選定する考え方、双方の事件とも受任しない考え方などがあろう。双方とも受任しないのが無難なところであろうが、その場合の理由の説明には工夫が必要である。詳細を説明すれば、守秘義務とならざるを得ない。

弁護士は、双方の利害が対立しないように双方からの同意を取り付ければ、利害対立状況は克服できるが、Y建設株式会社の同意を取るには少なくともX信用金庫が債権者であることを知らせなければならず、X信用金庫の同意をとるについては、反対のことが要求される。いずれにしても、債権を有すること自体が秘密事項であり、守秘義務違反の問題が生じざるを得ない

から、あらかじめ開示することの承諾をとっておかなければならない。職務基本規程28条ただし書は、依頼者双方の同意をとれば禁止を解除しているが、現実問題として、同意をとるのはなかなか容易ではないのである。

4　中立型調整役

　弁護士の一般的な職務は、依頼者からの依頼事件を相手方と対峙しつつ処理するものであるが、当事者全員から**中立型調整役**を依頼されることがある。このような中立型調整は、当事者のいずれの代理人になるわけではないから、弁護士法25条1号、2号、職務基本規程27条1号、2号の問題ではないとして適法とする考え方がある。これに対し、すべての当事者と等距離を保って客観的にも中立公正な役割を果たすことは容易ではなく、秘密保持義務の万全な履行も期待しがたいことも理由として、弁護士が中立型調整役を務めることを原則的に違法とする考え方もある。さらに、①弁護士が特定の当事者との間に特別の利害関係があるときは、それを開示して他の当事者の同意を取ること、②調整活動をする際には、当事者全員の立ち会いの下に協議を行うことを原則とすること、③弁護士報酬は、原則として等分の負担とすべきこと、④事件処理終了後も特定の当事者との癒着の疑念をもたれないようにすること、⑤弁護士が真に中立公平な法律事務処理ができるよう能力を涵養すること、⑥当事者には中立調整役を弁護士に依頼するかどうかが完全に自由であることという要件を満たせば、弁護士が中立調整役を務めてもよいとする考え方もある（小島武司「中立契約交渉弁護士のモデル」展望法学教育と法律家（弘文堂・1993）120頁。なお、遠藤直哉「中立型調整弁護士モデルの展望」宮川光治ほか編著・変革の中の弁護士(下)（有斐閣・1993）294頁、小島ほか・現代の法曹倫理102頁［小山稔］、東京三会有志・理論と実務129頁［山崎哲男］参照）。

　私は、中立型調整役は、職務基本規程28条3号の問題として捉えるべきものと考える（小島ほか・現代の法曹倫理102頁［小山稔］、小島ほか・法曹倫理94頁）。したがって、職務基本規程28条ただし書にある当事者双方の同意を得ることを要件とするが、さらに中立性確保のために前述した①から⑥の要件

を具備することも要求されると考える。

5　ケースの検討

[ケース39]

A弁護士は、できればXかYの一人のみの委任を受けるのが望ましい。そして、委任を受けない一人については、しかるべき弁護士を紹介すべきであろう。どうしても主債務者と連帯保証人の双方の委任を受けるというのであれば、双方の意見が対立したら直ちに双方の事件を辞任ざるを得ない旨を説明し、了解をとっておくことが必要となる（職基32条）。

[ケース40]

B弁護士は、同じような顧問契約関係にあるX信用金庫とY建設株式会社の信頼を維持しようとすれば、Q社に対して債権を有していることのみを、その承諾のもとに相手方に開示して、双方からの当該事件の依頼を謝絶すべきであろう。

双方の同意をとって双方の事件とも受任することももちろんできるが、Q社の状況の変化、すなわち、法的倒産手続の申立て、双方の担保設定状況とその実行方法、少額債権者としての処遇の有無等を巡って、いつ利害の対立が起きるかは予断を許さないであろう。先に相談を持ちかけたほうを優先し、他方は受任を断るという考え方も有力ではないかと想像するが、受任を断られた他方の不満を解消できるであろうか。

[ケース41]

C弁護士がY株式会社との顧問契約を解除すれば、Y社は継続的な法律事務の提供を約した先には該当しなくなるから、X株式会社のY社に対する損害賠償請求事件を受任して処理してよいであろう。ただ、Y社との顧問契約を解除して時間的間隔も置かずに訴訟提起に及べば、Y社のC弁護士に対する信頼は地に墜ち、弁護士全体の信用も損なうのではないだろうか。顧問契約が解除によって終了すれば一切の問題が解決されるわけではないのである。なお、委任契約の一方的解除に関するホットポテト法則（後出197

頁）があるので、参照されたい。

［ケース42］
D弁護士は、上述した要件を満たしているのであれば、X・Y・Zの3名から中立調整役を引き受けてもよいと考える（小島ほか・法曹倫理99頁参照）。

IX　依頼者の利益と自己の経済的利益が相反する事件

―●ケース43●―

A弁護士は、急激に業績を伸ばしている電気製品メーカーであるY株式会社の株式を2000万円で購入して保有しているが、現在の株価は3000万円に上昇している。ところが、知人からXを紹介され、Xは、「Y社が製造販売したヒット商品の欠陥によって発火し、自宅が半焼してしまったので、損害賠償請求訴訟をしたい」とのことであった。Xから詳しく事情を聴くと、ヒット商品の欠陥は明らかであった。しかし、訴訟を提起し、Xが勝訴すれば、そのことがマスコミで大きくとりあげられ、Y社の株価が大きく下落することが予想された。

A弁護士は、Xの依頼を受けてよいか。

―●ケース44●―

B弁護士は、Xからその所有するビルの1フロアを賃借して法律事務所を設けているが、Xから、同人が所有する別のビルの1フロアを賃借しているYとZに対する賃料がずっと定額に据え置かれているので、賃料増額請求をしてほしいと依頼された。Xの話によれば、毎月の銀行借入金の返済が相当に厳しいようであり、YとZの賃料の増額に成功した後には、B弁護士が入居するビルのテナント全部に対しても賃料増額請求をする公算が大であった。

B弁護士は、Xの依頼を受けてよいか。

主な検討対象条文
○職務基本規程
28条　弁護士は、前条に規定するもののほか、次の各号のいずれかに該当する事件については、その職務を行ってはならない。ただし、……第4号に掲げる事件についてその依頼者が同意した場合……は、この限りでない。
四　依頼者の利益と自己の経済的利益が相反する事件

【解　説】

1　自己の経済的利益

　職務基本規程28条4号は、依頼者の利益を犠牲にしても自己の経済的利益を確保しようとして依頼事件の処理を疎かにすることを禁止する趣旨である。「**経済的利益**」とあるが、弁護士の報酬請求権が減少するすべての場合を指すわけではない（東京三会有志・理論と実務113頁［溝口敬人］参照）。また、経済的な利益が相反することに限定され、それ以外の非経済的な利益、主観的な利益と相反する場合は含まない。

2　ケースの検討

［ケース43］
　A弁護士は、Y社の製造物責任を追及し、それが奏功して責任が認められるに従って自己が所有する株式の株価が下落するという経済的損失を被る関係にある。経済的利益（損失）は、弁護士の事件処理に影響を及ぼすに足りる程度でなければならないと解され、たとえば、10万円の株価の株式を保有している場合であれば、弁護士の事件処理に影響を及ぼすとは認められないであろう。しかし、本件では、3000万円の株価というのであるから、その

下落は経済的損失に当たるというべきである（小島ほか・法曹倫理91頁）。

［ケース44］
　B弁護士は、YとZに対する賃料増額事件に力を入れれば入れるほど自己の賃借ビルの賃料も増額されかねないという連関関係にあり、増額による不利益も決して軽視することができないと認められる。Xの利益とB弁護士の経済的利益とは相反するというべきである。

X　利益相反に関する諸問題

　ここで、弁護士法25条、職務基本規程27条、28条の個別の条項に直接抵触するわけではないがその趣旨に反するとされるもの、または複数の条項にまたがって抵触するとされるものをまとめて検討する。

1　即決和解

> ● ケース45 ●
>
> 　A弁護士は、地主のXから、賃借人のYに対する建物収去土地明渡請求事件の依頼を受け、Yと明渡条件について交渉したところ、1年後に立退料1000万円の支払いと引き換えに賃借土地を明け渡す合意が成立した。そこで、A弁護士は、Yとの合意内容について、W簡易裁判所に対して即決和解の申立てをすることとしたが、Yは、「裁判所に行きたくないし、弁護士に依頼する費用も支払いたくない」と言い出したため、A弁護士は、「それではあなたの弁護士は私が紹介しますし、弁護士費用も当方でもちましょう。同期のQ弁護士に電話をしてYさんの代理人となってもらうことの了解をとったので、委任状に署名押印だけしてください」と言って、YからQ弁護士宛ての委任状を取得した。
>
> 　A弁護士は、Q弁護士にYの委任状を渡し、A弁護士との間で即決和解をしてよいか。

【解　説】

1　即決和解の利用方法

　即決和解（訴え提起前の和解・民訴275条）は、本件のように、裁判外で成立した和解に強制執行による履行の裏付けを得るために申し立てられるものであり、通常、当事者の一方はすでに私法上の和解が成立していることから裁判所に行くことを嫌がりがちとなる。そこで、委任状をもらって代理人弁護士が出頭することになるのであるが、この代理人となることについては、利益相反の問題がある（同様の問題は、金銭債権について強制執行による履行の裏付けを得るために**公正証書**を作成することにも存在する）。

2　弁護士紹介行為と弁護士選任行為

　以上のような即決和解をする際に、相手方の代理人となる**弁護士を紹介する行為**が、弁護士法25条1号、職務基本規程27条1号に違反するかについては、場合分けが必要とされている。まず、相手方の依頼によってその代理人となるべき者を選任する行為（誰に委任するかも含めて代理人選任の一切を受任すること）については、判例は、弁護士法25条1号違反とするものが大勢を占めているが（たとえば、名古屋高判昭和29・12・24高民集7巻12号1127頁、大阪高判昭和36・1・28下民集12巻1号128頁）、依頼者に不利益を生じないし、弁護士の品位を損なうともいえないことを理由として違反しないとする判例もある（たとえば、大阪地判昭和38・6・4判時347号54頁、東京地判昭和55・9・28判時896号74頁）。即決和解の性格について、すでに確定した裁判外の和解の義務履行のための行為にすぎないとすれば、違反しないとの結論に結びつく。しかし、不履行の場合における執行力を生むものとして新たな権利義務を発生させる行為とみれば、違反するとの結論に結びつくことになる。私は、後者の見解を採用する。

　これに対し、弁護士を紹介する行為については、利益相反の問題がないかのようにいわれている。代理人となる弁護士を紹介する行為と代理人となる

弁護士を選任する行為（これは、「この委任状に署名・押印をしていただきたい」と申し向けて受任者欄白地の委任状を徴求し、弁護士の氏名を告げないような態様である）との限界は微妙であって、「紹介」行為だからといって、委任者に一度も面会もせずに即決和解を成立させるのは問題であろう（小島ほか・現代の法曹倫理100頁［小山稔］）。

3 ケースの検討

[ケース45]

A弁護士の行った行為は、弁護士紹介行為といってよく、利益相反の問題はないであろう。しかし、A弁護士は、Yから預かった委任状をQ弁護士に交付するにあたり、Yに対する意思確認を再度するように促すべきであるし、Q弁護士も、しかるべき方法でYの意思確認を行うべきである。なお、即決和解の実務では、委任状には和解条項全文を添付させ、かつ、委任者の実印押捺と印鑑証明書の提出を要求しているため、本人の意思を無視した和解が成立する事態はほとんどない。

2 遺言執行者

●ケース46●

B弁護士は、被相続人Qの公正証書遺言に基づき遺言執行者に就任した。Qの相続人は、X、Y、およびZの3名であったが、B弁護士は、Xに対する包括遺贈を内容とする公正証書遺言に基づき、遺産である土地をX名義に相続登記をしようとしたところ、遺留分を侵害されたとするYとZから、Xに対して減殺請求の内容証明郵便が届き、次いでO弁護士を代理人として遺産の土地について、持分移転登記手続請求訴訟が提起された。B弁護士は、かねてよりXと懇意にしていたため、被告訴訟代理人になってほしいと依頼された。

B弁護士は、被告Xの訴訟代理人となってよいか。

遺言執行を終了させた後にXからの依頼があったときはどうか。

【解　説】

1　遺言執行者の法的地位

遺言執行者は、相続財産の管理その他遺言の執行に必要な一切の行為をする権利義務を有し（民1012条1項）、その地位については、相続人の代理人とみなされる（民1015条）。しかし、相続人から代理権を授与されるわけではないのであって、これは、遺言執行者の行った行為の効力を相続人に帰属させるための法的擬制にすぎない。したがって、遺言執行者は、相続人の利益のためのみ行動すべき義務はないと解される（最判昭和30・5・10民集9巻6号657頁。内田貴・民法Ⅳ［補訂版］（東京大学出版会・2005）482頁）。

2　遺言執行者の中立公正義務

遺言執行者は、個々の相続人と協議をしながら遺言執行を行うわけではないとすれば、特定の相続人から遺留分の減殺請求をすることの依頼を受けたとしても、「相手方からの協議」を前提とする弁護士法25条1号、職務基本規程27条1号に違反するとはいえないとする考え方があろう。しかし、この見解は、相続人の利益保護を無視するものというべきである。反対に、弁護士法25条1号にいう「相手方の協議」を受けた事件に当たるとする考え方もあろう。この見解は、遺言執行が終わっても利益相反行為の禁止が働くという妥当な結論を導き出すことに資する解釈であるが、遺言で遺言執行者に指定された場合または家庭裁判所により遺言執行者に選任された場合には、相続人の協議を受けたという前提事実がないことと符合しないと批判される。さらに、遺言執行者の遺言執行行為には裁量性があるものと裁量性がないものとがあり、前者については、相続人は弁護士法25条1号・2号、職務基本規程27条1号・2号にいう「相手方」に該当して遺言執行者と利害が対立することとなり、相続人の事件依頼を受けることはできないが、後者について

は、実質的な利害は対立しないから、相続人は「相手方」に該当せず、その事件依頼を受けても差し支えないとする見解もある。この見解は、裁量性の有無で利益相反の有無を決定するから法的安定性に欠けると批判される。

　ひるがえって、遺言執行者の職責を考えると、特定の相続人に偏することなく**等距離**を保持して、中立・公正な立場から遺言執行を行うべきものと考えられるから、この点から遺言執行者が特定の相続人の事件依頼を受けることが禁止されると説く考え方が有力となっている（加藤・弁護士倫理75頁）。最近の懲戒実務でも、この考え方を採用したものが複数ある。これは、遺言執行者が特定の相続人の事件依頼を受ける行為を**中立公正義務**違反と捉えるから、利益相反というよりも、職務基本規程5条（誠実公正義務）・6条（品位保持義務）違反ということなろう（日弁連弁倫委・解説84頁。なお、小島ほか・現代の法曹倫理108頁［小山稔］、東京三会有志・理論と実務96頁［山田裕祥］、小島ほか・法曹倫理101頁参照）。そうなると、遺言執行者の任務が終了した後であっても、中立公正義務違反となる場合には、特定の相続人の事件依頼を受けてはならない場合があることになろう。ただし、遺言執行者の中立公正義務違反と捉える見解に対しては、一般条項を適用する不安定さが避けられないとの批判がある。

3　ケースの検討

［ケース46］

　B弁護士は、遺言執行者に地位にありながら特定の相続人であるXの遺留分減殺事件を受任してはならないというべきである。その理由づけは、遺言執行者の中立公正義務違反にある。中立公正義務の問題とすれば、遺言執行者の地位にあるときだけでなく、その地位を離れたときでも中立公正を維持しなければならないことがあると考えられる。

③ 後見人

── ● ケース47 ● ──
　C弁護士は、認知症を患っているQの成年後見人に選任され、Qの財産管理をしていたが、Qが死亡したため相続が開始した。相続人は、X、Y、Zの3名であるが、遺産分割の方法で相互に意見が対立した。C弁護士は、Qの後見人の時からXと懇意にしていたため、Xの依頼を受けて、YとZを相手方とする遺産分割の調停申立てをしたいと考えている。
　C弁護士は、Xの代理人として調停申立てをしてよいか。

【解　説】

1　成年後見人の法的地位

　成年後見人は、成年被後見人の財産を管理し、かつ、その財産に関する法律行為について成年被後見人を代表するものであるが（民859条1項）、遺言執行者のように特定人の代理人とみなされることもない。しかし、その職務内容は、利害関係人からの**等距離性・中立性**を保持すべきであるのは同じであり、中立公正義務を負っていると解される。そうだとすると、成年被後見人の死亡によって後見が終了したとしても、成年後見人の中立公正義務に対する疑念をもたれるような行為は避けなければならないと考えられる。

2　ケースの検討

[ケース47]

　Qの遺産について、成年後見人C弁護士の行った財産管理行為が問題となっているような場合は、特定の相続人の依頼を受けるのは回避するべきである。

第3章　依頼者との関係における倫理

4　破産管財人

> ●ケース48●
>
> 　D弁護士は、Q地方裁判所から負債総額50億円、債権者総数150名を抱えて破産手続開始決定を受けたX株式会社の破産管財人に選任された。ところが、破産申立記録中の債権者一覧表を点検していると、顧問をしているYリース株式会社が入っていることに気がついた。さらに記録を精査すると、リース物件はコピー機1台であり、残存リース料の額は30万円であり、リース物件の取戻権を承認して返還すれば、あとは一般債権者として配当対象にするだけである。
> 　D弁護士は、どのようにすべきか。

【解　説】

1　破産管財人の法的地位

　破産管財人の法的地位に関しては、職務説（公法上の職務説と私法上の職務説に分かれる）、破産債権者代理説または破産者代理説、破産財団代表説、破産団体代表説、受託者説、管理機構人格説等の対立があるが、破産財団の管理機構として位置づけ、それ自体に法人格を認める管理機構人格説が有力である（伊藤眞・破産法・民事再生法（有斐閣・2007）140頁）。このような破産管財人は、破産財団に属する財産の管理処分権を専属的に有し（破2条12項、78条1項）、職務を行うについては善良な管理者の注意義務を負う（破85条1項）。破産管財人は、第一次的には**破産債権者**の利益を実現する役割を担うが、破産者の経済的再生にも注意を払い、さらには社会正義の実現に努める役割も担っているとされる（伊藤・前掲破産法・民事再生法141頁）。このように見ると、破産管財人には善管注意義務の一内容として**中立公正義務**を負っているといってよい（小島ほか・法曹倫理103頁参照）。このような職責を負う破産管財人が特定の破産債権者と特殊な関係にあることは、原則として中立

公正義務に反するというべきであろう。

　なお、破産債権者の中に顧問先があった場合における破産管財人のあり方について、職務基本規程28条2号の問題として捉える見解があるが、破産管財人は、総債権者のために職務を行うものであって特定の「依頼者」を観念することができないから、職務基本規程28条2号の予定する場面ではないと考えられる。また、破産管財人は、破産処理という法的紛争を中立公正な立場にたって解決する手続実施者と考えることができるとして、職務基本規程27条5号を準用する見解もある。しかし、破産管財人の職務をADRの手続実施者とするのは、無理があると考える。

　結局、破産管財人の中立公正義務の問題として、規定としては職務基本規程5条ないし6条の問題として捉えるのが相当であろう（日弁連弁倫委・解説38頁。なお、東京三会有志・理論と実務88頁［山崎雅彦］参照）。

2　ケースの検討

[ケース48]

　D弁護士は、破産管財人としての善管注意義務（中立公正義務）に基づき、特定の破産債権者と特別な利害関係を持つことを回避すべきである。したがって、負債総額や債権者総数から見ればわずかなものではあっても、やはり顧問会社を破産債権者とする関係は中立公平を維持し得ないと考える。もっとも、破産債権の額が全体から見て極めて少額であり、かつ、破産管財人としての裁量を入れる余地がないと認められるような場合には、破産管財人に対する監督権を有する破産裁判所に事情を話して了解をもらえば、中立公平に対する疑念はある程度払拭されるのではないかと思われる。

　実務では、破産管財人の就任要請をする時点で債権者一覧表を開示し、利益相反となることを防止する措置を講じている破産裁判所が相当数あるとのことである。

第3章　依頼者との関係における倫理

5　株主代表訴訟

> ●ケース49●
> 　E弁護士は、X株式会社の顧問弁護士を務めているが、株主Qから、代表取締役Yおよび取締役Zを被告とする株主代表訴訟が提起された。その請求は、YおよびZが1億円もの不正融資にかかわり、その貸付金が回収不能となったので、同額の損害をX社に賠償せよというものであった。
> 　E弁護士は、被告であるYおよびZの訴訟代理人になることができるか。

【解　説】

1　株主代表訴訟の性格

　株主代表訴訟の性格については、見解が分かれている。株主代表訴訟は、株主が他人である会社の利益のために原告となって訴訟を遂行するものであり、会社を代表して訴訟を遂行するものではないとみれば、代表訴訟の原告株主と会社との間には利害対立があり、他方、会社と取締役との間には利害対立がないこととなるから、会社の**顧問弁護士**が被告の取締役の代理人に就任しても差し支えないとする考え方がある。これに対し、株主が会社自体の利益を確保するため会社に代わって提起する訴訟であると見れば、会社と原告株主の利益は一体となり、顧問弁護士は、会社に対する関係で誠実義務を負っている以上、当該会社と利益が相反すると解することとなる。後者の見解では、顧問弁護士が取締役の代理人を務めることはできないことになるが、そのように解したとしても、会社法849条2項によって、監査役の同意を得れば会社が被告の取締役に補助参加する途が開かれているから、実際的な不都合はないとされる（小島ほか・法曹倫理199頁。代表訴訟については、神田秀樹・会社法〔第14版〕（弘文堂・2012）244頁、江頭憲治郎・株式会社法〔第4版〕

108

(有斐閣・2012）452頁を参照）。

　後者の見解が妥当であって、顧問弁護士は、会社が被告の取締役に補助参加する方法を選択すべきである。

　なお、利益相反行為の禁止を解除するための同意は、会社のみならず、株主からも取得する必要があると解するべきであろう（日弁連弁倫委・解説88頁。なお、東京三会有志・理論と実務102頁［横塚章］参照）。

2　ケースの検討

［ケース49］

　X 社の顧問弁護士である E 弁護士は、株主代表訴訟の被告である Y と Z の訴訟代理人となることはできない。

6　顧問弁護士の監査役兼任

> ● ケース50 ●
>
> 　F 弁護士は、X 株式会社の顧問弁護士として同社が抱える法律問題について相談に応じていたが、X 社の社長 Q から、コンプライアンス体制強化のため社外監査役に就任するよう強く要請された。
> 　F 弁護士は、顧問契約を維持したまま監査役に就任してよいか。

【解　説】

1　監査役と使用人の兼任禁止

　会社法335条2項は、監査する者と監査される者が同一であっては監査の実が上がらないという理由から、**監査役**が取締役・使用人を兼職することを禁止しているが、会社の顧問弁護士が当該会社の監査役を兼務することができるかという問題は、この制度趣旨から考える必要がある。判例は、顧問弁護士は、会社の業務自体を行うものではないし、継続的従属関係にある使用

人の地位に就くわけでもないから、会社の組織機構の一員となり業務執行機関の指揮命令を受けるべき立場に立つ等の特別の事情がない限り、兼務は適法であるとしている（大阪地判昭和61・10・24金法1158号33頁）。なお、弁護士たる監査役が特定の訴訟事件について会社から委任を受けてその訴訟代理人になることも差し支えないとされている（最判昭和61・2・18民集40巻1号32頁、会社法判例百選〔第2版〕（別冊ジュリ）154頁［大塚英明］参照）。

2　顧問弁護士の法的地位

顧問弁護士は、一般的には、会社の外にあって会社の依頼に基づいて法律事務を独立した立場で処理するものであるが、その職務の内容はさまざまであり、上記判例が指摘するように、顧問会社への従属度が高い場合や会社経営の中枢に入り込み重要な経営判断についても意見を具申しているような場合は、監査役が取締役または使用人を兼任することを禁止した会社法335条2項の趣旨に反することもあり得るというべきであろう。したがって、顧問弁護士と監査役との兼務がすべての場合に適法であると断定することはできない（江頭憲治郎・株式会社法［第4版］（有斐閣・2012）477頁）。日本弁護士連合会も、顧問弁護士と監査役の兼任は適法であるが、慎重な配慮を要するとの見解を発表している（なお、小島ほか・法曹倫理201頁参照）。

3　ケースの検討

［ケース50］

　F弁護士が顧問弁護士のまま社外監査役に就任する場合は、監査役としての独立性を保持できるかという観点から考慮することが要求される。そして、一般には、兼任を回避しておくのが賢明であろう。

7 住民訴訟

> ●ケース51●
>
> G弁護士は、Q市の顧問弁護士をしているが、Q市の市長であるXを被告として、出納役のYの交際費の支出が違法であるとして、損害賠償請求の住民訴訟（地方自治法242条の2）が提起された。
>
> G弁護士は、被告Xの訴訟代理人となってよいか。

【解　説】

1　住民訴訟の性格

　地方自治法242条の2は、地方公共団体の職員が行った違法な財務会計上の運営管理を正し、地方公共団体の財務行政の適正な運営の確保を図るため、民衆訴訟の1つとして**住民訴訟**の制度を定めている。同法は、行為の差止めの請求（1号請求）、行政処分の取消しまたは無効確認の請求（2号請求）、怠る事実の違法確認請求（3号請求）、地方公共団体の損害賠償または不当利得返還に関する請求（4号請求）の4類型を定めているが、実際に多いのは、4号請求に関するものとされている（塩野宏・行政法Ⅱ〔第3版〕（有斐閣・2004）221頁、宇賀克也・行政法概説Ⅱ〔第3版〕（有斐閣・2011）324頁を参照）。

　4号請求の住民訴訟は、地方公共団体の執行機関（または職員）を被告として、地方公共団体に損害を与えた者に損害賠償の請求または不当利得の返還請求をするように求めるものであり、この訴訟で住民の勝訴判決が確定すると、執行機関たる地方公共団体の長が、当該の者に対して損害賠償等の請求をし、支払わなければ訴訟を提起することとなる（地方自治法242条の3）。平成14年改正前は、地方公共団体が有する請求権を住民が代位行使するものとされていたが（**代位請求訴訟**）、現在では、上記のように改められている（宇賀・前掲行政法概説Ⅱ375頁）。

　4号請求の場合において、一般には地方公共団体と原告の住民との利害は

一致していると見ることができるが、他方で、当該の損害を与えた者の行為が地方公共団体の意思に基づいてなされた場合には、地方公共団体と原告住民との利害は対立していることもあるといってよい。しかし、このような場合でも、当該の損害を与えた者に対する関係では、顧問弁護士として地方公共団体に誠実義務を負う立場にあることとその機関である市長の訴訟代理人になることとは両立しうると考えられる（なお、小島ほか・法曹倫理104頁参照）。

2　ケースの検討

[ケース51]
G弁護士は、被告X市長の訴訟代理人になってもよいというべきである。

XI　弁護士法25条違反行為の効力

● ケース52 ●

　A弁護士は、Xの依頼を受けてYに対する貸金請求訴訟を提起したところ、Y訴訟代理人のQ弁護士は、第1回口頭弁論において、「A弁護士は、本件訴訟提起前に、被告Yから本件貸金の返済方法についてA弁護士の法律事務所において法律相談をしており、本件訴訟の提起は、弁護士法25条1号に違反する。よって、異議を申し立てる」と記載した答弁書を提出した。

　Q弁護士の異議の申立ては、どのような意味をもつか。また、裁判所は、A弁護士の訴訟遂行をどのようにして排除すべきか。

主な検討対象条文
○弁護士法
（職務を行い得ない事件）
25条　弁護士は、次に掲げる事件については、その職務を行つてはならない。

ただし、第3号……に掲げる事件については、受任している事件の依頼者が同意した場合は、この限りでない。
一　相手方の協議を受けて賛助し、又はその依頼を承諾した事件
二　相手方の協議を受けた事件で、その協議の程度及び方法が信頼関係に基づくと認められるもの
三　受任している事件の相手方からの依頼による他の事件
四　公務員として職務上取り扱った事件
五　仲裁手続により仲裁人として取り扱った事件
（6号から9号は、略）

【解　説】

1　学説の分布

　弁護士法25条各号の立法趣旨は、①当事者（依頼者または相手方）の利益の確保、②弁護士の職務の遂行の公正確保、③弁護士の品位の保持の3つにある。この3つのどれに重点を置くかによって弁護士法25条違反行為の効力の考え方が分かれてくる。

　ⅰ　有効説　　①に重点を置く考え方であって、違反は懲戒事由には該当するが、行為自体は有効と解する。これに対しては、信頼を害された相手方当事者の保護が不十分であると批判される。

　ⅱ　絶対無効説　　②と③に重点を置く考え方であって、違反行為は公序に反するものとして無効と解する。これに対しては、当事者による違反行為の承認をすべて否定するものであって、当事者の利益保護に欠けると批判される。

　ⅲ　追認説　　①から③のバランスを取る考え方であって、無効ではあるものの、依頼者本人の追認によって有効になると解する。これに対しては、依頼者本人のみが保護され、相手方の利益保護がされないのは片手落ちであると批判される。

　ⅳ　異議説　　違反行為は有効とされるが、違反行為の相手方が異議を述

べれば無効なものになると解する。相対的無効説ともいう。これは、弁護士法25条違反行為は一種の瑕疵ある訴訟行為であると見て、**責問権**（民訴90条）の対象になるものとし、異議を責問権の1つとして位置づけるものであって、当事者の利益保護の要請と訴訟手続の安定・訴訟経済の確保の要請を調和させたものといえるであろう。

判例は、揺れ動いたが、最大判昭和38・10・30民集17巻9号1266頁が異議説を採用し、これに固まった。（高中・概説134頁、民事訴訟法判例百選〔第4版〕（別冊ジュリ）46頁［三谷忠之］）

2　異議説をとる場合の諸問題

異議説を採用した場合にも、次のような問題がある。

(1)　**異議を述べることができるのは誰か**

1号と2号違反については、相手方が異議を述べるのが通例であろうが、依頼者が違反を知らなかった場合もあり、その場合には依頼者も異議を述べることができると解してよい。濫用的な異議は、信義則違反で封ずるべきであろう（高橋宏志・重点講義民事訴訟法(上)［第2版］（有斐閣・2010）199頁。反対・伊藤眞・民事訴訟法［第4版］（有斐閣・2011）126頁）。これに対し、3号違反については、その趣旨から見て、異議を述べられるのは依頼者本人に限定される。4号と5号違反については、依頼者本人と相手方の双方の利益を保護する趣旨であるから、双方が異議を述べられると解するべきである（最判昭和42・3・23民集21巻2号419頁は、4号違反につき、相手方が異議を述べられるとする）。

(2)　**異議はいつまで述べることができるか**

事実審（控訴審）の口頭弁論終結時までならいつでも異議を述べることができるとする考え方があるが、自己に不利な一審判決が出るや控訴審で25条違反を主張することができるとするのは不合理である。訴訟手続の安定から見ても、違反の事実を知ったら遅滞なく述べなければならないものと解するべきである。

(3) 異議の効果は遡及するか

　異議は、弁護士法に違反する訴訟代理人であるとする異議であって、個々の訴訟行為を捉えて異議を述べるわけではないから、遡及効を認めるべきである。ただ、そうすると訴訟提起、上訴提起が遡って無効にならざるを得なくなり、当事者本人が不測の損害を被るおそれがある。これに対しては、訴訟行為の追完（民訴90条）で対応すべきである。

(4) どのような手続で違反行為を排除するか

　中間判決によるとする判例があるが（東京地判昭和41・6・29判時462号3頁）、そうすると中間判決に対する不服申立てが可能となり、速やかな確定ができないから、決定手続によるべきものと考える。

3　ケースの検討

［ケース52］

　Q弁護士の異議の申立ては、一種の責問権の行使であり、弁護士法25条違反行為の全部を遡って無効とするものである。裁判所は、決定手続で違法行為の排除、ケースの場合は、訴訟提起の無効宣言をすることとなる。

第2節　守秘義務

　三大プロフェッションと呼ばれる弁護士、医師、聖職者（宗教家）には、等しく刑罰の裏づけを伴った**守秘義務**が課されている（刑134条）。これらの職は、人間の営み、肉体、精神の苦悩を救済するものであり、悩める者がその秘密を包み隠さずに打ち明けてもらわなければ職責を全うすることができないものばかりである。世界各国における法曹倫理の2大テーマの1つがこの守秘義務（もう1つは、利益相反）となっているのも、このような職業の本質に根ざしているからである。そして、弁護士の場合は、医師等とは違って、時に国家権力の非違を糾す役割を果たすことも期待されているため、国

家権力に対抗する権利として秘密を守ることが必要とされる。弁護士法23条が、秘密保持の義務ばかりでなく「権利」としての秘密保持を規定しているのは、このような趣旨に基づく。

　以上のようにみていくと、守秘義務は、弁護士にとって最も大切な、そして最も基本的な義務であることが明らかであり、その厳格な遵守が要求されるのである。しかし、弁護士が職務を行う過程でしばしば他の義務を履行しようとする過程で守秘義務と衝突することがある。また、思わぬところに守秘義務の問題が潜伏していてドキッとすることもある。

　ここでは、このような重要な意義を有しながら困難な問題を提供する守秘義務について検討することとする。

I　秘密保持義務

●ケース53●

　A弁護士は、著名な俳優のYを夫にもつ妻Xから、Yの不貞行為を理由とする離婚事件を受任したところ、離婚調停の段階から、芸能マスコミの記者からA弁護士宛てに取材の申込みが殺到していた。A弁護士は、守秘義務があるから答えられないとして拒絶を続けていたが、何回か面会を重ねるうちに親しくなった芸能週刊誌記者Qに対し、「実は、あなただけには教えるが、調停申立てのためにYの昔の戸籍謄本を取り寄せたところ、Yには有名女優のRとの間に非嫡出子であるWがいることがわかった」と話した。

　A弁護士の行動に問題があるか。

　QがA弁護士から聞いたYに非嫡出子Wがいたことを週刊誌に掲載した場合と、何も公表しなかった場合とで違いがあるか。

●ケース54●

　B弁護士は、マスコミにも大きくとりあげられた大型倒産事件（Q社

の民事再生事件）を受任し、その中で、役員の責任追及のため損害賠償の査定の裁判を行っていた。ある日、同期の弁護士3名との飲み会があり、そこで役員の責任追及の件が話題となった。B弁護士は、「ここだけの話にしてほしいが、Q社の役員は、巨額の使い込みをしていることが判明し、そのほかにも億単位の使途不明金がある。東京地検特捜部からも事情聴取がされている」と述べた。

　B弁護士にはどのような問題があるか。

　B弁護士が、友人ではなく、妻のみに話をした場合はどうか。

● ケース55 ●

　C弁護士は、X銀行の顧問弁護士をしているが、その貸付先であるゴルフ場運営会社Q株式会社が民事再生手続開始の申立てを準備しているようであり、貸付債権の保全策をどうすればよいかの相談を受けた。C弁護士は、債権保全策を教示したが、実は、C弁護士は、Q社の発行したゴルフ会員権を所有しており、いち早く、会員権業者に依頼してそのゴルフ会員権を売却した。

　C弁護士のとった行動に問題はあるか。

　X銀行の事件相談の席ではなく、法務部の担当者との酒席でたまたま民事再生手続開始の申立て準備中であるとの話がでたときはどうか。

● ケース56 ●

　D弁護士は、Xから、3年前に離婚した元夫Yが申立人となっている子Qの親権者をXからYに変更する申立事件の相手方代理人を依頼され、受任した。Xを事務所に呼んで打ち合わせをしたところ、Xが連れてきた4歳のQの腕や足にいくつものアザがあることを発見した。A弁護士はXに対し、アザの原因について質問したところ、Xは、「この子はおっちょこちょいなので、よく転ぶんです」と答えただけで口ごもってしまった。Xは、現在5歳年下の男性Rと同居中であり、Qに

対してXとRが虐待をしている可能性が高いと考えるに至った。

　児童虐待の防止等に関する法律6条1項は、児童虐待を受けたと思われる児童を発見した者は、速やかに、福祉事務所または児童相談所に通告しなければならないと規定し、同条3項は、刑法の秘密漏示罪の規定その他の守秘義務に関する法律の規定は、第1項の規定による通告をする義務の遵守を妨げるものと解釈してはならないと規定している。

　D弁護士は、通告義務を履行すべきか。

● ケース57 ●

　E弁護士は、P市の建設部長に対する贈賄罪で逮捕されたXから弁護を依頼され、受任した。Q警察署でXに接見すると、Xは、「贈賄については否認を貫いていますが、私の妻Yにも贈賄の共犯容疑がかかっているようです。妻に迷惑をかけられませんから、妻に会って私の行動を記載した手帳をもらい、先生が保管していただけませんか」と依頼された。E弁護士は、Yに面会してXの手帳を預かったが、数日後、Q警察署の司法警察員が捜索差押許可状を持ってE弁護士の事務所を訪れ、Xの手帳を差し押さえると申し向けた。

　E弁護士は、どのように対応すべきか。

● ケース58 ●

　F弁護士は、不動産業を営むXから1億円の預金小切手5通を示され、「私が所有する不動産を売った代金として5億円の預金小切手を受け取ったのですが、私は、5年前に銀行預金を債権者に差し押さえられてから、銀行口座をもってないのです。ついては、先生の銀行口座で取立てに回して現金化してもらえませんか。報酬は、1000万円でどうでしょうか」と依頼された。

　F弁護士は、どのように対応すべきか。

第2節　守秘義務

● ケース59 ●

　G弁護士は、貨物運送業を営むX株式会社から、「Q株式会社の貨物運送事業部門を買収したいので、その法的手続をお願いしたい」と依頼されてこれを受任し、Q社の貨物事業のデュー・ディリジェンス、事業譲渡契約書の作成等の法律事務を行った。ところが、X社が指示した事業譲受代金があまりにも高額なので、G弁護士は不審に思い、X社の会計帳簿を精査したところ、巨額の含み損を抱えており、これを隠蔽するためにQ社から事業譲渡を受けることにしていることが判明した。X社は、W証券取引所のジャスダック市場に株式の店頭公開をしており、増資のために新株発行の手続中であった。

　G弁護士は、X社が損失隠しのための事業譲渡を行っていることをW証券取引所に通報してよいか。

主な検討対象条文

○弁護士法
（秘密保持の権利及び義務）
23条　弁護士又は弁護士であつた者は、その職務上知り得た秘密を保持する権利を有し、義務を負う。但し、法律に別段の定めがある場合は、この限りでない。

○職務基本規程
（秘密の保持）
23条　弁護士は、正当な理由なく、依頼者について職務上知り得た秘密を他に漏らし、又は利用してはならない。

○刑法
（秘密漏示）
134条　弁護士……又はこれらの職にあった者が、正当な理由がないのに、その業務上取り扱ったことについて知り得た人の秘密を漏らしたときは、6月以下の懲役又は10万円以下の罰金に処する。

第3章　依頼者との関係における倫理

【解　説】

1　レイク・プレザント事件

　まず、1973年、アメリカのニューヨーク郊外のプレザント湖のほとりで起きた有名な事件を紹介する。プレザント湖畔でキャンプをしていた4人の若者のうちの2人がライフル銃を持ったGに連れ去られ、1名が殺害される事件が起きた。Gは、9日前にボストン大学の男子学生が射殺され、一緒にいた女子学生Xが行方不明となっている事件の容疑者でもあった。やがてGは、警察官の銃撃を受けた末に逮捕されたが、その妻の依頼によってA弁護士が国選弁護人に選任され、さらに殺人事件の弁護を経験したことのあるB弁護士が追加選任された。Gは、当初は知らないと主張していたが、Xを殺害して遺体を廃坑に隠していること、さらに別の女性Yも殺害して遺体を墓地の敷地内に埋めてあることを告白したため、A・B両弁護士が現場に赴くと、Gの告白どおりの遺体を発見した。しかし、両弁護士は、遺体発見の事実を警察に報告せず、検察官との司法取引において、Gを精神病院への監置処分にすることに同意すれば行方不明の2人の捜索に協力する用意があると述べ、その後、警察やX・Yの父親からの質問に対しても知らないとの答えを維持し続けた。やがて、Gは、公判廷でXとYの殺害を自白し、遺体も発見された。2人の弁護士は、遺体発見を隠していたことについて、被害者が生存していれば被告人に不利であっても連絡措置をとったが、死亡していた以上は連絡しないのが弁護人の責務であると述べた。

　ところが、これが市民の厳しい批判を招いた。そして、遺体を動かしたB弁護士は、死体の埋葬と事故死体発見の告知義務を規定した法律の違反を理由として起訴されたが、公訴棄却となった。B弁護士の行為は、連邦憲法修正5条の弁護人の守秘特権によって合法であるとされたのであった。また、A・B両弁護士に対する懲戒申立も、弁護士の守秘義務を理由として棄却されている（詳細は、小島ほか・現代の法曹倫理37頁［佐藤彰一］、R.ズィトリン＝C.ラングフォード＝村岡啓一訳・アメリカの危ないロイヤーたち（現代人文

120

社・2012）12頁）。

市民倫理と専門家倫理とが一致しない好例といわれているが、守秘義務を守り抜くことがいかに難しいかを物語る事件でもある。

2　職務上知り得た秘密

「職務上知り得た」とは、弁護士としての職務を行う過程で知ることができたという意味であって、職務ではない、たとえば弁護士会の委員会を行う過程で知った場合は、含まれない。ただし、弁護士会の会則では、委員会の委員の職務を行う過程で知った秘密を漏示することを禁止していることが多く、それにもかかわらず漏示すれば会則違反となる。

「秘密」とは、一般に知られていない非公知の事実をいい、弁護士の職務の範囲が広く、さまざまな依頼者があり得ることから、国家秘密、企業秘密、個人秘密のすべてを含む。また、個人秘密については、本人が秘匿したいと考える性質を有する事項（主観的意味の秘密）に限らず、一般人を基準としても秘匿しておきたいと考える性質を有する事項（客観的意味の秘密）も含まれると解される（大阪高判平成19・2・28判タ1272号273頁、大阪地判平成21・1・24判時2105号44頁）。

問題となるのが、弁護士法23条にいう秘密は、依頼者自身にかかわる秘密に限定されると解すべきか（限定説）、それとも事件の相手方を含む第三者にかかわる秘密も含まれると解すべきか（非限定説）である（職務基本規程23条の秘密は、その文言上から、依頼者の秘密に限定される）。限定説は、依頼者がその秘密を包み隠さず打ち明けてもそれが外部に漏れないとする制度的保障が守秘義務の基盤となっていること、アングロ・サクソン法系では、依頼者関係において守秘義務（**弁護士-依頼者秘匿特権**：Attorney-client Privilege）が規定されており、それとの整合性を保つべきであること、第三者秘密を漏示した行為については、**プライバシー侵害・人格権侵害**で対応すれば足りることを理由とする。これに対し、非限定説は、弁護士法23条の文言は秘密の主体に関する限定をしていないこと、守秘義務の趣旨は、弁護士に対

する社会の信頼を確保することにあるから、第三者秘密も含むとしなければ一貫しないこと、フランス、ドイツ等の大陸法系では秘密の主体を依頼者に限定するものとはされていないこと、民事訴訟法197条、刑事訴訟法149条の証言拒絶権の規定は、第三者秘密であっても証言拒絶の対象とすることができると解されていることと平仄が合うことを理由とする。さらに、限定説の亜形ともいうべき考え方として、依頼者および依頼者の家族その他これに準ずる者の秘密をいうとする折衷説がある。これは、弁護士法23条の2による**弁護士会照会**に答えて秘密を開示した公務所・公私の団体、戸籍謄本や住民票の職務上請求に応じてこれらを送付した市町村等は、弁護士層に対する信頼に基づいてこれらを開示したから、その信頼を保護する必要があることを理由とする。

　私は、折衷説を採用する（髙中・概説・109頁。折衷説は、加藤・弁護士倫理125頁が提唱する。制限説を採用するのは、小島ほか・法曹倫理109頁、森際・法曹の倫理45頁［尾関栄作・松本篤周］、塚原ほか・倫理と責任109頁［川端和治・塚原英治］）。

　なお、刑法134条1項の**秘密漏示罪**に関し、判例（最判平成24・2・13判時2156号141頁）は、家庭裁判所から少年事件についての精神鑑定を命ぜられた精神科医師が鑑定資料等をジャーナリストに閲覧させ、当該少年とその実父の秘密を漏示した行為について、医学的判断を内容とする鑑定を命じられた場合にその鑑定の実施は業務として行うものであり、医師が当該鑑定を行う過程で知り得た人の秘密を正当な理由なく漏らす行為は、秘密漏示罪に該当するとし、「人の秘密」には、鑑定対象者本人の秘密のほか、鑑定を行う過程で知り得た鑑定対象者本人以外の秘密も含まれるとする。この判例は、非制限説を採用したようにも見えるが、実質的には折衷説を採用したといってよい。ただ、千葉勝美裁判官の補足意見は、患者等との信頼関係に基づいて知り得た秘密に限定する考えは文理上の手掛かりがなく解釈論として無理があるとし、医師は、患者の秘密のみならず、およそ人の秘密を漏らすような反倫理的な行為は慎むべきであるという考えを基礎とすると述べている。こ

の補足意見が非制限説を採用するものであることは明らかである。弁護士法23条の解釈論に関する判例が待たれるところである。

3 漏示と利用

「**漏示**」とは、一般に秘密を開示することをいい、不特定多数の者に開示する場合に限らず、特定少数の者に開示する場合も含まれる。口外厳禁と申し渡し、開示先から確約を取り付けたとしても関係がない。ただし、過失によって秘密が漏れてしまった場合は、漏示とはいえない。この場合は、職務基本規程18条、19条の問題として処理すべきである（日弁連弁倫委・解説54頁）。

刑法はもとより、弁護士法も、漏示行為のみを禁止し、「**利用**」行為は禁止していないが、職務基本規程は、利用行為も禁止する。利用とは、秘密を利用する行為であり、いわゆるインサイダー取引を典型例とする。

4 正当な理由による秘密開示

職務基本規程では、「正当な理由」がある場合を例外とし、刑法でも、同じであるが、弁護士法では、法律に別段の定めがある場合と規定するのみで、正当な理由がある場合の解除を規定していない。しかし、正当な理由がある場合には23条本文違反とはならないとするのが判例であり、通説である（仙台高判昭和46・2・4下民集22巻1・2号81頁。高中・概説109頁）。

正当な理由がある場合としては、弁護士法に規定する「法令に定めのある場合」がこれに当たることはもちろんとして、そのほかには、次の3つが指摘されるのが通例である（日弁連弁倫委・解説55頁。なお、小島ほか・現代の法曹倫理90頁［更田義彦］参照）。

(1) **依頼者の承諾がある場合**

依頼者の承諾があればもはや秘密ではなくなるから、これが正当な理由に当たることは当然である。依頼者の承諾は、緊急事態であるのに依頼者との連絡がとれない場合もあることにかんがみると、黙示の承諾、推定的承諾で

もよいというべきであるが、安易に黙示の承諾や推定的承諾に頼ることは避けるべきである（日弁連弁倫委・解説55頁）。地方自治体や商工会議所の法律相談において相談内容を主催者に報告することがあるが、これは相談者の承諾があると認められる。また、共同事務所において、利益相反行為の防止のために他の弁護士に依頼者名や事件名を開示すること（職基59条）も、依頼者の黙示の承諾があるものと認められる。

(2) 弁護士の自己防衛の必要がある場合

弁護士が依頼者が提訴した訴訟の被告になったとき、依頼者から懲戒請求を受け、紛議調停の申立てを受けたときには、自らの名誉をはじめとする権利を防衛するため、依頼者の秘密を開示することが容認される。弁護士が弁護士会照会・文書提出命令・捜査関係事項照会を受けたとき、税務署から税務調査を受けたとき等も、自己防衛の必要から依頼者の秘密を開示することが許されることがある。なお、自らの報酬請求訴訟を提起する場合が自己防衛の1つといえるかという問題があるが、正当な理由に当たらないとはいえないが、慎重な対応が要求されるものと考える。

(3) 公共の利益のために必要がある場合

一般に、「依頼者の犯罪意思が明確であり、実行行為が差し迫っているうえ、犯行の結果も極めて重大な場合において、秘密の開示が不可欠の場合」には、正当な理由があるとされる。犯罪が人の生命身体に関するものであれば、基本的に秘密の開示が許されてよいと解される。これに対し、犯罪が財産的損害を与えるにとどまる場合については、困難な問題を提供する。アメリカでは、**エンロン事件**や**ワールドコム事件**という巨大経済事件に弁護士が関与していたことが社会問題となり、全米法曹協会（ABA）では、依頼者が弁護士の役務を利用して重大な財産犯や詐欺を犯す場合に、弁護士がこれを防止するための情報を開示することを許容するに至っている（その過程で、証券取引監視委員会（SEC）が弁護士に報告義務をはじめとするさまざまな義務を課そうとしたが、これは「**喧しい辞任**（Noisy Withdrawal）」と呼ばれる。後出263頁参照）。しかし、わが国では、財産的損害を回避するための

秘密の開示を容認する議論はまだなされていないようである。私は、被害発生の緊急性と蓋然性、損害の重大性、秘密開示の不可欠性等を総合的に勘案して真にやむを得ないと認められる場合に限定すべきであり、安易に秘密開示を容認することには慎重でなければならないと考える（森際・法曹の倫理56頁［尾関栄作・松本篤周］）。

5　ゲートキーパー問題

ゲートキーパー（Gate Keeper）問題とは、テロ資金の規制、**マネー・ロンダリング**（Money Laundering；**資金洗浄**）の防止という目的のために、弁護士等の専門職に対してゲートキーパー（門番）としての役割を負わせ、「**疑わしい取引**」を金融当局に対して**通報**する**義務**を課することである。1998（平成10）年のアルシュ・サミット宣言に基づいて設立されたマネーロンダリング対策を立案する国際的枠組みとしてFATF（Financial Action Task Forceon Money Laundering；金融活動作業部会）が設立され、FATFは、2003（平成15）年6月に、加盟国に対して上記の通報義務を勧告した。この勧告は、条約ではないものの、遵守しないときはOECD（経済協力開発機構）加盟国からの経済制裁措置もあり得るとされている。

しかし、ゲートキーパー制度を導入することが弁護士の基本的義務である守秘義務を侵害することは明らかである。そこで、日本弁護士連合会は、疑わしい取引の通報義務を課することに強く反対し、自主規制団体が金融情報機関と適切な協力体制がある場合は自主規制団体に対して疑わしい取引の届出を行うことを認めてよいとされ、犯罪による収益の移転防止に関する法律8条（現11条）で弁護士による本人確認等に関する措置については日本弁護士連合会の会則で定めると規定されたことを受け、2007（平成19）年3月、「依頼者の身元確認及び記録保存等に関する規程」（会規第81号）を制定した。これは、弁護士に対し、①法律事務に関連して金融機関の口座管理・有価証券の預かり等の資産管理行為を行うとき、不動産売買・会社設立・信託契約の締結・会社の買収等の取引を行うときは、依頼者の身元を確認すること、

②依頼者の身元確認のために提出を受けた書類の写し、取引の概要が記載された書面を5年間保存すること、③依頼を受けるときに犯罪収益の移転に関わるかどうかを慎重に検討すること、④依頼を受けた後に犯罪収益の移転を知ったときは、目的回避を説得し、応じないときは辞任すべきこと等を義務付けている（東京三会有志・理論と実務172頁［山崎雅彦］・203頁［中島義則］参照）。

　しかし、FATFは、2008（平成20）年3月、わが国に調査団を派遣し、いくつかの項目（特に、**顧客管理措置**；Customer Due Diligenceの訳語）について不適合の判定を下したため（加藤・弁護士倫理127頁、森際・法曹の倫理58頁［尾関栄作・松本篤周］）、2011（平成22）年4月、これに沿うように犯罪による収益の移転防止に関する法律が改正された。日本弁護士連合会も、この法律改正を受けて、2012（平成24）年12月、上記規程を全面改正し、会規名も「依頼者の本人特定事項の確認及び記録保存等に関する規程」に改めた。改正後の規程は、①本人特定事項の確認方法を詳細に規定したこと、②厳格な顧客管理を行う必要性が高いと認められる場合における本人特定事項の確認方法を規定したこと、③依頼者が法人である場合における依頼の任に当たる自然人の本人特定事項を確認すべきこと、④依頼目的を検討するに際して、依頼者の属性・依頼者との業務上の関係・依頼内容等を判断すべきことを盛り込んでいる（巻末資料409頁参照）。

6　ケースの検討

［ケース53］

　A弁護士が漏示したのは依頼者Xの秘密ではなく、相手方Yの秘密である。職務基本規程23条は依頼者の秘密を漏らした行為を規律するが、弁護士法23条の秘密についても、その主体を依頼者に限定する説を採用すれば、A弁護士は、弁護士法23条違反とはならない。ちなみに、刑法143条の秘密漏示罪の秘密の意義については、前掲最判平成24・2・13参照。

　なお、守秘義務違反となるには、秘密の漏示行為があれば足り、漏示され

た秘密が広く伝播することは必要ではない。したがって、Yに非嫡出子のWがいることを週刊誌に掲載されなくとも、違反の成否に影響はない。

［ケース54］

B弁護士は、友人の弁護士3名に依頼者であるQ社の秘密を漏示したことは明らかであり、口外無用と念を押したことは関係がない。妻という極めて限定された範囲の者に話したことであっても、同様に漏示となる。弁護士は、自宅に帰っても家族に対して仕事の話をすることには慎重でなければならない。

［ケース55］

C弁護士にとって、X銀行の取引先であるQ社が民事再生手続開始の申立を準備中であるとの事実は、X銀行の財務内容に影響する事柄であって、依頼者X銀行の秘密に当たる。したがって、Q社発行のゴルフ会員権を売却したのは、秘密の利用に該当する。法務部員との酒席でQ社に関する秘密を知った場合でも、その酒席は仕事を離れた完全にプライベートなものとは認められないから、職務上知ったことになる。

［ケース56］

D弁護士がXとRによる児童Qの虐待があると認めたわけであるから、これを福祉事務所または児童相談所に通告すべきことは弁護士法23条ただし書にいう「法律に別段の定めがある場合」に基づくものとなる。職務基本規程23条の「正当な理由」に当たることももちろんである。

ただし、私がこのケースを弁護士会の倫理研修で出題したところ、直ちに通告するとした弁護士が圧倒的多数であったわけではなく、たとえば、親権者変更申立事件に関連して担当の裁判所書記官や家庭裁判所調査官にそれとなく伝える方法をとり、自ら通告することを回避するようにする意見等が少なからずあった。参考にされたい。

［ケース57］

E弁護士は、捜索差押許可状に対してどのように対応すべきかを問うものであるが、これに応じて保管を依頼されたXの手帳を提出したとしても、

自己防衛の必要からなされたことであるから、守秘義務違反とはならない。

[ケース58]

F弁護士は、日本弁護士連合会が定めた「依頼者の本人特定事項の確認及び記録保存等に関する規程」に定めるところに従って、Xの身元を確認しなければならない。漫然と預金小切手の取立てをしてはならない。

[ケース59]

G弁護士は、新株の引受をしようとする投資家をはじめX社に対して債権を有する者等に財産的損失を与えることを未然に防止するという公益上の理由から秘密の開示が許されるかを問うものである。一般の労働者等については、公益通報者保護法により一定の通報対象事実を通報したことによる解雇を無効とすること等を定めているが、弁護士については、守秘義務との相克に悩むこととなるのである。私は、財産的損害の回避のためであっても厳しい要件の下に秘密の開示が許される場合があると考える。ただし、このケースでは、秘密の開示の不可欠性がかなり微妙ではないかと思う。

II　事件記録の管理

● ケース60 ●

A弁護士は、先輩のQ弁護士から、X株式会社の会社更生手続開始申立事件を手伝ってほしいと依頼され、申立書の一部の作成を担当することとなった。A弁護士は、関係書類が膨大であったため応接室を利用して起案作業をしていたが、同弁護士が破産管財人に就任しているV株式会社の債権者であるYリース株式会社の担当者Wが訪れた。A弁護士は、不意の訪問であったため、「X社会社更生申立事件」と記載したファイルを応接室の机に出したままY社の担当者Wと応接した。Wは、ファイルのタイトルを見てX社が会社更生手続開始申立の準備中であることを察知して、すぐ本社に戻り、Y社のX社に対するリース物件引揚げの準備に着手した。

A弁護士の記録管理方法に問題はあったか。

●ケース61●

B弁護士は、20年の弁護士経験を有するが、これまでに手がけた事件のファイルを事務所内で保管しておくことが困難となったため、10年以上前に処理を終えた事件のファイルを廃棄することとし、家庭用ゴミ袋に入れて、事務所の清掃を担当する業者Xに捨てるよう依頼した。ところが、Xは、家庭用ゴミの収集場所に出してしまい、破れたゴミ袋から事件記録が散乱してしまった。そして、たまたま通りかかったQがこれを拾い、記録に記載されていた元依頼者Rに対して、ゆすりの行為に及んだ。

B弁護士の記録廃棄方法に問題はあったか。

主な検討対象条文
○職務基本規程
（事件記録の保管等）
18条　弁護士は、事件記録を保管又は破棄するに際しては、秘密及びプライバシーに関する情報が漏れないように注意しなければならない。

【解　説】

1　事件記録の保管と廃棄の方法

弁護士の守秘義務の重要性については前述したとおりであるが、個人情報保護法の制定もあって**個人情報の保護**も、わが国社会で重要性を増している。そこで、事件記録の保管および廃棄について秘密の保持、プライバシーの保護、個人情報の保護を徹底させるために職務基本規程18条が定められている。

職務基本規程の制定趣旨からすれば、「秘密」および「**プライバシー**」は、依頼者のそれに限られず、相手方をはじめとする第三者のそれも含まれる。また、事件記録は、弁護士が職務上入手し、または作成した一切の文書、証拠書類等をいうが、紙類だけでなく、電磁的記録も当然に含まれる。保管と廃棄は、弁護士自ら行うものだけでなく、倉庫業者や廃棄物処理業者に委託して行うことも含まれる。どのようなことを行えば注意を尽くしたといえるかについては、日弁連弁倫委・解説35頁、東京三会有志・理論と実務39頁［西垣義明］を参照。

なお、刑事訴訟法281条の3は、弁護人に対し、検察官から開示され謄写をした証拠（**開示証拠**）を適正に管理し、その保管をみだりに他人に委ねてはならない義務を課している。「他人」には被告人も含まれるので、注意が必要である（松尾浩也編・条解刑事訴訟法［第4版］（弘文堂・2011）571頁参照）。

2　ケースの検討

［ケース60］

A弁護士の事件記録の管理方法は、注意を尽くしたものとはいえない。会社更生の申立てを予定していること自体が秘密に当たるのはもちろんであり、いかに多忙を極めている中での不意の来客であったとしても、記録をその来客（第三者）が容易に見ることのできる状態にしておいたことは、注意が不足していたといわなければならない。記録整理が不得手の弁護士を見かけることがあるが、乱雑な記録の管理は要注意である。

［ケース61］

B弁護士が記録の廃棄を第三者である清掃業者に委託するにあたって特に取扱いに関する留意事項を指示する等を講じておらず、注意を欠いたというべきである。近時は、オフィス文書の廃棄処理を請け負う業者が相当数いるが、適切な注意を与えるなど慎重な対応が求められる。また、電磁気録媒体、たとえば**ハードディスク**の廃棄については、廃棄業者の選定にも十分な注意

が必要である。

III　事務職員等の監督

●ケース62●

　A弁護士の法律事務所では、Xを含めて3名の事務職員を雇用している。ある日、A弁護士は、有名女優Qの離婚事件を受任し、その直後から芸能マスコミの関係者から頻繁に取材希望の電話が入るようになった。A弁護士は、これらの取材には一切応じない方針で対応していたが、マスコミは矛先を事務職員Xに向け、Xの自宅マンションに芸能週刊誌記者のWが訪れ、執拗に「取材費を支払うので知っている事実を教えてほしい」といった。Xは、しつこさと取材費用の3万円に目がくらみ、A弁護士が応接中に聞こえてきたQの男性関係について話をしてしまった。数日後、芸能週刊誌にQの男性関係と離婚に関する記事が掲載され、Qは、激怒した。
　A弁護士としては、Xにどのような指導をしておくべきであったか。

●ケース63●

　B弁護士は、Q法科大学院から依頼されて大学院生Xをエクスターンシップとして受け入れているが、Xは、B弁護士の承認を受けてRに関する刑事事件記録を自宅に持っていって検討することとなった。Xは、電車の中で事件記録を読み始めたところ、隣に座った者がそれをのぞき込んでいた。さらに、Xは、途中で居眠りをしたため、スリに事件記録の入った鞄ごと盗まれてしまった。
　B弁護士は、Xに対してどのような指導をしておくべきであったか。

●ケース64●

　C弁護士は、多重債務者の債務整理の仕事が多く、事務職員として8

名を雇用しているが、そのうちの勤務年数の長いXを事務長に指名していた。ところが、Xは、「○○法律事務所　事務長X」と表示した名刺を利用して、C弁護士に内緒で、複数回にわたって知人から法律相談を受け、報酬をもらっていた。

　C弁護士は、Xの指導・監督を尽くしたといってよいか。

主な検討対象条文
○職務基本規程
（事務職員等の指導監督）
19条　弁護士は、事務職員、司法修習生その他自らの職務に関与させた者が、その者の業務に関し違法若しくは不当な行為に及び、又はその法律事務所の業務に関して知り得た秘密を漏らし、若しくは利用することのないように指導及び監督をしなければならない。

【解　説】

1　自らの職務に関与させた者に対する指導監督

　「自らの職務に関与させた者」とは、雇用する**事務職員**が典型であるが、エクスターンシップで指導する**法科大学院生**等の雇用関係のない者も含まれる。税理士、司法書士等の**隣接士業**を関与させた場合にも、履行補助者としての役割を果たしたのであれば、これに当たるであろう（日弁連弁倫委・解説37頁。なお、東京三会有志・理論と実務43頁［安西愈］参照）。

　指導監督は、弁護士が指示した業務に関して違法または不当な行為をすること、法律事務所内の業務を行うに際して知り得た秘密を漏示し利用する行為をしないこと等がないように、監視し、必要な指示をし、問題行為を発見したときには注意を与えて中止させることに及ぶ。

2　ケースの検討

[ケース62]

　A弁護士は、事務職員Xに対する指導監督を怠ったことが明らかである。芸能マスコミの取材攻勢を受けている状況にあったのであるから、事務職員にも取材があるであろうことは容易に想像が付くところであり、それにもかかわらず指示や監督をしていないA弁護士に職務基本規程19条違反があったことは明らかであろう。

[ケース63]

　B弁護士は、エクスターンシップで受け入れた法科大学院生に対する指示が万全でなかったことは明らかである。そもそも法科大学院生が秘密・プライバシーに関する各種情報が大量にある刑事事件記録を自宅まで持って帰ることを了解したこと自体、刑事訴訟法281条の3に規定する「開示証拠の保管をみだりに他人に委ね」たことに該当する。

　法科大学院生が電車内で他人が容易にのぞき見できる状態で刑事記録を見た行為は、B弁護士の指導監督がなかったことの証左というべきである。居眠りをして事件記録の入った鞄ごと盗まれたというにいたっては、いうべき言葉が見つからない。

[ケース64]

　C弁護士の事務職員に対する指導監督ができていたかを問うものである。弁護士法72条の非弁護士の法律事務取扱いの禁止に違反する者の中に、法律事務所の現職職員（その多くは「事務長」等と称する）、元職員がいることは残念なことである。しかし、そのことは、弁護士の指導監督が不十分であることが大きな原因となっている。事務職員に対する指導監督は決しておろそかにしてはならない。

第3節　弁護士報酬に関する倫理

　弁護士と依頼者の法律関係は、委任または準委任の関係にあるとするのが通説・判例であるが、委任契約では、特約がない限り報酬の請求権はない（民648条1項）。無償が原則とされたのは、委任は高級な知的労務の提供であって、対価になじまないとされたためである（内田貴・民法Ⅱ［第3版］（東京大学出版会・2011）290頁）。しかし、弁護士と依頼者との委任契約では法律事務処理に対して報酬を支払う暗黙の合意があると解するべきである（内田・前掲民法Ⅱ293頁。福岡高判昭和38・7・31判時352号65頁）。

　実務上最も困難な問題は、報酬の額をいくらとするかにある。弁護士は、依頼者から受け取る報酬によって事務所を運営し家庭の生計も立てるのが一般的な姿であるが、その額をいくらとするかが実に難しいのである。そして、弁護士会が定める報酬基準は市場による競争を実質的に制限しかねないものであって**独占禁止法**8条1項1号または4号に違反するおそれがあるとされ、平成15年弁護士法改正によって弁護士会の会則記載事項から「弁護士の報酬に関する標準を示す規定」が削除され、「**報酬基準会規**」（「弁護士報酬会規」等の名称もある）も廃止されたため、弁護士が独自に定めた算定基準によって自由に金額を定めることになり、困難さは倍加したといってよい。ちなみに、司法書士、税理士、弁理士等の隣接職についても、報酬基準が廃止されている。

　しかし、弁護士としての活動を続けていくためには、報酬の請求と受領は避けて通ることができない基本的な問題なのである。弁護士報酬問題は、法科大学院生にとってはほとんど実感がわかないし、新人弁護士にとっても切実な問題ではないため、設問に対する回答はなかなか難しいであろうが、果敢に挑戦してもらいたい。また、他の法科大学院生、他の新人弁護士がどのような考えを持っているかを知ることも有益である（小島ほか・現代の法曹倫理225頁［大澤恒夫］参照）。

なお、日本弁護士連合会は、報酬基準会規の廃止を受け、「弁護士の報酬に関する規程」（会規第68号、参考資料401頁参照）を制定し、①報酬は適正かつ妥当なものでなければならないこと（2条）、②自らの報酬基準を作成して事務所に備え置くこと（3条）、③申出があったときに報酬見積書を作成・交付するように努めること（4条）、④事件受任に際し報酬その他の費用を説明すること（5条1項）、⑤事件を受任したときは、原則的に委任契約書の作成義務があること（5条2項〜4項）、⑥自己の報酬情報を開示・提供するよう努めること（6条）を規定している。

[参考文献]
小島武司・弁護士報酬の現代的課題（鳳舎・1974）
東京弁護士会法友全期会報酬基準研究会編・Q&A弁護士報酬ハンドブック（ぎょうせい・2004）
吉原省三監修・ガイドブック弁護士報酬（商事法務・2005）
弁護士報酬基準書式研究会編・弁護士報酬基準等書式集（東京都弁護士協同組合・2013）

I　弁護士報酬の決定

●ケース65●

　次の事件を受任した場合の弁護士報酬（着手金、報酬金、手数料）を検討せよ。なお、依頼者は一般の市民またはこれに準ずる小規模企業であり、cからfの事件については、裁判所に訴訟を提起したものとする。gの事件は、調停手続を経て訴訟を提起したものとする。
a　一般市民からの1時間を要した法律相談
b　メーカーが卸業者と締結を予定する継続的取引基本契約書の作成（作成予定時間は3時間）
c　友人に貸した300万円の貸金請求事件。全額を回収した。
d　2000万円の商品売買代金請求事件。全額を回収した。

e　交通事故で傷害を負った人からの1000万円の損害賠償請求事件。損害保険会社の当初提示額は500万円であったが、全額を回収した。

f　1戸建て建物の賃借人に対する賃料不払いを理由とする建物明渡請求事件。建物の時価は1000万円、土地の時価は1500万円であったが、明け渡しを受けた。

g　夫の暴力を原因とする妻からの離婚事件。慰謝料として200万円を受け、子ども2人の親権も獲得し、養育費として毎月3万円の支払いを受けることとなった。

h　評価額5000万円の公正証書遺言の作成。

i　遺産総額1億円の遺産分割調停事件。相続人は3名、妻の法定相続分に相当する5000万円の遺産を取得した。

j　消費者金融会社10社に対して総額400万円の債務整理事件で、取引履歴にもとに利息制限法所定利率による利息の引直計算をした結果、300万円の負債が残り、200万円をもとに一括弁済の和解契約をすべて成立させた。

k　jと同様案件で、個人再生手続開始の申立事件。再生計画は認可された。

l　jの同様案件で、破産手続開始の申立事件。免責許可決定を受けた。

m　資本金1000万円・年間売上高3億円・負債総額10億円の会社についての民事再生申立事件。再生計画は認可された。

n　脇見運転で交通事故を起こし被害者に入院1か月の怪我を負わせた被告人の自動車運転過失傷害事件。保釈申請をしたうえ、執行猶予付き判決を得た。

● ケース66 ●

A弁護士は、XからQ株式会社を被告とする製造物責任訴訟の依頼を受けたが、その際、「全力を尽くしますが、この訴訟は、勝つか負けるか半々です。そこで、着手金はゼロとして、勝訴した場合には、判決

認容金額の半分を私の弁護士報酬とすることでいかがでしょうか」と持ちかけ、Xも了解した。

A弁護士の弁護士報酬の請求方法に問題はあるか。

判決の認容金額が300万円の場合と3000万円の場合で違いがあるか。

● ケース67 ●

B弁護士は、Xから交通事故に基づく損害賠償請求事件の依頼を受けた。Xによれば、「加害者Yの入っているQ損害保険会社から、賠償額として500万円の提示を受けているが、納得できない。B先生が交渉して増やしてくれませんか」とのことであった。B弁護士は、Q損害保険会社と2回にわたり電話で交渉したが、Xには過失があり、過失相殺を主張されたため、結局増額は10万円しかできなかった。B弁護士は、保険金支払総額510万円をもとに、弁護士報酬（着手金と報酬金の合計額）として60万円を請求した。

B弁護士の請求した弁護士報酬額は、適正かつ妥当か。

主な検討対象条文
○会則
87条1項　弁護士の報酬は、適正かつ妥当でなければならない。
○職務基本規程
24条　弁護士は、経済的利益、事案の難易、時間及び労力その他の事情に照らして、適正かつ妥当な弁護士報酬を提示しなければならない。

【解　説】

1　弁護士報酬の種類

弁護士報酬は、弁護士が行った法律事務処理行為に対する対価であるが、その種類については、特別な決まりはない。しかし、廃止された旧報酬基準

会規では、着手金、報酬金、手数料、法律相談料、鑑定料、顧問料、日当の7つに分けており、現在もこの種類に従って報酬の請求と授受をしている弁護士が大半であるようなので、これらについて説明する。

① **着手金**　委任事務処理の結果に成功・不成功がある事件または法律事務について、その結果のいかんに関わらず、受任時に受ける委任事務処理の対価をいう。委任契約成立の際に支払いを受けるのを通例とする。

② **報酬金**　委任事務処理の結果に成功・不成功がある事件または法律事務について、その成功の程度に応じて受ける委任事務処理の対価をいう。委任事務処理を終えたときに支払いを受ける。

③ **手数料**　原則として1回程度の手続または委任事務処理で終了する事件または法律事務についての委任事務処理の対価をいう。

④ **法律相談料**　法律相談の対価をいう。報酬基準会規では、初回市民法律相談料と一般法律相談料とに分けられ、前者は低額に抑えられていた。

⑤ **鑑定料**　書面による法律上の判断または意見の表明（リーガル・オピニオン）の対価をいう。

⑥ **顧問料**　法律顧問契約に基づいて継続的に行う一定の法律事務の対価をいう。報酬基準会規では、事業者と非事業者を分けていた。

⑦ **日当**　委任事務処理のために法律事務所所在地を離れ、移動によって当該事件または法律事務のために拘束されること（委任事務処理自体による拘束を除く）の対価をいう。

旧報酬基準会規では、以上とは別の方法として、**時間制（タイム・チャージ）** を採用してもよいとされた。時間制は、1時間当たりの単価に委任事務処理に要した時間を乗した額を請求するものであって、現在でも、東京、大阪の大規模事務所等で広く採用されている。これは、事務所の安定的経営を確保する観点から採用されているものであるが、わが国の中小法律事務所では一般化するには至っていない。

なお、自己破産申立て、個人再生申立て、任意整理の事件や離婚事件など

定型的処理になじむ事件・報酬予測要請の強い事件について、**定額制**を導入する弁護士が増えている（白書196頁参照）。

2　弁護士報酬の目安

弁護士報酬の額は、旧報酬基準会規が廃止された後は、各弁護士が自由に決定してよいのであるが、依頼層にとっては何らかの目安があると極めて便利である。日本弁護士連合会は、旧報酬基準会規に代わる目安を示さなければ市民や企業が困ることを慮り、弁護士に対する**報酬アンケート**を定期的に実施し、その結果を「市民のための弁護士報酬の目安」「中小企業のための弁護士報酬の目安」というパンフレットにして配布している。

新人弁護士は、当初は、先輩や友人に相談したりして報酬額を決めることが多いのではないかと思われるが、上記の目安もかなり参考になるであろう。

3　完全成功報酬制

着手金を請求・受領しないで事件を処理し、その事件が成功で終わったときに、相当に高い基準によって算定した報酬金のみを請求・受領する方式を**完全成功報酬制**（コンティンジェント・フィー：Contingent Fee）という。完全成功報酬制については、訴訟を投機の対象にするようなものであって、過度に党派的で不当な行為に走る病理現象を招くものであるとして、禁止する立法例（イギリスを含むヨーロッパ主要国等）もある。わが国では、これを禁止する法令や弁護士会会則はなく、暴利行為（民90条）と認められるものでない限り、適法である。

しかし、その請求には慎重さと丁寧な説明とが不可欠であろう（小島ほか・現代の法曹倫理245頁［大澤恒夫］、小島ほか・法曹倫理155頁）。

4　報酬額の適正と妥当性

職務基本規程24条は、上記のとおりに規定し、弁護士の報酬に関する規程

2条も、弁護士の報酬は、事件の難易、時間および労力その他の事情に照らして適切かつ妥当なものでなければならないと規定して、報酬の算定にあたって考慮すべき要素を指摘している。適正と妥当性は、上記の要素のほか、依頼者との平素からの親疎、事件依頼の経過等さまざまな要素を総合勘案して決定されるものである（最判昭和37・2・1民集16巻2号157頁）。

5　ケースの検討

[ケース65]

　日本弁護士連合会が2009（平成21）年に実施した弁護士に対するアンケート調査の結果に基づいて作成した「市民のための弁護士報酬の目安」において、最も回答が多かった金額とその次に多かった金額を、パーセンテージを付して示すこととする。

a　法律相談料：1万円（56％）、5000円（36％）
b　手数料：10万円（40％）、5万円（39％）
c　着手金：20万円（44％）、15万円（26％）
　　報酬金：30万円（50％）、20万円（19％）
d　着手金：100万円（26％）、70万円（23％）
　　報酬金：200万円（47％）、150万円（25％）
e　着手金：30万円（49％）、20万円（20％）
　　報酬金：50万円（35％）、70万円（18％）
f　着手金：30万円（53％）、50万円（20％）
　　報酬金：60万円（40％）、100万円（18％）
g　調停につき
　　　着手金：20万円（45％）、30万円（42％）
　　　報酬金：30万円（40％）、20万円（30％）
　　調停不成立後に引き続く訴訟につき
　　　着手金：10万円（43％）、0円（26％）
　　　報酬金：30万円（36％）、20万円（20％）

第3節　弁護士報酬に関する倫理

h　手数料：10万円（51％）、20万円（30％）
i　着手金：50万円（41％）、30万円（31％）
　　報酬金：100万円（31％）、180万円（15％）
j　着手金：20万円（44％）、10万円（31％）
　　報酬金：10万円（36％）、0円（31％）

　なお、日本弁護士連合会が2011（平成23）年に制定した「債務整理事件処理の規律を定める規程」（会規第93号、巻末資料417頁）では債務整理事件の弁護士報酬のついて上限規制をしており、和解解決をしたことの報酬額の上限は2万円、債務額の減額に成功したことの報酬額の上限は減額分の10％とされている。このほかにも、過払金返還請求事件についての報酬金の上限が規定されている（ただし、施行後5年内の時限会規となっている）。

k　手金：30万円（47％）、20万円（26％）
　　報酬金：0円（51％）、10万円（18％）
l　着手金：30万円（49％）、20万円（37％）
　　報酬金：0円（66％）、10万円（14％）
m　着手金：100万円（39％）、200万円（31％）
　　報酬金：200万円（42％）、300万円（25％）
　　ただし、月額報酬を併用しない場合
n　着手金：30万円（52％）、20万円（33％）
　　報酬金：30万円（45％）、20万円（30％）

［ケース66］
　A弁護士は、コンティンジェント・フィーによることを依頼者に提案したわけであるが、事案の難易、時間および労力等が一般的な訴訟進行から見て特別なものであったと認められるものでなければ、3000万円を回収したときの1500万円の報酬額が適正・妥当といえるかは疑問が残るであろう。これに対し、300万円の回収の場合の150万円の報酬額については、一般的に見れば、適正・妥当な範囲内にあると推定してよいであろう。弁護士の実体験からいえば、300万円の債権回収事件と3000万円の債権回収事件とで労力と難

141

易はほとんど一緒であり、むしろ少額事件の方が、回収可能性が低いのが一般であるために、かえって解決が難しいことがある。

［ケース67］

B弁護士は、報酬金の算定にあたり、Xが受けた経済的利益の額を510万円という受取額とし、提訴前にQ損害保険会社から提示されていた500万円を全く勘案していない。この500万円を所与の前提とすれば、B弁護士の功労によって加算されたのはわずか10万円に過ぎず、この10万円の範囲内での報酬額となればB弁護士も納得できないであろう。しかし、Xにしてみれば、Q損害保険会社の提示額が不満であるからB弁護士に依頼したわけであって、弁護士を依頼せずに和解をしていれば問題なく500万円を手にできたのであるから、訴訟での決着金額をベースに報酬算定をされるのは承伏しがたいものがあろう。話し合いによる決着を目指すべきであるが、B弁護士の報酬に関する説明不足は否めず、相当な譲歩が求められるというべきであろう。

II 弁護士報酬の説明

●ケース68●

A弁護士は、Xから、Yに対する500万円の売買代金請求事件を依頼されたが、その受任に際し、Xに対し、「私が所属するQ弁護士会が平成15年まで規定していた弁護士報酬基準会規によれば、着手金の標準額は50万円であり、報酬金は、Yから回収した金額の15％が標準となっていますので、本件も、その標準によることとします。よろしいでしょうか」といったのみで、どうして50万円の着手金となるのか、報酬金が回収金額の15％になるのかの説明を全くしなかった。

A弁護士の説明には問題があるか。

第3節　弁護士報酬に関する倫理

――● ケース69 ●――

　B弁護士は、いわゆる「みなし成功報酬」の条項を記載した委任契約書を依頼者Xとの間で締結した。「みなし成功報酬」とは、依頼者が弁護士の責に帰することのできない事由で解任したとき、依頼者が弁護士の同意なく事件を終結させたとき、依頼者が故意または重大な過失で依頼事件の処理を不能にしたときに、事件が成功したものとみなして、成功報酬金を請求することができるというものであって、不誠実な依頼者の解任等から弁護士の利益を守ろうとするものである。B弁護士は、受任の段階でXが自分を解任したときの処置等について説明することは無用な不信感を抱かせかねないと考え、「みなし成功報酬」については一切説明をしなかった。

　B弁護士は、説明義務を尽くしたといえるであろうか。

主な検討対象条文
○職務基本規程
（受任の際の説明等）
29条　弁護士は、事件を受任するに当たり、依頼者から得た情報に基づき、事件の見通し、処理の方法並びに弁護士報酬及び費用について、適切な説明をしなければならない。

【解　説】

1　報酬基準の作成と備置き

　弁護士会が弁護士報酬に関する標準を会則中に規定することが廃止され、一般に「**報酬基準会規**」と名づけられた会規は、廃止された。しかし、依頼者が弁護士に事件依頼をしようとするときの不安あるいは関心事は、法律事務処理に要する費用（弁護士報酬）と時間にあることはつとに指摘されているところである。報酬基準会規が廃止された後、弁護士には、各自の報酬基

準を作成し、その法律事務所に備え置くことが義務づけられており（弁護士の報酬に関する規程3条1項）、報酬基準には、報酬の種類、金額、算定方法、支払時期等を明示しなければならないことになっている（同3条2項）。

2 みなし成功報酬

みなし成功報酬とは、ケース69に記載したように、依頼者側の責に帰すべき事由による事件の中途終了から弁護士の報酬金に対する期待権を保護しようとするものであり（東京高判昭和42・11・7東高民事報18巻11号173頁）、条件成就によって不利益を受ける当事者が故意に条件成就を妨げたときは、相手方が条件が成就したとみなすことができるとした民法129条の規定を参考としたものである。

みなし成功報酬に関する判例はかなりの数にのぼり、裁判所も報酬契約書のとおりの金額を認容していないケースもある。みなし成功報酬の請求には、慎重さが求められるというべきである（髙中・概説51頁）。

3 ケースの検討

［ケース68］

A弁護士は、廃止された弁護士会の「報酬基準会規」を自らの報酬基準にしているが、そのこと自体は何ら問題がない。むしろ、大半の弁護士がそのような対応をしていると認められる。しかし、報酬基準会規の条項をそのまま読み上げるだけでは、説明をしたことには必ずしもならない。A弁護士の説明は、事故の報酬基準にある報酬の算定方法をわかりやすく説明する必要があったというべきである。

ただし、報酬の算定方法をはじめとして弁護士報酬に関するわかりやすい説明は、なかなか難しい。経験豊富な弁護士であっても、報酬請求はいつも緊張するとの言葉を漏らしている。わかりやすい報酬説明の技能は、一生をかけて磨いていくものなのであろう。

［ケース69］

B弁護士が委任契約書に記載してある「みなし成功報酬」の説明をしなかったことは、いかに依頼者の手前逡巡したからといっても、説明義務違反とならざるを得ない。判例の中には、弁護士と依頼者の双方に帰責事由がある場合に、約定に従ったみなし成功報酬を認めず、民法648条3項を類推適用して、弁護士が委任事務処理をした限度での報酬請求権を認めたもの(東京地判平成14・3・29判時1795号119頁)、みなし成功報酬の特約は、実質的に見て、**消費者契約法**9条1号に規定する「消費者契約の解除に伴う損害賠償の額を予定し、または違約金を定める条項」に該当し、具体的なみなし成功報酬の額が同法9条1号に規定する「平均的な損害の額」ではないとして、みなし成功報酬特約全部が無効であるとしたもの(横浜地判平成21・7・10判時2074号97頁)もあり、みなし成功報酬の請求には、やはり明確かつ妥当な内容の合意が必要であり、さらに、その説明がきちんとなされていることが前提となるものと解するのが相当である。

Ⅲ 委任契約書の作成

● ケース70 ●

A弁護士は、工務店を営むXから、リフォーム工事代金請求事件の依頼を受け、これを受任することとしたが、委任契約書の作成を持ちかけたところ、Xは、「先生、そんな固いことは結構です。私は、先生を信頼していますので、すべてをお預けします」といわれたため、委任契約書を作成することをしなかった。

A弁護士の行動に問題はあるか。

● ケース71 ●

B弁護士は、Xから売買代金請求事件の依頼を受け、委任契約書を作成することとしたが、着手金については金額を確定して記載したものの、報酬金については、勝訴の見通しが立たないことから、金額や算定

方法を記載せず、「判決結果または和解結果をみてから協議する」と記載した。
　B弁護士の委任契約書に問題はないか。

主な検討対象条文

○職務基本規程

30条　弁護士は、事件を受任するに当たり、弁護士報酬に関する事項を含む委任契約書を作成しなければならない。ただし、委任契約書を作成することに困難な事由があるときは、その事由が止んだ後に、これを作成する。

2　前項の規定にかかわらず、受任する事件が、法律相談、簡易な書面の作成または顧問契約その他継続的な契約に基づくものであるときその他合理的な理由があるときは、委任契約書の作成を要しない。

【解　説】

1　委任契約書の作成義務

　弁護士は、事件を受任するときには**委任契約書**の作成が義務づけられる。委任契約書の作成義務が免除されるのは、①受任事件が法律相談であるとき、②受任事件が簡易な書面の作成であるとき、③受任事件が顧問契約その他これに準ずる契約に基づくものであるときの3つに限定される（弁護士の報酬に関する規程5条2項・3項。参考資料402頁を参照）。それ以外の場合、たとえば、依頼者が作成しないことを了解したとき、依頼者が親戚や親しい友人であるときであっても、委任契約書を作成しないことに合理的理由が認められない限り、作成義務は免除されない。

2　委任契約書の記載事項

　委任契約書の記載事項について、職務基本規程30条は、弁護士報酬に関する事項が含まれることを規定するのみで、そのほかに何を記載するかを定め

ていないが、弁護士の報酬に関する規程5条4項は、①受任する法律事務の表示および範囲、②弁護士の報酬の種類、金額、算定方法および支払時期、③委任契約が委任事務の終了に至るまで解除ができる旨、④委任契約が中途で終了した場合の清算方法を記載しなければならないものとしている（参考資料402頁）。ほかには、契約解除に関する事項、契約終了時の金銭・書類の精算に関する事項等があろう。

3　ケースの検討

[ケース70]

A弁護士が委任契約書を作成するについて困難な事由があったとも、また作成しなかったことに合理的理由があったとも認められない。A弁護士としては、委任契約書作成を渋るXを説得しなければならない。

[ケース71]

B弁護士は、報酬金については、事件の勝敗の見通しが立たないことから、概括的な表現をするにとどめているが、この記載では報酬金の予測可能性が認められず、不適当である。全面勝訴の場合はいくら、一部勝訴の場合はいくらというように場合分けをして記載するようにすべきであろう。報酬金の算定方法を記載するのはなかなか難しいのであるが、工夫すべきである。

IV　報酬分配の制限

●ケース72●

A弁護士は、経営が行き詰まったQ株式会社の任意整理事件を受任し、その弁護士報酬として1000万円を受領した。Q社には、「顧問」と称するXがおり、Q社の内部事象に相当通じており、任意整理を進める過程でも、債権者との折衝、売掛金の回収、所有不動産の処分等について多大の功績があった。そこで、A弁護士は、Xに対し、弁護士報酬の中から300万円をアルバイト料として支払った。しかし、後日、債

権者の話を聞くと、Xは、いわゆる事件屋であり、A弁護士に隠れて資産の隠匿行為等を行っていたことが判明した。

　A弁護士は、Xに支払った300万円をどう処理すべきか。

●ケース73●

　B弁護士は、弁護士5名、税理士3名、司法書士2名とで「Q法律税務登記事務所」という名称の経費共同型事務所を経営しているが、Xから、被相続人Pの遺産分割事件の依頼を受けた。その後、B弁護士は、他の相続人のYとZと交渉して遺産分割案をまとめたが、YとZの了解を得て、相続税の申告手続、土地に関する相続登記をQ法律税務登記事務所に所属するV税理士とW司法書士に行わせた。B弁護士は、税理士報酬と司法書士報酬を合算した弁護士報酬請求書を作成し、Xから支払いを受けた弁護士報酬の中からV税理士とW司法書士に予め内部で合意していた割合で分配した。

　B弁護士の報酬分配に問題はあるか。

　B弁護士がV税理士、W司法書士と収支共同型の事務所を設け、B弁護士の受けた弁護士報酬は、その全部をいったん事務所全体の収入に繰り入れ、毎月一定の日にあらかじめ合意した基準に基づいて分配することとしていた場合は、どうか。

主な検討対象条文

○職務基本規程

（報酬分配の制限）

12条　弁護士は、その職務に関する報酬を弁護士又は弁護士法人でない者との間で分配してはならない。ただし、法令又は本会若しくは所属弁護士会の定める会則に別段の定めがある場合その他正当な理由がある場合は、この限りでない。

【解　説】

1　弁護士報酬の分配禁止の趣旨と除外例

　職務基本規程12条が弁護士報酬を正当な理由なく非弁護士との間で分配することを禁止するのは、非弁護士との提携禁止（法27条）を金銭面から徹底するためであり、また弁護士の独立性を保持しようとするためである。

　法令に定めがある場合とは、外弁法で認められる**外国法共同事業**（外弁2条15号、49条の2）であり、外国法事務弁護士との報酬分配が認められる。会則に定めのある場合は、今のところ見あたらないが、正当な理由がある場合としては、共同事務所に所属していた弁護士が死亡した場合に、生前の事件処理に対する弁護士報酬をその相続人に支払うことがあげられる。

2　ワンストップ・サービスとMDP

　ワンストップ・サービス（One-Stop Serves）は、弁護士と税理士、司法書士等の隣接職とが共同して事務所を設立することにより、国民の利便に資する総合的なサービスを実現しようとするものである。当初は、ワンストップ・サービスの利便性が強調されたが、その後、**弁護士の独立性**確保の観点から問題が提起されている。すなわち、弁護士が公認会計士、税理士、弁理士、司法書士等と共同経営をすること（**異業種共同事業＝MDP**：Multi-disciplinary Partnership）は、弁護士の独立性を侵害してはいないかという疑問である。現在はさらに進展して、イギリスにおいて、法律職と非法律職とが**構成員となる代替的業務組織**（**ABS**＝Alternative Business Structure）が2007年法的サービス法で導入され、弁護士の独立性に対する大きな脅威として受け止められている（吉川精一・英国の弁護士制度（日本評論社・2011）155頁）。

　したがって、ワンストップ・サービスだからといって直ちに報酬分配の「正当な理由」があると即断することはできない。事件屋等の非弁活動をしている者に弁護士報酬を分配してはならないのは当然であるが、隣接職が法

定の権限範囲を越えて業務を行っていれば、それは弁護士法72条違反であるから、同じく弁護士報酬の分配は認められるべきではない。これに対し、専門家がその固有の権限範囲を遵守して業務を分担し、一つの案件が一団として処理されれば、国民の利便に資することは明らかであり、弁護士が代表して受け取った弁護士報酬を合理的な基準に従って分配することは、正当な理由に基づくものといえよう。ただ、その分配基準や具体的な分配金額は、内部的に合意されているだけでは足りず、依頼者に対する関係でも委任契約書に明記するなどの形式で開示され了承を得ておかなければならない（東京三会有志・理論と実務17頁［山崎雅彦］）。分配基準は、経費共同型の事務所については比較的明確であるが、収支共同型の事務所の場合は、合理的な基準を作成することに相当な工夫が求められるであろう（日弁連弁倫委・解説26頁）。

3　ケースの検討

［ケース72］

A弁護士は、弁護士法72条に違反する事件屋に弁護士報酬を分配したものであり、職務基本規程12条がそもそも取締対象とした行為類型である。弁護士は、事件処理の補助を第三者に依頼する場合は、その人物を見極めなければならない。

［ケース73］

B弁護士がV税理士、W司法書士等と経費共同の事務所を設けている場合において、V税理士、W司法書士がそれぞれの権限範囲を遵守して業務を行ったということであれば、B弁護士が受け取った弁護士報酬を合理的と認められる方法で分配することは、正当な理由があるというべきである。

これに対し、収支共同型事務所を設けていた場合には、V税理士、W司法書士に弁護士法72条違反と認められる行為がなかったかどうかを慎重に検討することが必要となり、そのおそれがないと認められる場合に、弁護士報酬の分配に正当な理由があるというべきであろう。

第4節　事件受任過程における倫理

　弁護士の仕事は、依頼者からの事件の依頼があって初めて進行するのが例である。弁護士法3条も、弁護士の職務は、依頼者その他の関係人からの依頼または官公署の委嘱に基づいて法律事務を取り扱うことにあると規定し、弁護士自らが独自に法律事務処理を開始することは原則的に予定していない。そこで、弁護士が活動をスタートさせる契機となる依頼者からの事件受任過程において、どのような倫理問題があるのかを検討する。

I　広　告

── ●ケース74● ──

　A弁護士は、紹介者のいない飛び込みによる事件依頼を受けない、いわゆる一見の客はとらないという旧来の弁護士の一般的な事件受任のあり方に疑問を持ち、弁護士を知らない顧客層からも積極的に事件の依頼を受けてこれを受任するべきだとの考えを持ち、電話帳広告、電車内の吊り広告、インターネットのホームページ、新聞の折り込みチラシ等で積極的な広告活動をし、その中で「どのような事件でも低廉で明快な費用でお引き受けいたします。私の事件処理は迅速を旨としており、また、裁判での勝訴率も抜群です」と記載した。

　A弁護士の広告に問題はあるか。

── ●ケース75● ──

　B弁護士は、顧客の利便性を考えて法律事務所は駅前に置くべきであり、その看板も目立たなければ意味がないと考え、1階から3階に消費者金融会社の店舗がある4階建てビルの4階に事務所を置き、そのビルの壁面に縦10メートルの極彩色で、夜間は外周が点滅する電球を配置し

た看板を設置した。また、デザイナーに頼んで、豪華な事務所案内のパンフレットを作成し、「会社四季報」に掲載されている上場企業等2,000社に一斉送付した。

B弁護士の広告方法に問題はあるか。

● ケース76 ●

C弁護士は、知り合いのQ紹介によるXから、建物収去土地明渡事件の依頼を受けた。借地借家法の通説的解釈や過去の判例からすると、勝訴することはほとんど困難と認められる事件であったが、Xに対し、「私は、借地借家事件を得意としており、これまで裁判で負けたことはほとんどありません。本件の勝訴はまず間違いありません。ご安心いただいて結構です」と申し向け、勝訴を前提とした相当高額の着手金を請求し、受け取った。

C弁護士の言動に問題はあるか。

主な検討対象条文

○職務基本規程

9条　弁護士は、広告又は宣伝をするときは、虚偽又は誤導にわたる情報を提供してはならない。

2　弁護士は、品位を損なう広告又は宣伝をしてはならない。

【解　説】

1　弁護士広告の自由化

弁護士の**広告**について、1955（昭和30）年に制定された「弁護士倫理」（旧々弁護士倫理）8条で「弁護士は、学位又は専門の外、自己の前歴その他宣伝に亘る事項を名刺、看板等に記載し、又は広告してはならない」と規定され、原則的に禁止されていた。しかし、国民に対する弁護士の情報提供の

拡充、弁護士の活動領域と顧客層の拡大を理由とする広告解禁の意見が擡頭し、1987（昭和62）年に、日本弁護士連合会は、「弁護士は、自己の業務の広告をしてはならない。但し、本会の定めるところに従って行う場合は、この限りでない」と定める会則29条の2を新設し、一定範囲の広告を許容することに転じた。ところが、ITの普及、規制緩和の流れが急速に進んで上記規制でも時代の要請にそぐわなくなるとともに、弁護士の情報不足に対する国民の根強い不満が依然として指摘されたため、2000（平成12）年3月、日本弁護士連合会は、会則29条の2を「弁護士は、自己の業務について広告をすることができる。但し、本会の定めに反する場合は、この限りではない」と改め、広告を自由化することとした。そして、広告のあり方に関する規律を規定した「弁護士の業務広告に関する規程」（以下「**広告規程**」という）を制定している。

現在では、ITの飛躍的な発展、弁護士人口の大幅な増大とこれに伴う競争の激化という状況もあって、インターネット上の**ホームページ**はもとより、テレビ、ラジオ、電車の吊り広告、新聞の折り込みチラシ等、弁護士の広告は、少し前には考えられなかったさまざまな媒体が活発に利用され、その内容もバラエティーに富むようになっている。しかし、中には、品位に疑問を感じざるを得ない広告も見られるようになったとの指摘がある。広告に関する品位とは、時代とともにその内実が変化していくものであろうが、それでも決して失ってはならない品位というものがあると考える。

2　広告規程

広告規程の詳細は、巻末資料398頁を参照いただきたいが、概要を述べておくと、「広告」とは、「弁護士が、口頭、書面、電磁的方法その他の方法により自己又は自己の業務を他人知らせるために行う情報の伝達及び表示行為であって、顧客又は依頼者となるように誘引することを主たる目的とするもの」と定義され（広告規程2条）、事実に合致していない広告、誤導または誤認のおそれのある広告、誇大または過度な期待を抱かせる広告、困惑させま

たは過度な不安をあおる広告、特定の弁護士等と比較した広告、法令また弁護士会の会則会規に違反する広告、弁護士の品位または信用を損なうおそれのある広告が禁止され（同3条）、さらに訴訟の勝訴率、顧問先・依頼者、受任中の事件、過去に取り扱いまたは関与した事件については、原則として標示することができない（同4条）。また、面識のない者に対して、訪問、電話または電子メールによる広告をすることが原則的に禁止され（同5条）、特定の事件の当事者および利害関係人で面識のない者に対する郵便その他の方法による事件勧誘の広告も原則として禁止されている（同6条）（日本弁護士連合会弁護士業務の広告問題ワーキング・グループ編・弁護士広告－業務広告規程の解説（商事法務研究会・2000）参照）。

なお、日本弁護士連合会では、広告規程の解釈を示すために、2012（平成24）年3月、「弁護士及び弁護士法人並びに外国特別会員の業務広告に関する指針」を理事会決議により制定しているので、広告をしようと考える方は、ぜひ参考にされたい（自正63巻8号98頁）。

3　ケースの検討

［ケース74］

A弁護士が広告を積極展開している媒体は、いずれも広告規程に抵触するものではない。一時頻繁に放映されたテレビの広告も、当初は驚きの目を向ける人もいたが、今や特に目新しいものではなくなった。広告は原則的に弁護士の品位を損なうものであるという認識は、若手弁護士を中心として過去のものになった感がある。今後も、インターネットを中心に、広告はさらに進化と深化を重ねていくであろう。

しかし、A弁護士の広告の内容についてみると、問題がある。どんな事件でも低廉な費用で引き受けるとの記載は、過度な期待を抱かせるものということができるように思われ、勝訴率は抜群との記載も、勝訴率自体の記載ではないが、誤認のおそれのあるもの、過誤な期待を抱かせるものということができるであろう（東京三会有志・理論と実務1頁［山崎哲男］）。

[ケース75]

　B弁護士がその法律事務所を消費者金融会社の店舗が複数あるビルに置いたことは、直ちに品位を損なうとまでは断言できないが、看板については、品位を損なうものといってよいであろう。また、事務所案内を面識のない会社に送付した行為は、広告規程5条に違反するであろう。

[ケース76]

　C弁護士は、学説や判例に反して勝訴がまず間違いないと口頭で申し向けている点で、虚偽にわたる広告をしているといってよく、また、これまで裁判で負けたことはほとんどないと申し向けている点は、勝訴判決がほとんどであるという誤導にわたる広告をしているといってよいであろう。広告は、これを見たり聞いたりした人の注目、関心を獲得しなければならないものであるが、それにも限度があるのである。

II　依頼の勧誘方法

● ケース77 ●

　A弁護士は、新聞やテレビで大きく取り上げられた凶悪犯罪の被疑者Xの弁護人になって知名度を高めようと考え、弁護人になろうとする者として、Q警察署に勾留中のXと接見し、「新聞やテレビであなたの事件を知りました。私は、これまで刑事事件を多く取り扱っています。弁護士費用は心配いりません。ぜひあなたの弁護人にしていただきたい」と申し向け、Xから弁護人選任届をもらった。その後、Xの了解も得ることなく記者会見を開き、集まった記者からは取材料の名目で金員を徴収した。

　A弁護士の行動に問題はあるか。

● ケース78 ●

　B弁護士は、航空機事故によって多数の死者が出たことを知り、航空

第 3 章　依頼者との関係における倫理

会社 Q 社に対する損害賠償請求事件の依頼を数多く獲得しようと考え、たまたま入手した犠牲者一覧表をもとに、死亡した G の住民票を取り寄せて遺族 X、Y、Z の 3 名の氏名と住所を割り出し、「このたびは、突然の事故でさぞかし落胆されていることと推察いたします。私は、航空機事故の民事賠償請求事件を得意としておりますので、よろしければ Q 社に対する損害賠償請求をお引き受けさせていただきます」と記載した「お悔やみ状」を送付した。
　B 弁護士の行動に問題はあるか。

● ケース79 ●

　C 弁護士は、不正融資がマスコミで大きく取り上げられた Q 銀行の取締役の責任を追及する株主代表訴訟を提起しようと考え、自らの法律事務所のホームページに「Q 銀行経営陣の不正を質しましょう。株主代表訴訟を提起することに賛同する株主の方のご連絡をお待ちいたします」と記載した。
　C 弁護士の行動に問題はあるか。

● ケース80 ●

　D 弁護士は、大家の X から、賃借人 Y との間で交渉を続けてようやくまとまった賃貸マンションの期間満了に伴う明渡しの条件を示され、確実に明け渡しをさせるための方法を尋ねられた。D 弁護士は、「即決和解の申立てをする方法が確実ですが、お話を聞くと、Y に対する立退料が高すぎますよ。私なら、立退料をほとんど出さずに立ち退かせてみせます。Y さんには、これまでの話はすべてなかったこととして、白紙に戻してください」と申し向け、直ちに Y に対する建物明渡請求訴訟を提起した。しかし、借地借家法28条に規定する正当事由が認められる案件ではなく、立退料を支払わずに立ち退かせることは困難であって、D 弁護士もそのことは知っていた。

D弁護士の行動に問題はあるか。

主な検討対象条文
○職務基本規程
（依頼の勧誘等）
10条　弁護士は、不当な目的のため、又は品位を損なう方法により、事件の依頼を勧誘し、又は事件を誘発してはならない。

【解　説】

1　不当な目的・品位を損なう方法

　不当な目的の代表的なものは、自己の利得のみを考え依頼者を食い物にする目的である。「債務整理事件処理の規律を定める規程」8条2項は、債務者が他の債務を負担していることを知りながら、その債務整理事件の依頼を受けずに、利息制限法違反の利息を元本充当した結果発生する過払金の返還請求事件のみを受任してはならないこと、すなわち、過払金返還事件のつまみ食いを禁止しているが、これもその例である。

　品位を損なう方法の代表的なものは、依頼者または依頼者となるべき者の窮状につけいって非常識な方法で事件依頼を働きかける行為であり、いわゆる**アンビュランス・チェイサー**（Ambulance Chaseer；負傷者を乗せた救急車を追いかける弁護士）の類である。この行為については、広告規程6条も明文で禁止している（東京三会有志・理論と実務7頁［吉田健］、小島ほか・法曹倫理163頁を参照）。

2　ケースの検討

［ケース11］

　A弁護士のように、新聞やテレビで知った被疑者に接見し、弁護人としての選任を働きかける弁護士は、極めて数は少ないものの、実際に存在して

いる。刑事当番弁護士制度が普及してからは、A弁護士のような存在はさらに減少しているであろうが、完全に絶滅したわけでもなさそうである。このような自己を弁護人として選任するように勧誘する行為は、被疑者の窮状に乗じた面があるが、直ちに不当な目的または品位を損なう方法による事件勧誘とは断言できないであろう。しかし、A弁護士がXに無断で記者会見を開き、記者から取材料を徴求したのは、Xを食い物にしたものと評価することができ、不当な目的による事件勧誘であったといってよいであろう。なお、Xの了解をとっていない記者会見で秘密事項を開示すれば、守秘義務違反の問題もある。

[ケース78]

B弁護士は、面識のない航空機事故による犠牲者の遺族に対し、事件依頼の勧誘行為を行ったものであり、まさにアンビュランス・チェイサーである。「お悔やみ状」を受け取った遺族の気持ちを全く忖度しない、**事件漁り**の行為である。アメリカにおける実際例について、R. ズィトリン＝K. ラングフォード＝村岡啓一訳・アメリカの危ないロイヤーたち（現代人文社・2012）140頁参照。

[ケース79]

C弁護士の行為は、ホームページにアクセスする人を依頼者にしようとしたものであり、広告規程6条に規定する「郵便その他…直接到達する方法」によったわけではない。甚大な消費者被害が発生した事件に関し、被害者弁護団が結成され、新聞やテレビで報道がなされることがあるが、これに近似する形態である。特に問題はないと解される。

[ケース80]

D弁護士は、ことさらに自己の認識と違う見解を述べてXを翻意させ訴訟事件を作出したといえるであろう。不当な目的による事件の誘発をしたというべきである。事件依頼を受けるときに、依頼者の気持ちを鼓舞するために若干の「はったり」は許されるであろうが、不当な目的による事件の誘発であってはならないのである。

III　有利な結果の保証

●ケース81●

　A弁護士は、X株式会社から特許権侵害訴訟を依頼されたが、A弁護士は、特許権に関する訴訟を過去に遂行したことがなかった。しかし、X社は、ベンチャー企業として有名であり、今後も継続して多様な事件の依頼が見込まれることから、A弁護士は、特許権侵害訴訟を進めるについては、専門書を読み、不明なところは友人の弁護士に聞けば何とかやっていけるだろうと考え、「X社に絶対に有利な結果となることを約束します。一所懸命にやりますので、今後ともよろしく」といって受任した。

　A弁護士の言動に問題はあるか。

●ケース82●

　B弁護士は、Xから、木造アパートを取り壊してマンションを建築するため、木造アパートに最後まで居住するYに対する立退請求事件を依頼された。Xから聞いた事情では、借地借家法に定める正当事由があるとは到底思えず、訴訟を提起しても敗訴が間違いなく、相当高額の立退料を支払って和解するのがせいぜいの案件であった。しかし、Xは、かなりの資産家であり、賃貸マンションを数棟所有していたことから、同様の事件が継続的に依頼されることを期待して、B弁護士は、「Yさんの立退き裁判は、私の過去の経験からして勝訴はほとんど間違いないでしょう。裁判所の和解勧告があっても、立退料はほんのわずかで済むでしょう」といって、受任した。

　B弁護士の言動に問題はあるか。

主な検討対象条文

○職務基本規程

（受任の際の説明等）

29条　（1項略）

2　弁護士は、事件について、依頼者に有利な結果となることを請け合い、又は保証してはならない。

3　弁護士は、依頼者の期待する結果が得られる見込みがないにもかかわらず、その見込みがあるように装って事件を受任してはならない。

【解　説】

1　有利な結果の保証

依頼者は、弁護士に事件を依頼しようとするときには、とかく自己に**有利な結果**が得られるかどうかに強い関心を持ち、弁護士にいろいろと質問してくるのが常である。ことに初めて弁護士に事件依頼をする人にはその傾向が顕著である。弁護士は、説明義務の1つとして、依頼事件の帰趨について自らの法律的知見と経験に基づく合理的な予測をし、これを依頼者に告知する（職基29条1項）。しかし、その場合であっても、自己の認識や見解に反して、有利な結果を請け合ったり保証したりしてはならないのである。

また、依頼者が期待する結果が得られる見込みがないにもかかわらず、そのことを告知することなく、あたかもあるように偽装してはならない。

2　ケースの検討

［ケース81］

A弁護士は、特許権侵害訴訟に関する法的知識も実務経験もないのに、「X社に絶対有利の結果になることを約束します」と述べており、これは、有利な結果の請け合いないしは保証に当たるといわざるを得ない。単なるはったりとはいえないであろう。

[ケース82]

B弁護士は、自己の法律的知見と実務経験に照らしても、依頼者が期待する勝訴ないしは勝利的和解の結果を得られる見込みがないことを知りながら、これを秘匿し、勝訴ないし勝利的和解の可能性があるかのように装っているといわざるを得ない。これまた、はったりとはいえないであろう。

Ⅳ　不当な事件の受任

● ケース83 ●

A弁護士は、アパートの大家であるXから、賃借人Yに対する建物明渡請求訴訟を依頼された。Xによれば、「Yは、賃料の不払いもなく、使用方法にも特段の問題はないが、大家の私に挨拶を全くしない。こんな失礼な男に私のアパートを貸すわけにはいかない。裁判を起こしてYを困らせてやりたい」ということであった。A弁護士は、そのような感情的理由では勝訴の見込みがないことをXに説明したが、Xは頑として納得しない。A弁護士は、これまでXから多数の賃貸借案件の依頼を受けていたことから、訴訟手続内で和解ができればよいであろうと考え、渋々引き受けた。

A弁護士の行動に問題はあるか。

● ケース84 ●

B弁護士は、交通事故で死亡したQの相続人Xから、加害者Yに対する損害賠償請求事件を受任した。A弁護士は、あらかじめ自賠責保険の被害者請求をして保険金を損害に填補すると訴訟における請求金額がその分減額となり、賠償認容額に対する年5％の遅延損害金も減額されてしまうことから、自賠責保険の被害者請求をすることなく訴訟を提起した。また、訴訟の進行についても、遅れるほど遅延損害金の額が増えるとXに説明し、引き延ばしを図った。

B弁護士の行動に問題はあるか。

主な検討対象条文
○職務基本規程
（不当な事件の受任）
31条　弁護士は、依頼の目的又は事件処理の方法が明らかに不当な事件を受任してはならない。

【解　説】

1　明らかに不当な事件

　職務基本規程32条は、依頼の目的が明らかに不当な事件、事件処理の方法が明らかに不当な事件を受任することを禁止しているが、結果的に敗訴となった事件が明らかに不当な事件になるわけではもちろんない。また、依頼者の言い分や持参した証拠を検討してもとうてい勝訴がおぼつかないと認められる事件が明らかに不当な事件になるわけでもない。裁判の進行とともに不透明な事実関係が明確化したり思わぬ真実が発見されたりして、訴訟が依頼者の有利に展開し始めることは弁護士がしばしば経験するところであるし、結果は敗訴であっても依頼者の納得性の観点から訴訟をすること自体に意義がある事件も少なからず存在するからである。また、弁護士の説得に頑として耳を貸さない依頼者についても、弁護士が依頼者の真意を探って主張・立証を尽くした結果としての判決によって社会の紛争に決着を付ける意義がある（日弁連弁倫委・解説96頁）。

2　ケースの検討

［ケース83］
　A弁護士は、裁判の中で和解ができればよいと考えて、勝訴見込みのない賃借人に精神的苦痛を与えることを目的とした訴訟を受任したわけである

が、やはり目的において明らかに不当な事件に当たるというべきであろう。裁判中で和解ができたとしても、当初の不当な目的が治癒されるものではないと考えるべきであろう。

[ケース84]

B弁護士は、依頼者ができる限り多額の賠償金を手にすることができるように考え、自賠責保険の被害者請求をしなかったのであるが、その行為自体が「目的」または「事件処理の方法」において明らかに不当であると断定することは困難と考える。実務では、人身損害にかかる交通事故賠償訴訟では、提訴前に自賠責保険金の被害者請求をして支払われた保険金を賠償請求額から控除する処理をすることが通例であり、この損害填補処理をしないままに訴訟が提起されたときは、裁判所の訴訟指揮により自賠責保険の被害者請求をすることが求められるのが一般である。しかし、そのような実務運用であったとしても、自賠責保険金の損害填補をしないで訴訟を提起することを明らかに不当ということはできないと考える。訴訟の引き延ばしを図ることについても、裁判所の訴訟指揮に依存するところが大きいが、遅延損害金の増額を図ること自体を目的が不当とはいえない。処理方法が不当であるかどうかは微妙であるが、少なくとも明らかに不当とはいえないのではないだろうか。

V　依頼者紹介の対価

● ケース85 ●

A弁護士は、知り合いの不動産業者Yから、賃借建物からの立退きを迫られているXを紹介され、大家Qとの間で立退条件に関する交渉を行い、立退料として500万円の支払いを受けることを内容とする和解を成立させた。A弁護士は、Xから弁護士報酬として50万円の支払いを受けたが、その後、その中からXを紹介してくれたYに対し謝礼として5万円を支払った。

163

A弁護士の行為にはどのような問題があるか。

A弁護士が、5000円前後の中元・歳暮を毎年Yに贈る行為はどうか。

● ケース86 ●

B弁護士は、Q弁護士会の長老であり、多くの顧問契約先企業を有していたが、老齢となったため、自らでは適切な事件処理をすることができなかった。そこで、Q弁護士会の若手弁護士数名に対して依頼者を丸投げの状態（B弁護士は事件受任者に名を連ねない方式）で紹介し、その若手弁護士が当該依頼者の事件を処理して得た弁護士報酬の30％をパートナー分配金の名目で受け取っていた。

B弁護士の行為にはどのような問題があるか。

B弁護士が共同受任者として委任状に名を連ねていた場合ではどうか。

● ケース87 ●

C弁護士は、Q株式会社から同社が抱える負債の整理事件を受任し、同社が所有している不動産を売却して配当財源を捻出することとなった。C弁護士は、不動産業者のXを仲介人として、3億円という金額で不動産の売買契約締結にこぎ着けたが、Xは、C弁護士に対し、「C先生には大変良い物件をご紹介いただきました。私が受け取った仲介手数料のうちから30万円を先生にお礼として支払いますので、受け取ってください」と申し向け、C弁護士は、その30万円を受け取った。

C弁護士の行為にはどのような問題があるか。

主な検討対象条文
○職務基本規程
（依頼者紹介の対価）
13条　弁護士は、依頼者の紹介を受けたことに対する謝礼その他の対価を支払ってはならない。

> 2　弁護士は、依頼者の紹介をしたことに対する謝礼その他の対価を受け取ってはならない。

[解　説]

1　依頼者紹介の対価授受の禁止

　依頼者の紹介を受けたことに対して対価（**紹介料**）を支払うことを禁止するのは、非弁護士である事件の**周旋屋**（**事件屋**）との癒着を防止するためであり、紹介の対価支払いを容認すれば、その分が弁護士報酬の額に跳ね返り、適正でない報酬が請求される可能性も高いからでもある。もっとも、社会的儀礼の範囲内であれば、紹介行為との対価性はあっても禁止に触れるものではない。

　そして、依頼者紹介の対価の支払行為を禁止するのであれば、その反面として、受け取る行為も禁止されなければ権衡がとれない。弁護士は、依頼者を紹介したことの謝礼を受け取るのはかまわないが、自分のほうから依頼者を紹介されたことの謝礼を支払うのは禁止されるというのでは、一貫しないことが明らかである。自らの依頼者を紹介しただけのことで対価（紹介料）を受け取るのは、何らの法律事務を行うことなく対価を手にするものであって、依頼者を食い物にした、あるいは依頼者を利用して金を儲けたという側面を有するために、禁止されたものである。

2　ケースの検討

［ケース85］

　A弁護士は、依頼者の紹介を受けたことの対価を支払ったことは明らかであり、5万円という金額は、社会的儀礼の範囲内と認めることは困難である。毎年5000円に相当する商品を中元・歳暮として贈る行為は、金額からみて社会的儀礼の範囲内というべきであろう。

［ケース86］

B弁護士は、若手弁護士に対して依頼者を丸投げ状態で紹介し、**パートナー分配金**名目で紹介料を収受しているものというべきである。パートナー分配金名目で弁護士報酬の分配を受けたいと思うのであれば、B弁護士は、依頼者との関係では若手弁護士とともに共同受任し、委任状にもB弁護士を受任者として記載すべきである。共同受任した場合に、そのうちの1人が訴訟活動を担当し、他の弁護士は必要に応じてこれに協力するに止めることは、委任者がこれを禁ずる意思を表示していない限り、委任の趣旨に反するものではない（千葉地松戸支判平成2・8・23判タ784号231頁）。このような意味の共同受任すらできないのであれば、報酬のいわゆるピンハネは断念しなければならない。

なお、ABA法律家職務模範規則1.5条は、異なる法律事務所間での報酬分配（これを**転送報酬**（Fowarding Fees）または**紹介料**（Referral Fees）と呼ぶ）についての規律を規定し、事件紹介をする弁護士と紹介を受ける弁護士とが依頼者に対して連帯責任を負い、紹介料と成功報酬との合計報酬額も妥当なものであるならば、依頼者の同意があること、分配合意を文書化することを要件として、問題としないとされている（ロナルド．D．ロタンダ＝当山尚幸訳・概論アメリカの法曹倫理（彩流社・2012）60頁）。わが国でも、いかに共同受任をしたとしても、紹介する弁護士が取得する紹介料を事件処理のための弁護士報酬に上乗せした場合には、その紹介料の額いかんによっては職務基本規程24条にいう「適正かつ妥当」な報酬ではないとされるであろう。

[ケース87]

C弁護士は、不動産業者Xに対してい自己に債務整理事件を委任したQ社を紹介し、XはQ社と不動産仲介契約を締結して不動産の売却に至ったものであり、そのXからQ社を紹介されたことの謝礼を受け取ることはできない。なお、この依頼者紹介の対価受け取りの禁止について、不動産業者にとっての顧客を紹介することは依頼者を紹介する行為自体ではないとの考えもできないではないが（東京三会有志・理論と実務20頁［山田裕祥］）、文言に拘泥し過ぎた解釈というべきであって、そもそもの禁止の趣旨にかんがみ

れば、これを含むと解するのが相当である（日弁連弁倫委・解説27頁）。

VI　依頼の諾否の通知

●ケース88●

　A弁護士は、全く面識のないXから、「私は、現在身に覚えのない窃盗罪の容疑でQ拘置所に勾留されているが、同室の者からA先生の名前を聞いたので、ぜひ私の弁護をお願いしたい」と記載した手紙を受け取った。A弁護士は、いたずらか冷やかしであろうと考え、放置しておいた。

　A弁護士の行為に問題があるか。

　同様の手紙がA弁護士以外の15名の弁護士にも同時期に送付されていた場合とA弁護士のみに手紙が送付された場合とで違いがあるか。

●ケース89●

　B弁護士は、人妻Pの不貞行為の相手方とされたXから、Pの夫Qが原告となった損害賠償請求訴訟について被告代理人を引き受けてもらいたいとの依頼を受けた。B弁護士は、フリーターであるXは、もしかしたら弁護士報酬を支払わないつもりではないかと考え、「私の弁護士費用は、着手金として20万円、請求額が減額された場合は、減額分の50％を報酬金としていただくこととします。着手金の全額が振り込まれましたら、正式に受任し、答弁書を作成しましょう」といった。しかし、指定された期日までに、Xからの着手金の振り込みがなかった。そこで、B弁護士は、放置していたところ、2か月後にXが現れ、「B先生、敗訴判決が届き、その後にせっかく勤め始めた会社の給料が差し押さえられました。どうして、連絡をくれなかったのですか」と抗議された。

　B弁護士の行動に問題はあったか。

> **主な検討対象条文**
> ○弁護士法
> （依頼不承諾の通知義務）
> 29条　弁護士は、事件の依頼を承諾しないときは、依頼者に、すみやかに、その旨を通知しなければならない。
> ○職務基本規程
> （受任の諾否の通知）
> 34条　弁護士は、事件の依頼があったときは、速やかに、その諾否を依頼者に通知しなければならない。

【解　説】

1　依頼に対する諾否

　弁護士法29条は、事件依頼を承諾しない場合に**通知義務**を課しているが、職務基本規程34条は、事件依頼の承諾する場合にも通知義務を課している。いずれも依頼者の権利保護を早期に確定し、依頼を承諾しないときには他の弁護士に依頼する機会を不当に奪われないようにする趣旨である。

　通知の方法については特に規定していないから、面会、手紙、電話、電子メール等どのような方法でもよい。また、承諾しない理由も通知する必要がなく、結論のみを通知すれば足りる。

2　真摯でない依頼

　弁護士法29条、職務基本規程34条とも、その違反は懲戒事由になり得るため、**真摯でない依頼**に対しては通知義務がないとする見解がある（日本弁護士連合会弁護士倫理に関する委員会編・注釈弁護士倫理［補訂版］（有斐閣・1996）94頁）。しかし、依頼が真摯かどうかは基本的に依頼者の内心の問題であり、外部からは容易に知ることができない。真摯かどうかというような不確定な要件を導入することは、法的安定性を害するものといわざるを得ず、

真摯かどうかを問わず通知する義務があると解すべきである（高中・概説113頁）。そのように解したとしても、前述したように通知の方法には限定がないし、理由の記載も必要ないから、弁護士に加重な負担を課すことにはならないと考える。

3　ケースの検討

[ケース88]

A弁護士は、いたずらか冷やかしと思ったとしても、依頼を承諾するかどうかの結論をXに対して然るべき方法で通知しなければならない。同様の弁護依頼の手紙が15名の弁護士に同時期に送付された場合は、いたずらないし冷やかしという真摯でない依頼の可能性が極めて高いが、やはり諾否を通知しなければならないと解する（東京三会有志・理論と実務134頁[酒井雅男]参照）。

[ケース89]

B弁護士は、着手金の支払いがあったことをもって正式な委任契約が成立すると考え、Xの事件処理に着手しなかったものであるが、ケースのような第1回口頭弁論期日が判明している場合は、答弁書を提出しない場合には欠席判決がなされること、判決に仮執行宣言が付されていれば強制執行を受ける可能性があること等をXに説明し、その権利が侵害されないようにしておく義務がある。弁護士法29条、職務基本規程34条の趣旨からすれば、着手金の振込みがない時点で受任しない旨を通知しておくべきであったというべきである。Xの放置は、着手金の支払いがなかったとしても、正当化されない。

VII　事件の見通し等の説明

● ケース90 ●

A弁護士は、Xから、整形外科医Yの手術ミスで顔にアザが残ったとして、Yに対する損害賠償請求事件の依頼を受けたが、Xからの事

情聴取からではＹの過失の有無、過失とアザとの因果関係がはっきりしなかった。Ｘは、Ａ弁護士に対して執拗に「勝てますか」と哀願調で聞くので、Ａ弁護士も困り果て、「裁判はやってみなければわかりません。最初から勝敗がわかっていれば、こんな楽なことはありません」と回答し、過失の有無や因果関係に問題があると考えていることを一切説明しなかった。

　Ａ弁護士の回答の仕方に問題はあったか。

● ケース91 ●

　Ｂ弁護士は、資金繰りが逼迫し、月末の所要支払い資金の調達目処が全く立っていないＱ株式会社の代表者であるＸから、相談を受けた。Ｂ弁護士は、Ｘから、Ｑ社の概況のみを聴取し、いとも簡単に「私は倒産事件を相当数手がけていますが、Ｑ社については、破産手続開始の申立ての他に方法はありません。委任状と私が指示する必要書類を早く提出してください。あとは私にお任せください」と言ったのみで、どうして破産手続開始の申立ての方法しかないのか（民事再生手続開始の申立て等の方法はとれないのか）、破産手続はどのように進行していくのか等についての説明は一切行わなかった。

　Ｂ弁護士の説明に問題はあるか。

主な検討対象条文

○職務基本規程

（受任の際の説明等）

29条　弁護士は、事件を受任するに当たり、依頼者から得た情報に基づき、事件の見通し、処理の方法並びに弁護士報酬及び費用について、適切な説明をしなければならない。

【解　説】

1　説明義務

　弁護士は、依頼者に対し、依頼者が意思決定をするのに十分な説明をする義務がある。このような説明義務の根拠については、依頼者の**自己決定権**の保証という見地から、次のように説かれる。すなわち、委任契約の当事者の一方が専門家である場合には、専門家には専門性があり、相手方当事者には非専門性があるから、契約当事者の自由な意思決定と情報力の平等を実現するために、専門家には**情報提供義務**、**説明義務**が課されるのであり、さらに、契約の拘束力や自己決定に基づく自己責任を正当化させるためにも、その前提として十分な説明と情報提供が要求される（長野県弁護士会編・説明責任（ぎょうせい・2006）7頁）。医療の世界では、医療行為をするに際して患者から**インフォームド・コンセント**（Informed Consent）を得る必要があるとされ、特に手術のような侵襲性の高い医療行為には重要な意味を持つものとされる。このインフォームド・コンセントは、医師から患者に対する説明とそれを前提とする患者から医師への承諾という2つの要素から成り立っているとされるが、弁護士の世界でも同じように考えるべきである。すなわち、弁護士と依頼者の関係を規律するルールとして、弁護士の依頼者に対する十分な説明と必要十分な情報を提供されたうえでの依頼者の意思決定というインフォームド・コンセントの法理が支配するというべきである（加藤・役割論14頁。なお、加藤良夫編著・実務医事法講義（民事法研究会・2005）7頁参照）。

　さらに、専門家が負う注意義務には、**高度注意義務**（善管注意義務）と**忠実義務**があるとする見解（能見善久「専門家の責任」専門家の民事責任（別冊NBL）6頁）があるが、これによれば、説明義務にも、高度注意義務としての説明義務と忠実義務としての説明義務があるとされる。前者は、依頼者をインフォームされた状態にするために要請され、たとえば、民事紛争の解決を依頼した依頼者に対して紛争解決のプロセスを十分に説明し、取り得る選択肢について情報提供をするためのものである。これに対し、後者は、依頼

者が一定の意図のもとにある事項を依頼した場合であっても、その意図が公序良俗に反するとき、そうでないとしても公益的観点から不相当と認められるときは、専門的立場から当該事項を実行することが相当でないことを説明すべき場面で要請されるとするのである（加藤・弁護士倫理220頁）。後者は、**助言義務（アドバイス義務）** の内容を持つであろう。

このように検討していくと、説明義務は、弁護士の職務遂行の過程でさまざまな内容を持つものとして発現することとなる。職務基本規程でも、説明義務をさまざまな局面で規定している。

2　事件の見通し・処理の方法の説明義務

職務基本規程29条により説明すべきことが求められる「**事件の見通し**」とは、訴訟の勝敗のほか、相手方の主張立証、解決までの時間、要望の充足可能性等も含まれる（日弁連弁倫委・解説92頁）。もちろん、「**依頼者から得た情報**」に基づく説明にとどまるのであって、たとえば、当初の説明に反して敗訴したからといって説明義務違反に問われるわけではない。依頼者は、えてして自己に不利益な事実を隠して弁護士に接しがちであり、全ての事実を委任時に開示することの方が少ない。そして、当初の説明と異なる結果になったときには、自分の情報開示の不十分を棚に上げて弁護士の説明違反を厳しく問うことも少なくない。依頼者から情報をうまく引き出す能力を磨くことが求められるのである。

次に、「処理の方法」とは、訴訟の提起か、調停の申立てか、保全処分分の申立てか等の裁判手続の選択、倒産処理について破産手続開始の申立てか、民事再生手続開始の申立てか、それとも任意整理の方法か等の処理手続の選択などである（日弁連弁倫委・解説92頁）。これも、「依頼者から得た情報」を前提としての説明にとどまる。

3 ケースの検討

[ケース90]

A弁護士は、「裁判はやってみなければわかりません」「最初から勝敗がわかっていれば、こんな楽なことはありません」と述べ、事件の見通しに関する説明を尽くしていないと言わざるを得ない。Xから得た情報だけでは訴訟の勝敗の見通しが立たないのであれば、その旨を正確に伝えるべきである。敗訴の可能性があることを伝えると、依頼者の信頼が揺らぎ、それが事件進行の障害になることをおそれ、えてして依頼者に不利益な見通しの説明を回避しがちになるが、躊躇してはならない。説明の結果として依頼者の信頼が揺らいだのであれば、最終的には辞任もやむを得ないであろう（東京三会有志・理論と実務117頁［大川康平］参照）。

[ケース91]

B弁護士は、破産手続開始の申立てをするという結論を伝えたのみであって、事件の処理方法に関する説明を尽くしていない。弁護士は倒産法に精通していたとしても、依頼者はそのような専門知識や経験はないのであるから、依頼者の自由な意思決定が行えるよう必要な情報は伝達しなければならない。

Ⅷ 不利益事項の説明

● ケース92 ●

A弁護士は、X、Y、Zの3名から、QとRを含めた5名の共有となっている土地の分割請求事件の依頼を受け、QとRを被告として共有物分割請求訴訟を提起した。事件依頼をするときに、X、Y、Zの3名は、現物である土地自体を分割するとの点で一致していると話していたが、途中でXが席を外したときに、持分割合が少ないYとZの2名は、全面的価格賠償の方法でもよいとの意向をA弁護士に漏らした。A弁

護士は、いつかX、Y、Zの間で分割方法をめぐって考え方の相違が生じてくるのではないかと思ったが、「3人の分割方法の希望は、今後も現物を分割することで変わらないとうかがってよろしいですか」といったところ、3名とも「意見は一致しています。とにかく、QとRに対しては、法律に従ってきちんと分けることにしてください」と回答した。

A弁護士は、受任にあたっての説明を尽くしているか。

主な検討対象条文
○職務基本規程
（不利益事項の説明）
32条　弁護士は、同一の事件について複数の依頼者があってその相互間に利害の対立が生じるおそれがあるときは、事件を受任するに当たり、依頼者それぞれに対し、辞任の可能性その他の不利益を及ぼすおそれのあることを説明しなければならない。

【解　説】

1　同一の事件での利害の対立

「同一の事件」とは、訴訟物が同一である場合に限られず、紛争の実体が同一であることをいう。また、「**利害の対立**」とは、事件結果に基づいて得る利益の対立のほか、事件の処理方針の対立も含まれる。

説明する事項は、辞任の可能性その他の不利益を及ぼすおそれがあることである。

2　ケースの検討

A弁護士は、事件受任に際し、共有土地の分割方法に関して3名の依頼者間に考え方の相違があることを知り、やがては意見対立が顕在化するのではないかと思ったというのであるから、自分が辞任する可能性があること、

辞任した場合には別の弁護士を依頼するか自分で訴訟を進行せざるを得ないこと等を説明しなければならない。それをしていないA弁護士は、職務基本規程32条に違反したというべきである。なお、辞任の可能性に関しては、X、Y、Zのうちの一部を辞任するのか、それとも全員を辞任するのかの説明も要求されるであろう（後出196頁）。

IX　法律扶助制度等の説明

> ● ケース93 ●
>
> 　A弁護士は、Xから、別の女性と遠方のQ市に出奔した夫Yに対する離婚事件の相談を受けた。Xによれば、5年以上の別居生活が続き、Yからの生活費の送金も全くない状態で、1人息子とともにパートの収入で細々と生活しているとのことであった。Xは、弁護士報酬とQ家庭裁判所への出張費用すら支払う余力がないとのことであったため、A弁護士は、「Yの不貞行為は明らかですから、離婚請求は十分に勝てますが、残念ながら、着手金と出張実費の支払いがないと受けられません」と答え、事件受任を謝絶した。
> 　A弁護士の行動に問題はあるか。

主な検討対象条文
○職務基本規程
（法律扶助制度等の説明）
33条　弁護士は、依頼者に対し、事案に応じ、法律扶助制度、訴訟救助制度その他の資力の乏しい者の権利保護のための制度を説明し、裁判を受ける権利が保障されるように努める。

【解　説】

1　法律扶助制度

　資力の乏しい人にも裁判を受ける権利を実質的に保障するための制度として、**民事法律扶助**制度（総合法律支援法30条2号）、**訴訟救助**制度（民訴82条）等がある。民事法律扶助は、民事裁判等手続において自己の権利を実現するための準備・追行に必要な費用を支払う資力がない者等を援助するために、代理人の報酬や実費の立替え、法律相談等を行う制度であり、訴訟救助は、訴訟の準備・追行に必要な費用を支払う資力のない者等に対し、勝訴の見込みがないとはいえないことを要件として、裁判費用・執行官手数料等の支払いを猶予する等の制度である。弁護士は、事案に応じて、**リーガル・エイド**（Legal Aid）その他の制度を説明し、裁判を受ける権利が侵害されないようにしなければならない。

2　ケースの検討

［ケース94］
　A弁護士は法律扶助制度や訴訟救助制度をXに全く説明しておらず、職務基本規程33条に抵触していることは明らかである。

第5節　事件処理過程における倫理

　職務基本規程は、弁護士が依頼者から事件の依頼を受けて実際に依頼された法律事務を処理する過程について、さまざまな義務を規定している。これは、依頼者の自己責任を基礎づけるためにはその**自己決定権**を保障することが強く要請されるようになったためである。基本的な義務は、弁護士が依頼者との委任契約に基づいて負っている善管注意義務から導かれるが、そこからは直接導くことができないような義務もないではない。しかし、法律専門

家としての弁護士にとっての善管注意義務の内容は、その職務内容が複雑高度化して行くに従って同じように高度化していくものと考えられる。したがって、職務基本規程違反の行為は、基本的には、善管注意義務違反を構成し、債務不履行として弁護過誤訴訟の対象となるというべきである。

I 速やかな着手と遅滞のない処理

●ケース94●

A弁護士は、Xから、Yに対する500万円の貸金請求事件を受任し、着手金として30万円を受領したが、折から大型倒産事件の処理に忙殺され、裁判所に対して訴状を提出したのが、受任時から約2か月を経過した日であった。

A弁護士は、受任日から約1か月経った際に、Xからの問い合わせに対し、「訴状はすでにできあがっています。数日中に提訴するので、口頭弁論期日が決まったら連絡します。1か月くらい先に第1回期日が決定する見込みです」と回答した。

A弁護士の行為に問題があるか。

訴状の提出が受任時から3か月を経過した場合、6か月を経過した場合は、どうか。

●ケース95●

B弁護士は、Xから、消費者金融会社に対する債務整理事件を受任した。B弁護士は、消費者金融会社5社に対して受任通知を発送し、2か月後に5社すべてから取引履歴を取り寄せた。しかし、B弁護士は、多数の債務整理事件を処理していたため、利息制限法利率への引直し計算への着手が遅れ、5社に対して債務弁済案の提示をしたのは、受任通知の発送日から1年を経過していた。その間、消費者金融5社からは頻繁に督促の電話が入っていたが、すべて居留守を使って電話に出なかっ

た。

B弁護士の行為に問題があるか。

B弁護士が、消費者金融会社に対する弁済案を協議しようとしてXに何度も連絡を取ったが、いつも不在であり、協議ができないままに10か月が経過してしまった場合は、どうか。

主な検討対象条文

○職務基本規程

（事件の処理）

35条　弁護士は、事件を受任したときは、速やかに着手し、遅滞なく処理しなければならない。

【解　説】

1　速やかな着手と遅滞のない処理

事件依頼を受けたら速やかに法律事務処理に着手すること、着手後も依頼事件の処理を遅滞させないようにすることは、善管注意義務から当然導かれる基本的な義務である。

しかし、この義務に違反して弁護過誤訴訟の被告となった弁護士は、少なくない。弁護士の賠償責任を認めたものとして、仮処分申立てと訴訟提起を5年間放置した例（東京地判昭和52・9・28判時886号71頁）、3か月間訴訟追行を放置し休止満了とした例（福岡高判平成11・8・10判タ1714号87頁）、受任後1年半にわたり主張立証活動を行わなかった例（東京地判平成17・3・23判時1912号30頁）、約7年間にわたり訴訟提起を放置した例（東京地判平成21・3・25判タ1307号174頁）がある（髙中・弁護過誤117頁）。

速やかな着手と迅速な処理を妨げる事情には、①多くの事件を抱えて超多忙であること、②やりたくない事件を引き受けてしまいモチベーションがあがらないこと、③生来の怠惰な性格であること、④依頼者の協力が得られな

くなったことなどが考えられる。③は、どうしようもないが、あとの3つは、努力、気合い、創意工夫で乗り切らなければならない。

2　ケースの検討

［ケース94］

　A弁護士が訴状を提出したのが受任から2か月後であった点は、事案が特に複雑でない限りやや着手が遅れてはいるものの、あえて職務基本規程35条違反と断言しなくともよいように思われる。問題は、Xからの問い合わせに対して提訴の有無について虚偽の事実を申し述べた点である。いわゆる**「蕎麦屋の出前」**に類するといえなくもないが、それにしても提訴したとの嘘をついてから1か月も放置したのは、迅速処理とは到底いえないであろう。

　懲戒処分を受けた中には、虚偽の事件番号を回答したり、虚偽の口頭弁論期日を回答したりした事案がある。そのような手の込んだことをするくらいなら、徹夜してでも訴状を作成して提出してしまうべきである。

［ケース95］

　B弁護士は、多数の債務整理事件を抱えて超多忙であるためにXの債務整理事件の処理が遅れたのであるが、受任通知の発送から1年を経過して債権者5社に対する弁済案を提示したというのは、迅速な処理とは到底いえない。その間、消費者金融から頻繁に督促の電話が入っていたが、これに居留守を使ったのは、弁護士の信用・品位を損なうものというべきであろう。職務基本規程には、事件の相手方に対する規律を直接的に規定した条項はないが、同規定5条に規定する誠実義務、6条に規定する品位保持義務は、依頼者に対する関係のみならず、相手方に関する関係でも機能すると解すべきである（前出52頁）。

　次に、依頼者との連絡がとれなくなったことに起因して処理が遅れたことについては、B弁護士に帰責事由はなく、職務基本規程35条違反とすることはできない。ただし、数回連絡が取れなくなったからといって、その後は漫然と放置しておいてよいわけではない。関係者に所在を尋ねるとか、近くで

あれば訪問してみるとかの工夫が必要であろう。福岡高判平成22・12・22判時2100号50頁は、依頼者との連絡がとれなかったことで事件を放置した事案につき、弁護士の責任を否定しているが、これを一般化して安心していると危険であると考える（髙中・弁護過誤73頁。なお、東京三会有志・理論と実務137頁［正國彦］参照）。

II　処理経過の報告

●ケース96●

　A弁護士は、亡Qの相続人であるXとYから、Zを相手方とする遺産分割調停事件を受任した。遺産分割方法の協議については、最初の打ち合わせ時に、Xが窓口になるのでXとの間で行いたいとのことであり、同席したYもこれに異議を述べなかった。そこで、A弁護士は、Xとの間でのみ協議を進め、最後に、Xは本人出席、YについてはA弁護士が代理する形で遺産分割の調停を成立させた。

　A弁護士の行為に問題があるか。

　遺産分割の調停成立後、Yから、こんな分割案はXから全く聞いていないとして、クレームが付いた場合と付かなかった場合とで違いがあるか。

●ケース97●

　B弁護士は、Xから、賃料を1年間にわたって滞納しているYに対する建物明渡請求事件を受任し、同訴訟を提起したが、第1回口頭弁論において、Y本人が出頭し、3か月の猶予をもらえれば無条件で明渡しに応じたい旨を答弁した。そこで、裁判官から、「本日、3か月後に明け渡す旨の和解を成立させたいがどうか」と勧められ、B弁護士は、Xの了解を得るため電話連絡をとったが、あいにく留守であったため、次回期日を入れれば3か月などすぐに経過してしまうし、Yの気が変

わらないうちにまとめた方が得策であると考え、Xの了解を得ることなく、その旨の和解を成立させた。

B弁護士が和解を成立させたことに問題はあるか。

和解成立後にXからクレームがなかったときは、どうか。

主な検討対象条文
○職務基本規程
36条　弁護士は、必要に応じ、依頼者に対して、事件の経過及び事件の帰趨に影響を及ぼす事項を報告し、依頼者と協議しながら事件の処理を進めなければならない。
○民法
645条　受任者は、委任者の請求があるときは、いつでも委任事務の処理の状況を報告し、委任が終了した後は、遅滞なくその経過および結果を報告しなければならない。

【解　説】

1　報告義務

報告義務は、受任者が負う基本的義務の1つであり、職務基本規程は、民法の規定とは違って、依頼者の請求がなくとも、必要に応じた報告を義務づけている。

報告義務に違反して弁護過誤訴訟の被告となった弁護士は、少なくない。弁護士の賠償責任を認めたものとして、東京地判昭和49・8・28判時760号76頁、東京地昭和54・5・30判タ394号93頁、東京地判平成4・4・28判時1469号106頁、東京地判平成16・7・9判時1878号103頁がある（髙中・判例弁護過誤106頁）。

報告を怠った原因としては、多忙であったこと、窓口となった人を信用し、その人とのみ協議をしていたこと、弁護士が怠惰な性格であったこと等があ

る。

2　ケースの検討

[ケース96]

　A弁護士は、依頼者の一人であるYがXを窓口として調停を進めることに同意したことから、XがYに対する報告を怠らずにするであろうと信じて、Xとの間で協議を進めてきたのであるが、実際は、Yに対する報告がなされていなかったというケースである。複数の当事者がある事件では、えてして1人が窓口になり、その他の人には窓口の人から報告が行くという進行方法がとられることがある。弁護士も、意思統一が簡便であること、協議と報告の手間が省けることから、このような進行方法に特に異論を差し挟むことはないのが通例である。しかし、落とし穴はあるわけであって、Y本人に対する意思確認を怠ったのであれば、**独断処理**といわれても有効な反論はできないであろう。

　窓口になった人に対しては他の人に対する報告がなされているかの確認を怠ってはならないし、事件の帰趨に影響を及ぼす事項、たとえば調停条項の最終案については、窓口の人に頼らず、本人に対して直接に報告して意思の確認をしておくべきである。

　これは、後日クレームが付いたかどうかには関係がない。クレームが付かなかったとしても、問題が潜伏しているのである。

[ケース97]

　B弁護士は、事件の帰趨に影響を及ぼす事項たる和解について依頼者に報告せず、またその意思も確認しないままに処理を進めたものであって、職務基本規程36条および22条の本人意思の尊重の規定にも違反したというべきである。裁判実務では、「今が和解のチャンスです。本人の気が変わらないうちに和解を成立させましょう」という言葉が聞かれることがある。しかし、本人の意思を確認しないで和解をしてはならない。本人の推定的承諾によって救済されることもあるが、フロックと考えておくべきである。

III　依頼者意思の尊重

―●ケース98●――

　A弁護士は、Xの依頼を受けて、Yに対する500万円の貸金請求訴訟を提起したが、Yは、第1回口頭弁論において、請求原因事実を全部認めたうえで、300万円の一括支払い・残額放棄の和解案を提示してきた。Yによれば、勤務先の会社が倒産し、和解金も親族からの借入れでようやく調達したとのことであった。そこで、A弁護士は、Xに和解の可否を相談したところ、Xは、「Yの父親は有名な資産家であり、500万円の一括支払いが絶対できるはずです。200万円を放棄する案は到底のめません」といった。A弁護士は、父親に返済義務はなくその資産を当てにすることはできないこと、和解を拒否して判決をとっても、Yに対する強制執行で短期間に300万円の回収をすることは困難であることを説明し、和解したほうが有利ではないかと説得したが、Xは、頑として応じなかった。
　A弁護士は、どのようにすべきか。

―●ケース99●――

　B弁護士は、老人ホームに入居中のXから、Yに対する建物明渡請求事件の依頼を受けた。Yは、Xの遠縁にあたり、無償でXの所有する一戸建て建物に居住させ、何くれとなく面倒をみてきたのであるが、Xによれば、「Yが自分の預金を勝手に引き出していたことから信用できなくなり、使用貸借中の建物から立ち退かせてほしい」というのであった。しかし、B弁護士は、Xの話し方などを見るとアルツハイマー病に罹患しているように思えてならなかったし、老人ホームの職員も、Xには奇行が目立ち始めているといっていた。
　B弁護士としては、直ちにYに対する建物明渡請求事件に着手して

よいか。

―――● ケース100 ●―――

　C弁護士は、XからYに対する売買代金請求事件を受任して、売買代金請求訴訟を提起したが、被告のYから分割支払いの和解案が示されたので、Xと協議しようとしたところ、Xは、経営不振のために自ら営んでいた店を閉鎖し、闇金業者からの強硬な借入金返済要求に耐えかねて、家族とともに行方不明となった。C弁護士は、Xを紹介してくれた人に問い合わせたりして行方を探索したが、ついに居所を見つけることができなかった。

　C弁護士は、和解をしてよいか。

主な検討対象条文
○職務基本規程
22条　弁護士は、委任の趣旨に関する依頼者の意思を尊重して職務を行うものとする。
2　弁護士は、依頼者が疾病その他の事情のためにその意思を十分に表明することができないときは、適切な方法を講じて依頼者の意思の確認に努める。

【解　説】

1　依頼者の自己決定権

　個人の人格的生存にかかわる重要な私的事項を公権力の介入や干渉なしに各自が自律的に決定することのできる自由は、憲法13条に規定する**幸福追求権**から導かれる権利として保障されるが、この権利は、**自己決定権（人格的自律権）**と呼ばれる（最判平成12・2・29民集54巻2号582頁。芦部信喜＝高橋和之補訂・憲法［第5版］（岩波書店・2011）125頁、佐藤幸治・日本国憲法論（成文堂・2011）188頁）。そして、このような自己決定権は、弁護士と依頼者と

の関係においても保障されなければならない。そうだとすると、依頼者は、弁護士に依頼した自己の事件についても自己がその核心をなす事項、事件の帰趨に影響する事項についての自己決定権が保障され、弁護士は、**依頼者の意思**を尊重することが要請されることになるのであるが、そのことは、弁護士は依頼者のいいなりに行動すべきことを意味するわけではない。委任契約の受任者には一定の裁量性があること、プロフェッションとしての弁護士には職務の自由と独立性が求められていることから、職務基本規程22条1項は、「委任の趣旨に関する依頼者の意思」を尊重するものとしたのである。依頼者の中には「私は素人ですから、全部先生にお任せします」という人がいる。しかし、そうだからといって、その依頼者の意思を無視してよいわけでは全くないのである。

依頼者本人の意思を確認しなかったことによる弁護士の損害賠償責任を認めた判例として、東京地判昭和40・4・17判タ178号150頁がある。この判例を含め、本人意思確認義務違反に関する判例については、髙中・弁護過誤156頁参照。

2 依頼者意思の確認方法

依頼者の意思の確認は、面会することだけではなく、電話、メール、手紙等さまざまな方法で行うことが可能である。困難な問題を提供するのが、①依頼者に**成年後見**開始原因（精神上の障害により事理を弁識する能力を欠く常況にあること）、**保佐**開始原因（同様の事理弁識能力が著しく不十分であること）または**補助**開始原因（同様の事理弁識能力が不十分であること）が疑われる依頼者、②行方不明となって一切の連絡がとれなくなった依頼者である。

①については、関係者と協議して成年後見開始、保佐開始、補助開始の審判の申立て（民7条、11条、15条）をしなければならない。関係者との協議の際には、裁判所で事理弁識能力があると判定されうることもあるから、依頼者に対する守秘義務に反しない留意が必要である。難しい対応を迫られるのが、②である。弁護士は、費用と時間を度外視して完全な調査をしなけれ

ばならないわけではないが、数度の電話連絡を試みた程度では、依頼者の意思確認としては不十分であろう。依頼者の身勝手に翻弄されることもないではないが、すべてを依頼者の責任とすることもできず、相応の努力が求められるのである。

3　ケースの検討

[ケース98]

A弁護士は、Xに対する説得を試みたのであるが、Xは、自己の考えに固執して説得に応じない。このような事態には実務でもしばしば直面する。弁護士には、事件の見通し等についての説明義務があるが（職基29条）、依頼者の自己決定権を無視することは許されない。A弁護士としては、和解を拒否した場合の見通しを十分に説明することを条件として、依頼者Xの意思を尊重し、和解は断るべきであろう。

[ケース99]

B弁護士は、Xの**アルツハイマー病**発症を疑い、入居中の老人ホームの関係者からも奇行が目立っているとの情報を得たのであるから、Xの親族に対して、精神科の医師の診断を受けさせ、成年後見開始審判等の申立てを検討すべきである。これらをせずに、Yに対する建物明渡請求事件に着手することには問題がある。

[ケース100]

C弁護士は、家族とともに**行方不明**となったXについて、紹介者に対する問い合わせ等をしてその所在を探索したが発見できなかったというのであり、弁護士としてなすべき捜索はほぼ尽くしていると思われる（なお、Xの住民票の職務上請求をすることについては、住民基本台帳法12条の3第2項の要件を満たしているかの問題がある）。

しかし、弁護士にとってもっと難しい問題は、どうやってXの委任契約を解除するかである。委任契約は、いつでも解除できるのが原則であるが（民651条1項）、委任の終了事由は、相手方に通知するか、相手方が知っていた

ときでなければ、対抗できないことになっているから（民655条）、解除の意思表示をXに対してどのように了知させるかに悩むのである。最終的には、面倒ではあるが、公示の方法（民98条）によらざるを得ないであろう。

Ⅳ　法令・事実関係の調査

●ケース101●

A弁護士は、XからYに対する請負工事代金請求事件を受任したが、第一審、控訴審ともに短期時効の完成を理由として敗訴し、Xからは、上告を依頼された。A弁護士は、上告期限内に上告・上告受理の各申立手続をしたが、上告理由書等の提出期限については追って裁判所から連絡がくるものと思い込み、上告理由書を提出していなかったところ、民事訴訟規則194条に定める提出期間を経過したとして、上告が却下された。

A弁護士については、法令調査を怠ったものとして、懲戒処分をすべきか。

●ケース102●

B弁護士は、Xから、Yを被告とする交通事故に基づく損害賠償請求事件を受任したが、第1回口頭弁論において、被告のYは、交通事故の発生状況を全面的に争ってきた。交通事故は、飛行機で行かなければならないような遠方で起きており、現場を見分するためには、かなりの時間と費用を要するが、Xは、ぜひとも現場をみてくれと希望している。しかし、Xは、交通事故で失職していたために資金的余裕がなく、現場見分のための費用は立て替えておいてほしいといい張っている。

B弁護士は、出張費用の支払いがないことを理由として、現場見分を拒否してよいか。

> **主な検討対象条文**
> ○弁護士法
> 2条　弁護士は、常に、深い教養の保持と高い品性の陶やに努め、法令及び法律事務に精通しなければならない。
> ○職務基本規程
> （法令等の調査）
> 37条　弁護士は、事件の処理に当たり、必要な法令の調査を怠ってはならない。
> 2　弁護士は、事件の処理に当たり、必要かつ可能な事実関係の調査を行うように努める。

【解　説】

1　法令の調査

法令の調査は、法律実務家たる弁護士の基本的責務の1つであるが、ここに法令とは、わが国で効力を有する法令のみではなく、効力を失った法令、外国の法令も含まれる。弁護士は、事件処理に必要と思われる法令をきちんと調査しなければならないのである（なお、東京三会有志・理論と実務146頁［吉田健］参照）。

2　事実関係の調査

事実関係の調査は、「必要かつ可能な」範囲で行わなければならない。テレビドラマでは、弁護士が探偵のように真犯人捜しや真相の追及に奔走する姿が描かれているが、現実の弁護士はそのような探偵に類する仕事を行うわけではない。しかし、事案の解決のために事実の調査が求められることはもちろんあり、その場合には、依頼者の権利や利益を確保するために必要かどうか、費用や時間のコスト面から見て一般に可能な範囲にあるかどうかによって判定される（日弁連弁倫委・解説104頁）。

3 ケースの検討

[ケース101]

A弁護士は、民事訴訟規則の調査・確認を怠ったことが明らかである。なお、上告理由書を期間内に提出しないことによって上告却下となり、弁護過誤責任を問われた例が相当数ある（東京地判平成6・11・21判タ881号191頁、千葉地判平成9・2・24判タ960号192頁、大阪地判平成11・2・15判時1688号148頁）。

[ケース102]

B弁護士が遠方の交通事故現場に行くことが「必要かつ可能」な事実調査といえるかが論点であるが、事故態様が重要な争点となり、依頼者Xも強く希望していること、現場を見分することを不要とする特段の事情もないとこからみると、必要性があるといえるであろう。問題は、Xに費用負担能力がないことにあるが、不必要な現場見分を求めているならばともかく、本件では、立て替えて後日精算する処理を検討する必要があろう。それもせずに現場見分を拒否したB弁護士は、現場調査の努力を怠ったというべきであろう。

Ⅴ　預り金品の保管

> ● ケース103 ●
>
> A弁護士は、Xから、Yに対する1000万円の貸金請求事件を受任し、着手金のほかに、訴訟提起の実費、Q地方裁判所出張の旅費として、20万円を預り金として受領した。A弁護士は、自己名義の銀行口座に着手金と預り金を一緒に送金してもらい、その中から実費を随時キャッシュカードで引き出して支弁していた。
>
> また、Q地方裁判所において、分割払いの和解が成立したが、毎月の分割金の送金先は、A弁護士の個人口座とした。
>
> A弁護士の行動に問題はあるか。

●ケース104●

　B弁護士は、X株式会社から、3億円の約束手形金請求事件を受任し、その約束手形原本を預かったが、これを事件記録ファイルに綴じてある書証用封筒に入れておいたところ、電車内に事件記録ファイルごと忘れてしまい、懸命に探したものの発見されなかった。

　B弁護士は、約束手形をどのように保管しておくべきであったか。

主な検討対象条文
○職務基本規程
（預り金の保管）
38条　弁護士は、事件に関して依頼者、相手方その他利害関係人から金員を預かったときは、自己の金員と区別し、預り金であることを明確にする方法で保管し、その状況を記録しなければならない。
（預り品の保管）
39条　弁護士は、事件に関して依頼者、相手方その他利害関係人から書類その他の物品を預かったときは、善良な管理者の注意をもって保管しなければならない。

【解　説】

1　預り金の保管

　弁護士の不祥事として**預り金**の横領事件がなかなか根絶されない。一部の弁護士会では、「業務上の預り金の取扱いに関する会規」を制定して一定金額以上の預り金については預り金管理の専用口座の開設を義務づけている。職務基本規程38条は、専用銀行口座の開設に限定しないものの預り金の分別管理をすべての弁護士に求めることにしたものである。「預り金であることを明確にする方法」とは、預り金専用の銀行口座が代表的であるが、少額の場合には、銀行の現金用封筒に入れて保管することでもよいであろう。また、

保管状況の記録とは、入出金の状況を帳簿に記載することが典型であるが、預金通帳の摘要欄にメモをする方法、銀行の現金用封筒にメモをする方法でもよい（日弁連弁倫委・解説105頁、東京三会有志・理論と実務150頁［大川康平］）。

2 預り品の保管

職務基本規程39条は、預り金の保管に関する規律を受けて、**預り品**の保管についても規定している。

善良なる管理者の注意の内容は、預かった物によって異なる。**高価品**、代替性のない物等は、事務所内の金庫での保管が求めれるし、場合によっては銀行の貸金庫を利用することが必要とされることもあろう。

3 ケースの検討

［ケース103］

Ａ弁護士は、自己の金員と区別し、預り金であることを明確にする方法で保管することもしていないし、保管状況を記録することもしていない。職務基本規程38条違反は明らかである。

［ケース104］

Ｂ弁護士は、代替性のない高額面の約束手形原本を事件記録に綴じてある書証原本用管封に入れて保管したことは、善管注意を尽くした保管方法とはいえない。少なくとも事務所の金庫で保管すべきであったというべきである。職務基本規程39条違反であると考える。

Ⅵ 他の弁護士の参加

● ケース105 ●

Ａ弁護士は、Ｘから医療過誤事件を受任し、訴訟を提起したが、医療過誤訴訟は初めての経験であり、第１回口頭弁論において、被告の医

師Yの訴訟代理人から、多数の求釈明を受けた。A弁護士は、Yの答弁書のコピーをXに送ったところ、ほどなくしてXから、「先日、知人から、医療過誤訴訟を多数手がけているQ弁護士を紹介されました。1度お目にかかったのですが、非常にポイントを押さたお話をされ、ぜひA先生と一緒にこの医療過誤訴訟の代理人にQ先生を依頼したいと考えています。よろしいでしょうか」といわれた。

A弁護士は、自分の能力が不足していることがXにばれてしまった悔しさと今後の成功報酬金をQ弁護士と分け合うことになる経済的損失の危惧から、「Q先生のお名前は知っていますが、この訴訟は、私1人で十分です。Q先生を頼むと、弁護士費用がかさむだけですよ」といって、反対した。

A弁護士の言動に問題はあるか。

主な検討対象条文
○職務基本規程
40条　弁護士は、受任している事件について、依頼者が他の弁護士又は弁護士法人に依頼をしようとするときは、正当な理由なく、これを妨げてはならない。

【解　説】

1　依頼者の弁護士選任の決定権

依頼者は、自己の事件をどの弁護士に依頼するか、複数の弁護士を依頼するかの決定権を持ち、受任された弁護士であっても、この権利を不当に制限してはならない。

「正当な理由」がある場合は例外とされるが、正当な理由とは、参加してくる弁護士との間で事件の処理方針に関して著しい意見の対立が予想され、事件処理が混乱して依頼者に損害を与えるおそれがある場合、参加する弁護

士の性格・性癖等から協調した事件処理を行うことが見込めず、依頼者に混乱を与え、その結果依頼者に損害を与えるおそれがある場合等である（日弁連弁倫委・解説107頁）。

2　ケースの検討

[ケース105]
　A弁護士は、自己の能力不足が発覚した悔しさと報酬金が減少する経済的損失の危惧から、Q弁護士の参加に反対したのであるが、正当な理由があるとは認められない。Xの弁護士選任の決定権の行使を妨害したものというべきである。

Ⅶ　共同受任者間の意見対立

――● ケース106 ●――
　A弁護士は、B弁護士とともに、Xから、Y株式会社に対する製造物責任訴訟を受任して遂行していたが、訴訟を進行する過程で、勝訴の見込みは低く早期に和解を進めるべきだと考えるA弁護士は、勝訴の見込みが極めて高いと考えているB弁護士との間で、訴訟の進行方針に関する意見が対立するようになった。そして、B弁護士が単独で次回期日に大部の書証の提出と数名の証人申請をすべく準備しているのを知ったA弁護士は、これ以上B弁護士には付き合えないとして、依頼者Xに対して、「B弁護士とは、これ以上一緒にやっていけません」とだけ述べて、辞任した。
　A弁護士の行動にどのような問題があるか。

主な検討対象条文
○職務基本規程

> （受任弁護士間の意見不一致）
> 41条　弁護士は、同一の事件を受任している他の弁護士又は弁護士法人との間に事件の処理について意見が一致せず、これにより、依頼者に不利益を及ぼすおそれがあるときは、依頼者に対し、その事情を説明しなければならない。

【解　説】

1　意見の不一致

「同一の事件」とは、紛争の実質が同一の事件という意味であり、「事件の処理について意見が一致しない」とは、訴訟の進め方、解決方法の選択等さまざまな局面で相互の意見が一致しないことをいう。弁護士間で不幸にも意見対立が発生したときは、安易な妥協や馴れ合いをせず、虚心坦懐に相手方の意見を聞きつつ、自己の意見を丁寧に説明して説得を図ることが求められる。

2　事情の説明

意見の不一致の結果依頼者に不利益を及ぼすおそれがあるときは、依頼者に対し、意見が対立するに至った経緯、意見の相違点、それぞれの意見の利害得失等を説明しなければならない。意見の不一致が些細なもので、事件の帰趨に影響を及ぼさない場合は、可能な限りの協調をして事件の処理を進めることになろうが、不一致が重大で依頼者の権利・利益が侵害されることが必至の場合は、依頼者の意見を求めて方針を決定する必要がある。依頼者の意見に従えない場合、その弁護士は辞任の道を選択するほかないであろう（日弁連弁倫委・解説109頁）。

3　ケースの検討

［ケース106］

A弁護士は、意見不一致の結果をXに伝えたのみであって、事情を十分

第5節　事件処理過程における倫理

に説明したとは到底いえない。依頼者に説明する際には、受任弁護士が共同して行うのが理想的であるが、1人が説明しても問題はないのであるから、A弁護士は、B弁護士に気兼ねをせずに説明を尽くすべきである。

Ⅷ　複数依頼者間の利害対立

● ケース107 ●

A弁護士は、被相続人Qの遺産分割について、長男X・長女Yおよび妻Zから依頼を受け、二男Oおよび二女Pを相手方として遺産分割の調停を申し立てた。調停申立て前の打ち合わせでは、X、Y、Zの3名とも、OとPの理不尽さを強調し、一致団結しているように思えたが、調停が進むにつれて、X、Y、Zの3名間で遺産分割方法に関する意見の相違が顕著となってきた。そして、ついには、A弁護士の法律事務所内でX、Y、Zが相互に大声で罵倒し合うようになってしまった。
A弁護士としては、どうすべきか。

● ケース108 ●

B弁護士は、集団暴行を働き傷害罪で起訴されたX、Y、Zの3名から依頼を受け、弁護人となったが、当初は、3名すべてが暴行を働いた事実を認めていたものの、弁護側の情状立証段階に入ると、XはYが主犯格であると主張し、YはZが主犯格であると主張し、ZはXが主犯格であると主張するに至った。
B弁護士としては、どのようにすべきか。
B弁護士は、一番親しいXから「ぜひ弁護人として残ってほしい」と懇請された場合、YとZの弁護人を辞任し、Xのみの弁護人として残ってよいか。その場合、YとZについては、どのようにしておくべきか。

> **主な検討対象条文**
> ○職務基本規程
> （受任後の利害対立）
> 42条　弁護士は、複数の依頼者があって、その相互間に利害の対立が生じるおそれのある事件を受任した後、依頼者相互間に現実に利害の対立が生じたときは、依頼者それぞれに対し、速やかに、その事情を告げて、辞任その他の事案に応じた適切な措置をとらなければならない。

【解　説】

1　事件受任後の利害対立

　職務基本規程32条は、複数の依頼者があって相互に利害対立のおそれがある場合において、受任時に依頼者に対して不利益を及ぼす事項を説明する義務を課しているが、職務基本規程42条は、不幸にも利害対立が顕在化してしまった場合の行動規律を定めるものである。

2　事案に応じた適切な措置

　事案に応じた適切な措置の例示として辞任があるが、職務基本規程42条は、利害対立が顕在化したときにすべての当事者に対して**辞任する義務**を課したわけではない。依頼者全員に対する説得を尽くし、調整が可能と認められればできる限りの調整をしなければならない。調整が極めて困難であったり調整が失敗したりすれば、辞任を選択せざるを得ないが、その場合でも、誰を辞任するかの検討を試みる必要がある。ただ、一部の依頼者のみを辞任するとした場合、職務を行う得ない事件の規律（法25条、職基27条・28条）に抵触しないかどうかを慎重に検討する必要がある（日弁連弁倫委・解説110頁）。特に、事件処理が進むと「相手方の協議を受けて賛助した事件」（法25条1号・職基27条1号）に該当すると判断されれば、同意のいかんに関わらず、すべての依頼者を辞任することが要求されてくるであろう。また、守秘義務につ

いての配慮も当然に求められる（なお、東京三会有志・理論と実務162頁［宇田川和也］参照）。

3 ホットポテト法則

アメリカの全国的規模の法律事務所がある都市の小規模法律事務所を吸収合併したときに、双方の法律事務所の受任事件を照合した結果、係争中の訴訟で対立している当事者をそれぞれの事務所が代理していたことが判明した。そこで、大規模事務所の依頼者の代理を継続し、小規模事務所の依頼者の代理を辞任することとし、双方の依頼者の同意をとろうとしたが、同意がとれなかった。このような場合に、連邦裁判所は、法律事務所は、依頼者をホットポテト（熱いジャガイモ）を放り投げるように取り扱ってはならない、まして金銭的に大幅な利益増になることを理由に依頼者を選択してはならないとし、この法律事務所は、双方の事件依頼を辞任することとなった。これを、**ホットポテト法則**（The Hot Potato Doctrine）と呼んでいる。

ホットポテト法則は、現在の依頼者に敵対する新依頼者が利益を提供することによって現依頼者をホットポテトのように放り投げる場合にも妥当する。法律事務所は、法律事務所および依頼者の状況を熟慮したうえで辞任通知を発するようにすべきであるとされている。ただし、利益相反が法律事務所側の落ち度によって発生したわけではない場合には、一方の代理を継続することが認められる場合もあるとされている（前掲ロタンダ＝当山訳・概論アメリカの法曹倫理113頁）。

わが国でも、一方当事者から得られる経済的利益を優先させて他方当事者を邪魔者のように切り捨ててしまうことは、民法651条2項ただし書にいう「やむを得ない事由」があるとはいえないと解され、2項本文に従って損害賠償義務を負担することがあり得るであろう。そして、場合によっては弁護士法56条にいう「品位を失うべき非行」とされることもないではないと考える（内田貴・民法II［第3版］（東京大学出版会・2011）298頁も、委任契約の任意解除を広く認めたうえであとは損害賠償で解決を図ればよいとする考え方に疑

問を呈し、任意解除権の安易な適用には慎重さが必要であると述べる)。

4 ケースの検討

[ケース107]

A弁護士は、X、Y、Zの3名が大声で喧嘩をするまでの激しい意見対立を認めたのであれば、辞任の方法を選択することとなろう。もちろん、その前に3名の調整に努める必要があるが、調整不能となれば、全員を辞任するか、特定の人のみを辞任するかを決定しなければならない。特に懇意な人については辞任せずに委任関係を継続することが行われがちであるが、その際には、辞任する人から特定の人との委任継続（その人とは以後対立関係に立つこと）の同意をとっておかなければならない。この同意をとることは感情的反発もあってなかなか難しいであろう。工夫が要求されるところである。

[ケース108]

B弁護士は、情状立証の段階に至って被告人3名が揃って従属的立場にあり、主犯格は自分ではないと主張し始めたことで進退窮まった感がある。共犯者の同時受任はそもそもしてはならないとの考え方をとらなくとも、刑事事件で本件ような対立状況となった場合には調整はほとんど不可能である。少なくとも、1人を残してその余の被告人の弁護人を辞任せざるを得ないが、弁護人として残った被告人に対する誠実義務を尽くして他の被告人が主犯格であったと弁論することは、辞任された被告人の信頼を裏切らないであろうか。私は、ケース108では、被告人3名とも辞任するほかないと考えるが、どうであろうか（武井ほか・刑事弁護169頁参照、後出282頁）。

IX　信頼関係の喪失

●ケース109●

A弁護士は、Xから、Yに対する離婚事件を受任し、調停を申し立てたが、調停中に、調停委員から、Yにはほとんど資力がなくXが希

望するような慰謝料は全く支払えないと聞かされ、慰謝料なしで離婚することもやむをえないと考えるに至った。それをXに説明したところ、「そんなはずはない」と激怒し、「A先生はあまりに弱気すぎる。別の弁護士に頼むことにしたいので、降りてください」となじった。しかし、A弁護士は、Xの考えが間違っていることを重ねて説明したが、Xは何としても納得しない。

A弁護士としては、どうすべきか。

● ケース110 ●

B弁護士は、強盗殺人事件の被告人Xの国選弁護人に選任されたが、Xは、完全否認を貫き通していたものの、B弁護士が記録を検討した結果、有罪証拠が明白であった。そこで、B弁護士は、Xに接見し、「記録を検討したが、無罪で徹底して争うより、情状に重点を置く弁護方針としたい」といったところ、Xは、「お前みたいな無能な弁護士は初めて見た。俺は絶対に無罪だ。2度と俺の前に姿を見せるな」等と激しく罵倒し、その後にB弁護士が接見したときも、同様に激しい罵倒の言葉を繰り返した。

B弁護士は、国選弁護人を辞任できるか。

主な検討対象条文

○職務基本規程
（信頼関係の喪失）
43条　弁護士は、受任した事件について、依頼者との間に信頼関係が失われ、かつ、その回復が困難なときは、その旨を説明し、辞任その他の事案に応じた適切な措置をとらなければならない。

【解　説】

1　信頼関係の喪失と事案に応じた適切な措置

　弁護士と依頼者との関係は、**信頼関係**で結ばれ、弁護士は依頼者からの信頼を受け、その利益確保を念頭に置いて行動し、助言をしなければならない関係に立つ。このような関係は、英米法では**信認関係**（Fiduciary Relation）と呼ばれる（加藤・役割論349頁）。

　弁護士と依頼者間の信頼関係がひとたび失われ、最善の努力を試みても回復が困難なときは、辞任その他事案に応じた適切な措置を講じなければならない。信頼回復が困難と思われる事態であっても、冷静に信頼回復手段を模索し、それに挑戦しなければならない。民法651条1項に規定する委任契約の随時解除（**辞任の自由**）は、弁護士について完全な自由を認めるものではなく、辞任回避のための最大限の努力を尽くさない辞任は認められないというべきであろう。そして、どうしても信頼関係が回復しなければ、辞任の道を選択するほかはないこととなる（東京三会有志・理論と実務166頁［大武和夫］）。

2　国選弁護人の辞任

　国選弁護人は、貧困その他の理由によって弁護人を選任できないとき（刑訴36条）、重大事件について被疑者が同じく弁護人を選任できないとき（刑訴37条の2）に、裁判長もしくは裁判官が選任するものであるが、その選任行為の法的性格については、**裁判説**、公法上の一方的行為説、公法上の委任契約説に分かれていた。しかし、刑事訴訟法38条1項の文言、解任に関する刑事訴訟法38条の3の新設等にかんがみれば、裁判長ないし裁判官の意思表示たる命令であり、被選任者の承諾は不要とする裁判説が採用されたと解される。

　そして、刑事訴訟法38条の3は**国選弁護人の解任事由**を明示的に列挙したが、「心身の故障その他の事由によって弁護人が職務を行うことができず、

又は職務を行うことが困難となったとき」（3号）、「弁護人に対する暴行、脅迫その他被告人の責めに帰すべき事由により、弁護人にその職務を継続させることが相当でないとき」（5号）の一つとして、被告人との信頼関係が喪失したことが含まれるかという問題提起がある。結局のところ各号の解釈問題であるが、弁護方針の不一致ということのみでは直ちに解任事由にはならないと解すべきであろう（高中・概説112頁、松尾浩也編・条解刑事訴訟法〔第4版〕（弘文堂・2009）76頁参照）。

3　ケースの検討

［ケース109］

A弁護士は、辞任するほかないであろう。ただ、辞任する場合も売り言葉に買い言葉で辞任することはするべきではないのであって、信頼関係回復のために最大限の努力を尽くし、またそれが奏効しなかったときも、次回調停期日での注意事項、後継の弁護士への引継ぎ等を助言しなければならない。

［ケース110］

B弁護士は、被告人Xとの信頼関係はほとんど喪失したといってよいであろう。被告人から暴行・脅迫を受けたことに準ずるというべきであり、刑事訴訟法38条の3第5号に規定する解任事由があるものとして、裁判長に対して解任命令の上申をすることとなろう。

X　依頼者との金銭貸借

●ケース111●

A弁護士は、Xから、賃借人Yに対する建物明渡請求事件を受任し、本訴提起前に占有移転禁止の仮処分命令を申し立てた。ところが、担保として裁判所から150万円を納付するようにいわれたものの、Xは、100万円しか用意できないというので、A弁護士は、Xに対して50万円を貸し付けることとし、返済期日を担保取消決定確定の日とし、利息を年

15％とする内容の金銭消費貸借契約を締結した。

A弁護士の行為に問題があるか。

利息をとらなかった場合は、どうか。

●ケース112●

B弁護士は、Xから、Y株式会社に対する500万円の売買代金請求事件の依頼を受け、これを請求する内容証明郵便を発送したところ、数日後にY株式会社の代表者PがB弁護士の事務所を訪れ、額面400万円の第三者Q振出しにかかる満期3か月後の約束手形を持参し、これで勘弁してほしいと頼み込んだ。B弁護士は、Xの了解を得て、その約束手形を受領し、残額を放棄することとしたが、後日、Xから、「この手形をすぐに現金に換えたいのですが、金融機関で割り引いてもらうことができません。割引料を差し引いて結構ですから、先生が買い取ってくれませんか」と頼まれた。B弁護士は、報酬金30万円と割引料20万円の合計50万円を差し引いた350万円でこの約束手形を割り引いた。

B弁護士のとった行動に問題はあるか。

●ケース113●

C弁護士は、小学生の少女Pに対する強制わいせつ罪で逮捕されたXの依頼を受け、Pの両親であるQとRとの間で示談の交渉をした。強い精神的な衝撃を受けているPを心配するQとRとの示談交渉は難航したが、ようやく100万円の示談金を支払うことで示談が成立した。ところが、PとQは、C弁護士が示談金の支払いに保証をしない限り、示談書と告訴の取下書に署名押印しないといい出した。C弁護士は、告訴の取下書を1日でも早く提出してXを釈放させたいと考え、示談書におけるXの示談金支払債務について保証をした。

C弁護士が保証をしたことに問題はあるか。

> **主な検討対象条文**
> ○職務基本規程
> （依頼者との金銭貸借等）
> 25条　弁護士は、特別の事情がない限り、依頼者と金銭の貸借をし、または自己の債務について依頼者に保証を依頼し、若しくは依頼者の債務について保証をしてはならない。

【解　説】

1　金銭貸借の禁止

依頼者との金銭貸借等が禁止されるのは、弁護士が依頼者と特別の関係を持つと、独立性を失い、過度に当事者的となって職務の公正を保持し得ないことになりかねないし、金銭貸借等を原因として依頼との間で紛議に発展することも考えられるため、これを防止することにある（日弁連弁倫委・解説63頁）。また、依頼者を食い物にする弊害を排除することも制定の趣旨となっている。

金銭貸借は、弁護士が依頼者に貸し付ける場合と弁護士が依頼者から借り入れる場合とを含む。また、貸借と実質的に同一視される行為、たとえば**手形の割引**も含まれる。

2　保証の禁止

保証が禁止されるのも、金銭貸借と同様の理由に基づく。保証は、弁護士の債務について依頼者に保証をしてもらう場合と依頼者の債務について弁護士が保証をする場合の双方が禁止される。保証と実質的に同一視される場合、たとえば、物上保証、手形の裏書、重畳的債務引受等も含まれる。

3　特別の事情

禁止が解除される「特別の事情」とは、弁護士の独立性が損なわれること

がなく、依頼者と利害が対立するような状況もないこと、および依頼者を食い物にする弊害も認められないことをいうであろう。

4 ケースの検討

[ケース111]

　A弁護士の行った金銭の貸付は、利率を利息制限法の上限に設定しており、依頼者を食い物にしたとの評価もできるであろう。利息を徴収しなかった場合には、その弊害も認められないが、将来の報酬金の額にも影響を及ぼしかねないし、100万円の回収を早期にしようとして事件処理に無理をしかねないおそれもあろう。やはり、依頼者Xに極限までの資金調達を依頼することとし、安易な金銭貸借は回避すべきであったと考える。

[ケース112]

　B弁護士の行った手形割引は、実質的に金銭貸借に当たるものであるが、実質は利息である割引料が適正であったかによっては、依頼者を食い物にしたといえなくもない。依頼者の要請があったとはいえ、弁護士自らが割引当事者になったのは問題がある。B弁護士としては、知り合いを紹介する程度にとどめるべきであったというべきである。当該の割引手形が不渡りになるおそれもないではなく、その場合には弁護士と元の依頼者とは利害対立が顕在化してしまうことが明らかである。

[ケース113]

　C弁護士がXのYに対する示談金支払債務の保証をしたことは、早期の示談を成立させ告訴の取下げを受けることを目的としたものであって、特段の弊害は認められない。「特別の事情」があるといってよいと考える。なお、東京三会有志・理論と実務64頁［吉田武男］は、弁護人が示談金を立て替えることに特別の事情があるというためには、緊急性があること、依頼者の利益のために必要不可欠であること、依頼者の意思に沿っていること、弁護人が不当な利益を受けるものでないこと、返済の条件が相当であることが必要であるとする。

XI　依頼者との紛議

●ケース114●

　A弁護士は、Xから離婚事件の依頼を受け、離婚調停を申し立て、X本人も出頭して調停が進められたが、調停委員からは、「Xが考えているような高額の慰謝料の支払いを受けることは到底無理である」と伝えられ、また、調停手続もA弁護士から受けた事件見通しに関する説明ともあまりにも食い違っていたことから、XはA弁護士を解任し、A弁護士に支払った着手金50万円のうちの40万円の返還を求めて、A弁護士が所属するQ弁護士会に対して紛議調停の申立てをした。しかし、A弁護士は、「Xが勝手に高額の慰謝料がもらえると思い込んだものであり、紛議調停の申立てもXの無理解によるものだ」として、自己が行った離婚調停手続遂行の正当性を書面に記載してQ弁護士会に提出したのみで、その後の紛議調停の期日には一切出頭しなかった。

　A弁護士の行動に問題はあるか。

●ケース115●

　B弁護士は、Xの依頼によって、Yに対する遺産分割事件を受任し、遺産分割調停を申し立てたが、Xは、B弁護士の知らないところで、親戚の者による仲介でY本人と遺産分割案を合意し、B弁護士に対して解任通知を送ってきた。B弁護士は、Xとの受任時の委任契約書にXが不当に解任したときは報酬金の全額を支払う旨のみなし成功報酬の条項があったことから、直ちにXを被告として報酬金請求訴訟を提起した。

　B弁護士のとった行動に問題があったか。

> **主な検討対象条文**
> ○弁護士法
> 　（紛議の調停）
> 41条　弁護士会は、弁護士の職務又は弁護士法人の業務に関する紛議につき、弁護士、弁護士法人又は当事者その他の利害関係人の請求により調停をすることができる。
> ○職務基本規程
> 　（依頼者との紛議）
> 26条　弁護士は、依頼者との信頼関係を保持し紛議が生じないように努め、紛議が生じたときは、所属弁護士会の紛議調停で解決するように努める。

【解　説】

1　紛議調停制度

　紛議調停制度は、弁護士が職務を行う過程で依頼者その他の利害関係人と紛議を生じさせたときに、所属弁護士会が間に立って紛議の実情に即した円満な解決を図ることを目的としたものである。弁護士の職務に関する紛議一切が対象となり、弁護士どうしの紛議も対象となる。

　調停の手続に関しては、弁護士会の自治に任せられているが、ほとんどの弁護士会では**紛議調停委員会**を設けて裁判所の調停に準じた進行が図られている。なお、紛議調停は、あくまで調停としての和解の斡旋をするものであり、調停案を強制することや仲裁判断をすることは予定されていない（髙中・概説232頁）。

　白書250頁によれば、全国での申立件数は2009（平成21）年が619件、2010（平成22）年が717件、2011（平成23）年が641件となっており、相当の数に達している。

2 ケースの検討

[ケース114]

A弁護士の対応は、自己の考え方に固執し紛議調停の意義を理解していないものといわざるを得ない。調停には誠実に対応すべきである。

[ケース115]

B弁護士は、依頼者との紛議について、紛議調停を利用することなく直ちに訴訟提起に及んでいるが、依頼者が調停には応じそうもない事情があれば格別、そうでない限りは、まず所属弁護士会に対して紛議調停の申立てを行うべきである。

XII 係争目的物の譲受け

――●ケース116●――

A弁護士は、裁判所に掲示された不動産競売の公告を見ながら、適当な競売物件を物色し、これを妻Qの名義で入札しては、知り合いの不動産業者Pに仲介を依頼して、一般の顧客に転売し、競落金額と転売価額との差額を儲けていた。

A弁護士の行為は、許されるか。

――●ケース117●――

B弁護士は、Xから、Y振出しにかかる額面1000万円の不渡手形の取立てを依頼された。Xは、「この手形は、売買代金の支払いのために振り出されたのですが、現物が引き渡されていないために契約不履行を理由として不渡り（2号不渡り）となったものであり、私はその事情を知っているので、悪意の抗弁を対抗されるおそれがあります。ついては、B先生が被裏書人となって取立訴訟をお願いしたい。謝礼は、取立額の50％で結構です」といわれた。

> B弁護士は、自分に裏書を受けたうえで手形金請求訴訟を提起してよいか。

● ケース118 ●

C弁護士は、大地主であるXから、借地人Yに対する建物収去土地明渡請求事件を依頼され、訴訟を提起した結果、X勝訴の判決を得た。C弁護士は、Xと弁護士報酬のことについて打ち合わせたところ、Xは、「現在Qに賃貸中の土地がありますが、特に開発予定もないうえ、Qは高齢であり相続人もいませんから、やがて借地権も消滅します。これを報酬として提供したい」といい出した。ところが、XとQは、賃料増額の件について紛争中であった。

C弁護士は、Qが賃借中の土地を弁護士報酬として受けてよいか。

主な検討対象条文
○弁護士法
28条　弁護士は、係争権利を譲り受けることができない。
○職務基本規程
（係争目的物の譲受け）
17条　弁護士は、係争の目的物を譲り受けてはならない。

【解　説】

1　係争権利・係争の目的物

弁護士法28条の「**係争権利**」については、現に訴訟・調停等の紛争処理機関に係属中の事件に限定されるか（限定説）、それとも広く紛争中の権利一切をいうか（非限定説）の争いがある。判例（大判昭和17・11・19評論32巻諸法152頁、東京地判昭和51・4・28判時837号55頁）、学説は、限定説が多数である（髙中・概説142頁）。しかし、紛争処理機関に係属していない権利の譲受

けであっても、紛争に介入して不当な利益を上げようとする行為として品位を失うべき非行とされることは十二分にありうるので、注意が必要である。

なお、職務本規程17条では、**係争の「目的物」**となっているが、趣旨は同じである。目的の物とあるから貸金等の債権は含まないなどと解してはならない（東京三会有志・理論と実務33頁［山崎哲男］参照）。

2　譲受け

「譲受け」とは、有償か無償かを問わないし、売買・贈与・信託等の契約方式のいかんも問わない。しかし、弁護士法27条の立法趣旨が弁護士が不当に事件に介入して利益をあげることによって弁護士の職務の公正と品位を損なうことを防止するにあること（最判昭和35・3・22民集14巻4号525頁）からすれば、譲受けは、**弁護士の計算**において、すなわち譲受けの経済的効果が当該弁護士に帰属することを要すると解すべきであり、他人の代理人として当該他人に経済的利益が帰属する形態の譲受けは、弁護士法27条違反とはされない（髙中・概説143頁）。職務基本規程17条についても、同様である（日弁連弁倫委・解説32頁）

3　違反行為の効力

弁護士法27条違反行為の効力については、有効・無効に分かれていたが、判例（最判平成21・8・12民集63巻6号1406頁）は、公序良俗に反する事情がない限りは、有効であるとする（髙中・概説144頁）。

4　ケースの検討

[ケース116]

A弁護士は、競売物件を妻名義で競落したということであるから、係争権利または係争の目的物の解釈に関する限定説を採用すれば、紛争処理機関に係属中という要件を満たさないと認められる。しかし、そうであっても弁護士という裁判所を主な活動場所としている法律専門家の弁護士が競売物件

を妻名義で落札する行為は、国民の目から見たらどのように映るであろうか。このような行為をして利益を得ていた弁護士は間違いなく存在していたし、今も存在しているかも知れない。品位を失うべき非行とはなかなか断定しがたいが、品位を損なうと考えるべきではないだろうか。

[ケース117]

B弁護士は、訴訟提起前に、悪意の抗弁（手17条ただし書）を対抗されるのを回避するために自らが取立てのための裏書を受けて手形訴訟に及んだものであり、紛争解決機関に係属中の権利を譲り受けたとはいえない。また、裏書は、隠れた取立委任裏書であって、信託的な効力しかないから、B弁護士の計算における譲受けともいえない。訴訟行為を行うことを目的とした**隠れた取立委任裏書は訴訟信託の禁止に触れるものとして裏書自体が効力を生じないとする判例**（最判昭和44・3・27民集23巻3号601頁）があるが、その点はさておき、B弁護士の悪意の抗弁を切断する目的の信託的譲渡は、品位を失うべき非行といえるであろうか。私は、品位を失うべき非行に当たると考える。あなたは、どう考えるであろうか。

[ケース118]

C弁護士が弁護士報酬としてXと提供された借地権付土地は、賃料増額をめぐって紛争中であるが、限定説を採る限り、係争権利・係争の目的物には当たらない。しかし、このような借地権付土地を弁護士報酬として譲り受けることは、品位を損なわないであろうか。過去に弁護士報酬として依頼者の不動産を譲り受けたことを自慢する弁護士に接したことがあるが、私は、感心しなかった。あなたは、どうであろうか。

XIII　非弁護士との提携

●ケース119●

A弁護士は、老齢のため受任事件数も減少し、事務所維持も困難な状況にあったところ、見ず知らずのXから、「債務整理で困っている人

を救済する事業をやりたいので、A先生を顧問としてお迎えしたい。顧問料として月額50万円をお支払いし、事件処理のための事務所や事務員も当方で用意するので、身一つでお越しください」という手紙が届いた。A弁護士は、顧問を引き受ける旨をXに連絡し、数日後、Xが用意したビルの1室にA法律事務所を移転し、XにはA弁護士の印鑑を預け、債務整理事件に関する書類にA弁護士の名義を使わせた。

A弁護士の行為に問題があるか。

A弁護士が全く債務整理事件の処理に関与していなかった場合と、依頼者との面談を形式的に行っていた場合とで違いがあるか。

● ケース120 ●

B弁護士は、地方都市Q市に在住するXから、恒常的に交通事故による損害賠償請求事件の紹介を受けていた。Xは、Q市において、「市民困りごと相談所」の看板を掲げて、各種の法律相談を受けており、訴訟案件については、自ら処理せずにすべてB弁護士に紹介していた。

B弁護士の行為に問題があるか。

主な検討対象条文

○弁護士法
27条　弁護士は、第72条乃至第74条の規定に違反する者から事件の周旋を受け、又はこれらの者に自己の名義を利用させてはならない。

○職務基本規程
（非弁護士との提携）
11条　弁護士は、弁護士法第72条から第74条までの規定に違反する者又はこれらの規定に違反すると疑うに足りる相当な理由のある者から依頼者の紹介を受け、これらの者を利用し、又はこれらの者に自己の名義を利用させてはならない。

【解　説】

1　弁護士法72条から74条までの規定に違反する者

　弁護士法72条から74条は、非弁護士の法律事務取扱いを取り締まる規定であり、事件屋などの非弁護士が跳梁跋扈することを禁圧することによって国民の公正円滑な法律生活を保持し、法律秩序を維持・安定させること目的とするものである（72条につき最大判昭和46・7・14刑集25巻5号690頁、73条につき最判平成14・1・22民集56巻1号123頁。髙中・概説352頁・372頁）。

　非弁取締りは、事件屋、整理屋等の反社会的存在を主な対象とするが、司法書士、行政書士、税理士等の隣接職がその権限範囲を逸脱して法律事務を行う場合にも対象となり、最近は、隣接職の権限範囲をめぐる論争が活発となっている。また、外国弁護士による法律事務取扱いに関する特別措置法、サービサー法（債権管理回収業に関する特別措置法）等の適用除外の立法も目立つようになっている。

2　事件の周旋

　「**周旋**」とは、法律紛争の当事者等と弁護士の間に介在して委任関係等の成立のために便宜を図ったり、成立を容易にさせる行為をいい、現実に委任関係等が成立しなくともよい。また、弁護士法72条から74条までの規定に違反している者であることの未必的認識があれば足り、確定的認識は不要である。なお、最近は、インターネットを利用した**弁護士紹介システム**がかなり普及しているおり、中には、弁護士を有償で紹介するものまであるようである。個々の紹介には対価を取らないものの、一定額の入会金を支払った者にのみ紹介するという運営をしているところもある。これらの弁護士紹介の中には、弁護士法72条、27条に違反していると認められる場合もあり、弁護士としては、その取扱いには注意が必要である（東京三会有志・理論と実務10頁［酒井雅男］参照）。

3　自己の名義の利用

自己の「名義」の利用とは、弁護士の氏名のほか、法律事務所の名称使用をさせる場合も含まれる。また、「利用」は、大量の書面に利用させる場合が一般的であろうが、それに限定されるわけではない。

4　ケースの検討

[ケース119]

A弁護士に甘い言葉ですり寄ってきたXは、**事件屋**または整理屋の典型例であって、これに乗って顧問弁護士に就任し、Xの用意した法律事務所で執務しているA弁護士が弁護士法27条、職務基本規程11条に違反することは明らかである。A弁護士が多重債務者の面談等法律事務の一部を処理しているからといって、全体としてみれば、法律事務処理の主体は、事件屋であるXであると認められるであろう。

事件屋は、高齢の弁護士のほか、懲戒処分を受けて仕事が枯渇した弁護士、若年で独立したものの仕事がない弁護士等もターゲットにしているとの情報がある。非弁提携弁護士は、東京、大阪などの大都市部で目立っており、日本弁護士連合会では「多重債務処理事件にかかる非弁提携行為の防止に関する規程」（会規第50号）を制定して必要な調査権等を規定し、弁護士会でも対策委員会を設けて根絶のための活動をしているが、なかなか解消しないのが現実である。

[ケース120]

B弁護士は、地方都市における典型的事件屋と認められるXから事件の周旋を受けていたわけであり、Xが事件屋であることの少なくとも未必的認識はあったというべきである。Xのような事件をしばしば紹介してくれる人がいるものであるが、あまりに頻繁となれば非弁行為を疑わなければならないし、時には、紹介を受けた当事者からも紹介者の素性に関する情報をとることが求められるであろう。

XIV　違法行為の助長

●ケース121●

　A弁護士は、貸金業を営むQ株式会社からYに対する貸金請求事件の依頼を受け、内容証明郵便を発送してYをA弁護士の法律事務所に呼び出した。その際には、事情をよく知っているQ社の社員Xも同席していたが、A弁護士が電話に応対するために15分ほど中座したところ、Xは、Yに対して極めて強い調子で「利息制限法違反の過払いがあるなんて言い出したらタダではおかないぞ」と脅し、これにおびえたYは、借入金残高に相違があることを主張することができず、Xのいうままの残高があることを認めざるを得なかった。そこに、電話を終えたA弁護士が現れ、Xから「A先生、YさんはQ社の言っている借入金残高があることを認めていますので、債務弁済契約書の作成をお願いします」といわれ、Yも黙っていたために、Xのいうところに従った債務弁済契約書を作成し、Yに署名押印させた。
　A弁護士の行動に問題はあるか。

●ケース122●

　B弁護士は、不動産業を営むQ株式会社の顧問弁護士に就任し、毎月50万円の顧問料を受け取っているが、Q社の代表取締役Xから、「同業のY社との土地売買で裏金を捻出することとしたので、代金2億円のオモテの売買契約書と代金2億3000万円のウラの売買契約書を作成してほしい」と頼まれ、2通の売買契約書を作成してXに渡した。Xは、オモテの売買契約書を抵当権を設定しているW銀行に示して、抵当権の解除を受けた。
　B弁護士の行動に問題はあるか。

第5節　事件処理過程における倫理

●ケース123●

　C弁護士は、健康器具の通信販売を業とするX株式会社の代表取締役Qから、顧問弁護士に就任するよう要請された。ところが、顧問就任直後、Qから、「健康器具の新聞広告に顧問としてC先生のお名前を記載したいが、いいでしょうか。また、テレビCMも企画しており、スポットで顧問弁護士名を出しますが、いいでしょうか」と聞かれ、広告の中身も聞かずに了解をした。ところが、X社は、健康に全く効能がない器具を極めて高価で幅広く販売していることがマスコミで大きく取り上げられた。マスコミで問題化されてから知ったことであるが、X社は、C弁護士に報告することなく、「当社顧問のC弁護士が担当官庁に確認した結果、効能等について法律的問題がないとの回答をいただいておりますので、ご安心ください」との文言を顧客向けパンフレットに大きく記載していた。
　C弁護士は、詐欺的取引の助長をしたことになるのか。

主な検討対象条文
○職務基本規程
（違法行為の助長）
14条　弁護士は、詐欺的取引、暴力その他違法若しくは不正な行為を助長し、又はこれらの行為を利用してはならない。

【解　説】

1　違法または不正な行為の助長

　職務基本規程14条は、金のペーパー商法で高齢者を中心に甚大な消費者被害を出した**豊田商事事件**において顧問弁護士が詐欺の指南役を果たしたのではないかとの批判を受けたことを端緒として設けられたものである。**詐欺的取引**、**暴力的取引**は、違法または不正な行為の例示であり、これらに類する

215

行為一般が対象となる。「**助長**」とは、違法または不正な行為であることを知りながら、これを推奨したりして行為の継続に手を貸すことをいう。「利用」とは、違法または不正な行為によって自らが利益を得たり、受任中の事件を有利に進めることをいう。弁護士が違法または不正な行為であることを知らなかった場合は、「助長」「利用」とはいえないが、平均的水準の弁護士が注意をすれば当然に違法または不正な行為であると気づくはずであるという場合は、品位を失うべき非行と認定されることがある。

なお、職務基本規程14条は、弁護士が暴力団等の反社会的勢力の顧問に就任したり、詐欺商法が社会問題となっている企業の顧問に就任したりすること自体を禁止するものではない。弁護士は、社会正義の実現という使命に基づき、これらの団体や企業に違法な行為をさせないように指導することが期待されているのであって、時には、マスコミをはじめとする世論を敵に回してでも職務を全うしなければならないこともある（前出35頁）。

また、弁護士は、「独占禁止法に違反しないためにはどうすればよいか」「破産法の否認の対象とならないためには、どうすればよいか」等の質問を依頼者から受けることがよくある。このような質問に回答することは正当な職務行為であって、違法または不正な行為を助長するわけではない。ただ、「差押えを免れるためにはどうすればよいか」という強制執行の免脱手段の教示を求める質問は、犯罪を構成する違法なものであることが明らかであるから、これに応じて差押えを免れる手段を教示すれば、「助長」になることはもちろんである。

2 ケースの検討

[ケース121]

A弁護士は、Q社のXがまさかYを脅迫しているとはつゆ知らずにXのいうままに債務弁済契約書を作成して債務者のYに署名押印させたものであれば、違法行為を助長したとはいえない。しかし、Q社の日頃の貸付の態様や返済要求が相当に苛烈であったことに感づいていたり、電話に戻ってき

た際のYの態度に不審な点を察知していたりした場合は、漫然と債務弁済契約書を作成すれば、「助長」とは断定できないものの、品位を失うべき非行とされることもありうるであろう。

[ケース122]

　B弁護士は、裏金づくりに使用することを十分に承知しながらオモテの契約書とウラの契約書を作成したのであるから、不当な行為を助長したというべきである。そして、この契約書を利用してW銀行の抵当権を抹消することに成功したのであるから、2項詐欺行為という違法行為を助長したことになる。

[ケース123]

　C弁護士は、Qの経営するX社が効能のない健康器具を販売するに際して、新聞広告やテレビCMに顧問弁護士としての名前を出すことを了解しているが、このケースでは、X社が不当景品類及び不当表示防止法に違反する不当表示を行っていたこと、さらには効能がほとんどなければ詐欺罪にも当たることをC弁護士が知っていたとするのはやや無理があろう。顧客向けパンフレットにC弁護士の関知しない虚偽の事実が記載されていたことも、助長とはいえないであろう。しかし、マスコミが大きく取り上げる前であっても効能問題が顕在化していたことがあれば、C弁護士は、当然に気づくべきであったとされて、品位を失うべく非行とされると思われる。弁護士が詐欺行為をはじめとする違法行為に利用される例は結構多く（たとえば、東京地判平成7・11・9判夕921号272頁）、注意が必要である（髙中・弁護過誤9頁、327頁）。

第6節　事件処理終了時における倫理

　弁護士が依頼者から委任を受けた法律事務処理を終えれば委任契約は終了するが、法律事務処理のみを終えればすべてが終わるわけではない。職務基

第3章　依頼者との関係における倫理

本規程は、委任事務を終了したときにおける規律を規定しているので、これを検討する。

I　処理結果の報告

―●ケース124●―

　A弁護士は、個人で貸金業を営むXから、たびたび貸金請求事件を受任していたが、ある日、Yに対する150万円の貸金請求事件の依頼を受けた。依頼に際し、Xは、「Yには資産がなく、回収はほとんど見込めないので、もし回収できたら先生の報酬に全部回していいですよ。今までの少ない弁護士報酬の埋め合わせと思ってください」と言っていたため、A弁護士は、貸金請求訴訟の第2回口頭弁論において、Yから50万円を一括で支払いを受け、残余を放棄する旨の和解を成立させ、Xから支払いを受けた50万円については、Xに何ら報告することなく弁護士報酬に充当した。
　A弁護士の行動に問題はあるか。

―●ケース125●―

　B弁護士は、個人で建築請負工事を営むXから、Yに対する請負工事代金請求事件を依頼されたが、お金の余裕がないので着手金は回収した工事代金から支払うといわれ、これを了解した。そして、訴訟を提起したが、被告のYからは、建築工事のあまりのずさんさが主張され、瑕疵修補に代わる損害賠償請求債権を反対債権として、工事請負代金債務と対当額で相殺するとの抗弁が主張された。そして、判決では、Yの相殺の抗弁が全面的に認められ、Xの請求は棄却されてしまった。B弁護士は、報酬金はもちろん着手金も支払わなかったXのいいかげんさに呆れ果て、単に判決書をXに送り付けただけで、敗訴した理由および今後とりうる法的手段等については、一切説明することをしなかった。

B弁護士の行動に問題はあるか。

● ケース126 ●

　C弁護士は、クレジット会社であるQ株式会社から100万円の貸金返還請求訴訟を提起されたXの委任を受け、委任の範囲を1審手続の終了までと明記した委任契約書を締結した。また、Xの訴訟委任状には、控訴申立ての授権は記載されていない。このようにして、C弁護士は、Xと相談し、5万円の20回分割払いの条件なら和解をするという方針を立てて第1回口頭弁論に臨んだが、Q社は、C弁護士の提示した和解案は全くのめないとして和解の打ち切りを強く求めたため、裁判官は結審して2週間後に判決を言い渡すこととなった。そこで、C弁護士は、第1回口頭弁論の経過を記載し、今後の対応を打ち合わせたいと記載した報告書を郵送したが、10日後に宛所に尋ね当たらないとの理由で返送されてきた。その4日後に判決言渡期日が到来し、翌日にはX敗訴の判決書がC弁護士に送達された。C弁護士は、控訴期間が2週間であるため、Xの自宅電話や携帯電話に何度も電話をかけたが、いつも不在であった。控訴期間満了まで残り3日となったとき、C弁護士は、電車で1時間をかけてCが住む賃貸アパートに行ってみたが、不在であり、隣に住む人も行方は知らないとのことであった。

　C弁護士は、1審判決によって委任契約による委任事務は終了しているのであるが、どうすべきか。

主な検討対象条文
○職務基本規程
44条　弁護士は、委任の終了に当たり、事件処理の状況又はその結果に関し、必要に応じ法的助言を付して、依頼者に説明しなければならない。
○民法

> 645条　受任者は、委任者の請求があるときは、いつでも委任事務の処理の状況を報告し、委任が終了した後は、遅滞なくその経過および結果を報告しなければならない。

【解　説】

1　事件処理結果の説明

　弁護士は、職務基本規程29条1項、35条に基づいて、事件の受任時、事件の処理時において、所定の事項を説明・報告する義務があるが、職務基本規程44条は、事件処理を終えた時点における説明義務を規定する。民法では、委任の終了時点においては委任事務処理の経過と結果を報告すべき義務を規定しているが、職務基本規程では、必要に応じて**法的助言**を付した説明をすること求めている。

　法的助言を付することが求められるのは、弁護士が委任契約に基づいて負っている善管注意義務から導かれるものである。弁護士は、一審判決が勝訴であれば、依頼者に不利益が及ばないように強制執行の方法などを教示すべき義務があるし、敗訴であれば、当該判決を点検し、依頼者に対して判決内容を不服として控訴した場合の勝訴の見込み、控訴審の進行見込み、控訴手続に要する費用等を説明しなければならないのである（加藤・役割論159頁）。

　弁護士に訴訟委任をしたからといって当然には強制執行まで委任したとは解されないが（福岡地判平成2・11・9判時1379号119頁）、訴訟委任状に控訴申立てに対する授権が記載してある限りは、依頼者と連絡がとれなくなっていたとしても、とりあえず控訴を申し立てその後に依頼者に控訴を維持するかどうかを諮る等、控訴期間を徒過して控訴の機会を失わしめることのないように適切な処置を講ずる義務があるとされるのである（東京地判昭和46・6・29判時645号89頁。髙中・弁護過誤173頁）。訴訟委任状の委任事項についてはあまり注意が払われていないように思われるが、落し穴はあるのである。

2 ケースの検討

[ケース124]

A弁護士は、受任事件の処理経過、和解の可否と内容についての報告と説明を尽くしているかの問題もあるが、それをさておいても、委任事務終了時の報告と説明を尽くしていないことは明らかである。依頼者から報告と説明を省略してよいとの事前の了解があったとしても、報告と説明はすべきであろう。

[ケース125]

B弁護士は、敗訴判決を受けたのであるから、上述のように、控訴に関する各種の説明（助言）をしなければならないことは明らかである。いかに信頼がなくなったとしても、報告・説明義務が免除されることはないのである。

[ケース125]

C弁護士は、委任契約書に委任事務の範囲が第一審手続の終結までと明記していたのであるから、控訴手続まで委任されていないことは明らかであり、第一審の訴訟委任状にも控訴申立ての授権が記載されていないというのであるから、とりあえず控訴を申し立てて控訴の機会を失わせないようにする義務はないと考えてよいと思われる。また、数回にわたってXに電話連絡をとり、さらにXの自宅にまで赴いて調査をしているから、C弁護士は委任契約事務の終了に際しての懈怠はないと考える。

II 預り金品の清算

● ケース126 ●

A弁護士は、XからYを被告とする建物収去土地明渡請求事件を受任し、訴訟提起の実費として、貼付印紙額・予納郵券額と地方のQ地方裁判所までの交通費として合計15万円を預かり、預り金専用の銀行口座で保管した。訴訟は、8回の期日を重ねて和解により解決したが、実

際に要した印紙額・郵券額および交通費の合計額は12万円であった。しかし、A弁護士は、残金が3万円と少額であったために預り金精算のための計算を行わず、Xにも支出明細を報告しなかった。また、訴訟終了後、Q地方裁判所から予納郵券残額として3000円分の切手が返還されたが、A弁護士は、返還された切手を事務所用として使用し、Xには報告しなかった。

　A弁護士の行為に問題があるか。

● ケース127 ●

　B弁護士は、XからYを被告とする貸金請求事件を受任し、訴訟を提起して、和解による解決をした。B弁護士は、書証として金銭消費貸借契約書を裁判所で提出するに際し、Xから原本を預かったが、Yから弁済がなかったときは和解調書を債務名義として強制執行ができることから、契約書原本には最早意味がないと考え、契約書原本をXに返還しないまま、当該事件記録を事務所の保管庫にしまい込んでしまった。

　B弁護士の行為に問題があるか。

主な検討対象条文

○職務基本規程

（預り金等の返還）

45条　弁護士は、委任の終了に当たり、委任契約に従い、金銭を清算したうえ、預り金及び預り品を遅滞なく返還しなければならない。

○民法

646条　受任者は、委任事務を処理するに当たって受け取った金銭その他の物を委任者に引き渡さなければならない。その収受した果実についても、同様とする。

2　受任者は、委任者のために自己の名で取得した権利を委任者に移転しなければならない。

【解　説】

1　預り金品の返還と預り金の清算

　弁護士が委任事務を終了したときに**預り金品**を返還すべきことは当然の義務である。職務基本規程45条は、委任事務終了時の規律として預り金品の返還義務を規定しているが、民法646条が預り金品の適時の引渡義務を規定している趣旨を後退させるものではない。

　預り金の清算は、**収支計算**をきちんと行い、預り金の残金があれば返還することをさすが、預り金保管用銀行口座で保管した場合は、民法646条１項が規定する果実の引渡義務からみて、法定果実である預金利息の処理も清算の対象になることに注意が必要である。特に高額の預り金の場合は、預入期間が短くとも預金利息の額はそれなりの額となり、長期間にわたればその額はさらに高額となる。一般的には、他の預り金も混入していて金利計算が極めて困難であること、短期間で清算すれば利息額も極めてわずかであること等から、預金利息の計算は行われていないようであるが、行わないのであればそのことと利息を弁護士が取得することについて依頼者の了解をとっておかなければならないであろう。ちなみに、アメリカでは、弁護士が預託を受けた資金の預金口座が生み出す利息をプールして行う扶助制度があり、**IOLTA**（Interest on Lawyers Trust Account）**プラン**と呼ばれている。これについては、事前に依頼者の同意や通知がなかったとしても違法ではないとされている（前掲ロタンダ＝当山訳・概論アメリカの法曹倫理200頁）。

2　ケースの検討

[ケース126]

　A弁護士は、実費として15万円を預かりながら、清算のための計算もせず、清算金の返還もしていないから、職務基本規程45条に違反していることは明らかである。予納郵券についても、清算しないことの事前合意がない限り、清算しなければならない。

223

[ケース127]

　B弁護士は、貸金の法的請求には意味がなくなった金銭消費貸借原本の返還をしていないが、預り品の返還対象は、法的に意味があるかどうか、財産的価値があるかどうかを問わないから、返還しなければならない。

第4章　共同事務所・弁護士法人における倫理

　法律事務所の共同化は、大都市の法律事務所を中心として近時急激な勢いで進行しており、合併や統合により規模の拡大が進展し、今では、300名以上の弁護士を擁する法律事務所も4つに達している。白書122頁によれば、2012（平成24）年3月現在、21人以上の事務所に所属する弁護士が4294名（全弁護士の13.4％）、11～20人の事務所に所属する弁護士が2625人（8.2％）、6～10人の事務所に所属する弁護士が4451名（13.9％）、3～5人の事務所に所属する弁護士が7690名（24.0％）、2人の事務所に所属する弁護士が4710人（14.7％）であり、1人で事務所を設ける弁護士（8318人・25.9％）が少数派となっている。法律分野の複雑・大規模化、国際化の著しい進展によって、法律事務所の組織化・共同化・巨大化の傾向は、今後さらに加速していくであろうことは間違いない。また、2001（平成15）年に成立した弁護士法人制度は、最大の利点といわれる従たる事務所の展開のために主に大阪の大規模事務所が導入したが、その後は、さまざまな理由から法律事務所の法人化が進み、白書124頁によれば、2012（平成24）年3月現在の弁護士法人数は581法人に達し、白書129頁によれば、弁護士法人に所属する社員または使用人弁護士は、3126名（全弁護士の9.7％）に及んでいる。なお、わが国では、構成員が有限責任しか負わない共同事務所（**有限責任組合；LLP＝Limited Liability Pertnership**）は、認められていない（ただし、公認会計士法で有限責任監査法人が導入済みである）。

　このように見ていくと、利益相反や守秘義務等の倫理についても、共同事務所や弁護士法人における問題状況を中心に据えて論じていく必要があることは明らかである。第4章では、この共同事務所と弁護士法人における倫理を検討することとする。

第4章　共同事務所・弁護士法人における倫理

第1節　共同事務所における倫理

　共同事務所の現況は上述したとおりであるが、その運営形態を見ると、雇用弁護士と勤務弁護士の事務所、経費共同型の事務所、収支共同型の事務所の3つがある。雇用弁護士と**勤務弁護士**の事務所は、従前から一般的に見られる形態であり、雇用弁護士が使用人たる弁護士を独立開業までの期間雇用するものであり、俗に**ボス弁・イソ弁**事務所と呼ばれる（ちなみに、イソとは、居候のイソからきているとされる）。**経費共同型**とは、事務所運営上の諸経費を分担して支出し、事件は構成員各自が個別に受任して処理し、報酬も構成員各自が収受する形態である。司法研修所の同期生、出身大学が同じ弁護士等が運営する一般的な事務所形態といってよい。**収支共同型**とは、事件を1個の組織体としての事務所として受任し、事件処理は事務所自体の業務執行として行うものとし、事件収入を事務所で合有的に管理し、構成員には一定の基準に基づいて分配をする形態であって、民法上の組合契約に基づく結合形態である。**パートナーシップ契約**を採用している大規模事務所は、一般的に**パートナー**による組合契約に基づく運営形態に雇用した勤務弁護士（**アソシエイト**）を組み合わせたものといってよい。現在のところ、ボス弁・イソ弁事務所が数のうえでは圧倒的に多く、これに経費共同型の事務所が続いているといえるが、これからは、収支共同型の事務所が大きな勢力を持つものと予想される。

　このような状況を踏まえて、職務基本規程も、新たに共同事務所の章を設けて、所属弁護士の義務を規定している。

I　監督権限ある弁護士の責務

●ケース128●
　A弁護士は、数件の金融機関の顧問に就任し、顧問先からの債権回

収事件を多数依頼されていたため、X、Y、Zの3人の弁護士を勤務弁護士として雇用し、債権回収事件を担当させている。X、Y、Zの3弁護士は、A弁護士の指示どおりに仕事を行っているが、A弁護士は、売上至上主義の考えに立ち、事件をどのように進めるか、利益相反行為や守秘義務のチェックをどうするか等に関しては、定型的な事件処理であることから、全く指示したり指導したりすることがなかった。

A弁護士には、経営者弁護士としての問題があるか。

主な検討対象条文
○職務基本規程
（遵守のための措置）
55条　複数の弁護士が法律事務所（弁護士法人の法律事務所である場合を除く。）を共にする場合（以下この法律事務所を「共同事務所」という。）において、その共同事務所に所属する弁護士（以下「所属弁護士」という。）を監督する権限のある弁護士は、所属弁護士がこの規程を遵守するための必要な措置をとるように努める。

【解　説】

1　共同事務所の意義

職務基本規程55条は、複数の弁護士が法律事務所を共にする場合を**共同事務所**としているが、機能的に一体として運営され、社会通念に照らし同じ場所を共用していると認められる事務所をいい、必ずしも同じビルの同じフロアの同じ部屋を共用していることに限られない（日弁連弁倫委・解説139頁）。

2　職務基本規程遵守体制の整備

「監督する権限のある弁護士」とは、現実に具体的な指導監督行為を行うかどうかに関係なく、もっぱら雇用または雇用類似の関係に基づいて他の所

属弁護士に職務を行わしめ、その職務上の監督責任を負う者をいうと解される（日弁連弁倫委・解説139頁）。「この規程を遵守するための必要な措置」とは、職務基本規程違反行為の防止のための内部規律の制定、倫理問題に関する職務上の指導・訓戒の定期的実施、倫理問題に関する相談体制の確立、弁護士会が行う倫理研修への参加のための内部体制の整備等をいう（日弁連弁倫委・解説140頁）。

3　ケースの検討

[ケース128]

　A弁護士は、売上至上主義に立ち、職務基本規程遵守のための体制整備を全くしていないことが明らかである。

II　秘密保持義務

●ケース129●

　A弁護士は、司法研修所同期のB弁護士、C弁護士とともに、経費共同型の法律事務所を設けているが、A弁護士が自室で起案をしていたところ、ロー・パーテーションで仕切られた隣のB弁護士の部屋から、Q株式会社の社長Rとの電話による会話が聞こえ、Q社が1週間後に手形不渡りを出して倒産することが必至となり、数日中に破産手続開始の申立てを行うことの相談をしているのを耳にした。その直後、A弁護士が町を歩いていると、久しぶりに中学校時代の同窓生であるXと会い、どこに勤めているのかを尋ねると、Q社とのことであった。
　A弁護士は、Q社が1週間後に倒産し破産手続開始の申立てをすることをXに話してよいか。

第1節　共同事務所における倫理

主な検討対象条文
○職務基本規程
（秘密の保持）
56条　所属弁護士は、他の所属弁護士の依頼者について執務上知り得た秘密を正当な理由なく他に漏らし、又は利用してはならない。その共同事務所の所属弁護士でなくなった後も、同様とする。

【解　説】

1　執務上知り得た秘密

共同事務所の他の所属弁護士が受任して現に処理し、または処理を終えた事件に関して、**「執務上」知り得た秘密**のすべてが対象となる。他の弁護士から法的処理に関する相談を受けた事件だけでなく、打ち合わせ内容が聞こえてきた事件、事件記録の管理過程において知った事件に関する秘密のすべてが含まれる。利益相反行為の防止のために取扱事件の依頼者・相手方・事件名を開示された場合（職基59条）についても、同じく秘密保持の対象となる。

2　共同事務所離脱後の規律

職務基本規程56条の秘密保持の義務は、独立や分裂等により共同事務所から離脱した後も引き続き負わなければならない。

3　ケースの検討

［ケース129］
　A弁護士は、B弁護士が受任しているQ社が1週間後に手形不渡りを出すこと、破産手続開始の申立てをする予定であることが秘密であることは明らかであるから、執務をしていた過程でこれを知った以上、これを中学校時代の友人Xに開示してはならない。A弁護士は、後にQ社が倒産しその破

産手続開始申立手続を同じ法律事務所に所属するB弁護士が行ったことをXが知った際、同人から「何で言ってくれなかったのか」と抗議されるかもしれないが、やむを得ない。

III　職務を行い得ない事件

--- ●ケース130● ---

　A弁護士は、司法研修所同期のB弁護士とともに収支共同型の法律事務所を設けている。ある日、Xが、A弁護士を訪ねて、Yに対するリフォーム工事の請負代金請求事件を依頼した。A弁護士は、Xの依頼を受任し、B弁護士にXのYに対する事件受任を話したところ、B弁護士は、Q市の無料法律相談においてYからXの施工したリフォーム工事の瑕疵修補請求に関する相談を受けたことがあると回答した。しかし、B弁護士によると、法律相談をした際にB弁護士の氏名は伝えていないとのことであったので、A弁護士は、A弁護士のみが代理人となることとして、Xの依頼事件を処理しようと考えた。
　A弁護士は、Xの事件を処理してよいか。

--- ●ケース131● ---

　B弁護士は、所属弁護士数100名の大規模事務所である「P&Q法律事務所」に所属するパートナー弁護士であるが、顧問先の総合商社X株式会社から、取引先であるY株式会社に対する不良債権処理の相談を受けた。ところが、事務所内の事件管理用コンピュータで利益相反事件の有無を調査したところ、R弁護士が、Y社から社債発行の事件を受任して処理していることが判明した。しかし、R弁護士は、6か月前に別の大型事務所から移籍してきたばかりであって、まだパートナーになっておらず、事務所運営方針を決定するパートナー会議にも出席していない。P&Q法律事務所は、セクション制を採用し、B弁護士とR弁

護士とは担当セクションが異なり執務するフロアーも違い、事務所内で顔を合わせることも滅多にないうえ、事務職員やコピー機等を共用するようなことも全くない。B弁護士は、情報遮断の体制ができていると考えている。

B弁護士は、X社の依頼を受けてよいか。

● ケース132 ●

C弁護士は、司法研修所の同期生で元Q地方検察庁検事正であったP弁護士から、C弁護士が開設しているC法律事務所に「客員」の形で入れてほしいと頼まれた。P弁護士は、著名な刑事事件を処理しつつ定年後の生活を精神的にハリのあるものにしたいとのことであり、週1日程度事務所に顔を出す程度なので、専用のスペースも不要とのことであった。ところが、C弁護士は、P弁護士がQ地方検察庁検事正時代に決裁処理をした収賄事件の被告人Xから、控訴審の刑事弁護を依頼された。

C弁護士は、Xの依頼を受けてよいか。

主な検討対象条文

○職務基本規程

（職務を行い得ない事件）

57条　所属弁護士は、他の所属弁護士（所属弁護士であった場合を含む。）が、第27条又は第28条の規定により職務を行い得ない事件については、職務を行ってはならない。ただし、職務の公正を保ち得る事由があるときは、この限りでない。

（同前―受任後）

58条　所属弁護士は、事件を受任した後に前条に該当する事由があることを知ったときは、速やかに、依頼者にその事情を告げて、辞任その他の事案に応じた適切な措置をとらなければならない。

第4章　共同事務所・弁護士法人における倫理

[解　説]

1　職務の公正を保ち得る事由

　共同事務所における利益相反行為の規律について、職務基本規程57条は、構成員の弁護士について職務基本規程27条または28条に該当する事由があるときは、他の所属弁護士のすべてがその事件を取り扱うことを禁止することとしている。しかし、その解除事由については、職務基本規程27条・28条のように同意を要件とすると、誰の同意を取ればよいか（依頼者または相手方のほか受任弁護士の同意も必要か等）、同意があれば問題なく職務を行わせてもよいかに関して困難な問題が生ずることから、**「職務の公正を保ち得る事由」**という概括的な解除要件を設けている。したがって、職務の公正を保ち得る事由は、依頼者や相手方の同意がある場合のみではないことなり、個別具体的に当事者の利益確保ができているか、弁護士の職務遂行の公正が確保されているか、弁護士の品位を失うことはないかを判断することとなる（日弁連弁倫委・解説142頁）。

2　チャイニーズ・ウォール

　「職務の公正を保ち得る事由」がある場合の一つとして、**チャイニーズ・ウォール**（Chinese Wall＝万里の長城）、**エシックス・ウォール**（Ethics Wall）または**スクリーン**（Screen＝遮断幕）と呼ばれる事務所内における情報遮断措置が構築されていることが指摘されることがある。チャイニーズ・ウォールの一義的な定義はなかなか難しいが、共同事務所内において所属弁護士の業務が分離され（**セクション制**の採用）、事件記録の分別管理体制・補助職（**パラ・リーガル**；paralegal）や職員の専従体制の確立、電話・ファクシミリ等の情報通信機器の個別使用、電子メール送受信を含むOAシステムの個別管理等が実施されて、秘密が内部的に開示されず、秘密の共用または漏示を阻止する体制が依頼者に対する関係で整備されているだけではなく、相手方当事者その他の利害関係人に対する関係でも明示され、その履行を担保す

る措置がとられていることといえるであろう（日弁連弁倫委・解説143頁）。このような意味での**情報遮断措置**が構築されていれば、一応、依頼者または相手方の利益が侵害されることを回避することができるといってよいであろう。

　しかし、仮にそのような情報遮断措置が完璧に構築されていたとしても、たとえば、利害対立が明らかに認められる訴訟事件の原告と被告が同じ共同事務所に所属する別の弁護士に依頼する事態を容認することは、弁護士の職務遂行の公正維持、弁護士の品位保持の観点からは困難というべきである。したがって、チャイニーズ・ウォールが問題なく構築されていたとしても、直ちに利益相反の問題が解消されるわけではなく、職務の公正を保ち得ない事由が存しないとされることがありうると考えるべきである（日弁連弁倫委・解説143頁、小島ほか・現代の法曹倫理139頁［柏木俊彦］）。

3　受任後に利益相反を発見したときの措置

　共同事務所の構成員が個別に事件を受任した後にその事件間に利益相反を発見したときは、「辞任その他適切な措置」を講ずる必要がある。この場合に、共同事務所の構成員が個別に受任した事件について、職務基本規程27条1号（弁護士法25条1号）の相手方の協議を受けて賛助し、またはその依頼を承諾した事実があれば、これには同意による解除がないから、すべての事件を辞任するほかはないこととなる（すなわち、その他の適切な措置はない）。これに対し、職務基本規程28条3号の依頼者と他の依頼者の利益が相反する事件に該当する事実があったとすれば、すべての当事者の同意があれば、職務を行うことができることになる。困難な問題であるが、実務的には、すべての事件を辞任するのが一般的であろうと考える（東京三会有志・理論と実務222頁［大武和夫］参照）。

4　ケースの検討

［ケース130］
　Ａ弁護士がＸから受任した事件について、同じ事務所に所属するＢ弁護

士が無料法律相談においてXの相手方であるYから協議を受けこれに賛助した事実があるときは、職務の公正を保ち得る事由がない限り、Xの依頼事件を辞任しなければならない。B弁護士は、無料法律相談でその氏名をYに伝えていないとのことであるが、それだけではYの利益保護は全うされないし、A弁護士の職務遂行の公正も確保されないというべきであるから、職務の公正を保ち得る事由はないと考えられる。結局、共同事務所の所属弁護士に弁護士法25条1号・職務基本規程27条1号に該当する事由があるときに当たるから、A弁護士は、Xの事件を処理することはできない。

　［ケース131］
　B弁護士の所属する「P&Q法律事務所」は、セクション制を採用し、セクションごとに執務フロアーも違い、事務所内で顔を合わせることも滅多にないうえ、事務職員やコピー機等を共用するようなことも全くないということであるから、一応のチャイニーズ・ウォールが構築されていると考えてよいであろう。しかし、B弁護士とR弁護士がほとんど顔を合わせることがないとしても、100名規模の法律事務所であれば、当然に顔と名前は知っているはずであり、何かの折りにB弁護士の受任しようとしている事件に話が及ぶ可能性を完全には否定できない。債権回収事件では利害対立も顕著であるから、「P&Q法律事務所」の受付でX社とY社の担当者が鉢合わせをしたようなとき、チャイニーズ・ウォールが構築されているから問題はないということはできないであろう。B弁護士は、R弁護士が受任している事件の依頼者Y社を相手方とする別事件を受任しようとするものであって、職務基本規程28条2号が職務を禁止する「受任している他の事件の依頼者を相手方とする事件」を受任しようとするものに当たる。したがって、職務基本規程58条に基づき、Xの依頼事件を辞任する等の措置を講ずる必要がある。

　［ケース132］
　P弁護士は、C法律事務所の「客員」として特に専用のスペースも持たない形で構成員になっているが、そのことは、利益相反を考える場合に除外してよいことを意味するものではない。P弁護士がQ地方検察庁検事正時代

に決裁処理した収賄事件は、事案の実質に関与したものとして、弁護士法25条4号・職務基本規程27条4号の「公務員として職務上取り扱った事件」に該当するから、C弁護士は、当該収賄事件の被告人の弁護を受任することはできない。大規模事務所には、**オフ・カウンセル**（Of Counsel）、すなわち定年退職した裁判官等がその専門的知識や人脈を活用するために客員的な立場で共同事務所に参加することが行われ、それは、パートナーとしての出資をせず、事務所運営にも関与しないのが一般とされているが、職務基本規程57条、58条の関係では、一般のパートナーやアソシエイトと同様に考えてよい。

Ⅳ　事件情報の管理

●ケース133●

A弁護士は、同じ法科大学院出身のBおよびCの2名の弁護士とともに、経費共同型の法律事務所を設けているが、年齢も同じということもあって、相互に独立性を持って仕事をしようとの考えを持っている。事務所も、それぞれが専用個室を持ち、専用の事務職員を雇用し、電話番号も別としているが、「ABC法律事務所」の名称を使用し、応接室、OA機器は共用している。B弁護士およびC弁護士は、A弁護士に対し、どのような事件を受任しているか、どのような顧問先を有しているかについては、情報開示をしていない。

A弁護士も、同様な情報開示をしていないが、それでよいか。

主な検討対象条文

○職務基本規程

（事件情報の記録等）

59条　所属弁護士は、職務を行い得ない事件の受任を防止するため、他の所属弁護士と共同して、取扱い事件の依頼者、相手方及び事件名の記録その他の

措置をとるように努める。

【解　説】

1　利益相反チェック

　共同事務所においては、その規模が大きくなればなるほど複数の依頼者の利益が相反する事件を取り扱う確率が増大する。職務基本規程57条は、共同事務所の他の所属弁護士に職務基本規程27条各号・28条各号に規定する職務を行い得ない事件があれば、職務の公正を保ち得る事由がない限り、自己が受任しようとする事件にも規律が及ぶこととしているから、他の所属弁護士が受任している事件の情報を常に把握しておくことが要求される。利益相反回避のための事件情報の管理（**利益相反チェック**）は、事務所の規模に応じて異ならざるを得ない。ケース133のような小規模事務所では、新たな事件依頼があった都度その情報を口頭または書面の方法で他の構成員に開示して利益相反を確認する方法がとられることが多いであろう。これに対し、大規模事務所では、新規の依頼案件につき、事務所の**電子データベース**に登録されている既存の依頼者・相手方・その他の利害関係人（たとえば、M&Aにおけるアドバイザー、スポンサー等）に該当者がいるかどうかをチェックし、併せて、書面や事務所内メール等により個別の照会を行い、何らかの利益相反が発見されたときは、関係弁護士が、同意をとって受任するか、受任しないか等を協議するというのが一般的である。利益相反する事件受任の調整を担当する弁護士を置いている事務所もあるようである（森際・法曹の倫理281頁［石畔重次］、小島ほか・法曹倫理120頁）。

　なお、職務基本規程59条は、共同事務所内において情報開示をすべき事項として、依頼者と相手方の氏名、事件名を規定する。もちろん、これ以上に、たとえば事件の概要を開示することとしてもよいが、守秘義務違反、プライバシー侵害にならないよう注意が必要である。

2　ケースの検討

[ケース133]

　A弁護士は、共同事務所の所属するB・C両弁護士に対して自らの受任事件や顧問先に関する情報を一切開示しておらず、職務基本規程59条違反は明らかである。司法研修所や法科大学院の同期の弁護士が経費共同型の事務所を設けるとき、意識するか否かに関係なくライバル意識が存在するものであり、1人が隆盛を極めるとそうでない他の所属弁護士は羨望とともに嫉妬することも人間として避けられないところである。しかし、そうだからといって、利益相反回避のための措置を講じないことが許されるはずもないのであって、自己の受任事件情報の開示が嫌であれば、共同事務所を離脱するほかはない。

第2節　弁護士法人における倫理

　弁護士法人制度は、弁護士の業務基盤を専門化・総合化・分業化を促進して質の高い多様な法的サービスを国民に安定的・継続的に供給する途を開くとともに、複雑多様化・国際化している国民の法的ニーズに的確に応えることを目的として、2001（平成13）年の弁護士法改正で実現したものであるが、その利点としては、次のように説明された（髙中・概説153頁）。

① 　複数の弁護士が参加し、複雑大規模な事件、専門的知見を要する事件から少額事件に至るまで、小さな費用負担で受任し、かつ効率的・組織的な事件処理をすることが可能となる。また、多様な人材を確保し、情報やノウハウを共有して有効活用を図ることが期待でき、ワンストップ・サービスの推進に資することができる。

② 　弁護士の業務基盤が拡大・強化され、各種の公益活動に積極的に参加する態勢が整備され、裁判官任官等有益な人材の供給母体となることが

期待できる。また、従たる事務所の展開により弁護士に対するアクセスが改善されることとなる。

③　弁護士の個人的事情による面倒な法律関係の変動、たとえば、弁護士が死亡したり引退した場合における委任事件の引継、事務所の賃貸借契約やリース契約の変更、従業員の雇用契約の引継などを回避することができる。

④　個人と法人との経理が峻別され、法律事務所の経営が合理化されるとともに、法人が借入れを行う等の積極的な投資の受け容れも可能となる。また、従業員に対する社会保険等の福利厚生をより充実させることが期待できる。

白書124頁によれば、制度発足から約10年を経過した2012（平成24）年3月現在の法人数は、581法人に達し、法人に参加している弁護士数も、3126名に及んでいる。その規模を見ると、構成員数（社員・使用人）が50人以上のものが4法人、10人から49人までが73法人、4人から9人までが185法人、3人が92法人、2人が114法人、1人が106法人となっていて、構成員3名以下の小規模法人が半数を占めている。大規模化は、これからであろうか。ただ、東京のパートーナーシップ制を採用する大規模事務所は、その全体を法人化するまでに至っていない。法人化すると社会保険料の負担がかなり大きくなるためといわれている。しかし、法人化の最大のメリットである従たる事務所の展開のためには弁護士法人制度の積極活用が必須の状況になっているともいわれており、今後は、中規模事務所も含めて法律事務所の法人化が一気に進む可能性がある。

ところで、弁護士法人における**従たる事務所**の実情を見ると、どのような動機から事務所の法人化をしたのかの一端が見えてくる。白書125頁によれば、2012（平成24）年3月現在、全体の37％に当たる216法人が353か所の従たる事務所を設けているが、①東京進出型（主として大阪の大規模事務所が政治経済の中心である東京に従たる事務所を構える事業形態）、②地元展開型（社員弁護士の出身地や自宅所在地等に拠点を展開する事業形態）、③過疎地展開型

(非常駐許可制度を活用して過疎地に従たる事務所を展開する形態)、④経営統合型(複数の法律事務所を統合し、それぞれの事務所を主たる事務所または従たる事務所としてそのまま維持する形態)の4つに分類できるように思われる。

別の観点から法人化が不可欠なのは、都市部における司法アクセスを保障するために展開されている**公設事務所**である。東京、大阪等では、少額事件、法律扶助事件等を積極的に受任する公設事務所が設立されているが、この事務所は、構成員の定期的入れ替えを予定しているため、事務所の法律関係を安定させるために法人化を選択せざるを得ないことになっている。

なお、司法書士法人、税理士法人、行政書士法人等の隣接士業法人とは異なり、弁護士法人については社員が1人のみの**一人法人**が認められている。これは、わが国では弁護士1人の事務所が相当数あり、都市部でも弁護士1人・勤務弁護士数名の事務所がかなりの数存在していることから、一人法人を認める必要性があるとされたためと説明されているが、現実には、全体の18.2%に当たる106法人が使用人もいない純然たる一人法人である。

Ⅰ 社員弁護士の責務

● ケース134 ●

A弁護士は、東京に主たる法律事務所を置くQ弁護士法人の社員弁護士であるが、Q弁護士法人は、社員弁護士2名、使用人弁護士10名で構成され、もう1人の社員弁護士であるB弁護士は、A弁護士が運営していたA法律事務所の元勤務弁護士であり、現在は、W県P市にある従たる法律事務所に常駐している。P市に従たる法律事務所を設けたのは、Q弁護士法人の重要な顧問先であるR株式会社の本社機能がP市にあるからであった。

Q弁護士法人では、B弁護士がR社との連絡窓口となり、受任事件の処理は東京の主たる法律事務所にいる10名の使用人弁護士が処理する態勢となっていたため、A弁護士は、メールと電話による連絡をたま

にするのみで、直接B弁護士と会って事件処理や事務所運営について協議することも全くなかった。

A弁護士の行動に問題はあるか。

主な検討対象条文
○職務基本規程
（遵守のための措置）
61条　弁護士法人の社員である弁護士は、その弁護士法人の社員又は使用人である弁護士（以下「社員等」という。）及び使用人である外国法事務弁護士がこの規程を遵守するための必要な措置をとるように努める。

【解　説】

1　社員弁護士の責務

　弁護士法人の社員は、定款で別段の定めをしない限り、すべて業務執行の権利を有し義務を負う（法30条の12）。**業務執行の権利義務**を負う社員は、善良な管理者の注意をもって職務を行い、法令または定款を遵守して弁護士法人のために忠実に職務を行わなければならない（**忠実義務**・会社593条2項）。さらに、業務執行権のある社員は、定款で別の定めをしない限り、弁護士法人の代表権も有する（法30条の13第1項）。

　このような権利義務を負う社員弁護士は、他の社員弁護士、使用人弁護士および雇用する外国法事務弁護士が職務基本規程を遵守するための体制を整備するとともに、個別的な指導監督も常時行うように努めなければならない。小規模弁護士法人では、使用人弁護士が倫理研修に参加するための支援をしたり、個別の事件処理を通じて倫理の指導をしたりすることになろうが、大規模弁護士法人では、**コンプライアンス・マニュアル**を定め、**コンプライアンス・オフィサー**を置いたりすること、事務所内で倫理に関する研修会を開催すること、チャイニーズ・ウォールの構築を検証すること、倫理問題に関

する相談体制を整備すること等が求められるであろう。

2　ケースの検討

[ケース134]
　A弁護士は、B弁護士をP市にある従たる法律事務所に常駐させて顧問先のR社との連絡役を務めさせているが、職務基本規程の遵守を図るための体制は全く整備されていないというほかはない。職務基本規程61条違反は明らかである。

II　社員の常駐義務

> ● ケース135 ●
>
> 　A弁護士は、大阪市に主たる法律事務所を置くQ弁護士法人の社員弁護士であるが、福岡市に設けた従たる法律事務所に常駐する役割を担った。しかし、A弁護士が担当する依頼者は、ほとんどが大阪市内に本社がある会社や同市内に住所がある個人であり、福岡市の従たる法律事務所に在室するのは、1週間のうち2日程度であり、その2日のうちもほとんど電話やメールで大阪市内の依頼者と連絡を取り合っている。福岡市の従たる法律事務所で執務をしているのは、使用人であるX弁護士とY弁護士であった。
> 　A弁護士は、福岡市の従たる法律事務所に常駐しているといえるか。

主な検討対象条文
○弁護士法
（社員の常駐）
30条の17　弁護士法人は、その法律事務所に、当該法律事務所の所在する地域の弁護士会（その地域に2個以上の弁護士会があるときは、当該弁護士法人

の所属する弁護士会。以下この条において同じ。）の会員である社員を常駐させなければならない。ただし、従たる法律事務所については、当該法律事務所の所在する地域の弁護士会が当該法律事務所の周辺における弁護士の分布状況その他の事情を考慮して常駐しないことを許可したときは、この限りでない。

【解　説】

1　常駐義務

　弁護士法人の法律事務所は、その主従を問わず、社員たる弁護士を常駐させなければならない。これは、非弁護士の温床となることを防止すること、弁護士会の指導監督権を確保することを目的とするものである。社員に限定したのは、弁護士法人の運営に責任を負う者を常駐させて、遺漏なきを期そうとしたものである。

　「**常駐**」とは、当該法律事務所における執務が反復継続してなされ、常態となっていることをいうと解される。日本弁護士連合会は、「常駐」の解釈基準として、①当該事務所を弁護士名簿上の事務所として登録しているという形式的要件とともに、②当該事務所を弁護士およびせ弁護士法人の業務活動の本拠としているという実質的要件の２つをあげ、後者については、少なくとも、弁護士法人の各事務所の所在時間を比較して、当該事務所を中心として執務していると認められること、当該事務所において、その業務が当該社員によって遂行されていると認められる体制がとられていること、当該事務所の業務の遂行状況、使用人弁護士・職員等の勤務状況を基本的に把握していること、当該事務所維持に要する費用の管理状況を基本的に把握していること、社員との連絡が当該事務所において容易にとれることが必要であるとしている。

2　非常駐許可制度

　従たる法律事務所に限って、当該法律事務所の所在する地域の弁護士会が非常駐の許可を与えたときは、社員弁護士の常駐義務は解除される。従たる法律事務所が弁護士過疎地域に展開され、その地域における公益活動の拠点となって弁護士に対するアクセス障害を解消することに資するような場合には、あえて社員弁護士の常駐をさせなくとも弊害はないし、常駐を義務づけるとかえって過疎地域への進出を阻害することになりかねないことを考慮したものである（髙中・概説189頁）。現実にも、この**非常駐許可制度**は活用され、白書126頁によれば、2012（平成24）年3月時点で、38件の許可がなされている。なお、日本弁護士連合会は、非常駐の許可基準として、①日弁連ひまわり基金が定める「弁護士過疎地域」であること、②それ以外の場合であっても、弁護士に対する需要がある地域であって、社員の常駐を困難とする理由があることと定めている。

3　ケースの検討

［ケース135］
　A弁護士の執務状態は、日本弁護士連合会の解釈基準に照らしても、「常駐」しているとは到底いえない。

III　秘密保持義務

●ケース136●
　Q弁護士法人の使用人であるA弁護士は、Q弁護士法人の受任事件を処理している過程で、Q弁護士法人に使用人として所属するR外国法事務弁護士が、日本企業であるX株式会社をアメリカの投資ファンドを中心として敵対的に買収する案件を手がけていることを知った。ところが、間もなくして、A弁護士は、他の所属弁護士との折り合いが

悪かったことからQ弁護士法人を退職し、別のP弁護士法人に移籍した。A弁護士が、P弁護士法人において事業譲渡契約書の案文起案を命ぜられたところ、それは、X社の事業全部をY社に譲渡するものであった。A弁護士は、事業譲渡承認のための臨時株主総会を早期に開催しないとアメリカの投資ファンドによる株式公開買付けが始まるので、事業譲渡の承認決議が不成立に終わる可能性がある旨をX社に伝えてしまった。

　A弁護士の行動に問題はあるか。

主な検討対象条文
○職務基本規程
（秘密の保持）
62条　社員等は、その弁護士法人、他の社員等又は使用人である外国法事務弁護士の依頼者について執務上知り得た秘密を正当な理由なく他に漏らし、又は利用してはならない。社員等でなくなった後も、同様とする。

【解　説】

1　弁護士法人における守秘義務

　守秘義務を課せられるのは自然人に限られるとの理由から、弁護士法人自体に対して守秘義務を課すことはされていない（法30条の21は、法23条を準用していない）。そこで、職務基本規程62条は、社員弁護士、使用人弁護士、使用人外国法事務弁護士に対して、守秘義務を課することとした。そして、共同事務所におけるのと同様に、弁護士法人から脱退しても、義務が存続するものとしている。

2　ケースの検討

　［ケース136］

A弁護士は、Q弁護士法人に雇用され使用人たる地位にあったときに、他の使用人たる外国法事務弁護士が取り扱っている事件に関する企業秘密を知るに至ったものであり、Q弁護士法人を退所した後であっても、秘密の漏示が禁止される。したがって、Q弁護士に守秘義務違反があったことは明らかである。

Ⅳ　弁護士法人が業務を行い得ない事件

―●ケース137●―

　A弁護士法人は、社員弁護士3人、使用人弁護士3人で構成され、社員弁護士のAとBは主たる法律事務所に、社員弁護士のCは、Q市にある従たる法律事務所にそれぞれ常駐している。ある日、主たる法律事務所において、X株式会社から、Y株式会社に対する建物売買代金請求事件の依頼を受けた。ところが、その数日前に、Q市の従たる法律事務所において、Y社から、X社に対する同じ建物の瑕疵を理由とする損害賠償請求事件に関する法律相談を受け、内容証明郵便を発送することを指示していた。
　A弁護士法人は、X社の依頼を受けてよいか。

―●ケース138●―

　B弁護士法人は、社員弁護士5名、使用人弁護士10名で構成されているところ、X株式会社の依頼によって同社の民事再生手続の申立代理人を務め、社員弁護士であるP、Q、Rの3名が担当となって現に処理中である。ところが、X社の債権者であるY信用金庫は、B弁護士法人に対し、X社とは何の関係もないQ株式会社に対する貸付債権の回収を依頼してきた。
　B弁護士法人は、Y信用金庫の依頼を受けてよいか。

第 4 章　共同事務所・弁護士法人における倫理

―― ● ケース139 ● ――

　C弁護士法人は、司法研修所同期であるX・Y・Z・V・Wの弁護士5名が社員となって設立したものであるが、X弁護士とY弁護士は、法人設立前に共同事務所を運営しており、そのときにPの依頼によってQ医療法人を相手方とする医療過誤事件の法律相談をしていた。C弁護士法人設立後、Q医療法人から、医療過誤責任を追及しているPに対する対応を依頼された。
　C弁護士法人は、Q医療法人の依頼を受けてよいか。

―― ● ケース140 ● ――

　D弁護士法人は、社員弁護士10名と使用人弁護士20名で構成され、大阪市に主たる法律事務所を、V市とW市に従たる法律事務所を設けている。主たる法律事務所では、Pリース株式会社と法律顧問契約を締結し、複数のリース債権回収事件等を処理しているが、V市の従たる法律事務所では、Qリース株式会社の依頼によるリース債権回収案件を、W市の従たる法律事務所ではRリース株式会社の依頼によるリース債権回収案件を、それぞれ相当数処理している。ある日、W市の従たる法律事務所において、X株式会社から、P社とQ社が債権者となっている民事再生手続開始申立事件の依頼を受けた。
　D弁護士法人は、X社の依頼を受けてよいか。

―― ● ケース141 ● ――

　E弁護士法人は、社員弁護士30名と使用人弁護士100名で構成する大規模弁護士法人であり、複数の法律顧問先を有している。その中には、全く同一営業を営む競合会社であるJ株式会社、K株式会社が含まれている。そして、社員弁護士のX弁護士は、J株式会社の監査役に就任しており、社員弁護士のY弁護士は、K株式会社の経営問題にも相当深く関わって各種の法律相談業務に応じている。

E弁護士法人としては、どのような点に注意して顧問業務を行うべきか。

主な検討対象条文
○弁護士法
（特定の事件についての業務の制限）
30条の18　弁護士法人は、次の各号のいずれかに該当する事件については、その業務を行つてはならない。ただし、第3号に規定する事件については、受任している事件の依頼者が同意した場合は、この限りでない。
　一　相手方の協議を受けて賛助し、又はその依頼を承諾した事件
　二　相手方の協議を受けた事件で、その協議の程度及び方法が信頼関係に基づくと認められるもの
　三　受任している事件の相手方からの依頼による他の事件
　四　社員等が相手方から受任している事件
　五　第25条第1号から第7号までに掲げる事件として社員の半数以上の者が職務を行つてはならないこととされる事件

○職務基本規程
（業務を行い得ない事件）
65条　弁護士法人は、次の各号のいずれかに該当する事件については、その業務を行つてはならない。ただし、第3号に規定する事件については受任している事件の依頼者の同意がある場合及び第5号に規定する事件についてはその職務を行い得ない社員がその弁護士法人の社員の総数の半数未満であり、かつ、その弁護士法人に業務の公正を保ち得る事由がある場合は、この限りでない。
　一　相手方の協議を受けて賛助し、又はその依頼を承諾した事件
　二　相手方の協議を受けた事件で、その協議の程度及び方法が信頼関係に基づくと認められるもの
　三　受任している事件の相手方からの依頼による他の事件
　四　社員等又は使用人である外国法事務弁護士が相手方から受任している事件

五　社員が第27条、第28条又は第63条第1号若しくは第2号のいずれかの規定により職務を行い得ない事件
（同前）
66条　弁護士法人は、前条に規定するもののほか、次の各号のいずれかに該当する事件については、その業務を行ってはならない。ただし、第1号に掲げる事件についてその依頼者及び相手方が同意した場合、第2号に掲げる事件についてその依頼者及び他の依頼者のいずれもが同意した場合並びに第3号に掲げる事件についてその依頼者が同意した場合は、この限りでない。
　一　受任している他の事件の依頼者又は継続的な法律事務の提供を約している者を相手方とする事件
　二　依頼者の利益と他の依頼者の利益が相反する事件
　三　依頼者の利益とその弁護士法人の経済的利益が相反する事件
（同前－受任後）
67条　（1項略）
　2　弁護士法人は、事件を受任した後に第65条第4号又は第5号の規定に該当する事由があることを知ったときは、速やかに、依頼者にその事情を告げて、辞任その他の事案に応じた適切な措置をとらなければならない。
（事件情報の記録等）
68条　弁護士法人は、その業務が制限されている事件を受任すること及びその社員等若しくは使用人である外国法事務弁護士が職務を行い得ない事件を受任することを防止するため、その弁護士法人、社員等及び使用人たる外国法事務弁護士の取扱い事件の依頼者、相手方及び事件名の記録その他の措置をとるように努める。

【解　説】

1　弁護士法25条・職務基本規程27条に対応する規律

　弁護士法人は、依頼者との委任契約の法主体となるものであるから、個人たる弁護士と同様、事件受任に関する利益相反行為の規律が必要となる。
　そこで、個人たる弁護士に関する弁護士法25条に対応する規定として弁護士法30条の17が、職務基本規程27条・弁護士法25条に対応する規定として職

務基本規程65条がそれぞれある。

2　職務基本規程28条に対応する規律

個人たる弁護士に関する職務基本規程28条に対応するのが、同規程66条である。

3　事件情報の管理

共同事務所と同様に、弁護士法人にも、利益相反行為の受任を回避するために事件情報の記録等が求められる。弁護士法人では、法人自体の受任事件のほか、社員弁護士、使用人たる弁護士・外国法事務弁護士が競業避止義務の解除を受けて個人で受任している事件についても記録等が要求される。当然のことながら、すべての従たる法律事務所で処理している事件に及ぶ。

4　ケースの検討

[ケース137]

A弁護士法人がX社のY社に対する建物売買代金請求事件の依頼を受けることは、相手方Yの協議を受けてこれに賛助している事件を受任することとなるため、できない。従たる法律事務所で処理していた事件であっても、利益相反行為の判断に当たっては、例外とされることは全くない。むしろ、従たる法律事務所における受任事件を開示して利益相反行為の禁止に抵触しないようなマネージメントが要求されるのである。

[ケース138]

B弁護士法人は、民事再生手続開始申立事件の再生債権者であるY信用金庫から、Q社に対する別事件の依頼を受けることができるかという問題であるが、X社の同意を取れば、可能ということになる。もちろん、同意の取得過程で秘密の漏示にならないように留意が必要である。

[ケース139]

C弁護士法人の構成員であるX・Y弁護士について、相手方Pの協議を

受け賛助した事件に該当して職務を行い得ない事件を、C 弁護士法人として受任できるかという問題である。C 弁護士法人の社員数は 5 名であり、その半数は2.5人であり、半数以上も2.5人である。そうすると、X・Y 弁護士の 2 人が職務を行い得ないだけで残りの 3 名の社員弁護士には利益相反の抵触問題はない。したがって、C 弁護士法人は、Q 医療法人の依頼を受けてよいこととなる。しかし、職務基本規程64条は、他の社員等に職務基本規程27条違反があるときは、当該の事件に関する職務を行ってはならず、例外として「職務の公正を保ち得る事由」があるときに限って職務遂行を認めることとしている。このようにして、最終的には、「職務の公正を保ち得る事由」の判断にかかることになる。

[ケース140]

D 弁護士法人は、顧問契約を締結している P 社と Q 社を再生債権者とする民事再生手続開始申立事件を受任してよいかを問うケースであるが、職務基本規程66条 1 号に該当する事件であるから、依頼者の X 社、相手方の P 社と Q 社の同意を取らなければ、X 社の事件を処理してはならないこととなる。しかし、現実問題として、X 社、P 社、Q 社すべての同意を守秘義務違反を起こさずに取得することはほとんど困難ではないだろうか。

[ケース141]

E 弁護士法人において、社員弁護士の X 弁護士は J 社の監査役に就任し、社員弁護士の Y 弁護士は J 社の競合企業である K 社の経営問題に相当深く関わる各種の法律相談業務に応じているというのであるから、職務基本規程66条 2 号の依頼者の利益と他の依頼者の利益が相反する状況にあることになる。単に業務内容が競争関係にあるだけで具体的な利益相反の関係に立っていなければ、職務基本規程66条 2 号の規律に反することもないが、特定の事件について同一パイを奪い合う関係に立ち至ったときは、J 社と K 社の同意をとらなければそれぞれの業務を遂行することはできなくなる。E 弁護士法人としては、J 社と K 社に関する事件情報をしっかりチェックする体制を整備することが求められるであろう。

第2節　弁護士法人における倫理

V　社員等が職務を行い得ない事件

●ケース142●

　A弁護士は、元Q弁護士法人の使用人弁護士であったが、退所して、自ら法律事務所を設けた。ある日、Q弁護士法人所属時代に法律相談を受けていたXが訪ねてきて、ぜひともYに対する工事代金請求事件を独立開業したA弁護士にお願いしたいといってきた。しかし、相手方Yは、A弁護士がQ弁護士法人に在籍しているときに、別の社員弁護士であるR弁護士に当該の工事代金支払いの件で法律相談をしていた。
　A弁護士は、それを知らずにXの依頼を受けてしまったが、問題はあるか。

●ケース143●

　B弁護士は、R弁護士法人の社員弁護士であるが、Xから、Y株式会社に対する株主総会決議無効確認訴訟の依頼を受け、R弁護士法人として受任したうえ、これの処理を担当した。ところが、Y社の法務部に所属する大学の同級生から、Y社のP株式会社に対する不正競売行為差止めの訴訟をぜひ個人として受任してほしいとの要請を受けた。弁護士法人との委任契約は過去に経験がなく、Y社としては個人との委任契約でないと稟議がなかなか通らないとのことであった。B弁護士は、Xの依頼事件とY社の依頼事件とは、その内容を全く異にしていることから、R弁護士法人の他の社員から競合避止義務の免除を受けて、Y社の事件の依頼を受けようと考えた。
　B弁護士は、Y社の依頼を受けてよいか。

●ケース144●

　C弁護士は、社員弁護士・使用人弁護士を併せて200名を擁するG弁

護士法人の社員弁護士になって1年を経過したばかりの者であるが、G弁護士法人の社員であるK弁護士から、X株式会社のY株式会社に対する信用毀損に基づく損害賠償請求事件を担当してもらいたいといわれた。Y社はG弁護士法人と顧問契約を締結している重要なクライアントの一つであり、K弁護士がその事件を専属的に担当しているが、G弁護士法人の社員全員がパートナー会議で競業避止義務を免除するから、C弁護士の個人事件として処理してほしいとのことであった。なお、Y社については、K弁護士が受任して対応するとのことである。

C弁護士は、G弁護士法人は大規模弁護士法人であるから、Y社の利益はK弁護士によって守ることができると考え、X社からの依頼を受けたいと思っているが、それでよいか。

主な検討対象条文
○弁護士法
(職務を行い得ない事件)
25条　弁護士は、次に掲げる事件については、職務を行つてはならない。ただし、……第9号に掲げる事件については、受任している事件の依頼者が同意した場合は、この限りでない。
　六　第30条の2第1項に規定する法人の社員又は使用人である弁護士としてその業務に従事していた期間内に、その法人が相手方の協議を受けて賛助し、又はその依頼を承諾した事件であつて、自らこれに関与したもの
　七　第30条の2第1項に規定する法人の社員又は使用人である弁護士としてその業務に従事していた期間内に、その法人が相手方の協議を受けて賛助した事件で、その協議の程度及び方法が信頼関係に基づくと認められるものであつて、自らこれに関与したもの
　八　第30条の2第1項に規定する法人の社員又は使用人である場合に、その法人が相手方から受任している事件
　九　第30条の2第1項に規定する法人の社員又は使用人である場合に、その法人が受任している事件(当該弁護士が自ら関与しているものに限る。)

の相手方からの依頼による他の事件
○職務基本規程
(職務を行い得ない事件)
63条　社員等(第1号および第2号の場合においては、社員等であった者を含む。)は、次に掲げる事件については、職務を行ってはならない。ただし、第4号に掲げる事件については、その弁護士法人が受任している事件の依頼者の同意がある場合は、この限りでない。
　一　社員等であった期間内に、その弁護士法人が相手方の協議を受けて賛助し、又はその依頼を承諾した事件であって、自らこれに関与したもの
　二　社員等であった期間内に、その弁護士法人が相手方の協議を受けた事件で、その協議の程度及び方法が信頼関係に基づくと認められるものであって、自らこれに関与したもの
　三　その弁護士法人が相手方から受任している事件
　四　その弁護士法人が受任している事件(当該社員等が自ら関与しているものに限る。)の相手方からの依頼による他の事件
(他の社員等との関係で職務を行い得ない事件)
64条　社員等は、他の社員等が第27条、第28条又は第63条第1号若しくは第2号のいずれかの規定により職務を行い得ない事件については、職務を行ってはならない。ただし、職務の公正を保ち得る事由があるときは、この限りでない。
2　社員等は、使用人である外国法事務弁護士が外国特別会員基本規程第30条の2において準用する第27条、第28条又は第63条第1号若しくは第2号のいずれかの規定により職務を行い得ない事件については、職務を行ってはならない。ただし、職務の公正を保ち得る事由があるときは、この限りでない。
(同前―受任後)
67条　社員等は、事件を受任した後に第63条第3号に該当する事由があることを知ったときは、速やかに、依頼者にその事情を告げて、辞任その他の事案に応じた適切な措置をとらなければならない。

【解　説】

1　社員・使用人の利益相反行為

弁護士法人の社員は、**競業避止義務**を負っていて、弁護士法人の業務範囲に属する法律事務を行うことができない（法30条の19第2項）。個人として受任できるのは、他の社員の承諾があった場合である。また、使用人たる弁護士は、従業者として弁護士法人から指揮命令を受ける地位にあるから、弁護士法人が認めない限りは競業行為を行うことができないのは当然である。

しかし、上記の例外的な場合および弁護士法人から脱退した場合には、弁護士法人を離れた個人としての立場で事件を受任することができるから、その場合の利益相反行為の規律が必要となる。弁護士法25条6号から9号は、このような規律を定めたものであるが（髙中・概説130頁）、職務基本規程63条は、弁護士法25条6号から9号および職務基本規程27条を弁護士法人向けにアレンジしたものであり、職務基本規程64条は、職務基本規程28条を弁護士法人向けにアレンジしたものである。さらに、職務基本規程67条1項は、職務基本規程58条を弁護士法人向けにアレンジしたものである（日弁連弁倫委・解説152頁、155頁、161頁）。

2　ケースの検討

［ケース142］

A弁護士にとってXの依頼事件は、過去にA弁護士が所属していたQ弁護士法人において、相手方Yからの協議を受けてこれに賛助していた事件（法律相談の担当はR弁護士であるが、弁護士法人として賛助したことに変わりはない）であることになる。したがって、A弁護士は、弁護士法25条6号、職務基本規程63条1号に違反することとなり、職務基本規程67条1項に従って、Xに対して事情を告知し、辞任手続を取らなければならない（弁護士法25条6号には、同意による禁止解除の規定がないから、辞任以外の方法はとれない）。

［ケース143］

B弁護士は、R弁護士法人が受任しているXの事件についてこれを担当して関与しているものであるが、その事件の相手方であるYから全く別の事件の依頼を個人として受けている。これは、弁護士法25条9号、職務基本規程63条4号に該当するものである。したがって、R弁護士法人が受任している事件の依頼者Xが同意すれば、B弁護士は、Yの依頼による別事件を個人で受任してもよいこととなる。

[ケース144]

　C弁護士は、職務基本規程28条2号に規定する「継続的な法律事務の提供を約している者を相手方とする事件」に当たる顧問契約先Y社を相手方とするXの損害賠償請求事件について、弁護士法人を離れて個人として受任しようとしているわけであるが、その場合には、X社とY社の双方から同意をとる必要がある。その双方からの同意があれば、C弁護士は受任可能である。しかし、同意をとることはなかなか容易ではないであろう。

第5章　組織内弁護士の倫理

　組織内弁護士とは、官公署または公私の団体において職員もしくは使用人となっている弁護士、公私の団体において取締役、理事その他の役員となっている弁護士をいい、100万人を超える弁護士が存在するアメリカでは、このような**インハウス・ローヤー**（In-house Lawyer）が相当数に達し、さまざまな活動を行っている。

　わが国では、これまで少数の**企業内弁護士**のみが存在し、官公署の職員に弁護士の身分を持ったまま就任する制度は存在しなかったが、2003（平成15）年の弁護士法改正によって、公職兼任の制限が撤廃されて自由化され、営利業務従事についても所属弁護士会の許可制から所属弁護士会への届出制に改められ、弁護士が官公庁や企業に積極的に進出していく基盤が整備された。そして、**任期付公務員**の制度が国家公務員と地方公務員に導入され、中央官庁を始め、地方自治体にも相当数の弁護士が任期付公務員として任官することとなった。また、わが国企業が国際化を進めるに従って国内外の投資家を保護する観点から、さらにはわが国社会全体に自己責任原則・規制緩和に立脚した法の支配する社会体制が求められるようになったことから、わが国企業においてコンプライアンス重視の経営が要求され、さらに、2005（平成17）年の会社法によって、内部統制システムの構築、コーポレート・ガバナンスの確立が会社に要求されることとなり、弁護士を企業内で雇用して活用するニーズも従前に比較して顕著に増加するようになった。そして、法科大学院制度を中核とする新たな法曹養成制度の導入によって司法試験合格者が大幅に増大し、その中から企業内弁護士の道を歩む新人弁護士が急増している。

　白書160頁によれば、2012（平成24）年6月現在、任期付公務員として活動する弁護士は106名、企業に雇用されて企業内で活躍する弁護士は771名に

及んでいる。

　ところで、組織内弁護士の外国法制を見ると、弁護士のあり方に関する考え方の相違から、これを禁止する法制と自由にする法制とに分かれている。これは、**弁護士の独立性**維持に関する考え方の違いに根ざしている。すなわち、企業に雇用される弁護士は使用者と支配従属関係に立ち使用者の指揮命令権のもとに置かれ、公務員となる弁護士も上司の職務上の命令に忠実に従う義務を負っているため（国公98条、地公32条）、職務の独立性を維持することができないと考えれば、公務員就任や企業就職は、認められないということになる。フランスは、弁護士が公務員や企業の役員を兼職したり、弁護士のまま企業に雇用されることを禁止しており、弁護士を独立の司法機関と位置づけるドイツでも、企業に雇用された弁護士は、法廷において雇用主の訴訟代理をすることを禁止されている。イギリスでも、企業に雇用されるソリシターは、雇用主に対してのみサービスを提供すべきものとされていたが、2007年法律サービス法（Legal Service Act 2007）によって、独立性が損なわれず依頼者の利益実現に支障がない等の要件を満たせば、雇用主以外の者を代理することができるように改革されている（吉川精一・英国の弁護士制度（日本評論社・2011）155頁）。これに対し、アメリカでは、弁護士がその身分を維持したまま公務員となったり企業に雇用されたりすることに制限はなく、現に多くの弁護士が政府や企業で活躍している。わが国の弁護士法は、公職兼任・営利業務従事の自由化を実現しているところから見ると、アメリカ型を採用しているものと認められる（森際・法曹の倫理270頁［石畔重次］）

　ひるがえってわが国の弁護士法制を見ると、組織内弁護士に関する明文規定はもちろんなく、むしろ伝統的弁護士像を前提としているため組織内弁護士についての解釈問題を引き起こしている。すなわち、弁護士法3条は、弁護士の職務内容について「当事者その他の関係人の依頼又は官公署の委嘱」によって法律事務を行うことであると規定して、依頼者・委嘱者の存在が職務活動の前提としているように読める。そうだとすると、関係人からの依頼や官公署の委嘱によることなく、官庁内における上司の職務命令や企業内に

おける使用者の指揮命令に基づいて従属的立場において法律事務を取り扱うことは弁護士の職務ではないと解する余地が生まれる。しかし、組織内弁護士の行う法律事務処理行為が弁護士の職務ではないとすれば、弁護士の守秘義務規定（法23条）が適用されず、また、弁護士法23条の2に規定する弁護士会照会手続の利用、戸籍謄本や住民票の職務上請求（戸籍法10条の2第3項～第5項、住民基本台帳法12条の3第2項）などもできないことになり、依頼者に不測の損害を与えるばかりか、弁護士全体のためにも好ましからざる結果を招くこととなる。この点については、旧々弁護士法1条が「通常裁判所ニ於テ法律ニ定メタル職務ヲ行フ」ことを弁護士の職務と規定していたことに関し、裁判所外での交渉行為も職務に当たり、それは事実たる慣習（民92条）であるとした判例（大判昭和6・11・18刑集10巻609頁）が参考になろう。すなわち、弁護士法3条は、弁護士の一般的な職務内容を規定したものであって、職務の範囲を限定するものでないと解釈して、組織内弁護士の行為を職務と位置づけることになる（日弁連弁倫委・解説40頁。不自然さは承知しつつ、雇用主は、使用者としての性格と依頼者としての性格を併せ持つと解釈することとなろう）。

　組織内弁護士は、今後さらに大きく数を増やしていくであろうことは間違いなく、その倫理課題について今後さらに深化させていくことが求められるであろう。

［参考文献］

インハウスローヤーズネットワーク編・インハウスローヤーの時代（日本評論社・2004）
日本弁護士連合会弁護士業務改革委員会編・企業内弁護士（商事法務・2009）
東京弁護士会弁護士研修センター運営委員会編・企業法務と組織内弁護士の実務（ぎょうせい・2011）

I 自由と独立の保持

　組織内弁護士についてまず検討課題とされるのが、弁護士の独立性の維持である。独立性に関してはすでに検討しているので（前出40、257頁）、ここで繰り返すことはしないが、前述したように、組織内弁護士の活動行為は弁護士の職務に該当すると解釈すべきであり、雇用主の完全な支配従属下に置かれてその行為には雇用主からの独立性がないと解することはしない。雇用主の指揮監督を受けることと組織内の弁護士としての独立性を保持して行動することは両立しうるものと解すべきである。

> ● ケース145 ●
>
> 　A弁護士は、電気製品メーカーであるQ株式会社の法務部に所属する社員であるが、W法務部長から、Q社を被告とする製造物責任訴訟の訴訟代理人となるように命ぜられた。裁判記録を検討すると、原告Pの主張には筋が通っており、欠陥を証明する証拠も十分であるように思われた。そこで、W法務部長に、「記録を検討しましたが、この裁判は負けだと思います。早く和解をして被害者のPを救済したほうが、Q社の社会的信用があがると思います」と申し述べた。しかし、W法務部長は、「この裁判で問題となっている商品はQ社の大ヒット商品だ。欠陥を認めたらマスコミに叩かれ、Q社の経営は大打撃を受ける。裁判官でもないのに、わかったようなことをいうな。君は、Q社が勝訴するために最善を尽くせばよいのだ」と一喝された。
>
> 　A弁護士は、どう行動すべきか。
>
> 　法務部長から、裁判の進行に集中するため、所属弁護士会の委員会に出席することを禁止された場合、B弁護士としてはどうすべきか。

> **主な検討対象条文**
> ○職務基本規程
> （自由と独立）
> 50条　官公署又は公私の団体（弁護士法人を除く。以下これらを合わせて「組織」という。）において職員若しくは使用人となり、又は取締役、理事その他の役員となっている弁護士（以下「組織内弁護士」という。）は、弁護士の使命及び弁護士の本質である自由と独立を自覚し、良心に従って職務を行うように努める。

【解　説】

1　自由と独立の自覚

　職務基本規程20条は、すべての弁護士について、事件受任と処理にあたって自由かつ独立の立場を保持するように努めるべきことを規定し、日弁連会則15条も、弁護士の本質が自由であることを規定している。そこで、職務基本規程50条は、今後増大して行くであろう組織内弁護士について、確認的に、自由と独立を自覚して良心に従って職務を行うべきことを規定したものである。組織内弁護士に特別な義務を課したものではない。

2　ケースの検討

［ケース145］

　A弁護士は、Q社の企業内弁護士として、Q社を被告とするPL訴訟の訴訟代理人に就任したのであるが、PL訴訟の進行方針決定や具体的な訴訟活動の進行に関しては、被雇用者としての従属的立場に終始せず、プロフェッションとしての弁護士として自由かつ独立した立場で臨むことが求められている。もちろん、依頼者の自己決定権を尊重しなければならないのは（職基22条1項）、弁護士が個々の依頼を受けて事件処理をする場合と同じであり、弁護士の個人的な意見や価値観にいたずらに固執してはならない。

A弁護士としては、自己の良心に従った行動が要求されるのであるが、このことは、自己の良心に従った主張や意見が通らなかったときにはQ社を「辞職」する義務を課するものでは全くない。憲法76条3項が規定する裁判官の「良心」は、裁判官としての職業的良心を意味し（芦部信喜＝高橋和之補訂・憲法［第5版］（岩波書店・2011）346頁。最大判昭和23・11・17刑集2巻12号1565頁、憲法判例百選Ⅱ［第5版］（別冊ジュリ）404頁［南野森］参照）、この意味での良心が全うされないときに裁判官を辞職する義務があると解釈されているわけではないことが参考とされなければならない。職務基本規程50条の「良心」も、弁護士としての職務に内在する職業上の良心を意味し、個人の主観的良心を意味するものではない（日弁連弁倫委・解説128頁）。

Ⅱ　違法行為の措置

●ケース146●

A弁護士は、食肉販売会社であるQ株式会社の法務部に所属する社員であるが、別の食肉販売会社が輸入牛肉を国産牛肉と偽って国から補助金の交付を受けたという詐欺事件がマスコミで報道されていたことから、ひょっとしてQ社も同じことをしているのではないかと疑い、法務部内に保管されていた関係書類を精査したところ、同様の偽装工作をしている疑いを持つに至った。そこで、A弁護士は、P法務部長に、この結果を話し、「偽装工作をしていることを早く認めて、受け取った補助金を返還したほうがよいのではないでしょうか」との意見を述べた。しかし、P法務部長は、「最後は社長が判断することだ。社長には君の意見は伝えておく」といったまま、握りつぶしてしまった。

A弁護士としては、これ以上の行動をとらなくともよいか。

主な検討対象条文

○会則
11条　弁護士は、常に法令が適正に運用されているかどうかを注意し、いやしくも非違不正を発見したときは、その是正に努めなければならない。
○職務基本規程
（違法行為に対する措置）
51条　組織内弁護士は、その担当する職務に関し、その組織に属する者が業務上法令に違反する行為を行い、又は行おうとしていることを知ったときは、その者、自らが所属する部署の長又はその組織の長、取締役会若しくは理事会その他の上級機関に対する説明又は勧告その他のその組織内における適切な措置をとらなければならない。

【解　説】

1　エンロン事件とサーベンス・オックスリー法

　2001（平成13）年12月、アメリカにおける巨大エネルギー企業の**エンロン社**が連邦破産法のチャプター・イレブン（わが国の会社更生に相当）を申請して倒産したが、後日、数多くの**特定目的事業法人**（SPE; Special Purpose Entity）を用いて多額の簿外債務を活用したことが明るみに出た。この手法を発案し推進していくについて、投資銀行、監査法人、社内・社外の弁護士が大きな役割を果たしたことが社会問題となった。そして、投資家や従業員などから100件を超える訴訟が提起されたり、会計処理を行った大手監査法人のアーサー・アンダーセンが崩壊するという大きな混乱を招いた。また、その頃、巨大通信会社である**ワールドコム社**についても同じような不祥事が発生した。

　このような状況を背景として、企業会計の不正を防止し、企業財務をめぐるコーポレート・ガバナンスの確立を目指すため、2002（平成14）年7月、**サーベンス・オックスリー法**（Sarbanes-Oxley Act of 2002）が成立した。その307条は、**SEC**（証券取引監視委員会）が、公益と投資家の保護を目指して、SECで活動しようとする弁護士の行動基準に関して、①証券法の重要な違

反や忠実義務違反などが行われようとしている場合に、それを知った弁護士は、その会社の法務部長か CEO（Chief Executive Officer；最高経営責任者）に対して証拠を示して報告すること、②法務部長や CEO が適正な措置をとらなかったときは、弁護士は、当該会社の取締役会に設置された委員会または取締役会自体に証拠を示して報告することが盛り込まれた SEC 規則を制定すると規定した。これは、**コーポレート・ラッダー・レポーティング**（Corporate Ladder Reporting）**方式**と呼ばれている。また、SEC は、会社が是正しないときには、SEC に知らせることを義務づけた辞任（**喧しい辞任**：Noisy Withdrawal）をすべきことを規定することも提案したが、これは守秘義務を侵害すると厳しく批判されて実現しなかった。

　そのような中で、アメリカ法曹協会（ABA）は、法律家職務模範規則1.13条を改正し、企業等の組織の弁護士は、業務執行者、従業員等の法律違反等を知ったときは、組織の最善の利益のために必要でないと合理的に考えない限り、組織内のより上級の機関に事案を付託すべきこと、それにもかかわらず最上級機関が適切な対処を怠り、かつ、法律違反が組織に重大な損害をもたらすことが確実であると合理的に考えられるときは、弁護士は、重大な損害の防止に必要な限度で、組織の代理に関する情報を開示することができると規定した（全文は、藤倉皓一郎監修・日本弁護士連合会訳・完全対訳ABA 法律家職務模範規則（第一法規・2006）125頁、詳細は、小島ほか・現代の法曹倫理182頁［梅澤治為］、森際・法曹の倫理272頁［石畔重次］参照）。

2　違法行為の防止義務

　わが国においても、**企業の不祥事**が跡を絶たず、コンプライアンス重視の経営が叫ばれ続けているが、組織内弁護士（企業内弁護士）が企業の内外から求められているのも、そのような背景事情に基づくものと認められる。そして、組織内弁護士に対して社会が期待するのが、違法行為を未然に阻止するように尽力することであると思われる。しかし、反面において、企業不祥事が発生したときに、当該企業内に弁護士がいたとすれば、その弁護士に対

して不可能を強いるがごとき義務違反を問われないようにしておくことも必要である。職務基本規程51条は、このような経緯から制定されたものである（日弁連弁倫委・解説129頁）。

　職務基本規程51条は、組織内弁護士（特に弁護士となって日が浅い若年者）に対して特別に困難な義務を課す不当な規定であるとの意見に接することがあるが、日弁連会則11条が非違不正を発見したときにおける是正義務を定めているように、すべての弁護士に違法行為を是正する義務が課せられているのであり、判例（東京地判昭和62・10・15判タ658号149頁）も、弁護士は、自己の受任した法律事務に関連して違法な行為が行われるおそれがあることを知ったときは、これを阻止するよう最大限の努力を尽くす法的義務があると判示しているところである。職務基本規程51条は、これを受けて、組織内弁護士についても同じ義務があること、そしてこの義務を超える特別に重い義務を負うものではないことを明らかにしたものである。

3　法令違反行為についての適切な措置

　「法令に違反する行為」とは、違反するおそれのある行為を含まない。組織内弁護士に対して結果責任を負わせるようなことは妥当でないためである（日弁連弁委倫委・解説130頁）。「適切な措置」とは、当該弁護士が所属する部署の長（**法務部長**が代表例）、組織の長（代表取締役が代表例）、**上級機関**（取締役会や監査役会が代表例）のいずれかに対して、説明や説得をすることが例であるが、たとえば、代表取締役に対していきなり自己の意見を述べて説得しなければならない義務を課すわけではない。また、**親子会社**（会2条3号・4号）の場合に、親会社はその組織に該当しないと解され、子会社の組織内弁護士が親会社の上級機関に説明・説得することまでは要求されない（もっとも、親会社が相当に深く子会社をコントロールしている場合は、説明・報告の対象となることがないではないというべきである（東京三会有志・理論と実務189頁［吉田健］）。ちなみに、所属部署の長、組織の長、上級機関に対して違法行為を説明・説得することは、正当な理由に基づくことが明らかであり、

守秘義務に違反することにならないのはもちろんである。

4　外部通報

　職務基本規程51条が求めるのは、当該の「組織内」における適切な措置であって、**外部通報**の義務を課すわけではない。外部に通報する行為は、守秘義務違反の問題を発生させるから、慎重の上にも慎重でなければならない（前出123頁）。しかし、正当な理由があれば、外部通報も許される（東京三会有志・理論と実務186頁［山口健一］）。

　なお、**公益通報保護法**（平成16年法律第122号）は、労働者が、不正な目的によることなく、労務提供先または労務提供先の事業に従事する場合の役員・従業員等に関する国民の生命・身体・財産その他の利益の保護に関わる法律に規定する犯罪行為の事実等を、当該労務提供先、監督権限を有する行政機関等に対して通報したことについて、公益通報をしたことを理由とする事業者の解雇を無効とすること等を規定している。組織内弁護士も、公益通報者保護法にいう労働者には該当するから、公益通報者保護法の規定するところにかんがみた外部通報が期待されることもある。

5　ケースの検討

［ケース146］

　A弁護士は、たまたま知ったQ社の法令違反行為（国産牛と偽装して補助金を騙し取った行為は、法令違反のおそれがある行為ではないであろう）を所属部署の長であるW法務部長に説明し、Q社として採るべき方法を説得したのであるから、組織内弁護士としてなすべき義務は果たしたというべきである。これ以上の、たとえば外部通報をする義務があるわけではない。むしろ、外部通報は、守秘義務違反の問題を惹起しかねないことに留意すべきである。ただ、A弁護士は、W法務部長に自分の意見が握りつぶされたことにしばし悔しさが抜けないであろう。

第6章　刑事弁護における倫理

　刑事被告人には、公平な裁判所の迅速な公開裁判を受ける権利、すべての証人に対して審問する機会を十分に与えられ、公費で自己のために強制的手続により証人を求める権利、資格を有する弁護人を依頼する権利が保障されている（憲37条）。また、何人も、現行犯の場合を除き、令状に基づかなければ逮捕されず（憲33条）、理由を直ちに告げられかつ弁護人依頼権を与えられなければ抑留または拘禁されない（憲34条）。刑事弁護人は、このような憲法上の権利を保障する重大な役割を担うものである。

　しかし、刑事弁護は、弁護士冥利に尽きるという充実感を味わう場面と進退窮まる状況に追い込まれて苦悩する場面とが交錯するといわれる。刑事弁護の倫理も、その人の価値観、倫理観が問われる問題が多い。

　そのような困難な問題を抱える刑事弁護における倫理を学習する。

［参考文献］
武井康年＝森下弘編・ハンドブック刑事弁護（現代人文社・2005）
佐藤博史・刑事弁護の技術と倫理（有斐閣・2007）

第1節　真実義務

　刑事弁護の倫理でまず難問を提供するのが、**真実義務**の問題である。アメリカの著名な弁護士であるモンロウ・H・**フリードマン**（M.H. Freedman）は、①ある事実について偽証することがわかっている証人または虚偽供述をすることがわかっている被告人の尋問をしてよいか、②真実を証言している敵性証人に対して、その信用性を弾劾する反対尋問をしてよいか、③被疑者・被告人に教示すれば罪証隠滅や虚偽供述の行為に及ぶおそれがあること

を知りながら、助言をしてもよいか、という3つの難問を提示している。刑事弁護における真実義務には、実体的真実の発見に積極的に協力するという意味内容の「**積極的真実義務**」と裁判所・検察官による実体的真実発見を積極的に妨害し、あるいは積極的に真実をゆがめる行為をしてならないという意味内容の「**消極的真実義務**」との2つがあるといわれるが、積極的真実義務を容認する立場からフリードマンの3つの難問に回答しようとするときは、相当に困難があることは明らかであろう。

しかし、刑事事件について被疑者・被告人の有罪を立証する義務はあくまでも訴追者たる検察官にあるのであって、被疑者・被告人には**黙秘権**が保障されており（憲38条）、その権利を保護する任務に当たる弁護人に対して積極的真実義務が課されていると解することはできないと考える。したがって、刑事訴訟法の目的を規定する同法1条中の「事案の真相を明らかにする」とは、弁護人に関しては、被疑者・被告人の免責あるいは刑の軽減に向けての事柄に限られるのであって、検察官の果たすべき役割を分かち合うことでは決してないのである（日弁連弁倫委・解説10頁）。

この積極的真実義務否定論との関係で、「**雇われガンマン（Hired Gun）**」の議論を紹介しておかなければならない。これは、刑事弁護人の責務は、被疑者・被告人の利益・権利擁護のために誠実に弁護活動をすることに尽きるのであって、当事者主義のもとでの主体はあくまでも被疑者・被告人であり、その雇われガンマンに過ぎない弁護人には真実義務はあり得ないと説くものである。つき詰めれば、弁護人はGun（銃自体）になり切ることも要求されるから、自らの意思を介在させるべきではないとも説かれる。弁護人は、被疑者・被告人の意思・意向から乖離した弁護活動を行うべきではないという思考である（村岡啓一「刑事弁護人の誠実義務と真実義務」日本弁護士連合会編・現代法律実務の諸問題［平成8年版］（第一法規・1997）717頁、同「被疑者・被告人と弁護人の関係①」季刊刑事弁護22号29頁）。この考え方を押し進めていけば、弁護人の義務は、被疑者・被告人の利益・権利擁護のために誠実に弁護活動を行う義務（**誠実義務**）に一元化されてしまい、真実義務なるも

のを認める必要はないということに行き着くこととなる。ただ、そのような立場に立っても、消極的真実義務を否定し去ることはできないであろう（森際・法曹の倫理160頁［笠井治］、佐藤博史・刑事弁護の技術と倫理（有斐閣・2007）31頁）。

以上に対し、弁護人は、刑事司法の担い手として公的立場に立った役割が期待されており、被疑者・被告人に対し後見人ないし保護者としての機能を積極的に果たすべきであるとの考え方があり、この考え方を突き詰めていけば、被疑者・被告人の意思・意向から離れた弁護活動の余地が出てくることとなり、積極的真実義務を認める素地が生まれることとなる。しかし、現在このような考え方に積極的に賛同する者はほとんどいないようである。なお、大野正男「楕円の倫理―弁護士と依頼者の間」（判タ528号7頁）は、弁護人の任務は被告人との信頼関係という中心点と司法機関としての責任という中心点の2つの中心をもつ楕円構造になっていると述べ、弁護人は、被疑者・被告人に忠実であろうとすると同時に司法機関として客観的真実に忠実であろうとするため、2つの中心点を調和させようとして苦悩すると説いている。

---●ケース147●---

　A弁護士は、殺人被告事件の被告人Xの弁護人になったが、Xは、アリバイがあるとして逮捕時から一貫して無実を主張し、第1回公判の罪状認否でも無罪を主張した。ところが、弁護側からアリバイ証人の申請をするために接見したところ、Xは、「A先生、実は、私にはアリバイがありません。本当はやっています。アリバイ証人がうまく偽証してくれないと、完全に有罪です。私は、どうすればいいのでしょうか」と言い出した。

　A弁護士は、どうすべきか。

　Xがそれでも従前どおり無罪主張で通してほしいといった場合は、どうすべきか。

第1節　真実義務

● ケース148 ●

　B弁護士は、銃砲刀剣類等所持取締法違反事件の被告人Xの依頼によって、その弁護人となったが、Xに接見すると、Xは、「実は、俺はQの身代わりなんだ。Qは、別の恐喝罪で執行猶予中なので、前科のない俺が身代わりになったわけだ。あくまで俺が犯人ということにしておいてくれ」と言い出した。
　B弁護士は、そのままXについて有罪を前提とした弁護活動をしてよいか。それとも、Xの意思に反して身代わりであることを裁判所に述べてよいか。

● ケース149 ●

　C弁護士は、所得税法違反事件により逮捕・勾留された被疑者Xの弁護人であるが、Xに接見したところ、次のような依頼を受けた。①「脱税の過程を詳細に記載した裏帳簿を愛人Pに預けているので、これを速やかに廃棄処分するようにPに伝えてほしい」、②「私が逮捕される前に先生(C)に保管を依頼した鞄を開けずに私の妻Qに渡してほしい」、③「所得隠しに協力してくれた友人のRは、検察庁に参考人として呼び出しを受けているかどうか、呼び出されているとしたら、どのような供述をしているのかを教えてほしい」。
　C弁護士は、どうすべきか。

● ケース150 ●

　D弁護士は、勤務先であるW株式会社の売掛金を横領した事件で起訴された被告人Xの弁護人であるが、Xの親族と称するQがD弁護士の事務所を訪れ、「Xが横領した300万円をW社に弁償することについては、私が責任を持ちますので、私とW社との示談書の案を作成していただきたい」といってきた。D弁護士は、QとW社を当事者とする示談書の案を作成してQに渡すと、数日後に、W社の記名押印済みの

269

示談書と300万円の示談金領収証を持参してきた。しかし、それは、QがW社に頼み込んで無理矢理記名押印してもらったものであり、300万円は実際に支払われていなかった。

　D弁護士は、この示談書と領収証をどのように取り扱うべきか。

　裁判所に書証として申請し採用された後に、上記のことが判明した場合はどうすべきか。

主な検討対象条文
○職務基本規程
（信義誠実）
5条　弁護士は、真実を尊重し、信義に従い、誠実かつ公正に職務を行うものとする。

【解　説】

1　有罪の告白

　被告人から**有罪の告白**がなされた場合の弁護人の対応を考えるとき、被告人の自白した事実を直ちに「真実」と捉えてよいわけではないことから出発する必要がある。すなわち、刑事弁護における「真実」とは、適法に取り調べられた証拠によって認定できる事実を意味し、神のみぞ知る事実ないし絶対的真実を意味するわけではないのであるから、被告人の自白のみで弁護人は有罪と確信することはできないのである。そして、弁護人には、実体的真実を明らかにしなければならない積極的真実義務はないと解するべきであるから、被告人の有罪の告白にもかかわらず、被告人の意思に従って無実の弁論をしても問題とはされない。

　これに対し、有罪の告白があったことに関し、証人に対し虚偽の陳述を慫慂すること等があれば、真実をゆがめる行為をしてはならないとする消極的

真実義務に違反するというべきである。被告人が積極的に真実をねじ曲げる行為を求めてきたときは、翻意するように説得し、それでも説得に応じないときは、辞任を視野に入れて行動方針を決定すべきである（武井ほか・刑事弁護97頁、佐藤博史・前掲刑事弁護の技術と倫理36頁）。

2 身代わり犯人の告白

身代わり犯人であることの告白があったときに、弁護人としてまず行うべきは、被告人のいうことが弁護人にとっても真実であると確信できるかどうかの確認である。それは、被告人の主張それ自体に不合理・不自然な点があるか、客観的な証拠に照らして被告人の主張に合理性があるかを、被告人本人に対する確認も含めて検討する作業である。その結果、身代わり犯人であるとの告白が真実であるとの確信を有するに至ったときは、無実の者を有罪とすることが正義に反すること、身代わりとなったことが犯人隠避として刑事罰の対象になること、身代わりになることで得る利益は少ないこと等を述べて、無罪主張をするように説得すべきである。

しかし、当該被告人が弁護人の説得にも頑として応じないときについては、①弁護人の基本的役割は、刑罰権を発動させない方向での活動をすることにあるから、無実である者に対して刑事罰を受ける結果を招く方向で弁護活動をすることはできないとする考え方、②刑事罰に関して被告人には自己決定権があり、無実であっても有罪の選択をすることはできるのであり、弁護人は誠実義務に基づき被告人の選択に従うべきであるとする考え方がある。難しい問題であるが、人生における自己決定事項から刑事罰のみを除く理由も見出しがたいと考えると、②の考え方によることとなろう（武井ほか・刑事弁護102頁。なお、森際・法曹の倫理166頁［笠井治］は、消極的真実義務に違反することになりかねないから、辞任するほかないとする）。

3 証拠隠滅の依頼

弁護人が被疑者・被告人のために最善を尽くすことと**証拠隠滅**に加担する

こととは峻別されなければならない。被疑者・被告人の自己決定権を尊重する観点から、弁護人は、伝言依頼を履行することに応ずるべきであるとする考え方をとっても、証拠隠滅行為に加担することは許されない。

また、弁護人は、被疑者・被告人に対し、事件の経過および事件の帰趨に影響を及ぼすべき事項を報告する義務があり（職基36条）、さまざまな情報を提供する責務があるが、これについては、①被疑者・被告人に対する誠実義務の履行、その自己決定権の尊重から、弁護人はすべての情報を提供すべきであるとする考え方、②罪証隠滅行為に加担する危険を回避する観点から、弁護人は提供すべき情報を取捨選択することができるとする考え方がある。ただし、いずれの考え方も、被疑者・被告人に虚偽の報告をすることは許されないとする点では一致する（武井ほか・刑事弁護275頁）。

4　虚偽の証拠の提出

弁護人は、虚偽と知りながら証拠を提出してはならない（職基75条）。しかし、実体の伴わない内容虚偽の証拠については、弁護人が通常の注意を払ったとしても内容虚偽と見破るのは困難な場合があろう。被害弁償の示談書や領収証については、弁護人から書証として申請された段階で、公判立会検察官が当該書証の作成者に対して問い合わせをするから、これによって虚偽文書の排除がなされる。しかし、当該書類作成者が検察官に対して虚偽の回答をした場合は、証拠として採用されることがあり得る。弁護人は、示談書、領収書等の書類を受け取った場合、持参者に対して書類作成過程を確認する等平均的水準の弁護士が当然になすべき注意が求められるであろうが、当該書類の作成者本人に対する確認作業までは求められない。

問題は、証拠として採用された後に弁護人が内容の虚偽を知った場合である。これについては、①弁護人には虚偽証拠の排除義務があり、裁判所に対して証拠排除を求める義務があるとする考え方、②弁護人は、積極的な虚偽証拠の提出行為が禁止されるのみであって、弁護人の責に帰するべき事由に基づかないで提出された証拠の排除義務はないとする考え方がある。後説が

妥当であろう（武井ほか・刑事弁護283頁）。

5 ケースの検討

[ケース147]

A弁護士は、Xから有罪の告白を受け、まずは、その真偽をX本人に対する確認、関係証拠の検討等を通じて検証すべきである。そして、Xの告白を裏づける事実の確認ができなければ、Xの意思に従って無罪の弁論をして差し支えない。これに対し、Xの有罪の告白を裏づける事実があり、弁護人としてもXの告白が真実であろうと確信するに至ったときは、アリバイ証人に対して虚偽の証言をさせるように行動することは許されない。A弁護士としては、Xに対して、無罪主張を撤回するように説得すべきであり、それにもかかわらず、無罪主張を維持してほしいといわれたときは、辞任するほかはないであろう。ただし、国選弁護では、一方的辞任はできず、裁判所の解任命令を待つこととなるが（刑訴38条の3）、その際には守秘義務違反とならないよう注意が必要である。

[ケース148]

B弁護士は、Xに対して身代わりであることを告白して無罪主張をするように説得すべきであるが、Xがどうしても翻意しなければ、辞任をするか、Xの自己決定権を尊重して、身代わりであることを伏せて有罪弁論をするか、どちらかを選択することとなる。

[ケース149]

C弁護士が受けた①の依頼は、愛人Pに対して証拠隠滅をするように伝言するものであり、当該依頼を拒絶すべきである。Xが最後まで伝言を要求すれば、辞任するほかはないであろう。②の依頼は、証拠隠滅を直接指示するものではないが、証拠隠滅の可能性が否定できない内容である。しかし、弁護人は、被告人に不利な証拠を積極的に保全しておく義務はなく、また、被告人の意思に反して鞄を開けて中身を確認する義務もないから、鞄を受け取った妻Qが中の書類等を破棄したとしても、証拠隠滅行為に加担したと

はいえない。ただし、妻に鞄を渡すに際しては、中の書類等を破棄すれば証拠隠滅罪に当たるからそのようなことをしないように注意をしておくことが求められる。③の依頼に対する諾否の可否は、被告人に対する報告義務、情報提供義務の範囲を問うものであるが、弁護人には、誠実義務に反しない限度で情報の取捨選択をすることができると解することができるから、Ｒの呼び出しの有無、証言内容を教示することが被告人の不利に働くと考えれば、情報提供をしないことができるというべきである。

［ケース150］

Ｄ弁護士としては、Ｑが持参したＷ社の記名押印のある示談書・領収書について、その成立過程を聞きただす等の注意が求められようが、示談書の内容に不自然な点があったりしない限りは、Ｗ社に対して作成の真偽を調査することまでは求められない。裁判所に書証として採用された後に内容虚偽を知るに至ったときについては、自らに帰責事由がない限り、排除義務はないと解すべきであろう。

第2節　刑事弁護活動に関する倫理

職務基本規程は、刑事弁護に関する規律を第4章という独立した章において規定している。刑事弁護においては、憲法上保障された被告人・被疑者の権利を擁護するという大きな責務が弁護人に課されており、民事弁護とは異なる特有の倫理問題がある。

刑事弁護活動のあり方に関する倫理を学ぶこととする。

I　最善の弁護活動

●ケース151●

Ａ弁護士は、覚せい剤取締法違反被告事件の被告人Ｘの国選弁護人

に選任されたが、Ｘは罪状をすべて認めていたので、情状立証のため、Ｘに両親等の情状証人となってもらえる人はいないかと尋ねた。ところが、Ｘは、「再犯ですから、どうせ実刑になることはわかっています。それよりも、年老いた母親に自分の無様な姿を見せたくありません。情状証人は不要です」と言った。そこで、Ａ弁護士は、Ｘの言うことに従うこととし、それ以上情状証人を立てるべきことを説得せず、Ｘの本人尋問を行ったのみで結審した。

Ａ弁護士は、国選弁護人として最善の弁護活動をしたといってよいか。

● ケース152 ●

Ｂ弁護士は、強盗殺人事件の共謀共同正犯とされた被告人Ｘについて、控訴審の国選弁護人に選任された。Ｂ弁護士は、早速第一審の記録を検討したうえで、Ｘとの接見に赴いたが、Ｘは、第一審のときと同様、共謀の事実を否認して無罪を主張し、Ｂ弁護士に対して、無罪の控訴理由を書くよう強く求めた。しかし、Ｂ弁護士は、共謀の事実は第一審の証拠からするとほとんど動かないものと考え、共謀の事実を否定する部分は１頁、情状に関する部分は５頁にわたる控訴理由書を提出した。

Ｂ弁護士の弁護活動には、どのような問題があったか。

主な検討対象条文

○職務基本規程

（刑事弁護の心構え）

46条　弁護士は、被疑者及び被告人の防御権が保障されていることにかんがみ、その権利及び利益を擁護するため、最善の弁護活動に努める。

【解　説】

1　最善の弁護活動の意義

「**最善の弁護活動**」とは、当該弁護士が主観的に最善と考える弁護活動ではなく、刑事弁護を行う平均的水準の弁護士が合理的に考えて最善と判断する弁護活動をいう（日弁連弁倫委・解説116頁）。どのような活動までが「最善」として要求されるのかは、個別具体的な事情をベースにして判断されることとなる。

なお、「最善」の解釈についても弁護人の役割に関する考え方の違いが反映する。すなわち、弁護人の公的役割を重く見る立場または被告人の**保護者的機能**を果たす責務を重視する立場からは、被告人の意思に反する弁護活動も「最善」と評価される場合があることとなる。これに対し、被告人の自己決定権を重視する立場に立てば、被告人の意思に反する弁護活動は、「最善」とはいえないこととなる。被告人の**自己決定権**と弁護人の保護者的機能とが衝突した場合、どちらを優先すべきかは極めて困難な問題である。ただ、被告人が精神的疾患を抱え正常な判断ができないとき、死刑判決が予想され、または死刑判決がなされたときは、弁護人の保護者的機能が優先するとされることはほぼ異論がない（武井ほか・刑事弁護25頁）。

2　ケースの検討

[ケース151]

A弁護士は、被告人Xの意思に従って情状証人を申請することをしなかったが、母親を情状証人に申請し、あるいは出所後の身元引受人となり得る人を情状証人として申請すれば、減刑の可能性が高いと認められる場合は、弁護人の保護者的機能を重視すれば、被告人の意向に反して情状証人の申請をすることが許されるであろう。反対に、被告人の自己決定権を重視すれば、その意思に反する弁護活動は行うべきでないことになる。私は、刑の軽減等被告人に有利に働く方向では被告人の意思に反する行為も許され、その限度

で自己決定権は劣後すると考えたいが、いかがであろうか。いずれにしても、被告人Xの意思に忠実に従ったA弁護士について、「最善」の弁護活動をしていないと断定することには躊躇せざるを得ない。

[ケース152]

B弁護士についても、依頼者の自己決定権を重視する立場と弁護人の保護者的機能を重視する立場とでは、評価が分かれるであろう。ただ、B弁護士は、共謀の事実を否認する部分をわずか1頁しか記載せず、情状に関する記載が5頁にも及ぶ控訴理由書を提出したわけであり、被告人に不利に働く弁護活動とも評価することができる。このような被告人の自己決定権を無視する態度は問題があるといえるであろう。

II 接見の確保と身体拘束からの解放

―●ケース153●―

A弁護士は、覚せい剤取締法違反被告事件の被告人Xの弁護人であるが、Xから早期の保釈請求書の提出を求められ、Xの父であるQに対して保釈保証金の工面と身柄引受人となることを要請した。ところが、Qは、「Xは、これまでさんざん親に迷惑をかけてきたので、判決まで拘置所に入れたままにして十分に反省させたい」といって、保釈手続に協力しない。Qのほかに身柄引受人の適任者はおらず、保釈保証金を提出できる者もいない。

A弁護士は、保釈請求をしなくともよいか。

主な検討対象条文

○職務基本規程

（接見の確保と身体拘束からの解放）

47条　弁護士は、身体の拘束を受けている被疑者及び被告人について、必要な

277

> 接見の機会の確保及び身体拘束からの解放に努める。

【解　説】

1　接見の機会の確保と身体拘束からの解放

　国際連合の「弁護士の役割に関する基本原則」第7原則は、「政府は、さらに、刑事上の嫌疑を受けていると否とを問わず、逮捕または抑留された者が、遅滞なく、遅くとも逮捕または抑留の時から48時間以内に弁護士へのアクセスができるよう保障するものとする」と定め、第8原則は、「逮捕、抑留または拘禁された者は、遅滞、妨害あるいは検閲なく、完全な秘密を保障されて、弁護士の訪問を受け、ならびに弁護士と通信、相談するための十分な機会、時間および設備を与えられるものとする」と定めているが、職務基本規程47条は、これを受けた規定である（日弁連弁倫委・解説118頁）。

　「接見の機会の確保」とは、家族その他の者との接見も含めて、被告人との接見が円滑にできるように努めること、接見禁止が付されているときにその解除に努めることをいい、身体拘束からの解放とは、勾留理由開示（刑訴82条）、勾留取消請求（刑訴87条）、交流の執行停止の申立て（刑訴95条）、保釈請求（刑訴88条）等の手続をとること、釈放を求める意見書の提出、被害者との早期示談の成立等をいう（日弁連弁倫委・解説119頁）。

2　ケースの検討

［ケース158］

　A弁護士としては、Qを強く説得して保釈請求に対する協力をとり付けるべきであり、Qの意見に盲従してはならない。A弁護士は、被告人Xの弁護人として、Xの身体拘束を解くことに全力で当たらなければならない。

III 防御権の説明・助言

> ● ケース159 ●
>
> 　A弁護士は、大麻取締法違反（使用）で逮捕・勾留されたXの弁護人であるが、Xは、大麻吸引の事実を否認し、完全黙秘を貫いていた。しかし、A弁護士は、取調べ警察官に面会したときに、共同吸引の被疑者Yが全面的に自白しているので、証拠は揃っている旨を聞いていたため、Xは大麻の吸引をしたものとの確信を持っていた。そこで、A弁護士は、Xに対し、「完全黙秘をしても無駄だと思います。早く自白すれば、警察の取調べも穏やかになるし、裁判でも情状が良くなりますよ」といって、自白を勧めた。
> 　A弁護士の行動に問題はあるか。

主な検討対象条文
○職務基本規程
（防御権の説明等）
48条　弁護士は、被疑者及び被告人に対し、黙秘権その他の防御権について適切な説明及び助言を行い、防御権及び弁護権に対する違法又は不当な制限に対し、必要な対抗措置をとるように努める。

【解　説】

1　黙秘権その他の防御権

　黙秘権は憲法38条1項、刑事訴訟法311条1項によって保障され、そのほかにも被告人・被疑者の**防御権**を保障する規定が刑事訴訟法その他の法令にある。弁護人は、この防御権について適切な説明と助言を行い、防御権に対する違法または不当な制限に対しては、対抗措置を講じるように努めなけれ

ばならない。

2 黙秘の勧め

弁護人が被告人・被疑者に対して黙秘権の存在を知らせるだけではなく、被告人・被疑者を取り巻くさまざまな事情にかんがみて黙秘権を行使すべきかどうかを的確に判断し、被告人・被疑者に対してその行使を勧めることは、その責務であるというべきである。このような**黙秘の勧め**に対し、検察官などから捜査の妨害であるとの批判がなされることがあるが、弁護人の役割に関する理解ができていないというべきである。この点につき、東京地判平成6・12・16判時1562号141頁が当番弁護士による黙秘の勧めは有害無益であったと述べたことにつき、日弁連が「黙秘権の行使が仮に捜査の進行に支障を来したとしても、それは法の予定するところであって、これを捜査妨害として非難される事柄ではない」と批判している例が参考になる（武井ほか・刑事弁護50頁。なお、佐藤博史・前掲刑事弁護の技術と倫理70頁参照）。

3 ケースの検討

[ケース159]

A弁護士は、被疑者の意思に反して自白を勧めており、黙秘権の意義に関する理解をしていないといわれてもやむを得ないであろう。被告人が完全黙秘で貫くという意思決定をしている以上、その自己決定権を尊重すべきであり、弁護人としては、黙秘権の意義、その行使による利害得失を十分に説明すべきである。

Ⅳ　利益相反行為

―● ケース155 ●―

A弁護士は、傷害致死事件の共同正犯として起訴された被告人XとY両名の弁護人になった。受任時点ではXとYとも起訴事実を全面的

に認めていたが、弁護側の情状立証の段階になって、XはYが主犯であると主張し、YはXが主犯であると主張するに至った。

A弁護士は、どうすべきか。

● ケース156 ●

B弁護士は、Q株式会社の顧問弁護士であるが、Q社の社長Rから、社員Xが業務従事中に起こした自動車運転過失致死事件の弁護人を依頼され、受任した。ところが、Xに接見すると、「Q社の過酷な時間外勤務によって精神的にも肉体的にも疲労困憊していたことが原因で居眠り運転をしたために本件事故を引き起こした」と述べた。

B弁護士は、どうすべきか。

主な検討対象条文

○弁護士法

（職務を行い得ない事件）

25条　弁護士は、次に掲げる事件については、その職務を行つてはならない。ただし、第3号……に掲げる事件については、受任している事件の依頼者が同意した場合は、この限りでない。

　一　相手方の協議を受けて賛助し、又はその依頼を承諾した事件

　三　受任している事件の相手方からの依頼による他の事件

○職務基本規程

（職務を行い得ない事件）

27条　弁護士は、次の各号のいずれかに該当する事件については、その職務を行ってはならない。ただし、第3号に掲げる事件については、受任している事件の依頼者が同意した場合は、この限りでない。

　一　相手方の協議を受けて賛助し、又はその依頼を承諾した事件

　三　受任している事件の相手方からの依頼による他の事件

（同前）

28条　弁護士は、前条に規定するもののほか、次の各号のいずれかに該当する

事件については、その職務を行ってはならない。ただし、……第2号に掲げる事件についてその依頼者及び相手方が同意した場合並びに第3号に掲げる事件についてその依頼者及び他の依頼者のいずれもが同意した場合は、この限りでない。
二　受任している他の事件の依頼者又は継続的な法律事務の提供を約している者を相手方とする事件
三　依頼者の利益と他の依頼者の利益が相反する事件

【解　説】

1　共犯者の同時受任

共犯者の同時受任については、大きく分けて2つの考え方がある。①禁止説；共犯者間では利害対立が起きる可能性を常に内包しており、顕在化していなくとも潜在的には利益相反があること、利害相反する複数被告人の弁護を同時受任すれば、個々の被告人に対する誠実義務を全うすることができないことを理由として、同時受任は禁止されるとする、②許容説；共犯者の自己決定権を尊重すべきこと、刑事訴訟規則29条5項は、被告人の利害が相反しないときには同一の国選弁護人に複数の弁護をさせることにしていること、同時受任によって、共犯者間の接見交通による意思疎通の迅速化、弁護方針の共通化、弁護費用の低廉化等が実現できること等を理由として、利害対立が顕在化していない限り、共犯者の同時受任は差し支えないとする。

しかし、禁止説も、共犯者の同時受任を弁護士法25条3号、職務基本規程27条3号の問題として捉えれば、他方の共犯者の同意があれば禁止が解除されることとなり、職務基本規程28条3号の問題として捉えても、共犯者全員の同意があれば、禁止は解除される。弁護士法25条1号または2号、職務基本規程27条1号または2号の問題として捉えると、他方の共犯者の同意があっても禁止の解除がないため、厳格に過ぎる結果になるというべきであろう。基本的には、禁止説の考え方をベースにしつつ、共犯者全員の同意による許容を行うこととし、全員の真摯な同意があれば同時受任は可能であると考え

るのが現実的であろうか（武井ほか・刑事弁護136頁、日弁連弁倫委・解説117頁）。なお、複数の被告人に同一の国選弁護人を選任できる場合である「被告人の利害が相反しないとき」（刑訴規29条2項・現5項）について、被告人らが全ての公訴事実を認めていても、有罪になれば被告人両名とも死刑を含む極めて重い刑に処せられることが予想され、一方の被告人に有利な事情を主張・立証しようとすると、他方の被告人にとっては不利な事情になる場合は、これに当たらないとした判例（名古屋高判平成9・9・29高刑集50巻3号139頁）がある。

　共犯者の同時受任に関する困難な問題は、当初は利害対立が見られなかったもののそれが顕在化した場合にある。大きく分けて次の2つの考え方がある。①全員辞任説；利害対立が顕在化すれば共犯者の全員に対して均等に誠実義務・守秘義務を厳守することができなくなったのであるから、全員を辞任すべきであるとする、②一部辞任説；共犯者間にも主従があるから、従たる地位の共犯者を辞任すれば足りるとし、それまでの弁護活動との継続性を維持し、弁護費用の節減が図れること、特に**労働公安事件**については、一部辞任の必要性が高いことを理由とする。職務基本規程42条が規定する受任後の利害対立の場面であるが、私は、全員辞任説が基本となると考える（前出198頁）。ただし、共犯者の自己決定権も加味し、**真摯な同意**があれば一部辞任も可能と解することも十分に可能であると思う（武井ほか・刑事弁護141頁。なお、森際・法曹の倫理174頁［笠井治］）。

2　顧問会社の従業員の弁護

　刑事弁護活動を行う過程で被告人の勤務先会社の利益に反する主張・立証をしなければならないことがあるが、職務基本規程28条2号が継続的な法律事務の提供を約している者（典型例は法律顧問先である）を相手方とする事件については、依頼者と相手方双方の同意をとらない限り、職務行為を行ってはならないと規定していることにかんがみ、被告人の勤務先会社の顧問弁護士は、この規律に従うことが求められる。すなわち、顧問先の会社自体を相

手方とする事件ではないものの、顧問先の利益を害する主張・立証をするについては、依頼者である被告人と顧問先の双方の同意を得なければならないと解される。

3　ケースの検討

[ケース156]
　A弁護士は、XとYの双方の弁護人を辞任するのが原則であると考える。ただし、一方当事者の真摯な同意があれば、一方のみを辞任することもできると解する余地は十分にある（ケース108を参照）。

[ケース157]
　B弁護士は、顧問先であるQ社の同意を得れば、Q社が過酷な時間外労働をXに強いたことを主張・立証することができるが、Q社の同意はとれないであろう。そうすると、Xに対する誠実義務を尽くすことができないから、Xの弁護人を辞任することとなるほかはない。

第3節　国選弁護における倫理

　国選弁護制度は、貧困その他の事由によって弁護人を選任することができない被告人、死刑または無期もしくは長期3年を超える懲役もしくは禁錮に当たる事件について勾留状が発せられている場合において貧困その他の事由により弁護人を選任することのできない被疑者のために国が弁護人を付する制度である（憲37条3項、刑訴36条・37条の2）。職務基本規程は、この国選弁護制度の適正・公正な運営をするための規律を定めている。

第3節 国選弁護における倫理

I 対価の受領

● ケース157 ●

　A弁護士は、窃盗事件の被告人Xの国選弁護人に選任された。被害者Yとの間で示談をすべく、Xの母Qに連絡を取り、Y宅に赴くこととした。そして、待ち合わせたJ駅に行くと、QがY宅のある隣の駅までの切符を2枚買ってあり、1枚をA弁護士に差し出した。切符の金額は、150円であった。

　A弁護士は、その切符を受け取ってよいか。

　Qが、示談が無事に成立した際、のし袋に入った1万円を差し出し、「A先生には本当にお礼の言葉がありません。ささやかなお礼の気持ちですので、ぜひ受け取ってください」といわれた。受け取ってよいか。

　Xに対し執行猶予付判決がおり、それが確定した後の真夏の暑い日に、Qが自分の畑で作ったからといって西瓜1個を持参した。受け取ってよいか。

● ケース158 ●

　B弁護士は、傷害事件の被告人Xの国選弁護人に選任され、Q拘置所でXに接見した。Xは、「被害者R氏と何とか示談をして執行猶予付判決をもらいたいのですが、今は示談金がありません。ただ、私は、1年前に、3社の消費者金融からの多重債務について父親にお金を借りて一括返済したことがあります。消費者金融からの借入れと返済は10年くらい続きましたので、過払金があるのではないかと思います。過払金の返還請求手続をしてもらい、それを示談金に充てたいのです」と言い出した。B弁護士は、Xから委任状をもらい、消費者金融3社に対して取引履歴の開示を求め、利息制限法所定利率による引直計算をしてみると、150万円の過払金があることが判明し、これらと交渉した結果150

万円の返還を受けることができた。B弁護士は、その返還金のうちの100万円をもって被害者Rと示談を成立させ、無事に執行猶予付判決を得ることができた。

　B弁護士は、Xの了解のもとに、残額の50万円を過払金返還請求事件の弁護士報酬に充当してよいか。

主な検討対象条文
○職務基本規程
（国選弁護における対価受領等）
49条　弁護士は、国選弁護人に選任された事件について、名目のいかんを問わず、被告人その他の関係者から報酬その他の対価を受領してはならない。

【解　説】

1　対価の意識

　国選弁護人に対する旅費、日当、宿泊料および報酬は、裁判所予算の執行の形で日本司法支援センターを経由して国庫から支払われており、それにもかかわらず国選弁護人が被疑者・被告人その他の関係人から弁護活動の対価を別途受領すれば、国選弁護人の職務の公正を疑わせ、国選弁護制度自体に対する国民の信頼を根底から崩すことになる。そこで、国選弁護人は、名目のいかんを問わず報酬その他の対価の受領が禁止される。

　「対価」の受領とは、金銭の受領のみではなく、物品の受領、サービスの享受、権利の譲受け等も含まれる。社会的儀礼の範囲内にある贈答については、対価に当たらないとする考えもあるが、現金またはこれに準ずるもの（商品券等）については、社会的儀礼の範囲内の金額であっても、対価に当たると解される（武井ほか・刑事弁護396頁、東京三会有志・理論と実務179頁〔吉田武男〕）。社会的儀礼の範囲内にあっても国選弁護事件に関しては何ら

の金品も受け取らないという姿勢に徹しておくのが賢明である（森際・法曹の倫理167頁［笠井治］）。

　国費からの支払いが受けられない被告人用の調書のコピー代金、当事者鑑定の費用等の「**実費**」については、これを受け取ることが対価の受領に当たるかが問題とされる。名目のいかんを問わないから実費名目であっても禁止されるとする考え方と受領が禁止されるのは国選弁護活動と対価性がある報酬ないしこれに準ずるものをいうのであって、実費は対価に当たらないとする考え方に分かれる。脱法行為とされることを回避するためにも厳格解釈が望ましいが、極めて低額に抑えられている国選弁護報酬の現実をかんがみると、実費を受領しても職務基本規程49条違反とはならないと解してもよいであろう（日弁連弁倫委・解説124頁）。

2　示談交渉

　被害者がある事件について被害弁償を行うことは、国選弁護人の重要な任務の一つである。被害者と示談交渉を行い、示談書を作成したうえで示談をすることは、国選弁護事件の一部をなすものといわなければならない。したがって、被害弁償のための示談交渉を国選弁護事件とは別の民事事件であるとして報酬を受領することは許されない。これに対し、弁償金・示談金を捻出するために、当該刑事弁護事件とは別個と観念され、相当な労力、時間、費用がかかる民事事件（たとえば、**過払金返還請求事件**、所有不動産売却交渉事件等）を受任したときには、その民事事件の弁護士報酬を受領しても、「事件についての報酬」の受領には当たらないと解される（日弁連弁倫委・解説125頁、武井ほか・刑事弁護388頁）。ただし、その場合であっても、報酬その他の対価の受領の潜脱行為といわれないよう注意が必要であろう。

3　ケースの検討

［ケース157］
　Ａ弁護士が150円の切符を受け取ってよいかについては、示談のための交

通費が国庫から支払われるかに関連する。現在、一定の示談の成立について は国選弁護人報酬の増額で対応しており、示談のために要した交通費も国費 によって実質的に賄われているといえる。そうだとすると、切符代は、国選 弁護事件の報酬その他の対価に当たるというべきであろう。現実問題として は、切符自体を返却するのではなく、礼を言ったうえでQに150円を渡すこ ととなろう。

のし袋に入った1万円は、国選弁護事件についての報酬そのものであり、 絶対に受け取ってはならない。社会的儀礼の範囲内ということはできない。

Qが自分の畑で作った西瓜については、社会的儀礼の範囲内であることが 明らかであるとする考え方と国選弁護制度に対する国民の信頼を確保するた めにも受け取るべきではないとする考え方に分かれるであろう。私は、西瓜 の価値、Qの善意、そのまま持って帰らせることの苦労等を考えると、前者 に与したい（同旨・東京三会有志・理論と実務180頁［吉田武男］）。あなたはど うであろうか。

[ケース158]

B弁護士が示談金を捻出するために傷害被告事件とは全く別個と認められ る過払金返還請求事件をXから受任し、返還請求に成功した場合に、着手 金と報酬金をXに請求したとしても、国選弁護事件についての報酬その他 の対価を受け取ったとはいえないということになろう。ただ、私が複数の弁 護士会の倫理研修でこのケースを出題すると、かなりの数の弁護士が一切の 弁護士報酬を受け取らないと回答している。参考にしていただきたい。

II　私選弁護への切り替え

●ケース159●

A弁護士は、傷害事件の被告人Xの国選弁護人に選任され、被害者 であるQとの間で示談交渉をすることになったが、その打ち合わせの ためにXの父Yに事務所に来てもらい、相談していたところ、国選弁

護報酬の話になり、地元の資産家であるYは、「そんな低額な報酬では申し訳ない、私選弁護人になってもらうことはできないのですか。A先生の報酬は、私が支払います。国選弁護にしたのは、知っている弁護士さんがいなかっただけなのです」と申し向けた。A弁護士は、「私は、国選弁護であろうと私選弁護であろうと、最善の弁護活動をすることにしています。どうぞご心配なく」と回答したが、Yは、執拗に私選弁護への切り替えを求め、Yの話を受けたXからも再三私選弁護への切り替えを求められた。

　A弁護士は、どうすべきか。

主な検討対象条文
○職務基本規程
（国選弁護における対価受領等）
49条　（1項略）
2　弁護士は、前項の事件について、被告人その他の関係者に対し、その事件の私選弁護人に選任するように働きかけてはならない。ただし、本会又は所属弁護士会の定める会則に別段の定めがある場合は、この限りでない。

【解　説】

1　私選弁護への切り替えの働きかけ

　国選弁護事件について**私選弁護**へ切り替えることの働きかけ行為が禁止されるのは、国選弁護全体の職務の公正さを疑わせ、ついには国選弁護制度自体の公正さを害するに至ると考えられるためである（日弁連弁倫委・解説123頁）。国選弁護人に選任された者は、被告人その他の関係者から私選弁護への切り替えを提案されたからといって軽々に承諾してはいけないのであって、国選弁護でも私選弁護と何ら変わらない最善の弁護活動をすることを十分に説明しなければならない。国選弁護人は、被告人等と直接の委任契約関係が

成立するわけではないが、委任の趣旨が準用され、被告人等に対する関係では善良な管理者としての注意義務を負うものであって、弁護人として尽くすべき義務の内容、範囲は、私選であると国選であるとで異ならないのである（東京地判昭和38・11・28下民集14巻11号2336頁、東京地判平成11・1・26判タ1041号220頁）。

2　弁護士会の会則の定め

　私選弁護への切り替えは、日本弁護士連合会または所属弁護士会の会則に別の定めがあるときは許容されるが、たとえば、「やむを得ない事由がある場合に、刑事弁護委員会の議を経て、会長の承認を得たとき」というような定めである。全国の弁護士会では、おおむねこのような制度を設けている。

3　ケースの検討

［ケース159］

　A弁護士としては、国選弁護の制度趣旨を説明し、切り替えに応じない姿勢を取っているが、そのことで被告人との信頼関係に決定的な亀裂が入るようであれば、私選弁護に切り替える正当な理由があるといえるから、所属する弁護士会の会則に定める所定の手続を踏むようにしてよいと考える。

第7章　相手方・他の弁護士との関係における倫理

　弁護士の職務は、当事者その他の関係人からの依頼または官公署の委嘱によって法律事務を行うことであり（法3条1項）、依頼者に対しては委任契約上の善管注意義務（民644条）を負担し、依頼者のために最善を尽くすことが求められる。したがって、弁護士が受任した事件の相手方、その相手方の代理人を務める弁護士に対して特別の配慮をすることは、依頼者に対する背信行為となってしまうはずである。しかし、弁護士は、依頼者の代理人という側面のほかに、プロフェッションとしての公共的責務を負っている。この点から、弁護士には、相手方やその弁護士に対しても一定の行動規範が求められることとなる。

第1節　相手方の関係における倫理

　弁護士が受任事件の相手方本人に対する配慮をすべき場面は、交渉過程、提訴過程、訴訟遂行過程、執行過程等さまざまなところにある。そして、弁護士がプロフェッションとして社会公共のために尽くす職とされることに基づき、依頼者の私益の実現のみに特化し、相手方の権利・利益を省みないことに終始することは許されないとされる。判例にも、依頼者から土地売却を依頼された弁護士がその土地上にある建物を**自力救済**として取り壊すであろうことを察知しながら不動産業者に土地所有権と建物持分を売却し、やがて建物が不動産業者によって居住者に無断で取り壊された案件について、「弁護士は、自己の受任した法律事務に関連して違法な行為が行われるおそれがあることを知った場合には、これを阻止するよう最大限の努力を尽くすべき

ものであり、これを黙過することは許されない」とされ（東京地判昭和62・10・15判タ658号149頁）、児童売春、児童ポルノに係る行為の処罰及び児童等の保護に関する法律違反で逮捕起訴された被告人の弁護人となった弁護士が被害者に対して強引かつ一方的に面談と示談を求めた行為について、社会的相当性を逸脱した違法なものであるとされている（高松高判平成17・12・8判時19391号36頁。髙中・弁護過誤335頁）。これらは、弁護士に対し、依頼者利益の最大化のみに徹して相手方の権利・利益を無視してはならないことを指摘するものというべきである。

このような**相手方に対する配慮義務**の実定法上の根拠としては、弁護士法1条2項の誠実義務に求めることができると考える。加藤・弁護士倫理149頁は、弁護士法1条2項の**誠実義務**は、弁護士が専門的知識・技能を活用して依頼者の利益のみならず関わりを生じた第三者の利益をも害することのないように職務を遂行すべき注意義務として理解すべきであり、依頼者に対する忠実義務、第三者に対する一般的損害発生回避義務・一般的法益侵害回避義務・公益配慮義務とにパラフレイズすべきであるとする（加藤・役割論367頁）。

なお、この第三者に対する配慮義務については、弁護士の誠実義務のところで取り上げているので、参照されたい（前出52頁）。

I　直接交渉

● ケース160 ●

　A弁護士は、Xから、Yに対する500万円の売買代金請求事件を受任し、同訴訟を提起したところ、Yは、Q弁護士を訴訟代理人に選任して、第1回口頭弁論期日で売買代金請求が信義則違反である旨を主張した。この信義則違反の主張が認められる見込みはほとんどなかったが、Q弁護士は、あくまで主張を維持した。ところが、第2回口頭弁論期日前に、A弁護士の事務所にY本人が現れ、「7割の350万円を即金で支

払うので、早急に訴訟を取り下げてほしい」といい、350万円の現金を差し出した。A弁護士は、Xの了解をとるとともに、Q弁護士に電話したところ、3週間の海外出張中とのことで連絡がとれなかった。そこで、A弁護士は、350万円を受け取り、Y本人の同意を得て訴訟を取り下げた。

A弁護士の行動に問題はあるか。

● ケース161 ●

B弁護士は、Xから、Yに対する建物明渡請求事件を受任し、同訴訟を提起したところ、Yは、Q弁護士を依頼し、借地借家法28条に規定する正当事由がないことを主張して全面的に争った。B弁護士は、Xに対して勝訴が難しい旨を話したところ、Xは、「私がいつも使っている不動産業者のRさんに本件訴訟のことを話したら、裁判外で話しを付けてみせるというのです。Rさんにお願いしてよいでしょうか」といってきた。B弁護士は、Q弁護士が和解に応じる姿勢を全く示していなかったことから、Rの交渉でYが軟化することを期待し、Xに対し、RがYと交渉することを了解した。

B弁護士の行動に問題はあるか。

主な検討対象条文

○職務基本規程

（相手方本人との直接交渉）

52条　弁護士は、相手方に法令上の資格を有する代理人が選任されたときは、正当な理由なく、その代理人の承諾を得ないで直接相手方と交渉してはならない。

第7章　相手方・他の弁護士との関係における倫理

【解　説】

1　相手方との直接交渉の禁止

相手方に法令上の資格を有する代理人（弁護士のほか、司法書士、弁理士等）が選任されているときに相手方本人との**直接交渉**をすることが禁止されるのは、法令上の資格を有する者を代理人とする制度を実効あらしめようとする趣旨に基づく（日弁連弁倫委・解説133頁）。ただ、弁護士は法律専門家として非専門家である相手方に対して優越的地位にあるから、そのような相手方の利益を適正に擁護しようとする趣旨もあると考えられる。アメリカでも同様の規律があり、**接触禁止条項**と呼ばれている。

相手方が法人であるときに直接交渉を禁止されるのは、当該事件について処理方針や結果の決定権限を有する役員であるのが通例であるが、当該事件の処理に責任を負っている従業員も含まれると解すべきであろう（ロナルド.D.ロタンダ＝当山尚幸訳・概論アメリカの法曹倫理（彩流社・2012）267頁）。

直接交渉は相手方代理人の承諾があれば許されるが、相手方代理人が代理人の地位にとどまり続ける場合には、直接交渉の範囲もかなり限定されることとなろう。なお、相手方本人に対する意思表示・観念の通知（契約解除通知、時効中断の催告等）は交渉には当たらないが、直接交渉の手段としてその通知がなされれば、職務基本規程52条の制約に服すると解される（日弁連弁倫委・解説134頁）。

2　正当な理由による解除

「正当な理由」がある場合とは、直接交渉をする緊急性・必要性があり、相手方本人にことさら不利益を与えるおそれも少ないと認められる場合をいい、相手方代理人側の事情によって長期間連絡がされない場合、相手方代理人が懲戒処分を受けて業務を行えなくなった場合、相手方代理人が再三にわたる連絡に応答せず、それが相手方本人の意思に基づくものではないと認められる合理的な事情がある場合は、正当な理由があると考えられる（日弁連

弁倫委・解説134頁。なお、東京三会有志・理論と実務193頁［安西愈］参照)。

3 ケースの検討

[ケース160]

　A弁護士は、相手方本人Yから和解締結と訴訟取下げを提案され、これに同意しようと考えてY代理人のQ弁護士の承諾を得ようとしたところ、Q弁護士が3週間の海外旅行に出かけて連絡がとれないことから、Q弁護士の承諾なく和解を締結し、訴訟の取下げも行ったのであるが、一応は「正当な理由」があるといえよう。しかし、現在は、インターネット通信が世界の隅々で可能であり、また、時差の問題はあるものの、海外在住者との電話連絡もほとんど支障がなくなっているから、事務職員から海外出張中と聞かされて直ちに相手方本人と直接交渉してもよいと即断することは危険である。また、Yが相当に狡猾な性格であって、後になって和解成立過程についてクレームを付けてくる可能性もないではない。注意が必要である。

[ケース161]

　B弁護士は、相手方のY本人に対して直接交渉するわけではなく、不動産業者RをしてYとの交渉に当たらせることの承諾をしたものであり、職務基本規程52条に正面から違反するわけではない。しかし、B弁護士は、相手方Y代理人Q弁護士の強硬な姿勢に手を焼いていたのであり、Rを「使者」として直接交渉させることにしたと評価することができると思われる。たとえば、RがYに対して脅迫などの行為に出た場合、B弁護士に責任転嫁することも十分に想定しておかなければならない。B弁護士は、Rによる裁判外での交渉を承認してはならない。

II　相手方からの利益供与

● ケース162 ●

　A弁護士は、Q市に住むXから、Yに対する建物明渡請求事件を受

任し、P地方裁判所Q支部に訴訟を提起した。しかし、同支部は、JRのQ駅から交通の便が極めて悪く、午前10時の開廷時間に間に合わせるにはタクシー代3000円をかけていかなければならなかった。A弁護士は、午前10時の口頭弁論期日に出頭するためQ駅でタクシーを待っていたところ、近くに被告Y代理人のK弁護士が立っており、そこにYが自家用車で迎えに来た。そして、K弁護士が「タクシーもなかなか来ませんので、一緒に乗っていきませんか」と誘ってくれたため、時間に遅れまいと考え、A弁護士は、Y運転の自動車に同乗して裁判所に向かった。

　A弁護士およびK弁護士の行動に問題はあるか。

● ケース163 ●

　B弁護士は、Q株式会社の任意整理を依頼された。Q社は、相当数の不動産を所有しており、その中にはマンション建設に適する土地も含まれていた。ある日、不動産業者Xの訪問を受け、ぜひQ社所有物件の仲介をさせてほしいと依頼され、名刺代わりだといって2000円の和菓子を差し出された。

　A弁護士は、お菓子ぐらいなら社会的儀礼の範囲内だと思い、受け取ったが、問題はあるか。

　Xが、後日、1万円相当のワインの詰め合わせをお歳暮として送ってきたときは、どうすべきか。

主な検討対象条文
○弁護士法
（汚職行為の禁止）
26条　弁護士は、受任している事件に関し相手方から利益を受け、又はこれを要求し、若しくは約束をしてはならない。

○職務基本規程
（相手方からの利益の供与）
53条　弁護士は、受任している事件に関し、相手方から利益の供与若しくは供応を受け、又はこれを要求し、若しくは約束をしてはならない。

【解　説】

1　汚職行為の禁止

　弁護士法26条の**汚職行為**の禁止は、弁護士の職務執行の公正と誠実性を担保しようとする趣旨に基づくものであり（最判昭和36・12・20刑集15巻11号1902頁）、職務基本規程53条も、同様である。

　「受任している事件」とは、現に受任して処理中の事件をいい、将来受任が予定されている事件や過去に受任した処理を終えた事件は含まない。また、「相手方」とは、相手方本人のほかに、実質的にみてこれを同視しうる程度に依頼者と利害が対立する者をいうと解されるが、相手方の代理人である弁護士が独自の判断で行動している場合は、相手方に含まれないと解すべきである（髙中・概説139頁）。

　また、「利益」とは、弁護士の需要や欲求を満たすに足りる利益をいい、報酬や謝礼のほか、裁判所出頭のための日当、旅費等の実費弁償の性質を持つものも含まれる（前掲最判昭和36・12・20）。狡猾な相手方は、時に「将来先生には美味しい事件を依頼（紹介）しますから、この事件は特段の配慮をお願いします」等と申し向けて、将来の事件依頼・事件紹介をちらつかせることがあるが、これも場合によっては利益となる。なお、職務基本規程53条は、「**供応**」も禁止するが、これは酒食を共にしてもてなす行為をいう。

2　ケースの検討

［ケース162］
　A弁護士は、Yの自家用車に同乗することによって3000円のタクシー代

の負担を免れたのであるが、利益の多寡は問わないから、利益の供与を受けたことになる。K弁護士としては、善意から出た行為であるが、利益の供与をしてしまったことになる。もっとも、A弁護士もK弁護士も、いわゆる賄賂性の認識がなかったと思われるので、その点から弁護士法26条違反、職務基本規程53条・54条違反とはいえないであろう。

依頼者は、えてして相手方代理人と親しく談笑している自分の弁護士を「つるんでいる」と勘ぐるものであることを肝に銘じておく必要がある。

［ケース163］

B弁護士は、事件の相手方ではない不動産業者Xから不動産仲介の仕事を得ようという魂胆のもとに名刺代わりのお菓子を差し出され、これを受け取ったものであるが、弁護士法27条、職務基本規程53条の相手方の要件を満たしていない。しかし、相手方ではないとの一事でこの行為を是認してよいであろうか。社会的儀礼の範囲内であっても賄賂性を帯びることがあるから、やはり清廉な行動が求められるのではないだろうか。季節の贈答であっても、同様である。

III 弁護士からの利益供与

●ケース164●

A弁護士は、被相続人Qの相続人であるXから、共同相続人Yに対する遺産分割請求事件を受任し、遺産分割方法についてYとの協議を続けていた。しかし、Yは、Xの提案する遺産分割方法になかなか納得しなかったため、A弁護士は、Yに連絡を取り、銀座の高級フランス料理店で食事をご馳走し、さらに高級クラブにも連れて行って、何とかXと円満に遺産分割案をまとめてほしいと要請した。

A弁護士のYに対する交渉の方法に問題はあるか。

● ケース165 ●

　B弁護士は、Qの依頼を受けてRに対する所有権移転登記抹消登記手続請求訴訟を提起したところ、RにはX弁護士が代理人に就任した。B弁護士は、訴訟の見通しが明るくないため、早期に和解による解決をしようと考え、X弁護士に電話をかけ、弁護士会館で面談することとしたが、面談当日、B弁護士は、「近くの喫茶店でお茶でも飲みながら話をしませんか」と持ちかけ、喫茶店のコーヒー代1000円をX弁護士の分も含めて全部を支払った。

　B弁護士の行動に問題はあるか。

　コーヒー代ではなく、高級寿司店の飲食費も支払った場合はどうか。

主な検討対象条文
○職務基本規程
（相手方に対する利益の供与）
54条　弁護士は、受任している事件に関し、相手方に対し、利益の供与若しくは供応をし、又は申込みをしてはならない。

【解　説】

1　弁護士の利益供与行為の禁止

　弁護士法26条、職務基本規程53条は、弁護士が利益供与を受けることを禁止するが、反対に弁護士から**利益供与**をすることが許容されるはずもない。職務基本規程54条は、このような趣旨から規定されたものである。

　利益供与の「相手方」とは、受任事件の当事者と利害が対立する者をいい、相手方本人のほかにその代理人も含まれると解される（日弁連弁倫委・解説139頁。なお、東京三会有志・理論と実務198頁［山口健一］参照）。

第7章　相手方・他の弁護士との関係における倫理

2　ケースの検討

[ケース164]

A弁護士の相手方Yに対する行動が供応に当たることは当然である。「利益」は、人の需要または欲求を満たすに足りる利益一切をいい、報酬や謝礼の性質を有するものはもちろん、実費弁償の性質を有するものも含まれる。金額の多寡を問わない。

[ケース165]

B弁護士が依頼事件の相手方代理人であるX弁護士にコーヒー代500円をご馳走する行為は、社会的儀礼の範囲内とする考え方もあろうが、B弁護士がX弁護士に対する供応の意思があれば、金額の多寡を問わず、職務基本規程54条違反となると考える。高級寿司をご馳走するのは、どう考えても供応に当たるであろう。

第2節　他の弁護士との関係における倫理

旧弁護士倫理は、他の弁護士との関係における規律として8か条（43条から50条まで）にわたる規定を置いていたが（巻末資料395頁を参照）、職務基本規程では、4か条（70条から73条まで）に減少している。一部には、事件の相手方との関係における倫理に移行した規定もあるが、身内意識、かばい合いという疑いを抱かれるような規定が排除され、弁護士間における正当な相互批判、依頼者主権に立脚する適正な競争は認められなければならないという思想がかなり浸透したと考えられる。しかし、そうはいっても、他の弁護士との関係を軽く見てよいというわけではない。

他の弁護士とどのような関係を築いていくべきかを考察することとする。

I　名誉と信義の尊重

――●ケース166●――

　A弁護士は、Qから、Pに対する建物明渡請求事件を受任し、同訴訟を提起したが、被告P訴訟代理人のX弁護士は、請求の趣旨に対する答弁を記載したのみの答弁書を提出し、第1回口頭弁論期日には欠席した。そして、次回期日については、差し支えを理由として2か月先とし、その第2回期日にも病気を理由として欠席した。A弁護士は、X弁護士の態度に激怒し、「X弁護士は、理由のない引き延ばしをする無責任極まる弁護士である。X弁護士は、弁護士全体の恥だ」とQに話した。
　A弁護士の言動に問題があるか。
　A弁護士が、同期の弁護士数名が集まった席上で同様の発言をし、「X弁護士は要注意の弁護士だ」といった場合はどうか。

――●ケース167●――

　B弁護士は、Qから、原告Pが提起した貸金請求訴訟の被告訴訟代理人を受任してくれるよう依頼を受け、これを受任した。Qは、「お金は何とか工面するので、早く和解でまとめてほしい」と言ってきたが、B弁護士は、過去にもQの代理人として多重債務整理の仕事をしたことがあり、お金を工面するといいながら何度も反故にするいい加減な性格であることをよく知っていた。しかし、和解ができた後の不履行は弁護士の責任でないと考え、不履行の可能性が極めて高いこと、その結果P代理人のX弁護士がPから責められることになることを十分に予見していたにもかかわらず、「Qには必ず履行するよう私からも厳しく注意しておきますので、ご心配はいりません」等とX弁護士に申し向けて、分割支払いの和解を成立させた。はたして、Qは、1回も和解金の支払いをせずに雲隠れし、X弁護士は、Pから見通しの甘さを責められ

るに至った。
　B弁護士の行動に問題はあるか。

主な検討対象条文
○会則
13条　弁護士は、法廷の内外を問わず、裁判官、検察官及び同僚に対して礼節を守るとともに、公私混同の態度があってはならない。
○職務基本規程
（名誉の尊重）
70条　弁護士は、他の弁護士、弁護士法人及び外国法事務弁護士（以下「弁護士等」という。）との関係において、相互に名誉と信義を重んじる。

【解　説】

1　名誉と信義の尊重

　職務基本規程70条は、職務基本規程6条が定める規律を他の弁護士の関係において規定したものである。民事紛争における当事者はえてして感情が激化し、相互に憎悪の言動に走ることがまま見受けられるが、弁護士は、冷静な判断力を失うことなく、法律専門家としての自覚に基づき、弁護士相互間において名誉と信義を尊重しながら紛争を適切に解決することが求められている（日弁連弁倫委・解説168頁）。

2　弁護士に対する懲戒請求

　弁護士に対する**懲戒請求**が不法行為を構成する場合につき、最判平成19・4・24民集61巻3号1102頁は、懲戒請求が事実上または法律上の根拠を欠く場合において、請求者がそのことを知りながら、または通常人であれば普通の注意を払うことによりそのことを知り得たのに、あえて懲戒を請求するなど、懲戒請求が弁護士懲戒制度の趣旨・目的に照らし相当性を欠場合は、違法

な懲戒請求となるとしている。

3　ケースの検討

[ケース166]

　X弁護士の怠慢または不当な目的による訴訟の引き延ばしは職務基本規程76条に違反するものと認められるが、そうであっても、A弁護士は、誹謗・中傷することがあってはならない。A弁護士は、怒りのあまりであろうが、X弁護士を「無責任極まる弁護士」「弁護士全体の恥」などと依頼者Qの前で罵ってはならない。同期の弁護士の集まりの席上で「要注意の弁護士」と発言することも同様である。なかなか難しいことではあるが、自らを磨くことが求められているのである。

[ケース167]

　B弁護士は、和解の不履行をし、相手方弁護士が依頼者から責められるのをかなりの確度で予見していながら、和解の不履行は弁護士の責任ではないと考えて和解を成立させたわけであるから、相手方弁護士に対して信義に反する行為をしたと考えてよいように思われる。弁護士は和解の履行責任を負うものでは全くないが、和解の不履行がほとんど確実であることを予見していれば、和解を成立させないのが信義に適った行動であろう。

II　不利益に陥れる行為

●ケース168●

　A弁護士は、原告Xクレジット株式会社の被告Yに対する300万円のクレジット代金請求訴訟について、被告Yから依頼を受けた。Yは、A弁護士に対し、「A先生、クレジット代金の支払義務のあることはわかっていますが、とても一括で支払えません。できるだけ長期の分割払いの和解をしてくれませんか。長期分割で和解し、その後わざと分割金の支払いを停止した後に一括払いの提案をすれば、結構値切れると思う

んです。うまくすると、残金の請求をあきらめるかもしれません」と言い出し、5年以上の分割支払いに成功すれば報酬金をはずむとの提案にA弁護士は了解をした。そして、A弁護士は、Yの経済状況を調査もせずに、X社代理人のQ弁護士に対しYにはお金がないと主張し続けて長期分割の和解を成立させた、

　A弁護士の行為に問題がないか。

●ケース169●

　B弁護士は、Xの委任を受けて、Yに対する500万円の貸金請求訴訟を提起したところ、Yは、Q弁護士を訴訟代理人に選任し、第1回口頭弁論期日には、Q弁護士が出席して請求原因を全部認める旨の答弁書を陳述した。弁論終了後、B弁護士は、Q弁護士に対し、Yの資力を尋ねたところ、「Yは、アルバイトで食いつないでおり、長期の分割支払いの方法しかできません」と回答した。B弁護士は、Yからの回収は途中で頓挫する可能性が高いと考え、「Q先生が、裁判外で債務保証をしてくれたら、長期の分割支払いをXに呑ませるようにしましょう」といった。

　B弁護士の言動に問題はあるか。

●ケース170●

　X弁護士は、妻Qから、夫Rの不貞行為を原因とする離婚事件を受任し、調停の申立てを行った。第1回調停期日に、C弁護士がRの代理人として出頭し、不貞行為があったことを認め、離婚する方向で財産分与や慰謝料の離婚給付、子の養育費を次回期日で協議することとなった。ところが、次回期日前にC弁護士からX弁護士に対して電話があり、調停前に弁護士のみで話し合いを持つこととなった。ところが、話し合いの席上、C弁護士は、「驚かれると思いますが、Rには愛人Vとの間にWという子がいます。まだ認知していませんが、このWの存

在をQさんが知れば、調停はかなり紛糾すると思います。また、QさんとRの間の子にとっても、ここでWの存在を知らせるのは好ましくないと考えます。ついては、慰謝料と子どもの養育費の額を大幅に増額させますから、Wの存在を伏せて調停を成立させてくれませんか」と持ちかけた。

X弁護士は、どうしようか迷っているが、C弁護士には問題がないか。

主な検討対象条文
○職務基本規程
（弁護士に対する不利益行為）
71条　弁護士は、信義に反して他の弁護士等を不利益に陥れてはならない。

【解　説】

1　不利益に陥れる行為

　信義に反して相手方の弁護士その他の弁護士を不利益に陥れることは、名誉と信義の尊重を規定した職務基本規程70条に抵触する行為であり、独立して規律することとしたものである。「**信義**」とは、不利益を受けた弁護士が抱く主観的な信義ではなく、自由と独立を重んじ、誠実かつ公正に職務を行うべき弁護士に要求される客観的意味の信義である（日弁連弁倫委・解説169頁）。

2　ケースの検討

[ケース168]

　A弁護士は、長期分割の和解を成立させたうえでわざと和解の不履行を引き起こし、その後に弁済金額を減額させようという不当な目的を知りながら、相手方代理人のX弁護士にはそのことを秘して和解を成立させたわけ

であるから、相手方弁護士を信義に反して不利益に陥れたといってよいであろう。A弁護士としては、Yの主張が職務基本規程31条に規定する「依頼の目的又は事件処理の方法が明らかに不当な事件」に該当することを説得すべきであり、どうしても聞き入れなければ辞任することも検討すべきである。

[ケース169]

B弁護士は、和解の履行を担保するために相手方代理人であるX弁護士に保証を求めているが、弁護士は和解の履行に関する責任を負わないことを無視した自己の依頼者の都合のみを優先させた行為であり、信義に反して不利益に陥れたと評価してよいであろう。

[ケース170]

C弁護士は、X弁護士に対してQの秘密をことさらに暴露し、離婚給付や養育費を多く支払うという甘言を弄して、その依頼者Qの有利に事件を解決しようと策した行為というべきであろう。C弁護士からRの秘密を開示されたX弁護士は、事件の相手方であるRの秘密を守る義務があるわけではないと解されるものの（前出121頁）、依頼者Qにとっての利益は金銭給付が大きいことか、それともRの真実を知ることかについて苦悩することをX弁護士に強いたわけであり、信義に反して不利益に陥れたといってよいと考える。

III 不当介入

●ケース171●

A弁護士は、Qから、「現在医療過誤訴訟をX弁護士に依頼して進めてもらっていますが、どうもはかばかしくありません。X弁護士は、医療過誤訴訟が不得手のようであり、困っています。A先生にスイッチできませんか」といわれた。A弁護士は、「事件記録を拝見させていただきましたが、確かにX先生は要点を突いていません。このままでは敗訴となるでしょう。早く適当な理由を見つけてX弁護士を解任し、

私のところに来てください」と申し向け、X弁護士宛ての「解任通知書」を起案してQに渡した。

A弁護士の行動に問題があるか。

主な検討対象条文
○職務基本規程
（他の事件への不当介入）
72条　弁護士は、他の弁護士等が受任している事件に不当に介入してはならない。

【解　説】

1　不当な介入

弁護士が不当な目的のもとに他の弁護士が受任中の事件に割り込み、自己の事件に切り替えさせる行為は、弁護士の品位を損ない、社会の信頼を失わせることにもなる。しかし、弁護士間における適正な競争が規制されてはならないし、依頼者が持つ**セカンド・オピニオン**（Second Opinion）を求める権利を制限することもあってはならない。職務基本規程72条が「**不当に介入**」と規定したのは、このような趣旨に基づいている（日弁連弁倫委・解説170頁）。

2　セカンド・オピニオン

医療の世界では担当医の診断のほかに別の医師によるセカンド・オピニオンを求めることが相当程度に普及しているが、弁護士の世界でも、ある弁護士が受任している事件について、別の弁護士が法的意見を問われ、セカンド・オピニオンを述べることがある。それが事件受任弁護士の法的見解を誤りであるとしたものであっても、他の弁護士の受任事件に不当に介入したことになるわけではない。むしろ、セカンド・オピニオンを求められたときは、

307

当該弁護士に対する配慮ないし遠慮のみを理由として拒絶してはならないというべきである。しかし、セカンド・オピニオンを求める依頼者は、必ずしも十分かつ正確な情報提供をするとは限らないし、すでに受任している弁護士のみが把握している事実や情報が存在することも稀ではない。また、事件処理には、弁護士の個性が結構表れやすく、安易な否定的意見の表明は回避すべきである。したがって、セカンド・オピニオンを求められたときは、このような事情に配慮して、有利な結果の請け合い（職基29条2項）、不当介入等と見られないような慎重な対応が求められるというべきである（東京三会有志・理論と実務157頁［岡田理樹］）。

3　ケースの検討

［ケース171］

A弁護士がX弁護士の訴訟遂行に関する意見を述べたこと自体は、不当介入に当たるわけではない。問題は、「適当な理由を見つけて解任すること」を慫慂した行為にある。解任通知書のモデルを起案して渡した行為については、どのように書けばよいのかという質問に応えたものである限り、不当な介入には当たらないであろうが、解任することを慫慂することは、不当な介入ということができると考える。「あなたがX弁護士とよく話し合われ、X弁護士も事件を辞任することに了解されたときは、その後に私があなたの事件を引き受けることにしましょう」というにとどめるのが一般的であろう。

IV　弁護士間の紛議

> **●ケース172●**
>
> A弁護士は、Qの依頼によって、原告Rからの請負代金請求訴訟の被告代理人となり、請負代金債務の不存在の答弁書を提出すると、R代理人のX弁護士は、「荒唐無稽な主張であって、およそ法律専門家のいうことではない」「徒に引き延ばしを図っているものだ」「不当・違法な

訴訟行為をしているとの認識がない」「子供でもわかる当然の理屈を相手方は理解する能力がない」等と記載した過激な内容の準備書面を提出したため、A弁護士は、X弁護士を快く思わなくなり、ある日の証拠調べ期日で、X弁護士がA弁護士の行う証人尋問に対して異議をいたずらに連発したことから、「いいかげんにしてください！」と声を荒げてしまった。そして、A弁護士は、X弁護士に対して、懲戒請求と名誉毀損による損害賠償請求訴訟の提起を本気で考えるようになった。

A弁護士は、直ちに懲戒請求と訴訟の提起をしてよいのであろうか。

● ケース173 ●

B弁護士は、司法修習終了後X弁護士の法律事務所に勤務弁護士として就職したが、X弁護士の事件処理の仕方があまりに強引であり、また、弁護士会の会務にも不熱心であってB弁護士が弁護士会の委員会に出席することにも良い顔をしなかったため、X弁護士にはついて行けないとの考えを持つに至った。そこで、B弁護士は、意を決してXの法律事務所から退職を申し出ると、X弁護士は、「突然の退職の申し出であり、直近に賞与として支給した100万円を損害賠償金として返還せよ」と言い出した。

B弁護士は、どのようにしてX弁護士との紛争を解決したらよいか。

主な検討対象条文

○職務基本規程

（弁護士間の紛議）

73条　弁護士は、他の弁護士等との間の紛議については、協議又は弁護士会の紛議調停による円満な解決に努める。

【解　説】

1　弁護士間の紛議の調整

　弁護士は、他の弁護士との間で紛議が発生したときは、直ちに司法機関その他の紛争解決機関に手続を求めるのではなく、相互の真摯な話し合いによる解決をめざし、また、弁護士会の自主的紛争解決制度である**紛議調停制度**を活用すべきことが求められる。職務基本規程70条に規定された相互に名誉と信義を重んずべきことを具体化したものである。

　弁護士会の紛議調停制度（法41条）は、弁護士の職務の関する紛議が広く対象となり、事件の相手方弁護士との紛議、雇用弁護士と勤務弁護士との紛議も含まれる（髙中・概説232頁。前出206頁）。都市部の弁護士会では弁護士間の紛議を対象としたものが目立ち始めているようである。

2　弁護士に対する懲戒請求と名誉毀損訴訟の提起

　最判平成19・4・24民集61巻3号1102頁で、田原睦夫裁判官は、弁護士が自ら懲戒請求者となり、あるいは請求者の代理人等として関与する場合、根拠のない懲戒請求は、被請求者たる弁護士に多大な負担を課することに十分な思いを馳せるとともに、懲戒請求の濫用は弁護士自治という個々の弁護士自らの拠って立つ基盤そのものを傷つけかねないことを自覚すべきであり、慎重な対応が求められるとの補足意見を述べている。弁護士が相手方弁護士に対して懲戒請求をするのは、慎重のうえにも慎重でなければならない。自己の受任事件を有利に展開させるための手段として相手方弁護士の懲戒請求をするなどは、厳に慎まなければならない。

　また、名誉毀損行為に対して**損害賠償請求訴訟**を提起することについても、慎重な姿勢が求められる。弁論主義・当事者主義を採用するわが国の民事訴訟では、訴訟当事者が忌憚のない主張・立証を尽くすことによってその目的が達成され、主張立証活動は、一般の言論活動以上に保護されなければならず、民事訴訟で利害関係や個人的感情が鋭く対立することは法の予定すると

ころであるから、当事者の主張・立証が客観的に名誉を毀損していても、それは反対当事者の反論、裁判所の訴訟指揮や証拠の不採用等によって是正されるべきであって、かなり広い範囲で正当な活動として違法性が阻却される。違法性が認められるのは、当初から名誉毀損の意図を持つ場合、そのような意図がなくとも、主張立証の表現内容・態様・方法、表現内容の真実性、主張との関連性、他の主張立証の代替性などを総合的に判断して、社会的に許容される範囲を逸脱した場合である（東京地判平成5・7・8判時1479号53頁）。したがって、軽々に名誉毀損の損害賠償請求をすることも避けるべきである。

3　ケースの検討

［ケース172］

A弁護士は、X弁護士の態度に怒りをため込み、遂に爆発したのであろうが、そうであっても、冷静さを失ってはならない。名誉毀損による損害賠償請求も、過去の認容判例を十分に検討してからにすべきである。

［ケース173］

いわゆるイソ弁のB弁護士が、事務所退職に関する紛争について、ボス弁と対等に渡り合うのはなかなか困難というべきであろう。このようなときこそ、弁護士会の紛議調停制度を利用すべきである。なお、自堕落なボス弁の不始末について連座責任を追及された元イソ弁についての判例として、大阪地判平成18・12・8判時1972号103頁がある（髙中・弁護過誤139頁参照）。

第8章　裁判の関係における倫理

　わが国社会が法化社会としての発展を遂げていくに伴い、弁護士の活動領域も大きく拡大しているが、裁判は、現在に至るも弁護士の主要な活動領域であり、その重要性は、わが国における紛争解決機関の多様化によって相対的に小さくなることはあっても、絶対的な意味での重要性は今後も不変であろう。むしろ、訴訟で白黒を付けることを回避しがちであったわが国の大企業に、企業経営の透明化・合理化をはじめとするコーポレート・ガバナンスの強化、コンプライアンスの重視の要請を受けて、訴訟を積極的に活用する動きが顕著となっていることにかんがみると、裁判は、弁護士にとってさらに重い意義を持つようになったと思われる。

I　裁判の公正と適正手続の確保

●ケース174●

　A弁護士は、Xから、Y株式会社に対するコンピュータ・ソフトの開発請負代金請求事件を受任し、同訴訟を提起したが、Y社の訴訟代理人であるQ弁護士は、ソフトの未完成を主張し、全面的に争ってきた。そこで、A弁護士は、Y社の元従業員でソフト開発の主任であったWに接触を図り、ソフトが完成していたかどうかの事情を聞いたところ、Wは、「Q弁護士からも事情聴取を受けましたが、私は、ソフトは完成しており、Y社の担当者もそれを認めていると話しました。ここにその経過を隠し録音したテープがありますが、Q弁護士も、私の話を聞いて『ソフトが完成していたことは間違いないな』と発言しています。これを買ってくれませんか」といった。A弁護士は、ソフト完成の証拠として使おうと考え、Wが要求した金額である10万円で無断録

音テープを買い、その反訳文書を証拠として提出した。

A弁護士の行動に問題はあるか。

● ケース175 ●

B弁護士は、Xの依頼によってYに対する建物明渡請求事件を受任し、O地方裁判所P支部に訴訟を提起したが、Yからの借地借家法28条に規定する正当事由がないとの主張が容れられ、Xは、敗訴した。B弁護士は、Xに敗訴判決を示して、判決理由を説明したが、その際、「担当のQ裁判官は、実社会のことが全くわかっていない無能な裁判官の見本だ。Q裁判官は、地方の裁判所支部をたらい回しされているのだ。高裁ではマシな裁判官がいるから、控訴しましょう」といって、控訴を勧めた。

B弁護士の言動に問題はあるか。

● ケース176 ●

C弁護士は、電車内でQに暴行を働いたとして起訴された被告人Xの国選弁護人に選任されたが、Xは、「Qが先に因縁を付けてきたので、正当防衛として殴ったのであり、俺は、無罪だ」と主張し、暴行罪の成立を一貫して否定していた。第1回公判期日において、Xの被告人質問が行われ、C弁護士は、予定されていた30分の尋問時間を大幅に超過する1時間の被告人質問を行い、さらに質問を続けようとしたため、W裁判官は「質問を終わりにしてほしい」と述べたところ、Xは、「不当だ」と述べ、C弁護士も、「予定時間を超過しているが、正当防衛の立証のためには、まだ尋問が必要です。どうしても尋問を打ち切れというのであれば、国選弁護人を辞任します」と語気強く発言したところ、W裁判官は、C弁護士の発言を禁止すると申し渡した。これに激高したC弁護士は、「弁護権を否定された以上、弁護活動はしません」といって、裁判官が制止するにもかかわらず一方的に退廷した。

> C弁護士の行動に問題があったか。

主な検討対象条文
○職務基本規程
（司法独立の擁護）
 4条　弁護士は、司法の独立を擁護し、司法制度の健全な発展に寄与するように努める。
（裁判の公正と適正手続）
74条　弁護士は、裁判の公正及び適正手続の実現に努める。
○刑事法廷における弁護活動に関する倫理規程
 2条　弁護人は、正当な理由のない不出頭、退廷及び辞任等不当な活動をしてはならない。

【解　説】

1　裁判の公正と適正手続

　裁判が公正であることは、裁判の本質的要請であり、憲法76条3項が裁判官の良心に従った職権の行使を規定しているのも、公正無私に裁判を行うべきことを述べるものである。そして、その公正な裁判を担保するのは、適正手続の保障であり、憲法31条も刑事に関して特に適正手続の保障を規定している。司法の一翼を担う弁護士が、裁判の公正と適正手続の実現に努めるべきは当然の事理というべきである。

2　違法収集証拠の提出

　違法収集証拠については、刑事訴訟のみならず民事訴訟でも証拠能力が否定されるとされるのが一般である。すなわち、刑事訴訟では、違法の程度が重大であり、違法捜査の抑制の見地から相当でないと認められるときは、証拠能力がないとされており（最判昭和53・9・7刑集32巻6号1632頁、最判昭和

61・4・25刑集40巻3号215頁、最判昭和63・9・16刑集42巻7号1051頁。前田雅英＝池田修・刑事訴訟法［第4版］（東京大学出版会・2011）478頁）。民事訴訟についても、著しく反社会的な手段を用いて、人の精神的肉体的自由を拘束する等の人格権侵害を伴う方法によって採取されたときは、証拠能力が否定されると解されている（東京高判昭和52・7・15判時867号60頁。伊藤眞・民事訴訟法［第4版］（有斐閣・2011）348頁、高橋宏志・重点講義民事訴訟法(下)［第2版］（有斐閣・2012）45頁）。

弁護士が違法収集証拠であることを知りながら裁判所に提出することは、それがいかに実体的真実を明らかにし、また依頼者の利益のためであったとしても、違法性は阻却されないと考えるべきである。ただし、違法性が阻却されるとする反対意見があろう。

3　法過程への忠実義務

法過程は、社会的紛争を一定の手続のもとに討論と決定を通じて平和的に解決する制度ないしシステムであり、法曹は、すべての社会的紛争を可能な限り法過程を通じて解決するように積極的に努力する倫理的義務があるとされる（日本法律家協会倫理研究委員会「法曹倫理に関する報告書」法の支配32号50頁、伊藤ほか・法曹倫理182頁、320頁）。すなわち、弁護士は、法曹の一員として、法廷の秩序維持と裁判の適正な進行について裁判所と協働すべきであり、時に、裁判所の訴訟指揮を批判する場合にも、裁判官に盲従しなければならない義務はないものの、手続に従った討論と決定によって平和的に解決することを目指すべきものである。これを**法過程への忠実義務**と呼ぶ。

4　当事者照会の回答義務違反

当事者は、訴訟係属中、相手方に対して主張立証を準備するために必要な事項について、相当の期間を定めて、書面で回答するよう書面で照会することができる（民訴163条）。これが、**当事者照会**制度であるが、照会を受けた相手方は、回答義務があるものの、その違反には制裁が規定されていない。

そこで、この回答義務違反行為が職務基本規程4条、74条に抵触するかが問題となり得る。しかし、職務基本規程は弁護士の自由と独立を不当に侵すことのないよう実質的に解釈する必要があり（職基82条1項）、同規程4条、74条は、弁護士の行動指針または努力目標を定めたものであること（同82条2項）からすれば、懲戒処分につながり得るような解釈は無理であろう（高橋宏志・前掲重点講義民事訴訟法(下)82頁）。

5　ケースの検討

[ケース174]

A弁護士は、相手方代理人のQ弁護士の了解なく録音されたテープの反訳文書を証拠として提出したものであるが、**無断録音テープ**自体が直ちに違法収集証拠として証拠能力がないとされるわけではない。しかし、程度は比較的低いものの人格権を侵害した形で採取された証拠を裁判所に提出することは差し控えるべきできものと考える。ただし、このケースを弁護士会の倫理研修で出題したところ、人格権侵害の程度は軽度であって違法収集証拠とはいえず、証拠能力がある以上は、依頼者に対する誠実義務に基づき、証拠として提出することに問題はないとの意見も少なからずあったことを付言したい。

[ケース175]

B弁護士は、敗訴判決を受けたことについて、裁判官に対するいわば八つ当たりをしたものであるが、その言辞は相当性を欠くものと考えられる。

[ケース176]

C弁護士は、裁判官の制止を無視して一方的に退廷してしまったのであるが、この退廷に「正当な理由」があるかが問題点である。1970年代後半における大学紛争で逮捕起訴された被告人の刑事裁判では、「**荒れる法廷**」の問題が発生した。日本弁護士連合会は、1979（昭和54）年、いわゆる弁護人抜き裁判特例法案を廃案とする過程で、「刑事法廷における弁護活動に関する倫理規程」（会規第22号。巻末資料416頁）を制定し、正当な理由のない退廷行

為等を禁止したが、裁判所の訴訟指揮が明らかに誤っている場合等に退廷をしたとしても、「正当な理由」があるとされている（武井ほか・刑事弁護350頁）。W裁判官の訴訟指揮が誤っているかについては、見解が分かれよう。ただ、C弁護士は、論理的な批判・反論を尽くしていないのではないかというべきであろう。あなたはどうであろうか。

II 偽証のそそのかし

● ケース177 ●

A弁護士は、Qから、交通事故に基づく損害賠償請求事件を受任したが、争点は信号無視の有無にあった。A弁護士は、Q運転の自動車に同乗していたXを証人として申請し、証人尋問のための打ち合わせを行ったが、その際、詳細な尋問事項と回答内容を記載した書面をXに示し、このように証言してもらいたいと依頼した。Xは、事故当時寝ていたために信号機は見ていないといったが、A弁護士は、「そんなことはないでしょう。あなたの証言いかんでQさんが賠償金をもらえるかどうかが決まるのだから、よろしくお願いしますよ」と申し向け、XにA弁護士のシナリオどおりの証言をさせた。

A弁護士の行為に問題があるか。

● ケース178 ●

B弁護士は、Xから離婚事件を受任し、Xの不貞行為の有無をめぐって本人尋問をすることとなった。B弁護士は、尋問のための打ち合わせを行った際、Xが不貞行為があったことを認めざるを得ないといったのに対し、「ここで不貞行為を認めると慰謝料が跳ね上がるおそれがあるが、それでもよいのですか、不貞行為は答弁書に記載したとおり断固として否定したほうがよいのです」と申し向け、その旨の陳述書を作成したうえで、これを裁判所に提出するとともに、Xには、法廷でも

不貞行為はなかったとの供述を誘導した。
　B弁護士の指導に問題はあるか。

主な検討対象条文
○職務基本規程
（偽証のそそのかし）
75条　弁護士は、偽証若しくは虚偽の陳述をそそのかし、又は虚偽と知りながらその証拠を提出してはならない。

【解　説】

1　証人汚染

　証人にその記憶に反する証言を強いたり、当事者本人にことさら虚偽の陳述をするように仕向けたりすることは、公正な裁判を否定する行為であって、証人に対する偽証教唆は犯罪（刑169条）を構成する。しかるに、民事訴訟、刑事訴訟を問わず、事前準備として証人からの事実確認をしておくべきことが求められているため、「**証人汚染**」の問題が生じがちとなる。日弁連法務研究財団の「民事訴訟における証人尋問の研究」（同研究財団編・法と実務3・132頁［鷹取信哉］）における弁護士アンケート調査（回答数723通）によれば、①証人の記憶が不鮮明な場合に真実と思われる方向に誘導するかとの問に、時々あるとの回答が58.7％、よくあるとの回答が13.2％であった。②証人が虚偽の事実を述べていると思われる場合に真実と思われる方向に誘導するかとの問に、時々あるとの回答が53.6％、よくあるとの回答が22.6％であった。③証人が不利な証言をしようとする場合に有利な証言に変えるようアドバイスすることがあるかとの問に、時々あるとの回答が24.8％、よくあるとの回答が4.4％であった。これが弁護士の平均的な姿を示していると断言するにはサンプル数から見て若干の躊躇はあるが、証人汚染あるいはギリギリの助言をしている弁護士が少なからず存在していることは明らかというべ

きである。

　そして、証人尋問の打ち合わせに際し、あらかじめすべての問と答えを詳細に記載した**尋問事項書**を作成し、証人の記憶いかんに関わらず、そのまま丸暗記して証言するように指導することは、偽証のそそのかしに当たる可能性が極めて高いというべきである（日弁連弁倫委・解説175頁）。**証人のコーチ**として、証人尋問について**リハーサル**を行うこと、予定する証言内容の問題点を指摘すること、参考とすべき証言内容を例示することは禁止されるものではないが、勝訴にこだわるあまり、**偽証教唆**に当たる違法な証人汚染に及ばないよう自戒が必要である。なお、虚偽陳述に過料の制裁があるだけの民事訴訟の本人尋問についても、同様に考えなければならない（加藤・弁護士倫理150頁参照）。

2　偽証・虚偽の陳述

　偽証罪における「**虚偽**」の意義については、証人の主観的な記憶に反することをいうとする主観説と客観的な真実に反することをいうとする客観説が対立するが、主観説が判例（大判昭和7・3・10刑集11巻286頁）・通説（西田典之・刑法各論［第3版］（弘文堂・2011）424頁、前田雅英・刑法講義各論［第4版］（東京大学出版会・2007）548頁。客観説は、山口厚・刑法各論［第3版］（有斐閣・2011）590頁）である。職務基本規程75条にいう偽証および虚偽の陳述における「虚偽」も、弁護士の主観的な真実に反することをいうものと解すべきである（日弁連弁倫委・解説175頁）。

3　虚偽の証拠の提出

　これに対し、虚偽の証拠の提出にいう「虚偽」は、弁護士がこれを知っていることが要件となっていることから、客観的事実に反することをいうものである。したがって、弁護士が当該証拠が虚偽であると信じていたとしても、客観的事実に合致していれば、虚偽の証拠を提出したことにはならない。ただし、弁護士が虚偽の証拠と思っていながら、あえてそれを裁判所に提出す

る行為自体は、職務基本規程74条に定める裁判の公正と適正手続の実現に努める義務に抵触する可能性を持つものとなろう。

4　ケースの検討

[ケース177]

A弁護士の尋問のための打ち合わせは、証人の記憶にないことをあえて証言させようとするものであり、偽証の教唆行為というべきであろう。なお、これと同様の設例を弁護士会の倫理研修で出題し、Q&A方式の尋問事項書を作成して証人尋問のリハーサルをする人の挙手を求めると、かなりの手があがる。Q&A方式の尋問リハーサルがすべて問題があるとは断定しないが、やはり注意をすることが必要であろう。

[ケース178]

B弁護士は、被告本人に虚偽の陳述をそそのかすとともに、虚偽の陳述書を作成して提出したものであって、職務基本規程75条違反は明らかである。

III　裁判の引き延ばし

● ケース179 ●

A弁護士は、Xから、Yを原告とする建物明渡請求訴訟の被告訴訟代理人となることを依頼され、受任したが、Xは、「A先生、半年程度裁判を引き延ばしてくれれば、その間にお金を貯めて引越先を見つけることができます。何とかお願いします」と頼まれた。Yの訴状によれば、Xは、10か月分の賃料を滞納しており、Xの敗訴は間違いないところであったが、A弁護士は、第1回口頭弁論期日を別事件が入っていると嘘を言って欠席し、第2回期日も差し支えがあることを理由に2か月先とし、その第2回期日も急病を理由として欠席し、5か月の引き延ばしに成功した。そして、第3回口頭弁論期日で、1か月後に立ち退くことで和解を成立させた。

A弁護士の行動に問題があるか。

● ケース180 ●

B弁護士は、喧嘩による傷害事件で執行猶予付判決を受け、同猶予期間中に自動車運転過失傷害事件を起こしたXの依頼を受け、弁護人に就任した。Xは、逮捕されることがなかったが、被害者の負傷の程度から見て再度の執行猶予付判決を得ることは難しい状況にあった。実刑を覚悟したXは、B弁護士に対し、「やりかけの仕事を完成させておかないと報酬がもらえず、家族が苦労するので、少しでも時間を稼いでください」と申し向けた。これを受けたB弁護士は、捜査担当の検察官に対し、被害者との示談に手間取っているとして時間稼ぎをし、公訴提起を数日遅らせた。そして、第1回公判期日についても、別事件が入っていることを理由として2か月先の期日とすることができた。

B弁護士の行動に問題はあるか。

主な検討対象条文
○職務基本規程
（裁判手続の遅延）
76条　弁護士は、怠慢により又は不当な目的のため、裁判手続を遅延させてはならない。

【解　説】

1　高橋・田中論争

裁判の引き延ばしについては、高橋宏志教授（当時東京大学）と田中紘三弁護士との論争が著名である。

高橋教授は、不法占拠した建物でスナックを経営している者に対して建物所有者からの建物明渡請求訴訟が提起された場合に、建物占有者から訴訟委

任を受けた弁護士の活動のあり方をテーマとし、勝訴の見込みがないという前提のもとに、①2、3年は商売を続けたいので、その間訴訟を引き延ばしてほしいと依頼された場合に受任してよいか、②立退先が見つかるまで訴訟を引き延ばしてほしいと依頼された場合はどうか、③虚偽が明らかなのに、賃貸借が成立していると主張したり、証人申請をしてほしいと依頼された場合にどうすべきかという3つの問題を示し、弁護士倫理につき、理想としての弁護士倫理、業界慣行としての弁護士倫理、懲戒実体法としての弁護士倫理の3つに区分したうえで、理想としての弁護士倫理からみれば、訴訟引き延ばしも、虚偽の主張・立証も許されないと指摘する。そして、懲戒の実体規範の性質を持たないものとされていた当時の「(旧)弁護士倫理」55条が裁判手続の遅延を禁止する規定を置いていたこと（巻末資料397頁）も考慮し、弁護士法56条の懲戒事由（品位を失うべき非行）該当性に関する解釈問題であることも理解しつつ、①の設問につき、受任を断るべきであり、受任することは品位を失うべき非行に当たるとし、②の設問について、外形的事実から懲戒相当とされることがあり、適当な時期に和解交渉に入るべきであるとし、③の設問については、明白な訴訟引き延ばしであって戒告相当の懲戒と考えるべきであると述べたのであった（「民事訴訟引延しと弁護士倫理・懲戒」NBL575号8頁）。

　これに対し、田中弁護士は、高橋教授の考え方をとると、敗訴必至の事件を受任した弁護士は、よほどの注意をしないといつ懲戒請求を受けるかわからなくなってしまう不都合があり、引き延ばしの事情がやむにやまれぬものであるかどうか、手段方法に不当違法がないかどうかを個別に検討して結論を出すべきであって、敗訴必至の事件を受任した弁護士の引き延ばし行為が一律に懲戒事由に該当すると考えることは妥当でない、そもそも訴訟手続の主宰者は裁判所であるから、代理人弁護士に不当な職務遂行があるか、あるとしてその職務のあり方を訴訟手続の俎上に載せるかどうかの第一次判断権は裁判所にあり、局外者の弁護士会懲戒委員会が訴訟手続における代理人弁護士の言動を懲戒処分事由とするのは、迅速な裁判に対する非協力とか妨害

のみを問題とする限り、裁判所の訴訟指揮の横取りであるとした（「訴訟の引延しは弁護士懲戒処分の対象になるか」NBL583号11頁）。

両者の考え方は、厳しく対立しているように見えるが、訴訟引き延ばしのみを目的とする行為が倫理違反となる点では一致している。対立の根源は、弁護士の役割に関する考え方の相違にあると思われる。すなわち、高橋教授は、弁護士の司法機関的役割ないし公益的役割に重点を置いているのに対し、田中弁護士は、代理人的役割に重点を置いているといってよい。弁護士は、両者のバランスをとるべきではあるが、どちらに比重を置いて考えるべきであろうか。難しい問題である（小島ほか・法曹倫理43頁、小島ほか・現代の法曹倫理・150頁［那須弘平］、加藤・弁護士倫理57頁）。

ただ、弁護士の実務的感覚からいえば、敗訴必至の事件であってもどこかに依頼者を救済する法理論があるはずであり、それを探求する努力を当初から放擲して、既存の法理論や目の前の証拠を所与の前提として敗訴必至と断定する姿勢は、大方の賛同を得られないものであろう。「**勝ちスジ・負けスジ**」の事件という言葉があり、裁判官も弁護士もしばしばこの言葉を使っているが、調査研究を尽くしたうえでの法理論や証拠に基づいて勝敗を決しているのか、自分の主観的な感覚や価値観によって勝敗を独善的に決めてはいないかを常に真摯に反芻する必要がある。そのような意味では、非難の要素を含む訴訟の「引き延ばし」という言葉は、怠慢や正当な理由のない訴訟手続の遷延行為に限定して用いるべきであり、一見すれば敗訴必至と思われる依頼者のために、その救済のための法理論の探求や関連証拠の調査をする行為、判決では敗訴が確実に予想されても、少しでも依頼者に有利な和解を勝ち取るための交渉行為、依頼者の裁判を受ける権利を保障し、手続的な納得を得るために客観的に必要と認められる行為については、そもそも「引き延ばし」と呼ぶことが不適当ではないかと考える。

2　不当な目的による引き延ばし

「**怠慢**」とは、なまけて仕事や義務を怠ることをいい、弁護士の一方的な

責に帰すべき事由がある場合である。「不当な目的」とは、一義的に定義することは困難であるが、相手方の苦痛を長引かせることのみを目的としているとき、相手方を精神的に困惑・困憊させまたは経済的に追い込んで、自己に有利な解決策を図る目的があるとき、依頼者から受ける弁護士報酬を増やすことのみを目的としているとき等は、不当な目的があるというべきであろう（日弁連弁倫委・解説177頁）。

3　ケースの検討

［ケース179］

A弁護士が不当な引き延ばし行為を行ったといえるかについては、考え方が分かれるであろうが、私は、虚偽の理由によって期日を先延ばしにしたり、期日に欠席したりする行為は、許されないと考える。したがって、A弁護士は、職務基本規程76条違反であると解する。

［ケース180］

B弁護士については、さらに微妙である。しかし、実刑判決に基づく収監を遅らせ、後に残された家族が路頭に迷わないために仕事を片づけておくということであれば、公判期日の指定を遅らせた行為には「正当な理由」があると考えてよいのではないだろうか。

Ⅳ　私的関係の利用

●ケース181●

A弁護士は、司法研修所の元教官で高等裁判所の長官を退官したばかりのP弁護士と、司法研修所同期生で元検事正のQ弁護士を客員弁護士に迎え、その事務所報に「当事務所には、元〇〇高等裁判所長官のP弁護士と元××地方検察庁検事正のQ弁護士が、大所高所に立って事件処理を指導しています。難しい民事事件や困難な刑事事件でも、実務経験が豊富な両弁護士がついているので、ご安心ください」と大書し

た豪華な事務所報を幅広く配布している。
　A弁護士の行動に問題があるか。

● ケース182 ●

　B弁護士は、Qの依頼によってR地方裁判所に建物収去土地明渡請求訴訟を提起したが、その担当裁判官は、司法研修所同期で実務修習も一緒に行ったX裁判官であった。Qの依頼事件は、勝訴の見込みが少ない事件であったが、心配するQに対し、B弁護士は、「本件の担当裁判官であるX裁判官は、私と同期の裁判官で、よく酒も飲んだ仲なんです。おそらく、X裁判官は、Qさんの立場を踏まえて、有利な和解案を示してくれると思いますよ。近く同期会があるので、X裁判官にもそれとなく頼んでおきましょう」と申し向けた。しかし、B弁護士は、同期会では、X裁判官とQの事件についての話を全くしなかった。
　B弁護士にはどのような問題があるか。

主な検討対象条文
○会則
13条　弁護士は、法廷の内外を問わず、裁判官、検察官及び同僚に対して礼節を守るとともに、公私混同の態度があってはならない。
○職務基本規程
（裁判官等との私的関係の不当利用）
77条　弁護士は、その職務を行うに当たり、裁判官、検察官その他裁判手続に関わる公職にある者との縁故その他の私的関係があることを不当に利用してはならない。

【解　説】

1　私的関係の不当利用

　弁護士が、裁判官・検察官をはじめ、調停委員、裁判所書記官などとの個人的関係、たとえば、姻戚関係、学校の同期・先輩後輩の関係、同郷出身の関係、司法研修所の同期関係などを不当に理由することを許すと、裁判の公正に対する疑念を抱かせかねないのは明らかであろう。日弁連会則13条や職務基本規程77条は、このような趣旨に基づくものである。

2　ケースの検討

［ケース181］

　A弁護士は、元高等裁判所長官のQ弁護士、元検事正のR弁護士を客員として迎え、事務所の顧客誘因の材料ないしハク付けとして両弁護士の経歴を最大限に活用していると認められる。しかし、活用しているのは前職の地位なのであって、A弁護士との個人的関係を不当に利用しているとまではいえないように思われる。

［ケース182］

　B弁護士は、司法研修所同期であるX裁判官との私的関係を依頼者Qに話して安心させようとしただけと認められ、X裁判官に対する具体的な地位の不当利用行為は行っていない。すなわち、B弁護士は、訴訟の結果に心配しているQを安心させるために、X裁判官との個人的関係を述べただけであり、Qに裁判の公正に対する疑念を生じさせたとまではいえないのではないか。そうだとすると、「同期会でそれとなく頼んでおきましょう」などという極めて軽率な言動をしているものの、職務基本規程77条に違反したとはいえないのではないだろうか。

第9章　弁護士会・官公署との関係における倫理

　弁護士倫理の学習の最後に、弁護士会と官公署の関係における倫理を取り上げる。弁護士会の関係における倫理は、加入を義務づけられている弁護士会においてどのような行動原理があるかを問題とするものであり、官公署との関係における倫理は、事件の委嘱に対してどのように行動すべきかを問題とするものである。

第1節　弁護士会との関係における倫理

　弁護士会の関係における倫理として職務基本規程が規定するのは、弁護士会という自律団体の構成員に対して当然に課されるべき会則の遵守義務に関わるものである。しかし、その当然の義務についても、限界がどこにあるかが問題となる。

I　会則の遵守

●ケース183●

　A弁護士は、Q弁護士会に所属しているが、Q弁護士会の会則には、「総会の決議をもって特別会費を徴収することができる」との規定があり、その会則に基づいて、Q弁護士会は、新会館建設のための特別会費として、月額3万円を納付することを総会で決議した。しかし、A弁護士は、新会館ができても利用するつもりはほとんどないし、Q弁護士会が構想するような新会館は贅沢すぎると考えていたので、特別会費の

納付をしなかった。

　B弁護士は、会則違反として懲戒処分を受けてもやむを得ないか。

　○○地震の被災者義捐金を調達するための特別会費であったときは、どうか。

　○○法制定反対のために、政治資金規制法上の政党に対する寄付金を調達するためであったときは、どうか。

主な検討対象条文
○弁護士法
（会則の遵守）
22条　弁護士は、所属弁護士会及び日本弁護士連合会の会則を守らなければならない。
○会則
29条　弁護士は、所属弁護士会及び本会の会則、会規及び規則を護らなければならない。
○職務基本規程
（弁護士法等の遵守）
78条　弁護士は、弁護士法並びに本会及び所属弁護士会の会則を遵守しなければならない。

【解　説】

1　会則の遵守義務と個人の精神的自由

　会則の遵守義務は、弁護士会という自治的強制加入団体の構成員として当然に課されるべき義務であるが、弁護士会の目的との関係で根本規範たる会則の拘束力にも一定の限界がある。すなわち、団体構成員を規律する自主規範であっても、構成員が有する**思想・良心の自由**（憲19条）との関係で制約を受けることがある。

会則の拘束力が直接問題となったものではないが、税理士会の総会における会費徴収議決の効力が争点となった有名な例として、**南九州税理士会政治献金事件**がある。これは、南九州税理士会が、税理士法の改正を実現するため南九州各県の税理士政治連盟に配布することを明示して特別会費5000円を徴収する総会決議を行ったところ、これに反対して特別会費を納入しなかった原告に対し、会則に基づき役員の選挙権・被選挙権を停止したため、特別会費納入義務の不存在確認を求めて提訴した事件である。最判平成8・3・19民集50巻3号615頁は、税理士会が政党など政治資金規制法上の**政治団体**に金員の寄付をすることは、たとい税理士に係る法令の制定改廃に関する政治的要求を実現するためのものであっても、税理士法49条2項（現6項）に定める税理士会の目的の範囲外の行為であり、当該寄付をするために会員から特別会費を徴収する旨の総会決議は無効であるとした。その理由として、税理士会は、**強制加入団体**であって、会員には脱退の自由が保障されていないから、その目的の範囲を判断するにあたっては、会員の思想・信条の自由との関係で、会員の協力義務にもおのずから限界があるのであって、特に、政党などの政治資金規制法上の政治団体に寄付をするかどうかは、選挙における投票の自由と表裏をなすものとして、会員各人が市民としての個人的な政治的思想、見解、判断等に基づいて自主的に決定すべき事柄であると指摘している。その後、同様の判例として、兵庫県司法書士会についての神戸地尼崎支判平成19・7・17判時1995号104頁、和歌山県行政書士会についての大阪高判平成20・11・12判時2085号96頁がある（憲法判例百選［第5版］（別冊ジュリ）82頁［中島茂樹］、佐藤幸治・日本国憲法論（成文堂・2011）155頁）。

　他方、群馬県司法書士会が阪神・淡路大震災で被災した兵庫県司法書士会に3000万円の復興支援拠出金を送金するため、会員の司法書士から登記申請1件当たり50円の復興支援特別負担金を徴収する総会決議をしたことについて、他の司法書士会と業務その他について提携、協力、援助等をすることは司法書士法52条に定める司法書士会の目的の範囲内であり、負担金の徴収も会員の政治的、宗教的立場や思想信条の自由を害するものではなく、負担金

の額も社会通念上過大な負担を課するものではないとした判例（最判平成14・4・25判時1785号31頁）がある（**群馬県司法書士会事件**）。震災支援のための寄付活動は、思想・良心の自由という内面的精神活動の自由における根本的なものとは無関係というわけである。

　弁護士会関係については、国家秘密法案反対の**総会決議取消請求訴訟**がある。これは、日本弁護士連合会が国家秘密法案の国会上程に反対する総会決議を行ったところ、日本弁護士連合会の目的の範囲外であるとして総会決議無効確認を求める訴訟が弁護士から提起されたものである。東京高判平成4・12・21自正44巻2号99頁は、日本弁護士連合会が基本的人権の擁護と社会正義の実現の見地から、法律制度の改善について、会としての意見を明らかにし、それに沿った行動をすることも、日本弁護士連合会の目的と密接な関係を持つものとして、その範囲内のものと解されるとし、本件の総会決議は、国家秘密法案が構成要件の明確性を欠き、国民の言論、表現の自由を侵害し、知る権利をはじめとする基本的人権を侵害するものであるなど、もっぱら法理論上の見地から理由を明示して法案を国会に上程することに反対する旨の意見を表明したものであって、団体としての中立性を損なうとは認められず、決議後の行為も会の目的を逸脱するものとは認められないとしている（髙中・概説213頁）。国家秘密法案に対する賛否は会員の思想・良心の自由と全く関係ないというものではないが、日本弁護士連合会の目的の範囲を広くとらえ、反対する理由も会員の思想・良心の自由を侵害するものではないとした本件判決の理由づけは、妥当であると考える（小島ほか・法曹倫理219頁参照）。

2　ケースの検討

［ケース183］

　会費徴収決議も団体構成員による多数決で決せられ、会則も同様な多数決によって制定・改廃されるので、拘束力の根源は一緒である。まず、新会館建設のための臨時会費であるが、これは会員の業務遂行や福利厚生のために

必要とされる施設であり、憲法で保障される思想・良心の自由とは関係がない。したがって、A弁護士が、新会館を利用しないし、贅沢だと考えたとしても、それは会員個人としての好悪の問題に過ぎず、総会決議の拘束力を上回る保護をする必要はないと考えられる。したがって、A弁護士は、特別会費を納付しなければならず、その支払いをしなければ、総会決議（実質的意味の会則）違反として懲戒処分をされてもやむを得ない。

次に、○○地震の被災者義援金調達のための特別会費であるときも、相互扶助・慈善のための寄付であり、思想・良心の自由とは無関係である。特別会費を支払わなければならない。

問題は、○○法制定反対のために、政党に対する寄付金を調達するための特別会費であるが、○○法が弁護士の業務に関連するものであったとしても、思想・良心の自由に関係し、これを侵害するから、許されないこととなる。

II　委嘱事項の処理

● ケース184 ●

A弁護士は、所属するX弁護士会から、会則中の「特別委員会の委員は、常議員会の議を経て、会長が委嘱する」との規定に基づき、特別委員会である人権擁護委員会の委員に委嘱する旨の通知を受けた。しかし、事前にA弁護士の了解を求めることなく突然に委嘱通知が届いたこと、人権擁護活動に興味もなかったことから、毎月届く委員会開催通知を無視し、1回も出席しなかった。

A弁護士に問題があるか。

主な検討対象条文
○弁護士法
　（委嘱事項の不当拒絶）

24条　弁護士は、正当の理由がなければ、法令により官公署の委嘱した事項及び会則の定めるところにより所属弁護士会又は日本弁護士連合会の指定した事項を行うことを辞することができない。
○職務基本規程
（委嘱事項の不当拒絶）
79条　弁護士は、正当な理由なく、会則の定めるところにより、本会、所属弁護士会及び所属弁護士会が弁護士法第44条の規定により設けた弁護士会連合会から委嘱された事項を行うことを拒絶してはならない。

【解　説】

1　会則の定めによる委嘱事項と拒絶の正当な理由

　会則の定めにより所属する**弁護士会が指定した事項**とは、会則に根拠を有する事項全般をいう。また、指定ないし委嘱を拒絶することのできる正当な理由とは、拒絶することがやむを得ないと認められる合理的理由をいい、たとえば、長期の病気、海外留学、産休等である（髙中・概説111頁）。個人的な思想・信条に反することが正当な理由になり得るかという問題があるが、思想・信条の自由を否定し去ることはできないものの、プロフェッションとしての弁護士の公益性確保・弁護士会の人権活動要員の確保の要請と個人の思想・信条の自由の確保とを比較衡量し、後者が前者に優越する価値がない限りは、思想・信条を理由とする委嘱の拒絶はできないと考えるべきであろう。

2　ケースの検討

［ケース184］
　A弁護士は、正当な理由なく、所属弁護士会が会則に基づいて委嘱した事項を、正当な理由なく拒絶した（無視した）ものというべきである。

第2節　官公署との関係における倫理

　弁護士の依頼層として裁判所を筆頭とする各種官公署があり、官公署の委嘱は、弁護士の専門性、独立性に着目して行われるのが常である。官公署においても、行政の透明性確保、コンプライアンスの確立等が広く指摘されるに従って、弁護士に対するニーズは高まっている。職務基本規程は、このような状況を背景にしつつ、官公署との関係における倫理を規定している。

I　委嘱事項の処理

> ● ケース185 ●
>
> 　A弁護士は、管内人口が少ないQ地方裁判所R支部の管轄区域内に法律事務所を設けているが、日本司法支援センターの契約弁護士として、マスコミで大きく報道された一家皆殺しの強盗殺人事件の被告人Xの国選弁護人に指名されることを承諾した。ところが、その後のマスコミ報道の過熱ぶりはすさまじく、A弁護士は、Xの国選弁護人となれば、マスコミをはじめとして刑事弁護に理解のない一部の市民から集中砲火を浴びせられるおそれを強く感じ、事務所と家庭の平穏を第一に考え、「突然に上場会社の命運を左右する大きな特許事件を依頼され、時間的にも肉体的にも余裕が全くない」と嘘を言って、国選弁護人に選任されることを断った。
> 　A弁護士の行動に問題はあるか。

主な検討対象条文
○弁護士法
　（委嘱事項の不当拒絶）

24条　弁護士は、正当な理由がなければ、法令により官公署の委嘱した事項及び会則の定めるところにより所属弁護士会又は日本弁護士連合会の指定した事項を行うことを辞することができない。
○職務基本規程
（委嘱事項の不当拒絶）
80条　弁護士は、正当な理由なく、法令により官公署から委嘱された事項を行うことを拒絶してはならない。

【解　説】

1　法令による委嘱事項

　弁護士法24条の「法令により」の意義については、法令に被選任資格者として弁護士が明記されているものをいうとする説（限定説）と、法令に「**学識経験者**」とあって弁護士が選任されているのが例である場合も含むとする説（非限定説）とがある。限定説は、被選任資格者として弁護士と明記されていないものについてまで委嘱を辞する自由がないとするのは弁護士にあまりに犠牲を強いるものであること、法令に学識経験者とあるものについてまで拒絶できないとなると、「法令により」という文言をわざわざ挿入した意味がなくなってしまうことを理由とする。非限定説は、弁護士に期待される高い公共性を理由とする。両説の違いは、被選任資格を弁護士に限定していない、たとえば、破産管財人、監督委員、成年後見人、遺言執行者、相続財産管理人等について、裁判所の委嘱を自由に断ることができるかに現れる。私は、限定説を採用するが、その場合でも「正当な理由」の有無を柔軟に解釈運用すれば、非限定説を採用した結果との間には大きな差異は生じないであろう（髙中・概説110頁）。

2　正当な理由による解除

　官公署の委嘱を拒絶することのできる正当な理由の意義については、弁護士会が指定した事項の場合とほぼ同様であるが、官公署の委嘱事項について

は、職務基本規程81条で「職務の公正を保ち得ない事由」があるときの受託制限があるため、正当な理由がある場合が若干広いと考えられる。たとえば、公務執行の中立性を害する場合は、委嘱事項を拒絶する正当な理由があるというべきである。

3 ケースの検討

[ケース185]

国選弁護人は、被選任資格者として弁護士が明記されているから（刑訴38条1項）、限定説にたっても、弁護士法24条、職務基本規程80条の適用があることは明らかである。そして、A弁護士の国選弁護人を辞する理由に「正当な理由」がないことも、争いはないであろう。いかにモチベーションがあがらないからといっても、弁護士の使命を捨て去ってはならない。

II 受託の制限

● ケース186 ●

A弁護士は、恐喝事件を起こした被告人Xの国選弁護人に選任された。ところが、事件記録を読んでみると、Xが恐喝したのは、A弁護士が顧問を務めているQ会社の総務担当者Pであった。A弁護士は、Pとは面識がないが、恐喝の内容は、Q会社の製造販売した電機製品の不具合に関してであった。A弁護士は、Q会社の依頼を受けて、その商品に関する製造物責任訴訟の代理人を務めている。

A弁護士は、Xの国選弁護人の辞任を裁判所に申し出るべきか。

主な検討対象条文
○職務基本規程
　（受任の制限）

> 81条　弁護士は、法令により官公署から委嘱された事項について、職務の公正を保ち得ない事由があるときは、その委嘱を受けてはならない。

【解　説】

1　職務の公正を保ち得ない事由

　職務基本規程81条は、弁護士の職務の公正、官公署の職務の公正、これらに対する国民の信頼を確保することを目的とするものであり、「職務の公正を保ち得ない事由」とは、**職務の中立**を保ち得ない事情あるいは中立性を疑われる事情をいう（日弁連弁倫委・解説184頁）。

2　ケースの検討

[ケース186]

　国選弁護人の解任事由は、刑事訴訟法38条の3第1項に列挙されているが、本ケースは、2号の「被告人と弁護人との利益が相反する状況にあり弁護人にその職務を継続させることが相当でないとき」の解釈問題となる（松尾浩也編・条解刑事訴訟法［第4版］（弘文堂・2009）76頁）。被告人の犯罪行為の被害者が国選弁護人を務める弁護士の依頼者であったというのは、被告人と弁護人の利益が相反する状況にあたり、そのまま国選弁護人の職務を行わせることも不相当であろう。A弁護士としては、裁判所の解任を求める職権発動を促すべきであると考える。

第 2 編

裁判官倫理
検察官倫理

第1章　裁判官倫理

　裁判官の倫理については、検察官の倫理と並んで、これまで学問的研究がほとんど進んでいなかったといってよい。しかし、2004（平成16）年の法科大学院の発足を契機として法曹倫理に関する各種のテキストや論文が次々に刊行されるにしたがって、裁判官倫理の研究もかなり充実してきている。法曹倫理の代表的テキストを参照にしながら、裁判官の倫理を検討することとしたい。

I　裁判官制度の歴史

　最初に、わが国の裁判官制度の歴史を概観しておくこととしたい（兼子＝竹下・裁判法45頁、加藤・裁判官論19頁［加藤新太郎・品田幸男］、森際・法曹の倫理297頁［上野精・森際康友］参照）。
　明治新政府は、欧米列強に互する近代国家を建設するため法典の近代化と近代的司法制度の整備を進めることとなり、まず、1868（慶応4）年1月に、刑法事務総督と刑法事務掛が置かれ、2月には、これらに代わって刑法事務局が置かれた。その後同年4月に、太政官制が敷かれ、刑法事務局が廃止されて刑法官が置かれた。そして、1871（明治4）年の廃藩置県によって中央集権体制の基礎が築かれ、同年7月には**司法省**が設けられて、司法権の中央一元化が実現した。翌8月、「**司法職務定制**」（太政官無号達）が制定されて、司法省が全国の裁判所を統括するものとされ、裁判所として、司法省裁判所、司法省臨時裁判所、出張裁判所、府県裁判所、各区裁判所が置かれ、裁判官として、判事と解部（ときべ・下位の裁判官）とが置かれた。その後、1875（明治8）年4月、**大審院**が創設され、司法省が掌握していた裁判権が大審院に帰属し、その下に上等裁判所と府県裁判所とが置かれた。翌

1876（明治9）年には、府県裁判所が地方裁判所と区裁判所とに変更されている。**裁判官**についても、1875（明治8）年5月に、一等判事から七等判事、一級判事補から四級判事補が置かれた。

訴訟手続については、1880（明治13）年7月に刑事訴訟手続法典である**治罪法**（太政官布告第37号）が制定され、これに基づいて、上等裁判所が控訴裁判所に、地方裁判所が始審裁判所に、区裁判所が治安裁判所に改称された。ただし、治罪法による裁判所の構成は、複雑を極めたため、実施に当たっては簡略化された運用がなされた。

1885（明治18）年12月、太政官制が廃止されて内閣制度が導入され、司法制度についても、1886（明治19）年5月に、「**裁判所官制**」（明治19年勅令40号）が公布され、控訴裁判所を**控訴院**と改称し、裁判官は、裁判所の長、局長、判事および判事試補の4種が置かれ、任用資格が明定されたほか、刑事裁判または懲戒裁判によらなければ意に反して退官および懲罰を受けないこととされ、身分保障が確立された。

以上のような経過をたどって、1889（明治22）年2月、大日本帝国憲法が発布され、日本も近代的な三権分立国家となり、司法権は、天皇の名において法律によって裁判所が行うものとされ（旧憲57条1項）、裁判官の資格と身分保障も規定された（旧憲58条2項）。ただし、司法権の範囲は、民事・刑事の裁判権に限られ、行政事件については、行政裁判所の権限とされ（旧憲61条）、行政裁判法（明治23年法律第48号）がその詳細を規定した。また、陸海軍の軍法会議、宮内省に設けられた皇族間の民事訴訟を審理する裁判所という特別裁判所が認められていた（旧憲60条）。そして、この大日本帝国憲法の規定を受けて、1890（明治23）年2月、**裁判所構成法**（明治23年法律第6号）が制定された。同法は、裁判所および検事局、裁判所および検事局の官吏、司法事務の取扱い、司法行政の職務および監督権の4章立てであり、裁判所については、大審院、控訴院、地方裁判所、区裁判所の4種とされ、裁判官については、任用資格と欠格事由に関する規定が整備され、官名も**判事**に統一されたうえ、任官は終身とされた。また、司法行政については、そ

の監督権を司法大臣が有し、控訴院長・地方裁判所長がこれを補助するものとされ、大審院長は、大審院内部の所期院に対する監督権のみを有するものとされた。ただし、法務大臣や大審院長の監督権は、判事の裁判権には及ばないことが明記され、司法権の独立に対する配慮がなされた。この裁判所構成法は、第2次世界大戦後における裁判所法の制定までの約60年間、わが国の裁判所全体を規律したものであった。

　第2次世界大戦敗戦後の1946（昭和21）年11月、日本国憲法が公布されたが、この憲法改正案と並行して裁判所法案と検察庁法案が審議され、1947（昭和22）年4月、**裁判所法**（昭和22年法律第59号）および検察庁法（昭和22年法律第61号）が公布され、日本国憲法と同時に施行された。日本国憲法は、GHQの強力な指導のもとに立案され、アメリカ合衆国憲法の影響を色濃く受けているが、司法権についても、行政裁判制度の廃止、違憲法令審査権や規則制定権の付与等の司法権の範囲拡大と機能強化、司法権の独立の強化が顕著である。また、司法の組織面でも、裁判官と検察官を分離し、大陸法系の裁判官制度では原則的であった第一審裁判所の裁判官合議制が廃止され、英米法系の法曹一元をにらんだ一人制が採用されるに至っている。

II　裁判官に求められる資質と能力

　司法制度改革審議会意見書は、裁判官制度改革の一つとして、裁判官の人事制度の見直しを提言したが、これを受けて、最高裁判所に「裁判官の人事評価の在り方に関する研究会」が設けられた。裁判官に求められる基本的な能力としては、**法的判断能力**と**手続運営能力**であるが、2002（平成14）年7月に公表された上記研究会の報告書では、法的判断能力の考慮要素として「法律知識の正確性・十分性、法的問題についての理解力・分析力・整理力・応用力、事実整理（争点整理）能力、証拠を適切に評価する能力、法的判断を適切に表現する能力、合理的な期間内に調査等を遂げて判断を形成する能力等」をあげ、手続運営能力の考慮要素として「法廷等における弁論等

の指揮能力、当事者との意思疎通能力、和解等における説得能力、合理的な期間内に手続を進行させる能力、担当事件全般を円滑に進行させる能力等」をあげている。さらに、裁判官は、裁判所職員等との協働、職員等の指導、部の運営等も行うために、**組織運営能力**も求められる。この考慮要素としては「部の運営等司法行政面での創意・工夫、職員に対する指導能力、職員・裁判官等への対応の適否」があるとしている。

　さらに、上記研究会の報告書は、裁判官に求められる人格的資質として、①識見について、幅広い教養に支えられた視野の広さ、人間性に対する洞察力、社会事象に対する理解力等を、②人物・性格面について、廉直さ、公平さ、寛容さ、勤勉さ、忍耐力、自制心、慎重さ、注意深さ、思考の柔軟性、独立の気概、精神的勇気、責任感、協調性、積極性等を、それぞれあげている（加藤・裁判官論85頁［村上博信］、小島ほか・現代の法曹倫理288頁［山室恵］）。

III　裁判官倫理の規範

1　国家公務員倫理法

　裁判官は、特別職の国家公務員であるが（国公2条3項）、**国家公務員倫理法**（平成11年法律第129号）の適用が除外されている（同法2条）。裁判官には伝統的に廉潔性が確立されていること（川島武宜・ある法学者の軌跡（有斐閣・1978）268頁は、日本の裁判官が事件当事者から賄賂をもらうことはゼロに近い発言したら、アメリカの学者から非常な驚きをもって受け止められ、厳しく論難されたエピソードを紹介している）、職務の性質上他の公務員のような不祥事の発生が考えにくいこと、裁判官には裁判官弾劾法など固有の倫理保持のための法制度があることが理由となっている。ただ、そうはいっても、公務員倫理法が定める倫理原則や**国家公務員倫理規程**（平成12年政令第101号）が定める倫理行動規準は、裁判官が行動する場合にも当てはまるものというべ

きである。そこで、その概要を下記に示すこととする。

> 国家公務員倫理法3条
> ①　職員は、国民全体の奉仕者であり、国民の一部に対してのみの奉仕者ではないことを自覚し、職務上知り得た情報について国民の一部に対してのみ有利な取扱いをする等国民に対して不当な差別的取扱いをしてはならず、常に公正な職務の執行に当たらなければならない。
> ②　職員は、常に公私の別を明らかにし、いやしくもその職務や地位を自らや自らの属する組織のための私的利益のため用いてはならない。
> ③　職員は、法律により与えられた権限の行使に当たっては、当該権限の行使の対象となる者からの贈与等を受けること等の国民の疑惑や不信を招くような行為をしてはならない。
>
> 国家公務員倫理規程1条（抄）
> 　職員……は、国家公務員としての誇りを持ち、かつ、その使命を自覚し、……第4号及び第5号に掲げる事項をその職務に係る倫理を保持するために遵守すべき規準として、行動しなければならない。
> 四　職員は、職務の執行に当たっては、公共の利益の増進を目指し、全力を挙げてこれに取り組まなくてはならないこと。
> 五　職員は、勤務時間外においても、自らの行動が公務の信用に影響を与えることを常に認識して行動しなければならないこと。

2　ABAモデル・コード「裁判官倫理規範」

わが国には、裁判官の倫理をとりあげて成文化した規範は存しないが、**法曹一元制度**を採用するアメリカでは、アメリカ法曹協会（ABA）が、1972年の総会で、「**裁判官倫理規範**（New Code of Judicial Conduct）」を制定している。**キャリア・システム**、すなわち裁判官となる者が当初から裁判官として採用され、原則として裁判所内部で訓練・育成されつつ昇進していく制度を採用するわが国とでは裁判官任用のあり方が異なるが、倫理規範についての考え方は参考になるから、ここに概要を紹介する（加藤・裁判官論50頁［加藤新太郎］）。

規範1　裁判官は、司法部の廉潔と独立を保持しなければならない。
規範2　裁判官は、そのすべての活動において、不穏当を避け、また不穏当となることを慎まなければならない。
規範3　裁判官は、公平かつ勤勉に、その職務を遂行しなければならない。
規範4　裁判官は、法、法制度および裁判運営を改善するための活動に携わることができる。
規範5　裁判官は、司法上の職務との抵触の危険を最小限にとどめるよう自己の司法外活動を規律しなければならない。
規範6　裁判官は、準司法活動または司法外の活動によって得る報酬につき、定期的に報告書を提出しなければならない。
規範7　裁判官は、その裁判官としての職務にふさわしくない政治的活動を避けなければならない。

IV　裁判官の独立性

● ケース187 ●

A裁判官は、Q地方裁判所の所長であるが、同裁判所には世論を二分している政治的問題を含む訴訟が係属中であり、X裁判官が裁判長を務めている。A裁判官は、Q地方裁判所の会議が終わった後、X裁判官に対し、「あなたが担当している例の事件は、マスコミの報道に幻惑されずに、熟慮されたほうがよい」と申し向けた。

A裁判官の行動に問題があるか。

● ケース188 ●

B裁判官は、かねてより業務上過失致死傷事件については厳罰をもって臨む必要があるとの信条を有しており、同事件の被告人Xについても、被害者のことを考え、同種事件では通常は執行猶予付判決が相当と認められるにもかかわらず、実刑判決を下した。

B　裁判官の行動に問題はあるか。

主な検討対象条文
○憲法
76条3項　すべて裁判官は、その良心に従ひ独立してその職権を行ひ、この憲法及び法律にのみ拘束される。
78条　裁判官は、裁判により、心身の故障のために職務を執ることができないと決定された場合を除いては、公の弾劾によらなければ罷免されない。裁判官の懲戒処分は、行政機関がこれを行ふことができない。
○裁判所法
48条　裁判官は、公の弾劾又は国民の審査に関する法律による場合及び別に法律で定めるところにより心身の故障のために職務を執ることができないと裁判された場合を除いては、その意思に反して、免官、転官、転所、職務の停止又は報酬の減額をされることはない。

【解　説】

1　司法権の独立

　司法権は、非政治的権力であり、政治性の強い立法権・行政権から侵害される危険性が大きいこと、司法権は、裁判を通じて国民の権利を保護することを職責しているため、政治的権力の干渉を排除し、特に少数者の保護を図る必要があること等を理由として、**司法権の独立**性が要求されるが、これには、2つの意味がある。1つは、司法権が立法権や行政権から独立していること（広義の司法権の独立）であり、もう1つは、裁判官が裁判をするに当たって独立して職権を行使すること（**裁判官の職権の独立**ともいう）である。この司法権の独立の侵害が問題となった例としては、司法部外のケースと司法部内のケースとがある（芦部信喜＝高橋和之補訂・憲法［第5版］（岩波書店・2011）346頁）。

344

司法部外のケースとしては、次の2つがある。

① **大津事件**（湖南事件）　1891（明治24）年5月、滋賀県大津市において、来日中のロシア帝国のニコライ皇太子に対し、警備に当たっていた津田三蔵巡査がサーベルで斬りつけ頭部に重傷を負わせた事件である。明治政府は、当時の大国ロシアとの関係悪化をおそれ、皇太子に対して皇室に対する罪を拡張適用をして津田を死刑にするよう大審院に働きかけたが、時の大審院長**児島惟謙**は、この干渉を排して、津田を無期徒刑に処した。ただ、児島が行った事件担当の裁判官に対する説得行為が問題ではあった。

② **浦和充子事件**　1948（昭和23）年7月、親子心中を図って子ども2人を殺害し、自分だけ生き残って自首した被告人浦和充子に対して浦和地方裁判所が懲役3年・執行猶予3年の判決を言い渡したことについて、同年11月、参議院法務委員会が「検察及び裁判の運営に関する調査」の対象とし、1949（昭和24）年3月、裁判所の事実認定は失当であり、量刑も軽すぎるとの決議を行った。最高裁判所は、参議院法務委員会の行動は司法権の独立を侵害し、議員に与えられた**国政調査権**の範囲を逸脱する措置であるとする意見を参議院議長に送付した。これに対し、参議院法務委員会は、最高裁判所が具体的事件を離れて憲法問題について意見を発表することは越権行為であると応酬した。

司法部内のケースとしては、次の2つがある。

① **吹田黙祷事件**　1953（昭和28）年7月、前年6月に起きた大阪府吹田駅付近で朝鮮戦争と軍需品輸送に反対する労働者等と警官隊が衝突し、111名が騒擾罪（現騒乱罪）で起訴されたいわゆる吹田騒擾事件の裁判に際し、大阪地方裁判所の佐々木哲蔵裁判長が法廷内で被告人らが朝鮮戦争での戦死者に対する黙祷をすることを制止しなかった訴訟指揮が問題となった事件である。国会の裁判官訴追委員会が当該訴訟指揮の当否を調査することを決定したことに対して、佐々木裁判長は司法権の独立を侵すものとしてこれを拒絶し、最高裁判所も、現に係属中の事件を調

査するのは司法権の独立を侵すおそれがある旨を申し入れたが、他方で、最高裁判所は、吹田事件の訴訟指揮は誠に遺憾であるとし、法廷の威信を損ない法の権威を失墜することのないように自戒を求めるとの「法廷の威信について」と題する通達を出したことが問題となった。

② **平賀書簡事件** 1969（昭和44）年8月、防衛庁（当時）が北海道長沼町の山林に自衛隊ミサイル基地を建設しようとしたことにつき、これに反対する地元住民が保安林の指定を解除した処分の取消しを求めた**長沼事件**に関し、同訴訟が係属していた札幌地方裁判所の平賀健太所長が、事件担当の福島重雄裁判長に対し、判断の一助にしてほしいとの前置きをして、国側の裁量判断を尊重して自衛隊の違憲判断を避けるべきことを示唆する内容の書簡を送付した事件である。札幌地方裁判所裁判官会議は、裁判権の行使に不当な影響を及ぼすおそれがあるとして、平賀所長に厳重注意の処分をし、最高裁判所も、注意処分を行い、東京高等裁判所に異動させた。他方、国会の裁判官訴追委員会は、書簡を公表したとして、福島裁判長に対して訴追猶予処分を行い、札幌高等裁判所も、同じ理由により注意処分を行った。

2 裁判官の良心

憲法76条3項は、裁判官は、その良心に従って独立して職権を行うことを規定しているが、「**良心**に従う」とは、裁判官が有形無形の外部の圧迫ないし誘惑に屈しないで自己内心の良識と道徳観に従うことをいい（最大判昭和23・11・17刑集2巻12号1565頁）、また、「良心」とは、裁判官個人の主観的な良心ではなく、裁判官としての良心、客観的良心であると解される（芦部＝高橋・前掲憲法346頁、佐藤幸治・日本国憲法論（成文堂・2011）615頁）。すなわち、裁判官は、個人としての信仰、道徳心、世界観を抑制し、客観的な法をして語らしめなければならないのであり、たとえば、カトリック信徒として離婚を否定しても、法律上の離婚原因があると認める以上は離婚判決をすべき職責があり、死刑廃止論者であっても法が命ずる死刑は言い渡さなければ

ならないのである（兼子＝竹下・裁判法111頁）。しかし、そうはいっても、裁判官の主観的良心と裁判官の職業倫理としての良心が衝突し葛藤を強いられることが解消することはない。全人格をかけて倫理的決断をしなければならないことはあり得るであろう。

3　ケースの検討

[ケース187]
　A 裁判官の行動が X 裁判官の裁判権の行使に影響を与えるものであることは明らかであり、裁判官の独立を侵害したといわざるを得ない。

[ケース188]
　B 裁判官は、裁判官としての客観的良心に従ったといえるかはなはだ疑問であると考える。

V　裁判官の公平性

●ケース189●

　A 裁判官は、W 地方裁判所において民事部に属しているが、詐欺的商法の被害を被ったとする原告 P と被告 Q 株式会社の損害賠償請求訴訟を担当している。証拠調べを終えた後、職権で和解を勧告し、P に対し、「あなたにも落ち度がある。こんな詐欺商法の問題性を当初から見抜けなかった責任は大きい。判決では、相当の過失相殺がなされることになろう」といった。これを聞いた被告 Q 社は、次回の期日で、P の過失に絞った長大な準備書面を提出した。
　A 裁判官の言動に問題はあったか。

●ケース190●

　B 裁判官の妻 X は、交通事故を起こし、被害者に傷害を負わせたことから、Q 地方検察庁の P 検事から呼び出しを受けた。これを聞いた

> B裁判官は、P検事に電話をかけ、Xを起訴する予定がどうかを尋ねた。
> B裁判官の行動に問題はあるか。

【解　説】

1　裁判官の公平性の意義

　裁判官の公平性は、公平・公正な裁判の実現のためには不可欠の倫理的要請とされており、事件に関して個人的な利害や関心を持ってはならないこと、事件の当事者と密接な関係にあってはならないこと、事件の当事者に対して予断や偏見を持ってはならないこと等が内容とされるのが一般である。公平性は、独立性と重なる部分もあるが、独立性が、外部からの圧力や影響の排除を中心として論じられるのに対し、公平性は、裁判官自身の資質ないし徳性として論じられることが多いといえよう。しかし、そうであるからといって、裁判官がその内心において公平であると信ずるところに従っていれば足りるわけではなく、社会一般からも公平であると受け取られるように努めることが求められる。除斥（民訴23条、刑訴20条）、忌避（民訴24条、刑訴21条）、回避（民訴規12条、刑訴規13条）の制度は、裁判官の公平性に対する疑念が生ずるおそれがある場合に、裁判への関与を排除して国民の信頼を確保をするための制度である。現在では、公平性は、裁判官の役割と関連させて、裁判における訴訟的正義をいかに実現するかという面から問題とされている。特に、**釈明権の行使**をはじめとする訴訟指揮のあり方については、公平性の観点からも困難な問題を提起している（小島ほか・法曹倫理298頁）。

2　家族の窮状の救済

　裁判所法49条は、裁判官の懲戒事由として「品位を辱める行状」を規定しているが、裁判官の家族が窮状に陥った場合の救済行為がこれに該当するかが争われた事件がある。

　甲野太郎裁判官は、○○地方検察庁の乙山次席検事から、その妻甲野花子

348

がいたずら電話や無言電話をかけたとして告訴され、逮捕できる状況にあり、事実関係を確認したうえで事実を認めたときには被害者と示談等の措置をとってもらいたいとの連絡を受け、丙川弁護士を紹介された。甲野裁判官は、花子に確認したところ、嫌疑を否認し続け、丙川弁護士の事務所にも花子を同道して数回にわたり訪問し、打ち合わせを重ねた。甲野裁判官は、「〔花子の容疑事実〕ストーカー防止法違反」と題する書面を作成し、花子と丙川弁護士に交付した。同書面には、嫌疑の疑問点や捜査当局の根拠に対する反論等を記載し、花子が犯人と断定することはできないとしていた。この行為が、裁判所法49条に規定する「品位を辱める行状」に該当するかが問題となった。

　最大決平成13・3・30判時1760号68頁は、「裁判官は、一般に、捜査が相当程度進展している具体的被疑事件について、その一方当事者である被疑者に加担するような実質的に弁護活動に当たる行為をすることは、これを差し控えるべきもの」である。「しかし、裁判官も、1人の人間として社会生活、家庭生活を営む者であるから、その親族、とりわけ配偶者が犯罪の嫌疑を受けた場合に、これを支援、擁護する何らの行為もすることができないというのは、人間としての自然の情からみて厳格に過ぎる……。法も、司法作用においてそのような親族間の情義に一定の配慮を示し、また、これが司法作用の制約となる得る場合があることを認めている」。しかし、「それにもおのずから限界があるといわなければならず、その限界を超え、裁判官の公正、中立に対する国民の信頼を傷つける行為にまで及ぶことは、許されない」。甲野裁判官は、「実質的に弁護活動に当たる行為をしたといわなければならず、その結果、裁判官の公正、中立に対する国民の信頼を傷つけ、ひいては裁判所に対する国民の信頼を傷つけたのである。したがって、（甲野裁判官）としては、裁判官の立場にある以上、そのような行為は弁護人にゆだねるべきであったのであり、（甲野裁判官）の行為は、妻を支援、擁護する者として許容される限界を超えたもの」であるとし、裁判官分限法2条により、戒告の懲戒処分とした。

この多数意見に対し、金谷利廣裁判官は、甲野裁判官の作成した書面は、「要領を得た供述・弁解をすることのできない妻に代わって、基本的には、その供述するところや言い分を整理された形で代弁してやって、妻に対し今後捜査機関の取り調べを受けるに当たっての助けを与え、また、妻を弁護してくれることになり、整理された書面の提出を求めている弁護士のため今後の弁護活動のための参考資料・参考意見を提供することを目的とする……とともに、併せて、高裁事務局長に対する状況報告の補助資料とすることを目的として作成されたものとみるのが相当」であり、「紛争の相手方等の第三者に対する対外的行動を伴わず、親及びその代理人に対するいわば対内的なものにとどまる裁判官の助言・援助行為は、それがたとい具体的事件の中味にわたるものであっても、これによってその裁判官の他の事件に関する職務の公正・中立さについて国民の疑惑を招くおそれがあるとはいい得ない」のであって、裁判所法49条の「品位を辱める行状」の解釈について、「裁判官の倫理違反といい得るものであれば、その行為の性質、倫理違反の程度等を問わず、そのすべてが『品位を辱める行状』あるいは懲戒事由としての品位保持義務違反に当たるとすることは、その字義等に照らし、相当ではない。裁判官に要請される倫理の中でも、高度のそれに属すると認められるものに反するということができる場合においては、その倫理違反が『品位を辱める行状』又は品位保持義務違反とは到底いえない場合もある」として、甲野裁判官を懲戒に付さないとすべきであるとの反対意見を述べている（2裁判官も同調）。

3　ケースの検討

[ケース189]

A裁判官の言動は、釈明権の行使というよりも、自らの心証を明らかにしたものであるというべきであるが、一方当事者に対して主張立証を促す結果となっている。裁判官が訴訟当事者に対して法的観点を指摘することに関しては、判決における不意打ち防止のために必要であると指摘されることが

あるが、本ケースは、そのような**法的観点指摘義務**の問題とはいえないであろう（法的観点指摘義務については、高橋宏志・重点講義民事訴訟法(上)（有斐閣・2011）445頁を参照）。裁判官の心証の開示は、早期の和解成立のために有効なことも多いのであるが、自己に不利な心証を開示された一方当事者は、公平性に疑念を持つに至ることになるのが通例である。個々の事案に応じて適切に使い分けることが求められるであろう。

[ケース190]
　B裁判官は、妻の犯罪事実について起訴となるかどうかを担当のP検事に質問したのであるが、家族の窮状を救う行為であっても、対外的な行為に及べば、裁判官の公正中立性に疑念を抱かれる可能性が大きいと考えられる。したがって、このような行為は懲戒対象とされてもやむを得ないと解される。

VI　裁判官の政治的自由

● ケース192 ●

　A裁判官は、憲法改正を前提とする国民投票法案制定に反対の考えを有していたところ、司法研修所同期のQ弁護士の勧誘により、「国民投票法案の問題点を探る」と題するパネルディスカッションにパネリストとして出席し、法案の問題点について発言した。
　A裁判官の行動に問題はあるか。

主な検討対象条文
○裁判所法
52条　裁判官は、在任中、左の行為をすることができない。
一　国会又は地方公共団体の議会の議員となり、又は積極的に政治運動をすること。

351

第1章　裁判官倫理

【解　説】

1　寺西判事補事件

　乙野二郎裁判官は、国会に上程された組織的犯罪対策法の制定に反対する弁護士グループが組織した「組織的犯罪対策法に反対する全国弁護士ネットワーク」の弁護士から、組織的犯罪対策法の制定に反対する集会の一つをなすシンポジウムへの参加を求められ、これに承諾した。すると、乙野裁判官が参加する旨を記載したビラが作成されて広く配布され、これが乙野裁判官が勤務する○○地方裁判所長の知るところとなり、同所長は、裁判所法52条1号に規定する「積極的に**政治運動**をすること」に該当し、懲戒処分もあり得ると述べた。しかし、乙野裁判官は、シンポジウムに出席し、一般参加者席から裁判官であることを名乗ったうえ、「当初、この集会にパネリストとして参加する予定であったが、事前に所長より、集会に参加すれば懲戒処分もあり得るとの警告を受けたことから、パネリストとしての参加は取りやめた。自分としては、仮に法案に反対の立場で発言しても、裁判所法に定める積極的な政治運動に当たるとは考えないが、パネリストとしての発言は辞退する」旨を発言した（以下「本件言動」という）。本件言動について、○○地方裁判所は、乙野裁判官を戒告の懲戒処分に付した。

　最大決平成10・12・1民集52巻1号1761頁は、「裁判官に対し、積極的に政治運動をすることを禁止することは、必然的に裁判官の表現の自由を一定範囲で制約することにはなるが、右制約が合理的でやむを得ない限度にとどまるものである限り、憲法の許容するところ」であり、「禁止の目的が正当であって、その目的との合理的関連性があり、禁止により得られる利益と失われる利益との均衡を失するものでないなら、憲法21条1項に違反しない」。禁止の目的は、「裁判官の独立及び中立・公正を確保し、裁判に対する国民の信頼を維持するとともに、三権分立主義の下における司法と立法、行政とのあるべき関係を規律することにあり」、「裁判官が積極的に政治運動をすることは……裁判官の独立及び中立・公正を害し、裁判に対する国民の信頼を

損なうおそれが大きいから……禁止目的との間に合理的な関連性がある」。さらに、「裁判官が積極的に政治運動をすることを……その行動のもたらす弊害の防止をねらいとして禁止するときは、同時にそれにより意見表明の自由が制約されることにはなるが、それは単に行動の禁止に伴う限度での間接的・付随的な制約にすぎず、かつ、積極的に政治運動をすること以外の行為により意見表明をする自由まで制約するものではない」。「禁止により得られる利益は、……失われる利益に比してさらに重要なものというべきであり、その禁止は利益の均衡を失するものではない」とし、「本件言動は、組織的犯罪防止法案廃案に追い込むことを目的として共同行動している諸団体の組織的、計画的、継続的な反対運動を拡大、発展させ、右目的を達成させることを積極的に支援しこれを推進するものであり、裁判官の職にある者として厳に避けなければならない行為」であって、「積極的な政治運動をすること」に該当するとした。そして、裁判所法49条の職務上の義務は、私的行為においても裁判官の職にあることに伴って負っている義務も含まれ、積極的に政治運動をしてはならない義務は、職務遂行中と否とを問わず裁判官の職にある限り遵守すべき義務であるから、職務上の義務に当たり、乙野裁判官には職務上の義務違反があったとして、戒告の懲戒処分は相当であるとした（加藤・裁判官論56頁［加藤新太郎］、小島ほか・法曹倫理329頁、塚原ほか・倫理と責任495頁、憲法判例百選Ⅱ［第5版］（別冊ジュリ）406頁［本秀紀］、芦部＝高橋・前掲憲法273頁、佐藤・前掲日本国憲法論618頁）。

2　5裁判官の反対意見

上記判決には、5人の裁判官の反対意見が付されているが、その要旨は、次のとおりである。いずれも示唆に富むものである。

①　園部逸夫裁判官；裁判官が在任中に積極的に政治運動をしたことが認定されても、職務上の義務に違反することに該当すると考えることはできない。

②　尾崎行信裁判官；本件の審理は、公開裁判、口頭主義、直接主義など

近代司法の諸原則のもとに行うべきであり、そうでない限り、最高裁の手続は違法である。

③　河合伸一裁判官；分限裁判によって裁判官を懲戒する目的は、当該裁判官をして反省させ、将来の言動を是正しようとすることにあるが、これに加えて、他の裁判官一般に対して基準を示して自戒を求め、ひいては司法の中立・公正を国民の前に明らかにしてその信頼を確保しようとすることにもある。本件言動が裁判所法52条1号後段に該当するといえるとしても、それを理由として懲戒処分をすることは、裁判官に示す基準として適切ではなく、裁判官一般および国民に対しても悪しき影響を及ぼすことが懸念されるから、相当ではない。

④　遠藤光男裁判官；裁判所法は、憲法の精神にかんがみ、裁判官が政党の党員または政治結社の社員となることを容認しているばかりでなく、裁判官が社会通念的にみて相当と認められる範囲内の通常の政治運動をすることを認めているものと理解することができ、裁判官が行った政治運動の態様が社会通念に照らしかなり突出したものであるがゆえに、将来憲法上の要請を逸脱してその職権が行使されるおそれがあり、ひいては、そのことによって裁判官に求められる地位の独立性や外見上の中立性・公正性までもが著しく損なわれるに至ったと認められる場合に限り、これを禁止行為の対象としたものと解するのが相当である。そして、本件言動は、裁判官の独立性、外見上の中立性・公正性が著しく損なわれたと断定することはできない。

⑤　元原利文裁判官；「積極的に政治運動をすること」の意義については、解釈が区々になる可能性をはらんでおり、これを解釈するにあたっては、これが懲戒の対象となるべき行為を定めたものであることに思いを致し、懲戒権者と名宛人の双方が共通の認識を分かち得るように、その字句から文理上導き出せるところに従って、客観的に中庸を得た視点で行わなければならない。その視点からみれば、本件言動は、いまだ積極的な政治運動をしたことには該当しない。

3　ケースの検討

[ケース192]

　憲法改正問題は、政治的意味が相当に濃い問題であり、寺西判事補事件の最高裁大法廷判決の理論によれば、A 裁判官の行為は、「積極的な政治運動をしたこと」に該当し、懲戒処分に付されてもやむを得ないと考えられる。しかし、同判決の遠藤裁判官や元原裁判官の反対意見にあるような考え方をすれば、懲戒処分はできないとの結論もあり得よう。

Ⅶ　裁判官の品位保持

──● ケース193 ●──

　A 裁判官は、その父親の死亡に伴い、賃貸用マンション 1 棟を相続したが、その管理のために、妻 X を代表者とする不動産管理のための Q 株式会社を自らが全額出資して設立した。そして、賃貸管理のための個別具体的な業務（賃料額通知の発送、賃料振込みの確認、収支の記帳、修繕の手配等）は X が行ったが、X の報酬額をどうするか等の経営の中核的事項は C 裁判官が決定していた。

　A 裁判官の行動に問題はあるか。

──● ケース194 ●──

　B 裁判官は、Q ゴルフクラブのゴルフ会員権を所有していたが、Q ゴルフクラブの運営会社が B 裁判官が勤務する R 地方裁判所に対して民事再生手続開始の申立てをした。B 裁判官は、債権届出をしたうえで、再生計画案に賛成の議決権を行使しようと考えている。

　B 裁判官は、議決権を行使してよいか。

> **主な検討対象条文**
> ○裁判所法
> 49条　裁判官は、職務上の義務に違反し、若しくは職務を怠り、又は品位を辱める行状があったときは、別に法律で定めるところにより裁判によって懲戒される。
> 52条　裁判官は、在任中、左の行為をすることができない。
> 　二　最高裁判所の許可のある場合を除いて、報酬のある他の職務に従事すること。
> 　三　商業を営み、その他金銭上の利益を目的とする業務を行うこと。

【解　説】

1　職務専念義務

　国家公務員は、職務に専念し忠実にこれを遂行する義務を負っているが（国公101条）、特別職の公務員たる裁判官についても、そのことは当然に当てはまる。ただ、裁判官の独立性という要請があるため、独立して職務を行うという特質がある。

2　秘密保持義務

　公務員は、職務上知った秘密を漏らしてはならないが（国公100条）、裁判官については、裁判の合議（評議および評決）についての秘密保持義務が課せられている（裁75条2項）。合議体でする裁判は、各裁判官が忌憚なく意見を述べることが客観性を具備した質の高い合議体の判断の前提となっており、そのためには、評議の経過と内容が一切外部に出ないことが保障され、裁判官が外部のいかなる者の影響を受けないとする制度的保障が必要となる。合議の秘密保持義務が特に規定されたのは、このような趣旨に基づくものである。

3　品位保持義務

公務員は、職務上であると私行上であるとを問わず、その官職の信用を傷つけ、または官職全体の不名誉となるような行為をしてはならないとされるが（国公99条）、裁判官については、「品位を辱める行状」が懲戒事由となっており（裁59条）、同様の品位保持義務が課されている。

4　兼職の禁止・営利業務の禁止

裁判所法52条は、裁判官としてすることのできない行為を掲げているが、2号では、報酬のない職務に従事することが除かれているものの、職務専念義務に反するものは当然行うことができない。3号については、名義のいかんを問わないから、営業名義が他人があっても実質的に関与している限り、営利目的業務を営んだことになる（兼子＝竹下・裁判法260頁）。

5　裁判官の懲戒

憲法78条は、裁判官の懲戒処分は行政機関が行うことができないものと規定し、これを受けて、裁判所法49条は、職務上の義務違反、職務懈怠、品位を辱める行状があったときは、裁判によって懲戒されると規定している。そして、懲戒の種類と手続については、**裁判官分限法**（昭和22年法律第127号）に譲っている。

裁判官分限法が定める懲戒の種類は、戒告と1万円以下の過料の2種類であり、各高等裁判所が管轄区域内の地方裁判所・家庭裁判所・簡易裁判所の裁判官に係る懲戒事件の裁判権を持ち、その余の最高裁判所と高等裁判所の裁判官に係る懲戒事件は、最高裁判所が裁判権を持つことになっている。懲戒裁判は、高等裁判所では5人の合議体で、最高裁判所では大法廷で取り扱うことになっている。

懲戒の実際例をあげると、①職務上の義務違反としては、前出の積極的な政治活動の禁止違反があり、②職務懈怠としては、法令の適用に関して明白

な過誤を犯した行為、正当な理由なく審理・裁判を遅延した行為、事件記録を紛失した行為がある。③品位を辱める行状としては、飲酒酩酊して宿泊先ホテルで暴行を働いた行為、破産管財人の弁護士が破産会社が運営していたゴルフ場の買取りを企画し、その買取資金調達のために金員を貸与し、また物上保証人となった行為、酒気を帯びていることが事件関係者にも容易にわかる状態で執務した行為、不動産競売事件の債務者となった友人からの相談を受け、執行官に対して親族が入札する希望があることを伝え、便宜を図ってほしいと頼んだ行為、電車内での痴漢行為等がある（加藤・裁判官論64頁[加藤新太郎]）。

6　裁判官の罷免

　裁判官は、**公の弾劾**によれなければ罷免されない（憲78条）。公の弾劾とは、国民またはその代表者が要職にある公務員の非行を追及して失脚させることをいい、国民の権利として保障されている公務員の罷免権（憲15条1項）を具体化した民主的制度の一つである（兼子＝竹下・裁判法260頁）。弾劾手続の詳細は、**裁判官弾劾法**（昭和22年法律第137号）が規定している。

　裁判官弾劾法が定める弾劾事由は、①職務上の義務に著しく違反し、または職務を著しく怠ったとき、②職務の内外を問わず、裁判官としての威信を著しく失うべき非行があったときである（同法2条）。弾劾機関は、国会の両院議員で組織する弾劾裁判所であり（憲64条1項）、国会の各院において、その議員の中から互選された7人ずつの裁判員によって構成される（国会125条、弾劾16条1項）。弾劾裁判所の審判は、公開法廷で行われ、刑事訴訟に関する法令が準用される（弾劾23条）。罷免の裁判をするには、審理に関係した裁判員の3分の2以上の多数の意見によらなければならない（弾劾32条1項）。裁判官は、罷免の裁判の宣告によって当然に罷免される（弾劾37条）。

　裁判官が罷免された例としては、①簡易裁判所判事が、略式命令請求事件395件の被告人に対する告知を怠って公訴棄却決定をせざる得なくし、逮捕

状・捜索差押許可状にあらかじめ署名押印しておいて裁判所職員が令状の発付をする結果をもたらし、勾引の要件を欠くのに勾引状を発付して執行させ、さらに知人の相談を受けて売掛金の支払義務者を勤務する裁判所に呼び出して督促する等の私人間の紛争に介入した例、②簡易裁判所判事が、現地調停終了後に温泉旅館に赴き調停事件当事者から酒席の饗応を受け、この事実が投書によって地裁所長の知るところとなるや調停事件相手方の関係者に清酒を供与して善処を依頼し、その後に裁判官訴追委員会の調査を受けるや温泉旅館での饗応の事実の隠蔽を図った例、③地方裁判所判事補が、内閣総理大臣の私邸に検事総長を語って電話をかけ、ロッキード事件に関して検事総長に対する指揮権発動の言質を引き出そうと図り、会話内容を録音し、これを全国紙の新聞記者に再生して聞かせた例、④地方裁判所判事補が、担当していた破産事件の破産管財人弁護士からゴルフ道具および背広の供与を受けた例、⑤高等裁判所判事職務代行が、3回にわたり児童売春をした例がある（加藤・裁判官論71頁［加藤新太郎］）。

7 ケースの検討

［ケース193］

A裁判官は、営利目的の事業を実質的に営んだものというべきであり、裁判所法52条3号に違反すると考えられる。

［ケース194］

B裁判官は、その所有するゴルフ会員権の権利の変更に関する再生計画案について議決権を行使することは、当該民事再生事件が自らが勤務するQ地方裁判所に係属していることからすれば、秘密の利用しているのではないかとの疑惑を招きかねないと考える。議決権行使は差し控えるべきであろう。

第2章　検察官倫理

　検察官は、①刑事について公訴を行うこと、②犯罪について捜査をすること、③刑事について裁判所に法の正当な適用を請求すること、④刑事について裁判の執行を監督すること、⑤職務上必要と認められるときに裁判所に対して通知を求めまたは意見を述べること、⑥公益の代表者として他の法令がその権限に属させた事務を行うことを職務とするとされ（検察4条、6条）、刑事事件について訴追側当事者・捜査官としての職務と民事その他の事件について公益の代表者としての職務を負っている。また、「検察庁は、検察官の行う事務を統括するところとする」（検察1条）とあるように、検察官一人一人が国家の意思を決定してこれを行使する独立の官庁であり、その検察官の所管事務を統括するのが検察庁とされている。

　このような幅広い職務内容と「**独任制の官庁**」という特色を持つ検察官の倫理を検討する。

I　検察官制度の歴史

　最初に、検察官制度の歴史を概観しておくこととしたい（伊藤・検察庁法1頁、森際・法曹の倫理319頁［水谷規男］、小島ほか・法曹倫理385頁）。

　近代的な検察制度の起源は、フランスの検察官制度にあるとされる。13世紀のフランスにおいて、一般の告発を受けて裁判所に処罰を求め、刑事手続にも関与し、罰金や没収財産を取り立てる役割を担った「**国王の代官**」（procureur de roi）が存在したが、これが検察官制度の淵源とされる。このような役割を担った**検察官**は、やがて国王と裁判所の権限争いの中で、裁判所の検事局（Parquet）に属する司法官として犯罪訴追権限を有することに加えて、裁判所を監督する権限を有するようになった。

360

しかし、その後のフランス革命は、刑事手続を糾問手続から弾劾手続に転換させ、訴追と判決との機能の分離、不告不理の原則が導入されて、検事局の機能を引き継ぐ形で、刑事の原告官としての検察官が誕生した。そして、ナポレオン法典の1つとして制定された治罪法は、訴追権限は検察官に、証拠収集権限は予審判事に、有罪・無罪の判断権は陪審（一部は裁判官）にそれぞれ与えることとし、刑事裁判における機能分離が完成した。

　このようなフランスの検察官制度は、やがてドイツとわが国に移入され、1877年のドイツ帝国裁判所構成法では、検察官は、刑事訴追権と司法（裁判所）の監督権を有するものとされた。わが国では、1872（明治5）年の「**司法職務定制**」（太政官無号達）において、大検事・権大検事・中検事・権中検事・小検事・権小検事が置かれ、検事は、「法憲及人民ノ権利ヲ保護シ良ヲ扶ケ悪ヲ除キ裁判ノ当否ヲ監スル」ものとされ、「裁判ヲ求ムル権アリテ裁判ノ権ナシ」ともされた。しかし、裁判官が職権で審判を開始することも認められ、独占的訴追機関とはされていなかった。さらに、「各裁判所ニ出張シ聴断ノ当否を監視ス」ともされ、裁判官の監督権を有するものとされた。その後、1874（明治7）年には、検事補制度が設けられた。

　1860（明治13）年に制定された**治罪法**（太政官布告第37号）では、国家訴追主義、起訴独占主義を採用し、検事の職務は、犯罪を捜査すること、犯罪について取調べの処分と法律の適用を裁判官に請求すること、裁判所の命令と言渡しの執行を指揮すること、裁判所で公益を保護することにあるとされた。そして、これに併せて、検事と検事補の2本立てとされた。

　その後、大日本帝国憲法と同時に施行された**裁判所構成法**（明治23年法律第6号）では、各裁判所に**検事局**が付置され、検察官は裁判官とともに広義の司法職員として司法大臣の監督下に置かれた。その意味では、裁判官との同質性を有していたが、裁判官の監督をするという点では裁判官に対して優位の位置づけを与えられていた。1922（大正11）年には、いわゆる旧刑事訴訟法が制定されたが、そこではドイツの検事（Staatsanwalt）に似た位置づけがされた。

戦後の新憲法下では、アメリカ法の影響を強く受け、裁判所は、司法部から完全に独立し、検事局も、裁判所から分離独立して**検察庁**として出発することとなった（裁判所構成法は、裁判所法と検察庁法に分離された）。また、検事の名称は、検察官と改められた。

II 検察制度改革

1 検察の在り方検討会議

2010（平成22）年に起きた厚生労働省村木局長事件において、大阪地検特捜部の検事が証拠のフロッピーディスクを改ざんした事件が発覚し、当該検事の逮捕はもとより、上司の特捜部長と副部長の検事も犯人隠避の疑いで逮捕されるという前代未聞の事件が起き、検察の信頼が根底から揺らいだ。この事件をはじめとする検察不祥事の続発を受けて、法務大臣の私的諮問機関として「**検察の在り方検討会議**」が設置され、2011（平成23）年3月、「検察の再生に向けて」と題する提言が公表された。そこでは、検察の使命・役割と検察官の倫理について、次のように述べている。

① 検察の基本的使命・役割
  ・ 検察官は、被疑者・被告人の権利保障と事案の真相解明に努めることにより、えん罪を防止し、真犯人の適切な処罰を実現するという検察の使命・役割を改めて自覚すべきである。
  ・ 検察官は、「公益の代表者」として、有罪判決の獲得のみを目的とすることなく、公正な裁判の実現に努めなければならない。
  ・ 検察官は、捜査段階においても、起訴・不起訴を決し公判活動を行う公訴官として期待されている冷静な証拠評価や法律問題の検討等の役割を十分に果たすべきである。

② 時代の変化に応える検察
  ・ 検察が21世紀の価値観を感得し、時代に応じた役割を果たしていく

ため、常に現実の社会に目を向け、その変化を感じ取って未来を志向する能力を培い、より高い倫理と品性を身に付け、謙虚な姿勢を保つべきである。
③ 検察官の倫理
- 検察官の職務の遂行に当たって従うべき基本規程を明文化した上で公表し、検察官の使命・役割を検察内外に明確にするべきである。
- その規程は、この提言において具体的に指摘する事項等の趣旨を踏まえ、外部の声を聞きつつ、多くの検察官が参加する議論・検討を経て制定するべきである。

2 検察の理念

その後、最高検察庁は、2011（平成23）年9月、検察の精神と基本姿勢を示す「**検察の理念**」を公表した。それ自体は、検察官についての個別具体的な倫理規範を明定したものではないと思われるが、ここに紹介する。

1　国民全体の奉仕者として公共の利益のために勤務すべき責務を自覚し、法令を遵守し、厳正公平、不偏不党を旨として、公正誠実に職務を行う。
2　基本的人権を尊重し、刑事手続の適正を確保するとともに、刑事手続における裁判官及び弁護人の担う役割を十分理解しつつ、自らの職責を果たす。
3　無実の者を罰し、あるいは、真犯人を逃して処罰を免れさせることにならないよう、知力を尽くして、事案の真相解明に取り組む。
4　被疑者・被告人等の主張に耳を傾け、積極・消極を問わず十分な証拠の収集・把握に努め、冷静かつ多角的にその評価を行う。
5　取調べにおいては、供述の任意性の確保その他必要な配慮をして、真実の供述が得られるように努める。
6　犯罪被害者の声に耳を傾け、その正当な権利利益を尊重する。
7　関係者の名誉を不当に害し、あるいは、捜査・公判の遂行に支障を及ぼすことのないよう、証拠・情報を適正に管理するとともに、秘密を厳格に保持する。
8　警察その他の捜査機関のほか、矯正、保護その他の関係機関とも連携し、

犯罪の防止や罪を犯した者の更正等の刑事政策の目的に寄与する。
9 法律的な知識、技能の修得とその一層の向上を図るとともに、多様な事象とその変化にも対応し得る幅広い知識や教養を身につけるように研鑽を積む。
10 常に内省しつつ経験から学び行動するとともに、自由闊達な議論と相互支援を可能とする活力ある組織風土を構築する。

III 検察官の独立性

● ケース195 ●

A検察官は、Q地方検察庁に勤務しているが、恐喝事件の被疑者Xの取り調べを担当した。Xは、当初から恐喝の故意を否認しており、被害者であるYから事情を聞いたところ、Xの供述の裏付けがとれたため、公判維持が到底困難と考え、嫌疑不十分で不起訴処分にしたいと考えた。ところが、A検察官の上司であるP検察官は、有罪証拠は足りているとして、起訴するように命じた。

A検察官は、どうすべきか。

主な検討対象条文
○検察庁法
12条 検事総長、検事長又は検事正は、その指揮監督する検察官の事務を、自ら取り扱い、又はその指揮監督する他の検察官に取り扱わせることができる。

【解　説】

1　検察官同一体の原則

検察官同一体の原則とは、独立した官庁である全国の検察官が、検事総長、検事長および検事正の指揮監督権のもとにピラミッド型の機構を形成していること、独任制官庁である1人の検察官の事務を、検事総長、検事長および

検事正が有する事務引取移転権を媒介として、別の官庁である他の検察官が取り扱うことができ、それについて一つの官庁が事務処理をしたのと同様の法律効果が与えられていることをいう。このような原則が認められるのは、**検察官の独立性**を確保するためである。すなわち、司法権の独立は、国民の権利を守るために必須の要請であり、そのために裁判官の独立が保障されているが（前出344頁）、検察官による公訴権独占、起訴便宜主義が採用されている制度のもとで、検察権の行使が立法権または検察権以外の行政権の不当な干渉によって左右されるとすれば、司法権の独立も有名無実となってしまうため、検察官の独立性を担保する制度が求められるのである。また、検察権も行政権の一部をなす以上、その行使について国の行政意思が統一的に反映されること、検察権の行使が全国的に均等になされることも要請されるが、このような要請にも応えるものとして制定されたのが、検察官同一体の原則である（伊藤・検察庁法72頁）。

2　事務引取移転権

　検察庁法12条は、検事総長、検事長または検事正に対し、その指揮監督下にある検察官が行っている事務を、自らの名において処理すること（**事務引取権**）または自己の指揮監督下にある他の検察官をしてその検察官の名において処理させること（**事務移転権**）ができると規定する。この**事務引取移転権**が行使される場合としては、①特殊な事件における社会的地位の高い被疑者を検事正自らが取り調べる等、その性質上部下の検察官に処理させるのが適当でないと判断して検事正等が引き取る場合、②担当検察官と検事正の事件処理に関する意見が食い違うときに、検事正が当該事件を引き取って処理し、または他の検察官に処理させる場合、③個々の検察官の事務の繁閑、能力等を考慮して事件の担当を変える場合、④担当検察官が退官したり転勤したりしたときにその事件の引継ぎをさせる場合、⑤公判担当検察官に病気等の事故があったときに他の検察官を臨時に立会いさせる場合、⑥公判に関与した検察官以外の検察官によって上訴を申し立てる場合、⑦大きな事件が発

生したとき等に他の検察庁の検察官に事務の応援をさせる場合、⑧副検事に地方検察庁検察官の事務を取り扱わせる場合等がある（伊藤・検察庁法67頁）。

3　ケースの検討

[ケース195]

　検察官は、独任制官庁として一人ひとりがその権限と責任において検察事務を処理するが、裁判官と同様に、その良心に従って職務を行うべきである。しかし、検察官については、裁判官と異なり、検察官同一体の原則、とくに上司の指揮監督に服する義務があるため、自己の良心と上司の指揮監督とが衝突することがある。このような場合、まずは相互の意見の調整に最大限の努力をすべきであるが、それでも両者の意見が一致しなかったときは、検察官としては、上司に対し、事務取扱移転権の発動を求めるのが相当である。なお、上司が事務取扱移転権の発動も拒否したときには、検察官は、自己の良心を守り抜くべく、その官を辞するほかはないであろう（伊藤・検察庁法74頁）。Ａ検察官は、このような行動をとるべきである（塚原ほか・倫理と責任458頁参照）。

Ⅳ　公益の代表者

――● ケース196 ●――

　Ａ検察官は、詐欺事件の被告人Ｘの公判に立ち会い、Ｘが罪状を完全否認していたため、詐欺の被害者Ｑの証人尋問をすることとなった。ところが、Ｑは、捜査段階の供述調書とは異なった証言をし、ついには、弁護士の反対尋問に対して「詐欺というのは、私の狂言でした」と証言するに至った。

　Ａ検察官としては、どうすべきか。

IV 公益の代表者

● ケース197 ●

　B検察官は、窃盗罪で起訴された被告人Xの公判に立ち会っているが、Xの国選弁護人Qは、被害者との示談はおろか、情状証人の申請すらしようとしない。Xには、自動車で1時間程度のところに親戚Rがおり、Rの援助があれば、示談は可能と思われ、XもRを頼って今後の更生を図ろうと考えていた。
　B検察官としては、どのように公判手続を進めたらよいか。

主な検討対象条文
○検察庁法
4条　検察官は、刑事について、公訴を行い、裁判所の法の正当な適用を請求し、且つ、裁判の執行を監督し、又、裁判所の権限に属するその他の事項についても職務上必要と認められるときは、裁判所に、通知を求め、又は意見を述べ、又、公益の代表者として他の法令がその権限に属させた事務を行う。

【解　説】

1　検察官の役割

　検察官は、刑事訴訟における原告側の当事者であり、被告人の犯罪事実を主張・立証し、有罪判決を獲得して国家刑罰権を実現することを第1次の目標として活動する。しかし、検察庁法は、検察官に対して**公益の代表者**としての役割を果たすことも規定しているから、被告人の有罪判決を得ることのみを目的として活動すれば足りるわけではない。真実により近い事実が裁判で認定されること、その事実認定に基づいて法が正当に適用され執行されることは、公益であるから、検察官には、事案の真相を解明すること、法の正当な適用を実現することも求められるというべきである（小島ほか・法曹倫理392頁、小島ほか・現代の法曹倫理285頁［徳江義典］）。

　なお、最決昭和34・12・26刑集13巻13号3372頁は、裁判所が検察官に対し、

その所持する証拠書類または証拠物を、公判で取調べを請求すると否とにかかわりなく、あらかじめ被告人または弁護人に閲覧させるように命令することは刑事訴訟法その他の法令にも規定がないから認められないと判示する中で、「検察官が公益の代表者として裁判所をして真実を発見させるため被告人に有利な証拠をも法廷に顕出することを怠ってはならないことはその国法上の職責である」と述べている。公益の代表者であることは、刑事手続においても認められなければならないのである（伊藤・検察庁法34頁）。

2 ケースの検討

[ケース196]

A検察官は、詐欺の被害者が狂言であったと証言した以上、他の関係証拠から被告人Xの有罪が立証できないのであれば、公訴の取消し（刑訴257条）をするか、無罪の論告を行うべきである（塚原ほか・倫理と責任464頁）。

[ケース197]

B検察官としては、法の正当な適用と執行を実現するため、国選弁護人Qに対してRを情状証人として証拠調べの請求をしないのかを問いただし、Qが拒否したら被告人Xに対しても同様な意思確認をすべきである。それでもRの証拠調べ請求をしないというのであれば、自ら証拠調べの請求をするか、裁判所による職権証拠調べの発動を促すかをするべきであろう。なお、検察官の訴訟における役割分担の意義、被告人に対する法の感銘力の維持を重視する立場から、検察官が執行猶予付判決の論告・求刑をすることを否定する見解がある（塚原ほか・倫理と責任464頁）。

V 検察官の公正性

── ●ケース198● ──
A検察官は、Q地方検察庁の刑事部に在籍していたころ、贈収賄事件の捜査を担当し、贈賄の被疑者Xを取り調べた。ところが、取り調

べを開始してしばらく経ったころ、Xは、中学校時代の同級生であることが判明した。

A検察官は、どのようにしたらよいか。

Xが、妻の親戚が勤務する会社の上司であったときは、どうか。

● ケース199 ●

B検察官は、常習累犯窃盗の被疑者Xを取り調べ、Xの自白に基づいて被害者Qから事情を聴取したところ、Qは、「何で突然にお金が消えていたのかがようやくわかりました。これは、お茶菓子でどうぞ」といって、帰りしなに2000円の菓子折を差し出した。

A検察官は、これを受け取ってよいか。

● ケース200 ●

C検察官は、東京地方検察庁特捜部に勤務し、著名な贈収賄事件や経済事件の捜査にかかわったことがあるが、退官して弁護士となり、「元東京地方検察庁特捜部検事」であったことを積極的に話したうえ、過去に特捜部で手がけた著名贈収賄事件の被疑者・被告人であるQが取締役を務めるW株式会社の顧問弁護士となった。

C弁護士の行動に問題はあるか。

主な検討対象条文

○検察庁法

25条　検察官は、……その意思に反して、その官を失い、職務を停止され、又は俸給を減額されることはない。但し、懲戒処分による場合は、この限りでない。

【解　説】

1　国家公務員倫理法

　検察官も裁判官と同様に国家公務員であるが、特別職の裁判官と違い、一般職であるから、国家公務員倫理法の適用がある（前出341頁参照）。しかし、検察官については、裁判官と同様の身分保障がなされ、検察権の行使が公正になされることを担保する制度となっている。したがって、検察官がその権限を行使するにあたっては、私的な利害関係や党派的な目的に影響されることがあってはならない。そればかりでなく、検察官は、**起訴権**を独占している（刑訴247条）とともに、**起訴便宜主義**の採用により起訴権の行使に関する広範な裁量権を有していること（刑訴248条）にかんがみれば、単に公正であったことのみでは足りず、国民から公正らしさに対する疑念を抱かれるような行動も慎まなければならない（塚原ほか・倫理と責任453頁参照）。

2　ケースの検討

［ケース198］

　A検察官は、国民から検察権の行使に疑念を持たれないようにするため、被疑者が中学校時代の同級生であったことを上司に報告し、事件担当を外れるようにすべきである。被疑者が妻の親戚の勤務する会社の上司である場合についても、同様であると考える（塚原ほか・倫理と責任453頁、小島ほか・現代の法曹倫理282頁［徳江義典］参照）。

［ケース199］

　B検察官は、被疑者、被告人はもちろん、事件関係者の誰からも物品を受け取ってはならない。価値の多寡は問わないし、社交的儀礼の範囲内かどうかも関係がない。Qに対して検察官の廉潔性の重要性を説明し、持って帰ってもらわなければならない（塚原ほか・倫理と責任453頁参照）。

［ケース200］

　検察OB、特に検事長以上の経歴を有する者、東京地検特捜部勤務の経歴

を有する者が弁護士となって刑事事件を扱うことについては、検察内部で指導的立場や先端部門にいた者が検察官時代の上下関係や縁故を利用して処分を左右することがあるのではないかとの疑問から、あるいは弁護士になるまで捜査側・訴追側にいたのに弁護士になるや捜査や訴追の対象者の弁護をすることの違和感から、自粛をすべき点があるとする見解がみられる。これに対しては、弁護士倫理を遵守したうえで検察官時代の経験を活用して個々の依頼者のために最善の弁護活動をすることに何ら問題はないとする意見がある。基本的には、後者の見解でよいと考えるが、捜査を不当に牽制する目的から弁護を依頼していること、国民の目から見て検察官時代の事件処理に疑惑を抱かれるおそれが認められることが明らかであれば、受任を回避すべきであろう（塚原ほか・倫理と責任466頁参照）。このように考えると、C弁護士が東京地検特捜部検事時代に取り扱った贈収賄事件の被疑者・被告人Qが役員を務めるW社の顧問に就任することは、国民から検察官時代の事件処理に疑惑を持たれることが明らかというべきであり、直ちに顧問を辞任すべきであると解する。

資　料　編

弁護士職務基本規程

日本弁護士連合会会則（抄）

（旧々）弁護士倫理

（旧）弁護士倫理

弁護士の業務広告に関する規程

弁護士の報酬に関する規程

公職就任の届出等に関する規程

営利業務の届出等に関する規程

法律事務所等の名称等に関する規程

依頼者の本人特定事項の確認及び記録保存等に関する規程

開示証拠の複製等の交付等に関する規程

刑事法廷における弁護活動に関する倫理規程

債務整理事件処理の規程を定める規程

資料編

弁護士職務基本規程

(平成16年11月10日会規第70号)

目次
  第1章　基本倫理（第1条－第8条）
  第2章　一般規律（第9条－第19条）
  第3章　依頼者との関係における規律
    第1節　通則（第20条－第26条）
    第2節　職務を行い得ない事件の規律（第27条・第28条）
    第3節　事件の受任時における規律（第29条－第34条）
    第4節　事件の処理における規律（第35条－第43条）
    第5節　事件の終了時における規律（第44条・第45条）
  第4章　刑事弁護における規律（第46条－第49条）
  第5章　組織内弁護士における規律（第50条・第51条）
  第6章　事件の相手方との関係における規律（第52条－第54条）
  第7章　共同事務所における規律（第55条－第60条）
  第8章　弁護士法人における規律（第61条－第69条）
  第9章　他の弁護士との関係における規律（第70条－第73条）
  第10章　裁判の関係における規律（第74条－第77条）
  第11章　弁護士会との関係における規律（第78条・第79条）
  第12章　官公署との関係における規律（第80条・第81条）
  第13章　解釈適用指針（第82条）
  附則

　弁護士は、基本的人権の擁護と社会正義の実現を使命とする。
　その使命達成のために、弁護士には職務の自由と独立が要請され、高度の自治が保障されている。
　弁護士は、その使命を自覚し、自らの行動を規律する社会的責任を負う。
　よって、ここに弁護士の職務に関する倫理と行為規範を明らかにするため、弁護士職務基本規程を制定する。

第1章　基本倫理

（使命の自覚）
第1条　弁護士は、その使命が基本的人権の擁護と社会正義の実現にあることを自覚し、その使命の達成に努める。
（自由と独立）
第2条　弁護士は、職務の自由と独立を重んじる。
（弁護士自治）
第3条　弁護士は、弁護士自治の意義を自覚し、その維持発展に努める。
（司法独立の擁護）
第4条　弁護士は、司法の独立を擁護し、司法制度の健全な発展に寄与するように努める。
（信義誠実）
第5条　弁護士は、真実を尊重し、信義に従い、誠実かつ公正に職務を行うものとする。
（名誉と信用）
第6条　弁護士は、名誉を重んじ、信用を維持するとともに、廉潔を保持し、常に品位を高めるように努める。
（研鑽）
第7条　弁護士は、教養を深め、法令及び法律事務に精通するため、研鑽に努める。
（公益活動の実践）
第8条　弁護士は、その使命にふさわしい公益活動に参加し、実践するように努める。

第2章　一般規律

（広告及び宣伝）
第9条　弁護士は、広告又は宣伝をするときは、虚偽又は誤導にわたる情報を提供してはならない。
2　弁護士は、品位を損なう広告又は宣伝をしてはならない。
（依頼の勧誘等）
第10条　弁護士は、不当な目的のため、又は品位を損なう方法により、事件の依頼を勧誘し、又は事件を誘発してはならない。
（非弁護士との提携）

第11条　弁護士は、弁護士法第72条から第74条までの規定に違反する者又はこれらの規定に違反すると疑うに足りる相当な理由のある者から依頼者の紹介を受け、これらの者を利用し、又はこれらの者に自己の名義を利用させてはならない。

（報酬分配の制限）
第12条　弁護士は、その職務に関する報酬を弁護士又は弁護士法人でない者との間で分配してはならない。ただし、法令又は本会若しくは所属弁護士会の定める会則に別段の定めがある場合その他正当な理由がある場合は、この限りでない。

（依頼者紹介の対価）
第13条　弁護士は、依頼者の紹介を受けたことに対する謝礼その他の対価を支払ってはならない。
2　弁護士は、依頼者の紹介をしたことに対する謝礼その他の対価を受け取ってはならない。

（違法行為の助長）
第14条　弁護士は、詐欺的取引、暴力その他違法若しくは不正な行為を助長し、又はこれらの行為を利用してはならない。

（品位を損なう事業への参加）
第15条　弁護士は、公序良俗に反する事業その他品位を損なう事業を営み、若しくはこれに加わり、又はこれらの事業に自己の名義を利用させてはならない。

（営利業務従事における品位保持）
第16条　弁護士は、自ら営利を目的とする業務を営むとき、又は営利を目的とする業務を営む者の取締役、執行役その他業務を執行する役員若しくは使用人となったときは、営利を求めることにとらわれて、品位を損なう行為をしてはならない。

（係争目的物の譲受け）
第17条　弁護士は、係争の目的物を譲り受けてはならない。

（事件記録の保管等）
第18条　弁護士は、事件記録を保管又は廃棄するに際しては、秘密及びプライバシーに関する情報が漏れないように注意しなければならない。

（事務職員等の指導監督）
第19条　弁護士は、事務職員、司法修習生その他の自らの職務に関与させた者が、その者の業務に関し違法若しくは不当な行為に及び、又はその法律事務所の業務に関して知り得た秘密を漏らし、若しくは利用することのないように指導及び監督をしなければならない。

第3章　依頼者との関係における規律

第1節　通則

（依頼者との関係における自由と独立）
第20条　弁護士は、事件の受任及び処理に当たり、自由かつ独立の立場を保持するように努める。

（正当な利益の実現）
第21条　弁護士は、良心に従い、依頼者の権利及び正当な利益を実現するように努める。

（依頼者の意思の尊重）
第22条　弁護士は、委任の趣旨に関する依頼者の意思を尊重して職務を行うものとする。
2　弁護士は、依頼者が疾病その他の事情のためその意思を十分に表明できないときは、適切な方法を講じて依頼者の意思の確認に努める。

（秘密の保持）
第23条　弁護士は、正当な理由なく、依頼者について職務上知り得た秘密を他に漏らし、又は利用してはならない。

（弁護士報酬）
第24条　弁護士は、経済的利益、事案の難易、時間及び労力その他の事情に照らして、適正かつ妥当な弁護士報酬を提示しなければならない。

（依頼者との金銭貸借等）
第25条　弁護士は、特別の事情がない限り、依頼者と金銭の貸借をし、又は自己の債務について依頼者に保証を依頼し、若しくは依頼者の債務について保証をしてはならない。

（依頼者との紛議）
第26条　弁護士は、依頼者との信頼関係を保持し紛議が生じないように努め、紛議が生じたときは、所属弁護士会の紛議調停で解決するように努める。

第2節　職務を行い得ない事件の規律

（職務を行い得ない事件）
第27条　弁護士は、次の各号のいずれかに該当する事件については、その職務を行ってはならない。ただし、第3号に掲げる事件については、受任している事件の

依頼者が同意した場合は、この限りでない。
一　相手方の協議を受けて賛助し、又はその依頼を承諾した事件
二　相手方の協議を受けた事件で、その協議の程度及び方法が信頼関係に基づくと認められるもの
三　受任している事件の相手方からの依頼による他の事件
四　公務員として職務上取り扱った事件
五　仲裁、調停、和解斡旋その他の裁判外紛争解決手続機関の手続実施者として取り扱った事件

（同前）
第28条　弁護士は、前条に規定するもののほか、次の各号のいずれかに該当する事件については、その職務を行ってはならない。ただし、第1号及び第4号に掲げる事件についてその依頼者が同意した場合、第2号に掲げる事件についてその依頼者及び相手方が同意した場合並びに第3号に掲げる事件についてその依頼者及び他の依頼者のいずれもが同意した場合は、この限りでない。
一　相手方が配偶者、直系血族、兄弟姉妹又は同居の親族である事件
二　受任している他の事件の依頼者又は継続的な法律事務の提供を約している者を相手方とする事件
三　依頼者の利益と他の依頼者の利益が相反する事件
四　依頼者の利益と自己の経済的利益が相反する事件

第3節　事件の受任時における規律

（受任の際の説明等）
第29条　弁護士は、事件を受任するに当たり、依頼者から得た情報に基づき、事件の見通し、処理の方法並びに弁護士報酬及び費用について、適切な説明をしなければならない。
2　弁護士は、事件について、依頼者に有利な結果となることを請け合い、又は保証してはならない。
3　弁護士は、依頼者の期待する結果が得られる見込みがないにもかかわらず、その見込みがあるように装って事件を受任してはならない。

（委任契約書の作成）
第30条　弁護士は、事件を受任するに当たり、弁護士報酬に関する事項を含む委任契約書を作成しなければならない。ただし、委任契約書を作成することに困難な事由があるときは、その事由が止んだ後、これを作成する。

2　前項の規定にかかわらず、受任する事件が、法律相談、簡易な書面の作成又は顧問契約その他継続的な契約に基づくものであるときその他合理的な理由があるときは、委任契約書の作成を要しない。

(不当な事件の受任)
第31条　弁護士は、依頼の目的又は事件処理の方法が明らかに不当な事件を受任してはならない。

(不利益事項の説明)
第32条　弁護士は、同一の事件について複数の依頼者があってその相互間に利害の対立が生じるおそれがあるときは、事件を受任するに当たり、依頼者それぞれに対し、辞任の可能性その他の不利益を及ぼすおそれのあることを説明しなければならない。

(法律扶助制度等の説明)
第33条　弁護士は、依頼者に対し、事案に応じ、法律扶助制度、訴訟救助制度その他の資力の乏しい者の権利保護のための制度を説明し、裁判を受ける権利が保障されるように努める。

(受任の諾否の通知)
第34条　弁護士は、事件の依頼があったときは、速やかに、その諾否を依頼者に通知しなければならない。

第4節　事件の処理における規律

(事件の処理)
第35条　弁護士は、事件を受任したときは、速やかに着手し、遅滞なく処理しなければならない。

(事件処理の報告及び協議)
第36条　弁護士は、必要に応じ、依頼者に対して、事件の経過及び事件の帰趨に影響を及ぼす事項を報告し、依頼者と協議しながら事件の処理を進めなければならない。

(法令等の調査)
第37条　弁護士は、事件の処理に当たり、必要な法令の調査を怠ってはならない。
2　弁護士は、事件の処理に当たり、必要かつ可能な事実関係の調査を行うように努める。

(預り金の保管)
第38条　弁護士は、事件に関して依頼者、相手方その他利害関係人から金員を預か

ったときは、自己の金員と区別し、預り金であることを明確にする方法で保管し、その状況を記録しなければならない。

（預り品の保管）

第39条　弁護士は、事件に関して依頼者、相手方その他利害関係人から書類その他の物品を預かったときは、善良な管理者の注意をもって保管しなければならない。

（他の弁護士の参加）

第40条　弁護士は、受任している事件について、依頼者が他の弁護士又は弁護士法人に依頼をしようとするときは、正当な理由なく、これを妨げてはならない。

（受任弁護士間の意見不一致）

第41条　弁護士は、同一の事件を受任している他の弁護士又は弁護士法人との間に事件の処理について意見が一致せず、これにより、依頼者に不利益を及ぼすおそれがあるときは、依頼者に対し、その事情を説明しなければならない。

（受任後の利害対立）

第42条　弁護士は、複数の依頼者があって、その相互間に利害の対立が生じるおそれのある事件を受任した後、依頼者相互間に現実に利害の対立が生じたときは、依頼者それぞれに対し、速やかに、その事情を告げて、辞任その他の事案に応じた適切な措置をとらなければならない。

（信頼関係の喪失）

第43条　弁護士は、受任した事件について、依頼者との間に信頼関係が失われ、かつ、その回復が困難なときは、その旨を説明し、辞任その他の事案に応じた適切な措置をとらなければならない。

第5節　事件の終了時における規律

（処理結果の説明）

第44条　弁護士は、委任の終了に当たり、事件処理の状況又はその結果に関し、必要に応じ法的助言を付して、依頼者に説明しなければならない。

（預り金等の返還）

第45条　弁護士は、委任の終了に当たり、委任契約に従い、金銭を清算したうえ、預り金及び預り品を遅滞なく返還しなければならない。

第4章　刑事弁護における規律

（刑事弁護の心構え）

第46条　弁護士は、被疑者及び被告人の防御権が保障されていることにかんがみ、

その権利及び利益を擁護するため、最善の弁護活動に努める。
（接見の確保と身体拘束からの解放）
第47条　弁護士は、身体の拘束を受けている被疑者及び被告人について、必要な接見の機会の確保及び身体拘束からの解放に努める。
（防御権の説明等）
第48条　弁護士は、被疑者及び被告人に対し、黙秘権その他の防御権について適切な説明及び助言を行い、防御権及び弁護権に対する違法又は不当な制限に対し、必要な対抗措置をとるように努める。
（国選弁護における対価受領等）
第49条　弁護士は、国選弁護人に選任された事件について、名目のいかんを問わず、被告人その他の関係者から報酬その他の対価を受領してはならない。
2　弁護士は、前項の事件について、被告人その他の関係者に対し、その事件の私選弁護人に選任するように働きかけてはならない。ただし、本会又は所属弁護士会の定める会則に別段の定めがある場合は、この限りでない。

第5章　組織内弁護士における規律

（自由と独立）
第50条　官公署又は公私の団体（弁護士法人を除く。以下これらを合わせて「組織」という。）において職員若しくは使用人となり、又は取締役、理事その他の役員となっている弁護士（以下「組織内弁護士」という。）は、弁護士の使命及び弁護士の本質である自由と独立を自覚し、良心に従って職務を行うように努める。
（違法行為に対する措置）
第51条　組織内弁護士は、その担当する職務に関し、その組織に属する者が業務上法令に違反する行為を行い、又は行おうとしていることを知ったときは、その者、自らが所属する部署の長又はその組織の長、取締役会若しくは理事会その他の上級機関に対する説明又は勧告その他のその組織内における適切な措置をとらなければならない。

第6章　事件の相手方との関係における規律

（相手方本人との直接交渉）
第52条　弁護士は、相手方に法令上の資格を有する代理人が選任されたときは、正当な理由なく、その代理人の承諾を得ないで直接相手方と交渉してはならない。

（相手方からの利益の供与）
第53条　弁護士は、受任している事件に関し、相手方から利益の供与若しくは供応を受け、又はこれを要求し、若しくは約束をしてはならない。

（相手方に対する利益の供与）
第54条　弁護士は、受任している事件に関し、相手方に対し、利益の供与若しくは供応をし、又は申込みをしてはならない。

第7章　共同事務所における規律

（遵守のための措置）
第55条　複数の弁護士が法律事務所（弁護士法人の法律事務所である場合を除く。）を共にする場合（以下この法律事務所を「共同事務所」という。）において、その共同事務所に所属する弁護士（以下「所属弁護士」という。）を監督する権限のある弁護士は、所属弁護士がこの規程を遵守するための必要な措置をとるように努める。

（秘密の保持）
第56条　所属弁護士は、他の所属弁護士の依頼者について執務上知り得た秘密を正当な理由なく他に漏らし、又は利用してはならない。その共同事務所の所属弁護士でなくなった後も、同様とする。

（職務を行い得ない事件）
第57条　所属弁護士は、他の所属弁護士（所属弁護士であった場合を含む。）が、第27条又は第28条の規定により職務を行い得ない事件については、職務を行ってはならない。ただし、職務の公正を保ち得る事由があるときは、この限りでない。

（同前－受任後）
第58条　所属弁護士は、事件を受任した後に前条に該当する事由があることを知ったときは、速やかに、依頼者にその事情を告げて、辞任その他の事案に応じた適切な措置をとらなければならない。

（事件情報の記録等）
第59条　所属弁護士は、職務を行い得ない事件の受任を防止するため、他の所属弁護士と共同して、取扱い事件の依頼者、相手方及び事件名の記録その他の措置をとるように努める。

（準用）
第60条　この章の規定は、弁護士が外国法事務弁護士と事務所を共にする場合に準用する。この場合において、第55条中「複数の弁護士が」とあるのは「弁護士及

び外国法事務弁護士が」と、「共同事務所に所属する弁護士（以下「所属弁護士」という。）」とあるのは「共同事務所に所属する外国法事務弁護士（以下「所属外国法事務弁護士」という。）」と、「所属弁護士が」とあるのは「所属外国法事務弁護士が」と、第56条から第59条までの規定中「他の所属弁護士」とあるのは「所属外国法事務弁護士」と、第57条中「第27条又は第28条」とあるのは「外国特別会員基本規程第30条の2において準用する第27条又は第28条」と読み替えるものとする。

第8章 弁護士法人における規律

（遵守のための措置）

第61条　弁護士法人の社員である弁護士は、その弁護士法人の社員又は使用人である弁護士（以下「社員等」という。）及び使用人である外国法事務弁護士がこの規程を遵守するための必要な措置をとるように努める。

（秘密の保持）

第62条　社員等は、その弁護士法人、他の社員等又は使用人である外国法事務弁護士の依頼者について執務上知り得た秘密を正当な理由なく他に漏らし、又は利用してはならない。社員等でなくなった後も、同様とする。

（職務を行い得ない事件）

第63条　社員等（第1号及び第2号の場合においては、社員等であった者を含む。）は、次に掲げる事件については、職務を行ってはならない。ただし、第4号に掲げる事件については、その弁護士法人が受任している事件の依頼者の同意がある場合は、この限りでない。
　一　社員等であった期間内に、その弁護士法人が相手方の協議を受けて賛助し、又はその依頼を承諾した事件であって、自らこれに関与したもの
　二　社員等であった期間内に、その弁護士法人が相手方の協議を受けた事件で、その協議の程度及び方法が信頼関係に基づくと認められるものであって、自らこれに関与したもの
　三　その弁護士法人が相手方から受任している事件
　四　その弁護士法人が受任している事件（当該社員等が自ら関与しているものに限る。）の相手方からの依頼による他の事件

（他の社員等との関係で職務を行い得ない事件）

第64条　社員等は、他の社員等が第27条、第28条又は第63条第1号若しくは第2号のいずれかの規定により職務を行い得ない事件については、職務を行ってはなら

ない。ただし、職務の公正を保ち得る事由があるときは、この限りでない。
2　社員等は、使用人である外国法事務弁護士が外国特別会員基本規程第30条の2において準用する第27条、第28条又は第63条第1号若しくは第2号のいずれかの規定により職務を行い得ない事件については、職務を行ってはならない。ただし、職務の公正を保ち得る事由があるときは、この限りでない。

（業務を行い得ない事件）
第65条　弁護士法人は、次の各号のいずれかに該当する事件については、その業務を行ってはならない。ただし、第3号に規定する事件については受任している事件の依頼者の同意がある場合及び第5号に規定する事件についてはその職務を行い得ない社員がその弁護士法人の社員の総数の半数未満であり、かつ、その弁護士法人に業務の公正を保ち得る事由がある場合は、この限りでない。
　一　相手方の協議を受けて賛助し、又はその依頼を承諾した事件
　二　相手方の協議を受けた事件で、その協議の程度及び方法が信頼関係に基づくと認められるもの
　三　受任している事件の相手方からの依頼による他の事件
　四　社員等又は使用人である外国法事務弁護士が相手方から受任している事件
　五　社員が第27条、第28条又は第63条第1号若しくは第2号のいずれかの規定により職務を行い得ない事件

（同前）
第66条　弁護士法人は、前条に規定するもののほか、次の各号のいずれかに該当する事件については、その業務を行ってはならない。ただし、第1号に掲げる事件についてその依頼者及び相手方が同意した場合、第2号に掲げる事件についてその依頼者及び他の依頼者のいずれもが同意した場合並びに第3号に掲げる事件についてその依頼者が同意した場合は、この限りでない。
　一　受任している他の事件の依頼者又は継続的な法律事務の提供を約している者を相手方とする事件
　二　依頼者の利益と他の依頼者の利益が相反する事件
　三　依頼者の利益とその弁護士法人の経済的利益が相反する事件

（同前－受任後）
第67条　社員等は、事件を受任した後に第63条第3号の規定に該当する事由があることを知ったときは、速やかに、依頼者にその事情を告げ、辞任その他の事案に応じた適切な措置をとらなければならない。
2　弁護士法人は、事件を受任した後に第65条第4号又は第5号の規定に該当する

事由があることを知ったときは、速やかに、依頼者にその事情を告げ、辞任その他の事案に応じた適切な措置をとらなければならない。

（事件情報の記録等）
第68条　弁護士法人は、その業務が制限されている事件を受任すること及びその社員等若しくは使用人である外国法事務弁護士が職務を行い得ない事件を受任することを防止するため、その弁護士法人、社員等及び使用人である外国法事務弁護士の取扱い事件の依頼者、相手方及び事件名の記録その他の措置をとるように努める。

（準用）
第69条　第１章から第３章まで（第16条、第19条、第23条及び第３章中第２節を除く。）、第６章及び第９章から第12章までの規定は、弁護士法人に準用する。

第９章　他の弁護士との関係における規律

（名誉の尊重）
第70条　弁護士は、他の弁護士、弁護士法人及び外国法事務弁護士（以下「弁護士等」という。）との関係において、相互に名誉と信義を重んじる。

（弁護士に対する不利益行為）
第71条　弁護士は、信義に反して他の弁護士等を不利益に陥れてはならない。

（他の事件への不当介入）
第72条　弁護士は、他の弁護士等が受任している事件に不当に介入してはならない。

（弁護士間の紛議）
第73条　弁護士は、他の弁護士等との間の紛議については、協議又は弁護士会の紛議調停による円満な解決に努める。

第10章　裁判の関係における規律

（裁判の公正と適正手続）
第74条　弁護士は、裁判の公正及び適正手続の実現に努める。

（偽証のそそのかし）
第75条　弁護士は、偽証若しくは虚偽の陳述をそそのかし、又は虚偽と知りながらその証拠を提出してはならない。

（裁判手続の遅延）
第76条　弁護士は、怠慢により又は不当な目的のため、裁判手続を遅延させてはならない。

（裁判官等との私的関係の不当利用）
第77条　弁護士は、その職務を行うに当たり、裁判官、検察官その他裁判手続に関わる公職にある者との縁故その他の私的関係があることを不当に利用してはならない。

第11章　弁護士会との関係における規律

（弁護士法等の遵守）
第78条　弁護士は、弁護士法並びに本会及び所属弁護士会の会則を遵守しなければならない。

（委嘱事項の不当拒絶）
第79条　弁護士は、正当な理由なく、会則の定めるところにより、本会、所属弁護士会及び所属弁護士会が弁護士法第44条の規定により設けた弁護士会連合会から委嘱された事項を行うことを拒絶してはならない。

第12章　官公署との関係における規律

（委嘱事項の不当拒絶）
第80条　弁護士は、正当な理由なく、法令により官公署から委嘱された事項を行うことを拒絶してはならない。

（受託の制限）
第81条　弁護士は、法令により官公署から委嘱された事項について、職務の公正を保ち得ない事由があるときは、その委嘱を受けてはならない。

第13章　解釈適用指針

（解釈適用指針）
第82条　この規程は、弁護士の職務の多様性と個別性にかんがみ、その自由と独立を不当に侵すことのないよう、実質的に解釈し適用しなければならない。第5条の解釈適用に当たって、刑事弁護においては、被疑者及び被告人の防御権並びに弁護人の弁護権を侵害することのないように留意しなければならない。

2　第1章並びに第20条から第22条まで、第26条、第33条、第37条第2項、第46条から第48条まで、第50条、第55条、第59条、第61条、第68条、第70条、第73条及び第74条の規定は、弁護士の職務の行動指針又は努力目標を定めたものとして解釈し適用しなければならない。

附　則（略）

日本弁護士連合会会則（抄）

（昭和24年7月9日制定）

第2章　弁護士道徳

第10条　弁護士は、人権の擁護者であり、社会正義を顕現するものであることを自覚しなければならない。

第11条　弁護士は、常に法令が適正に運用されているかどうかを注意し、いやしくも非違不正を発見したときは、その是正に努めなければならない。

第12条　弁護士は、法律学その他必要な学術の研究に努めるとともに、たえず人格を錬磨し、強き責任感と高き気品を保たなければならない。

第13条　弁護士は、法廷の内外を問わず、裁判官、検察官及び同僚に対して礼節を守るとともに、公私混同の態度があつてはならない。

第14条　弁護士会の役員の選任は、人格識見ある者が衆望をになつてこれにあたることができるように、民主的で、かつ、公明な方法によつてなされなければならない。

第15条　弁護士の本質は、自由であり、権力や物質に左右されてはならない。

第16条　本章に規定するもののほか、弁護士の道徳及び倫理並びに弁護士の職務の規律に関し必要な事項は、会規をもつて定める。

附　則（略）

（旧々）弁護士倫理

（昭和30年3月19日理事会決議）

前　文

弁護士は社会に於ける自由の指導者であり、秩序の擁護者である、自由に進歩と

責任とがあり、秩序に正義と自制とがある。国法に規定する弁護士の使命は基本的人権の擁護と社会正義の実現である。これは法理と倫理との2大要求でなければならない。ここに弁護士の地位に伴う倫理規定が必要となる。今、弁護士の気構えを要約すれば左の諸点に帰するであろう。

一、弁護士は、正義を尊び自由を愛する。
一、弁護士は、真理を求め倫理を重んずる。
一、弁護士は、秩序を重んじ奉仕と勇気を忘れない。
一、弁護士は、財を貪らず権勢におもねらない。
一、弁護士は、人格を研き良識を養い学術をゆるがせにしない。

第1章　一般規律

第1条　弁護士は、人権を擁護し、正義を実現することを使命とする。

第2条　弁護士は、名誉を重んじ、信用を維持するとともに常に品位を高め、教養を深めることに務めなければならない。

第3条　弁護士は、法令及び法律事務に精通し、誠実公正に職務を行わなければならない。

弁護士は、勝敗にとらわれて、真実の発見をゆるがせにしてはならない。

第4条　弁護士は、弁護士法、日本弁護士連合会会則、会規又は規則、決議及び所属弁護士会会則、会規又は規則、決議を遵守しなければならない。

弁護士は、日本弁護士連合会、所属弁護士会から依嘱を受けた事項を、誠実に処理しなければならない。

第5条　弁護士会役員の選任は、人格識見がある者が衆望を担うてこれに当るように、民主的で且つ公明な方法で行われなければならない。

第6条　弁護士は、高利貸その他弁護士の品位を害し、又は公共の福祉に反する事業をしてはならない。

第7条　弁護士は、偽証の教唆を為し、若しくは虚偽の証拠を提出させ、又はその疑いを受ける言動をしてはならない。

第8条　弁護士は、学位又は専門の外、自己の前歴その他宣伝にわたる事項を名刺、看板等に記載し、又は広告してはならない。

第2章　法廷等における規律

第9条　弁護士は、法廷その他において、裁判の威信を害する行為をしてはならない。

法廷の秩序維持及び訴訟の進行については、裁判所と協力しなければならない。
前2項に反する訴訟関係人の言動を教唆または指示してはならない。
第10条　単に訴訟遅延の目的で攻撃防禦をしてはならない。
第11条　出延の時間、書類の提出その他職務上の規律は、厳守しなければならない。

第3章　官庁との規律

第12条　官公庁から依嘱された事項は、理由なく拒絶してはならない。
国選弁護人に選任された者は、その事件の私選弁護人になるために運動してはならない。
第13条　弁護士は、公務員として関与した事件の依頼を受けてはならない。
第14条　事件を有利にするために、裁判官、検察官等と私的に面接、交渉などをしてはならない。
その職務に関し、これらの者との縁故を宣伝し、又はこれを利用してはならない。

第4章　弁護士間の規律

第15条　弁護士は、信義を重んじ、みだりに同僚を誹謗してはならない。
第16条　相手方に弁護士の代理人がある場合は、その代理人の諒解なくして直接相手方本人と交渉してはならない。但し、特別の事情がある場合はこの限りでない。
第17条　事件に関し利益を供与して相手方代理人を誘惑してはならない。
第18条　弁護士は、他の弁護士の受任している事件に介入しようと策してはならない。
依頼人が他の弁護士の参加を希望するときは、理由なくこれに反対してはならない。
第19条　法律上差支えない場合であつても、慣行又は信義に反して相手方代理人を不利益に陥れてはならない。
第20条　共同代理人の間で意見が合わず、事件の処理に支障をきたすおそれある場合は、速かに依頼人に事情を報告しなければならない。

第5章　依頼者との規律

第21条　明らかに依頼者の期待するような見込がないのに、恰もあるかのように装つて事件を引受けてはならない。
第22条　現に受任している事件と利害相反する事件を引受けてはならない。
相手方と特殊の関係にあるときは、受任の際、依頼者にそれを告げなければなら

第23条　目的又は手段方法において、不当な事件を引受けてはならない。
報復その他単に相手方を苦しめる手段に過ぎない事件も同様である。
第24条　事件を受任するか否かは、速かに回答しなければならない。
第25条　鑑定は、事実に即して公正に判断し、依頼者の利害に捉われず率直に意見を述べなければならない。
第26条　事件について知つた依頼者の秘密は、厳に守らなければならない
第27条　委任状は、本人の同意がなければ委任の趣旨以外に使用してはならない。
第28条　事件の報告、金銭の清算、保管品の返還等は、遅滞なくしなければならない。
第29条　報酬は、特別の場合を除き事件の着手前に契約しなければならない。
その額は、所属弁護士会の規定に準拠し、依頼者の地位、係争価格、事件の難易等によつて適当に定めなければならない。
第30条　依頼者との紛争については、なるべく所属弁護士会の紛議調停委員会で解決するよう努めなければならない。
第31条　貧困者や窮迫者の事件は、なるべく奉仕的に扱わなければならない。

第6章　事件の相手方との規律

第32条　相手方から他の事件の依頼があつたときは、本人の諒解を得ないで引受けてはならない。
同一事件について当事者双方の代理をしてはならない。
第33条　事件に関し相手方から金品の贈与を受け、又は饗応を受けてはならない。

第7章　その他の規律

第34条　事件の周旋を業とするものから事件の紹介を受けてはならない。これらの者を利用したり、又はこれらの者に自己の名を利用させてはならない。
第35条　訴訟の目的を譲受け、又は事件を醸成し、その他これに類することをしてはならない。

　　　附　　則　（略）

（旧）弁護士倫理

（平成2年3月2日臨時総会決議）

目次
　第1章　倫理綱領（第1条－第9条）
　第2章　一般規律（第10条－第17条）
　第3章　依頼者との関係における規律（第18条－第42条）
　第4章　他の弁護士との関係における規律（第43条－第50条）
　第5章　事件の相手方との関係における規律（第51条・第52条）
　第6章　裁判関係における規律（第53条－第57条）
　第7章　弁護士会との関係における規律（第58条・第59条）
　第8章　官公庁との関係における規律（第60条・第61条）

　弁護士は、基本的人権の擁護と社会正義の実現を使命とする。その使命達成のために、弁護士には職務の自由と独立が要請され、高度の自治が保障されている。
　弁護士は、その使命にふさわしい倫理を自覚し、自らの行動を規律する社会的責任を負う。
　よつて、ここに弁護士の職務に関する倫理を宣明する。

第1章　倫理綱領

（使命の自覚）
第1条　弁護士は、その使命が基本的人権の擁護と社会正義の実現にあることを自覚し、その使命の達成に努める。
（自由と独立）
第2条　弁護士は、職務の自由と独立を重んじる。
（司法独立の擁護）
第3条　弁護士は、司法の独立を擁護し、司法制度の健全な発展に寄与するように努める。
（信義誠実）
第4条　弁護士は、信義に従い、誠実かつ公正に職務を行う。
（信用の維持）

第5条　弁護士は、名誉を重んじ、信用を維持するとともに、常に品位を高め教養を深めるように努める。

（法令等の精通）

第6条　弁護士は、法令及び法律事務に精通しなければならない。

（真実の発見）

第7条　弁護士は、勝敗にとらわれて真実の発見をゆるがせにしてはならない。

（廉潔の保持）

第8条　弁護士は、廉潔を保持するように努める。

（刑事弁護の心構え）

第9条　弁護士は、被疑者及び被告人の正当な利益と権利を擁護するため、常に最善の弁護活動に努める。

第2章　一般規律

（広告宣伝）

第10条　弁護士は、品位をそこなう広告・宣伝をしてはならない。

（依頼の勧誘）

第11条　弁護士は、不当な目的のため、又は品位・信用をそこなう方法により、事件の依頼を勧誘し又は事件を誘発してはならない。

（非弁護士との提携）

第12条　弁護士は、弁護士法に違反して法律事務を取り扱い又は事件を周旋することを業とする者から事件の紹介を受け、これらの者を利用し、又はこれらの者に自己の名を利用させてはならない。

（依頼者紹介の対価）

第13条　弁護士は、依頼者の紹介を受けたことに対する謝礼その他の対価を支払つてはならない。

（違法行為の助長）

第14条　弁護士は、詐欺的商取引、暴力その他これに類する違法又は不正な行為を助長し、又はこれらの行為を利用してはならない。

（品位をそこなう事業への参加）

第15条　弁護士は、公序良俗に反する事業その他品位をそこなう事業を営み、若しくはこれに加わり、又はこれらの事業に自己の名を利用させてはならない。

（係争目的物の譲受）

第16条　弁護士は、係争の目的物を譲り受けてはならない。

（事務従事者の指導監督）
第17条　弁護士は、その法律事務所の業務に関し、事務に従事する者が違法又は不当な行為に及ぶことのないように指導・監督しなければならない。

第3章　依頼者との関係における規律

（依頼者との関係における自由と独立）
第18条　弁護士は、事件の受任及び処理にあたつて、自由かつ独立の立場を保持するように努めなければならない。

（正当な利益の実現）
第19条　弁護士は、良心に従い、依頼者の正当な利益を実現するように努めなければならない。

（秘密の保持）
第20条　弁護士は、依頼者について職務上知り得た秘密を正当な理由なく他に漏らし、又は利用してはならない。同一の法律事務所で執務する他の弁護士又は同一の場所で執務する外国法事務弁護士の依頼者について執務上知り得た秘密についても同様である。

（受任の諾否の通知）
第21条　弁護士は、事件の依頼に対し、その諾否を速やかに通知しなければならない。

（見込みがない事件の受任）
第22条　弁護士は、依頼者の期待するような見込みがないことが明らかであるのに、あたかもあるように装つて事件を受任してはならない。

（有利な結果の請負）
第23条　弁護士は、事件について、依頼者に有利な結果となることを請け負い、又は保証してはならない。

（不当な事件の受任）
第24条　弁護士は、依頼の目的又は手段・方法において不当な事件を受任してはならない。

（特別関係の告知）
第25条　弁護士は、相手方と特別の関係があつて、依頼者との信頼関係をそこなうおそれがあるときは、依頼者に対し、その事情を告げなければならない。

（職務を行い得ない事件）
第26条　弁護士は、左に掲げる事件については職務を行つてはならない。ただし、

第3号及び第4号に掲げる事件については、受任している事件の依頼者の同意がある場合は、この限りでない。
一　事件の協議を受け、その程度及び方法が信頼関係に基づくときは、その協議をした者を相手方とするその事件
二　受任している事件と利害相反する事件
三　受任している事件の依頼者を相手方とする他の事件
四　受任している事件の相手方からの依頼による他の事件
五　公務員若しくは法令により公務に従事する者又は仲裁人として職務上取り扱つた事件

（他の弁護士又はその依頼者との関係において職務を行い得ない事件）
第27条　弁護士は、同一の法律事務所で執務する他の弁護士若しくは同一の場所で執務する外国法事務弁護士又はそれぞれの依頼者との関係において、職務の公正を保ち得ない事由のある事件については、職務を行つてはならない。

（着手後に知つたとき）
第28条　弁護士は、職務に着手した後に前条に該当する事由があることを知つたときは、依頼者に対し速やかにその事情を告げ、事案に応じた適切な処置をとらなければならない。

（受任の趣旨の明確化）
第29条　弁護士は、受任の趣旨、内容及び範囲を明確にして事件を受任するように努めなければならない。

（事件の処理）
第30条　弁護士は、事件を受任したときは、速やかに着手し、遅滞なく処理するように努めなければならない。

（事件処理の報告）
第31条　弁護士は、依頼者に対し、事件の経過及びその帰趨に影響を及ぼす事項を必要に応じ報告し、事件の結果を遅滞なく報告しなければならない。

（利害衝突のおそれのあるとき）
第32条　弁護士は、同一の事件につき依頼者が2人以上あり、その相互間に利害の衝突が生ずるおそれがあるときは、各依頼者に対しその事情を告げなければならない。

（受任弁護士間の意見不一致のとき）
第33条　弁護士は、同一の事件を受任する他の弁護士との間に事件の処理について意見の不一致があつて、依頼者に不利益を及ぼすおそれがあるときは、依頼者に

対しその事情を告げなければならない。
（依頼者との信頼関係が失われたとき）
第34条　弁護士は、事件に関し依頼者との間に信頼関係が失われかつその回復が著しく困難なときは、その依頼関係の継続に固執してはならない。
（法律扶助制度等の教示）
第35条　弁護士は、事案に応じ、法律扶助・訴訟救助制度を教示するなど、依頼者の裁判を受ける権利を護るように努めなければならない。
（報酬の明示）
第36条　弁護士は、依頼者に対し、受任に際して、その報酬の金額又は算定方法を明示するように努めなければならない。
（報酬の妥当性）
第37条　弁護士は、事案の実情に応じ、適正・妥当な報酬を定めなければならない。
（国選弁護事件における報酬）
第38条　弁護士は、国選弁護事件について、被告人その他の関係者から、名目のいかんを問わず、報酬その他の対価を受領してはならない。
（私選弁護への切替）
第39条　弁護士は、国選弁護人に選任されたときは、その事件の私選弁護人に選任するように働きかけてはならない。
（金品の清算）
第40条　弁護士は、事件に関する金品の清算及び引渡並びに預かり品の返還を遅滞なく行わなければならない。
（依頼者との金銭貸借）
第41条　弁護士は、特別の事情がない限り、依頼者と金銭の貸借をし、又は依頼者の債務についての保証人となつてはならない。
（依頼者との紛議）
第42条　弁護士は、依頼者との信頼関係を保持し紛議が生じないように努め、紛議が生じたときはできる限り所属弁護士会の紛議調停により解決するように努めなければならない。

第4章　他の弁護士との関係における規律

（名誉の尊重）
第43条　弁護士は、相互に名誉と信義を重んじ、みだりに他の弁護士を誹ぼう・中傷してはならない。

（弁護士に対する不利益行為）
第44条　弁護士は、正当な職務慣行又は信義に反して他の弁護士を不利益に陥れてはならない。

（依頼者の関係の尊重）
第45条　弁護士は、他の弁護士が受任している事件の処理に協力するとき又は他の弁護士から事件の受任を求められたときは、その弁護士がその事件の依頼者との間において有する信頼関係を尊重するように努めなければならない。

（受任弁護士間の協調）
第46条　弁護士は、同一事件を受任する弁護士が他にもあるときは、その事件の処理に関し、互いに協調するように努めなければならない。

（他の弁護士の参加）
第47条　弁護士は、事件について依頼者が他の弁護士の参加を希望するときは、正当な理由なくこれに反対してはならない。

（他の事件への介入）
第48条　弁護士は、他の弁護士が受任している事件に介入しようと策してはならない。

（相手方本人との直接交渉）
第49条　弁護士は、相手方に弁護士である代理人があるときは、特別の事情がない限り、その代理人の了承を得ないで直接相手方本人と交渉してはならない。

（弁護士間の紛議）
第50条　弁護士は、弁護士間の紛議については、協議又は弁護士会の紛議調停による円満な解決に努めなければならない。

第5章　事件の相手方との関係における規律

（相手方からの利益供与）
第51条　弁護士は、事件に関し、相手方から利益の供与若しくは供応を受け、又はこれを要求し、若しくはその約束をしてはならない。

（相手方代理人に対する利益の供与）
第52条　弁護士は、事件に関し、相手方代理人に対し、利益の供与若しくは供応をし、又はその約束をしてはならない。

第6章　裁判関係における規律

（裁判の公正と適正手続）

第53条　弁護士は、裁判の公正及び適正手続の実現に努めなければならない。
（偽証のそそのかし）
第54条　弁護士は、偽証若しくは虚偽の陳述をそそのかし、又は虚偽の証拠を提出してはならない。
（裁判手続の遅延）
第55条　弁護士は、怠慢により、又は不当な目的のため、裁判手続を遅延させてはならない。
（裁判官等との私的交渉）
第56条　弁護士は、事件に関し、裁判官、検察官等と私的関係を利用して交渉してはならない。
（私的関係の宣伝）
第57条　弁護士は、その職務に関し、裁判官、検察官等との縁故その他の私的関係があることを宣伝してはならない。

第7章　弁護士会との関係における規律

（弁護士法等の遵守）
第58条　弁護士は、弁護士法、日本弁護士連合会及び所属弁護士会の会則、会規及び規則を遵守しなければならない。
（委嘱事項の処理）
第59条　弁護士は、日本弁護士連合会、所属弁護士会及び所属弁護士会が所属する弁護士会連合会から委嘱された事項を誠実に処理しなければならない。

第8章　官公庁との関係における規律

（官公庁からの委嘱）
第60条　弁護士は、正当な理由なく、法令により官公庁から委嘱された事項を行うことを拒絶してはならない。
（委嘱受託の制限）
第61条　弁護士は、法令により官公庁から委嘱された事項について、職務の公正を保ち得ない事由があるときは、その委嘱を受けてはならない。

　　附　則（略）

資料編

弁護士の業務広告に関する規程

(平成12年3月24日会規第44号)
(平成20年12月5日改正)

(目的)
第1条　この規程は、日本弁護士連合会会則(以下「会則」という。)第29条の2第2項(弁護士法人規程第19条による会則第29条の2第2項の準用の場合を含む。)に基づき、弁護士(弁護士法人を含む。以下同じ。)の業務広告に関し必要な事項を定めることを目的とする。

(広告の定義)
第2条　この規程における広告とは、弁護士が、口頭、書面、電磁的方法その他の方法により自己又は自己の業務を他人に知らせるために行う情報の伝達及び表示行為であって、顧客又は依頼者となるように誘引することを主たる目的とするものをいう。

(禁止される広告)
第3条　弁護士は、次の広告をすることができない。
　一　事実に合致していない広告
　二　誤導又は誤認のおそれのある広告
　三　誇大又は過度な期待を抱かせる広告
　四　困惑させ、又は過度な不安をあおる広告
　五　特定の弁護士若しくは外国法事務弁護士又は法律事務所若しくは外国法事務弁護士事務所と比較した広告
　六　法令又は本会若しくは所属弁護士会の会則及び会規に違反する広告
　七　弁護士の品位又は信用を損なうおそれのある広告

(表示できない広告事項)
第4条　弁護士は、次の事項を表示した広告をすることができない。
　一　訴訟の勝訴率
　二　顧問先又は依頼者。ただし、顧問先又は依頼者の書面による同意がある場合を除く。
　三　受任中の事件。ただし、依頼者の書面による同意がある場合及び依頼者が特

定されずかつ依頼者の利益を損なうおそれがない場合を除く。
　四　過去に取扱い又は関与した事件。ただし、依頼者の書面による同意がある場合及び広く一般に知られている事件又は依頼者が特定されない場合で、かつ依頼者の利益を損なうおそれがない場合を除く。

（訪問等による広告）
第5条　弁護士は、面識のない者（現在及び過去の依頼者、友人、親族並びにこれらに準じる者以外の者をいう。以下同じ。）に対し、訪問又は電話による広告をしてはならない。
2　前項の規定にかかわらず、次に掲げる場合は、この限りでない。
　一　法律事務の依頼を希望する者から請求があった場合
　二　刑事事件又は少年事件について、本人以外の弁護人選任権又は付添人選任権を有する者から請求があった場合
　三　公益上の必要があるとして所属弁護士会の承認を得た場合
3　弁護士は、面識のない者に対し、その相手方となる者の承諾を得ないで、電子メールによる広告をしてはならない。

（特定の事件の勧誘広告）
第6条　弁護士は、特定の事件の当事者及び利害関係者で面識のない者に対して、郵便又はその他これらの者を名宛人として直接到達する方法で、当該事件の依頼を勧誘する広告をしてはならない。ただし、公益上の必要があるとして所属弁護士会の承認を得た場合についてはこの限りでない。

（有価物等供与の禁止）
第7条　弁護士は、広告の対象者に対し、社会的儀礼の範囲を超えた有価物等の利益を供与して広告をしてはならない。

（第三者の抵触行為に対する協力禁止）
第8条　弁護士は、第三者が弁護士の業務に関して行う情報の伝達又は表示行為でこの規程に抵触するものに対し、金銭その他の利益を供与し、又はこれに協力してはならない。

（広告をした弁護士の表示）
第9条　弁護士は、広告中にその氏名（職務上の氏名を使用している者にあっては職務上の氏名、弁護士法人にあってはその名称及び主たる法律事務所の名称又は従たる法律事務所があるときはその名称。以下同じ。）及び所属弁護士会（弁護士法人が複数の弁護士会に所属するときは、主たる法律事務所の所在する地域の所属弁護士会又は広告中に法律事務所の表示があるときはその所在する地域の所

属弁護士会を表示することをもって足りる。）を表示しなければならない。
2　弁護士が共同して広告をするときは、代表する者1名の氏名及びその所属弁護士会を表示することをもって足りる。

（通信手段により受任する場合の広告記載事項）
第9条の2　弁護士は、電話、電子メールその他の通信手段により法律事務を受任する場合について広告をするときは、前条に規定する事項のほか、次に掲げる事項を表示しなければならない。
　一　受任する法律事務の表示及び範囲
　二　報酬の種類、金額、算定方法及び支払時期
　三　委任契約が委任事務の終了に至るまで解除ができる旨及び委任契約が中途で終了した場合の清算方法

（広告であることの表示）
第10条　弁護士が、郵便又はこれに準ずる方法により、面識のない者に対し直接配布する広告物については、封筒の外側又は広告物の表側若しくは最初の部分に、広告であることを表示しなければならない。

（保存義務）
第11条　広告をした弁護士は、広告物又はその複製、写真等の当該広告物に代わる記録及び広告をした日時、場所、送付先等の広告方法に関する記録並びに第4条第2号ないし第4号の同意を証する書面を当該広告が終了したときから3年間保存しなければならない。

（違反行為の排除等）
第12条　弁護士会は、所属弁護士に対し、必要があると認めるときは、前条の記録等の提出を求め、その他広告に関する調査を行うことができる。
2　弁護士は、前項の調査に協力しなければならない。
3　広告が第3条第1号に該当する疑いがあるときは、弁護士会は、広告をした所属弁護士に対して、広告内容が事実に合致していることを証明するよう求めることができる。
4　前項の場合において広告をした弁護士が広告内容につき事実に合致していることを証明できなかったときは、弁護士会は、当該広告が第3条第1号に該当するものとみなすことができる。
5　弁護士会は、この規程に違反した所属弁護士に対し、違反行為の中止、排除若しくはその他の必要な事項を命じ、又は再発防止のための必要な措置をとらなければならない。この場合、弁護士会は、当該弁護士に対し、弁明の機会を与えな

ければならない。
6 弁護士会は、当該弁護士が前項の命令その他の措置に従わない場合又は当該行為の中止若しくは排除が困難な場合において、当該行為による被害発生防止のため特に必要があるときは、弁護士会が前項の命令その他の措置を行った事実及び理由の要旨を公表することができる。
7 弁護士会は、他の弁護士会の所属弁護士についてこの規程違反の事由があると思料するときは、当該弁護士の所属弁護士会に対し、その旨を通知することができる。この場合、通知を受けた弁護士会は、通知をした弁護士会に対し、当該事案について行った調査及び措置の内容を報告しなければならない。
8 日本弁護士連合会及び弁護士会は、違反行為の調査及びその排除等に関して相互に協力しなければならない。

（広告の運用指針）
第13条 会長は、この規程の解釈及び運用につき、理事会の承認を得て、指針を定めることができる。

附　則（略）

弁護士の報酬に関する規程

（平成16年2月26日会規第68号）
（平成20年12月5日改正）

第1条 この規程は、会則第87条第2項及び弁護士法人規程第19条に基づき、弁護士（弁護士法人を含む。以下同じ。）の報酬に関し必要な事項を定めることを目的とする。

（弁護士の報酬）
第2条 弁護士の報酬は、経済的利益、事案の難易、時間及び労力その他の事情に照らして適正かつ妥当なものでなければならない。

（報酬基準の作成・備え置き）
第3条 弁護士は、弁護士の報酬に関する基準を作成し、事務所に備え置かなければならない。
2 前項に規定する基準には、報酬の種類、金額、算定方法、支払時期及びその他

弁護士の報酬を算定するために必要な事項を明示しなければならない。

(報酬見積書)

第4条　弁護士は、法律事務を依頼しようとする者から申し出があったときは、その法律事務の内容に応じた報酬見積書の作成及び交付に努める。

(報酬の説明・契約書作成)

第5条　弁護士は、法律事務を受任するに際し、弁護士の報酬及びその他の費用について説明しなければならない。

2　弁護士は、法律事務を受任したときは、弁護士の報酬に関する事項を含む委任契約書を作成しなければならない。ただし、委任契約書を作成することに困難な事由があるときは、その事由が止んだ後、これを作成する。

3　前項の規定にかかわらず、受任した法律事務が、法律相談、簡易な書面の作成、顧問契約等継続的な契約に基づくものであるときその他合理的な理由があるときは、委任契約書の作成を要しない。

4　第2項に規定する委任契約書には、受任する法律事務の表示及び範囲、弁護士の報酬の種類、金額、算定方法及び支払時期、委任契約が委任事務の終了に至るまで解除ができる旨並びに委任契約が中途で終了した場合の清算方法を記載しなければならない。

(情報の提供)

第6条　弁護士は、弁護士の報酬に関する自己の情報を開示及び提供するよう努める。

　　　附　則　(略)

公職就任の届出等に関する規程

(平成15年11月12日会規第54号)
(平成16年11月10日改正)

(目的)

第1条　この規程は、会則第28条の3に基づき、弁護士が常時勤務を要する報酬ある公職に就いたことの届出に関し必要な事項を定めることを目的とする。

(届出事項)

第2条　弁護士は、常時勤務を要する報酬ある公職に就いたときは、次に掲げる事項を記載した公職就任届出書を所属弁護士会に提出しなければならない。
　一　官職名又は職名
　二　任期があるときは始期及び終期
　三　勤務する公務所
（変更等の届出）
第3条　前条の規定による届出をした弁護士は、その届出に係る事項に変更を生じたときは、遅滞なく、変更に係る事項を所属弁護士会に書面で届け出なければならない。届出に係る公職をやめたときも、同様とする。
（弁護士会の通知）
第4条　弁護士会は、前2条の規定による届出があったときは、速やかに、届出があった旨及び届出に係る事項を日本弁護士連合会に通知しなければならない。

　　附　則　（略）

営利業務の届出等に関する規程

(平成15年11月12日会規第55号)
(平成19年3月1日改正)

（目的）
第1条　この規程は、会則第28条の4に基づき、弁護士法第30条1項及び第3項に規定する営利業務の届出並びに同法第30条第2項及び第4項に規定する営利業務従事弁護士名簿に関し必要な事項を定めることを目的とする。
（届出事項）
第2条　弁護士は、次の各号に掲げる場合には、あらかじめ、当該各号に定める事項を記載した営利業務従事届出書を所属弁護士会に提出しなければならない。
　一　自ら営利を目的とする業務を営もうとするとき　商号及び当該業務の内容
　二　営利を目的とする業務を営む者の取締役、執行役その他業務を執行する役員（以下「取締役等」という。）又は使用人になろうとするとき　その業務を営む者の商号若しくは名称又は氏名、本店若しくは主たる事務所の所在地又は住所及び業務の内容並びに取締役等になろうとするときはその役職名

（添付書類）
第3条　前条第2号の規定による届出をする弁護士は、営利を目的とする業務を営む者が法人である場合は、当該法人の登記事項証明書を添付しなければならない。

（変更等の届出）
第4条　第2条の規定による届出をした弁護士は、その届出に係る事項に変更を生じたときは、遅滞なく、変更に係る事項を所属弁護士会に書面で届け出なければならない。届出に係る業務を廃止し、又は取締役等若しくは使用人でなくなったときも、同様とする。
2　前条の規定は、前項の届出について準用する。

（営利業務従事弁護士名簿）
第5条　弁護士会は、第2条及び前条により届け出られた事項を記載した営利業務従事弁護士名簿を備え置く。
2　前項の名簿は、公衆の縦覧に供する。
3　前項の縦覧の時間及び場所は、弁護士会の指定するところによる。

（弁護士会の通知）
第6条　弁護士会は、第2条及び第4条の規定による届出があったときは、速やかに、届出があった旨及び届出に係る事項を日本弁護士連合会に通知しなければならない。

（弁護士会の調査権等）
第7条　弁護士会は、所属の弁護士に対し、営利業務を行っているにもかかわらずその届出をしなかった場合若しくは届出に係る事項に変更があったにもかかわらずその変更に係る事項の届出をしなかった場合には、当該事項を届け出又は営利業務に関し虚偽の届出をしていた場合には届出に係る虚偽の事項を訂正するよう勧告することができる。
2　弁護士会は、所属の弁護士に対し、届出事項に関しこの規程に違反すると疑うに足りる相当の理由があるときは、第2条に規定する事項に関し報告を求めることができる。
3　前項の規定により報告を求められた弁護士は、速やかに所属弁護士会に報告しなければならない。

附　則（略）

法律事務所等の名称等に関する規程

(平成18年3月3日会規第75号)
(平成20年12月5日改正)

第1章　総則

(目的)
第1条　この規程は、弁護士及び弁護士法人の法律事務所の名称並びに弁護士法人の名称に関する事項を定めることを目的とする。

(定義)
第2条　この規程において、次の各号に掲げる用語の意義は、当該各号に定めるところによる。
　一　事務所名称　弁護士又は弁護士法人の法律事務所の名称をいう。
　二　法人名称　弁護士法人の名称をいう。
　三　社員等　弁護士法人の社員又は使用人である弁護士をいう。
　四　共同事務所　複数の弁護士、弁護士法人又は外国法事務弁護士が共にする事務所（弁護士法人の法律事務所を除く）をいう。
　五　外国法共同事業　外国弁護士による法律事務の取扱いに関する特別措置法昭和61年法律第66号第2条第15号に定める事業をいう。

第2章　弁護士の法律事務所の名称

(「法律事務所」の文字使用)
第3条　弁護士は、その法律事務所に名称を付するときは、事務所名称中に「法律事務所」の文字を用いなければならない。
2　前項の規定は、外国法事務弁護士に雇用される弁護士には、適用しない。

(使用文字)
第4条　弁護士の事務所名称には、別に規則で定めるところにより、日本文字のほか、ローマ字、アラビヤ数字その他の符号を用いることができる。

(同一名称の禁止)

第5条　弁護士は、所属弁護士会の地域内にある弁護士法人の法人名称又は他の弁護士若しくは弁護士法人の事務所名称と同一の名称をその事務所名称とすることができない。ただし、次に掲げる場合は、この限りでない。
　一　自己の氏又は氏名（職務上の氏名を使用している者については、職務上の氏名の氏又は職務上の氏名をいう。以下同じ）のみを用いる場合。
　二　共同事務所の他の弁護士（当該共同事務所の弁護士であった者で、その共同事務所に所属していた期間中に、弁護士法第17条第2号又は第4号の規定により弁護士名簿の登録を取り消されたものを含む。次号において同じ。）の氏又は氏名のみ（複数の氏又は氏名を並列する場合に、当該氏又は氏名に加えて、別に規則で定めるところにより使用が許される符号を用いる場合を含む。）を用いる場合
　三　自己の氏又は氏名及び共同事務所の他の弁護士の氏又は氏名のみ（それらに加えて、別に規則で定めるところにより使用が許される符号を用いる場合を含む。）を用いる場合
　四　第9条又は第16条の規定により、共同事務所の他の弁護士又は弁護士法人の事務所名称を用いる場合
　五　弁護士法人が当該地域内において従たる法律事務所のみを有する場合に、その弁護士法人の名称又はその主たる法律事務所の名称と同一の名称を用いる場合

（複数名称の禁止）
第6条　弁護士は、その法律事務所に複数の事務所名称を付することができない。

（誤認のおそれのある名称の禁止）
第7条　弁護士は、不正の目的をもって他の弁護士若しくは弁護士法人又は外国法事務弁護士と誤認されるおそれのある事務所名称を付してはならない。

（品位を損なう名称の禁止）
第8条　弁護士は、その法律事務所に名称を付するときは、品位を損なう名称を付してはならない。

（共同事務所における事務所名称）
第9条　弁護士は、共同事務所の他の弁護士が事務所名称を付しているときは、当該事務所名称と同一の事務所名称を自己の事務所名称として付さなければならない。

（事務所名称の届出義務）
第10条　弁護士は、その法律事務所に事務所名称を付するときは、別に規則で定め

るところにより、本会に届け出なければならない。
2　弁護士は、その法律事務所の名称として、前項の規定により届け出た以外の事務所名称を使用することができない。

第3章　弁護士法人及びその法律事務所の名称

（登記名称以外の使用禁止）
第11条　弁護士法人は、その法人名称として、登記された法人名称以外の名称を使用することができない。

（同一の法人名称の禁止）
第12条　弁護士法人は、所属弁護士会の地域内にある他の弁護士法人の法人名称又は他の弁護士若しくは弁護士法人の事務所名称と同一の名称をその法人名称とすることができない。ただし、次に掲げる場合は、この限りでない。
　一　他の弁護士法人が、当該地域内において従たる法律事務所のみを有する場合に、その弁護士法人と同一の法人名称を用いる場合
　二　当該弁護士法人の社員の氏又は氏名のみ（複数の氏又は氏名を並列する場合に、当該氏又は氏名に加えて、別に規則で定めるところにより使用が許される符号を用いる場合を含む。）を用いる場合
　三　弁護士が弁護士法人を設立するにあたって、当該弁護士が現に届け出ていた事務所名称であって人名を用いたものを法人名称とする場合

（複数名称の禁止）
第13条　弁護士法人は、一の法律事務所について、複数の事務所名称を付すことができない。

（同一の事務所名称の禁止）
第14条　弁護士法人は、所属弁護士会の地域内にある他の弁護士法人の法人名称又は他の弁護士若しくは弁護士法人の事務所名称と同一の名称をその事務所名称とすることができない。ただし、第12条ただし書の規定により同一の法人名称の使用が許される場合に、法人名称をそのまま主たる法律事務所の事務所名称とする場合は、この限りでない。

（従たる法律事務所の名称）
第15条　弁護士法人の従たる法律事務所の名称は、法人名称又は主たる法律事務所の事務所名称に従たる法律事務所であることを明示した文言を付加した名称としなければならない。

（弁護士と弁護士法人との共同事務所の事務所名称）

第16条　弁護士法人は、その社員等でない弁護士と法律事務所を共にするときは、その弁護士と同一の事務所名称を付さなければならない。

（弁護士との共同事務所における弁護士法人の事務所名称）
第17条　弁護士法人は、その社員等でない弁護士と法律事務所を共にするときは、当該事務所名称中に「弁護士法人」の文字を用いることができない。

（外国法共同事業を営む弁護士法人の法律事務所の名称）
第18条　外国法共同事業を営む弁護士法人であって、その主たる法律事務所を当該外国法共同事業に係る外国法事務弁護士の事務所と共にし、かつ、主たる法律事務所に当該外国法事務弁護士の事務所の名称と同一の名称を付すものは、主たる法律事務所の名称中に「弁護士法人」の文字を用いることができない。
2　前項の場合において、当該弁護士法人の従たる法律事務所の名称は、法人名称に従たる法律事務所であることを明示した文言を付加した名称としなければならない。

（事務所名称の届出義務）
第19条　弁護士法人は、その法律事務所に事務所名称を付し、別に規則で定めるところにより、本会に届け出なければならない。

（準用）
第20条　第3条第1項、第4条、第7条、第8条及び第10条第2項の規定は、弁護士法人について準用する。
2　法人名称については、第3条第1項の規定は、準用しない。法人名称をそのまま事務所名称とし、又は法人名称に他の文字を付加して事務所名称とするときも、同様とする。

第4章　違反行為に対する措置

（弁護士名簿等への不記載）
第21条　本会は、弁護士が第10条第1項の規定により本会に届け出た事務所名称が第3条第1項又は第4条から第9条までのいずれかの規定に違反するものであると認めるときは、その事務所名称を弁護士名簿に記載しないことができる。
2　本会は、弁護士法人が本会に届け出た法人名称が第11条、第12条若しくは第20条において準用する第4条、第7条若しくは第8条のいずれかの規定に違反するものであると認めるとき、又は弁護士法人が第19条の規定により本会に届け出た事務所名称が第13条から第18条まで若しくは第20条において準用する第3条第1項、第4条、第7条若しくは第8条のいずれかの規定に違反するものであると認

めるときは、その法人名称又は事務所名称を弁護士法人名簿に記載しないことができる。

（是正措置等）
第22条 本会は、弁護士が第3条第1項若しくは第4条から第10条までのいずれかの規定に違反すると認めるとき、又は弁護士法人が第11条から第19条まで若しくは第20条において準用する第3条第1項、第4条、第7条、第8条若しくは第10条第2項のいずれかの規定に違反すると認めるときは、当該弁護士又は弁護士法人に対し、事務所名称又は法人名称の変更を命じ、その他必要な措置をとることができる。この場合において、本会は、当該弁護士又は弁護士法人に対し、弁明の機会を与えなければならない。

第5章　雑則

（規則への委任）
第23条 この規程に定めるもののほか、事務所名称及び法人名称に関して必要な事項は、規則で定める。

附　則（略）

依頼者の本人特定事項の確認及び記録保存等に関する規程

（平成19年3月1日会規第81号）
（平成24年12月7日全部改正）

（目的）
第1条 この規程は、弁護士、弁護士法人及び外国法事務弁護士（以下「弁護士等」という。）がその職務を行うに当たり実施すべき依頼者の本人特定事項の確認、記録の保存その他必要な事項を定め、もって犯罪収益の移転防止等職務の適正を確保することを目的とする。

（取引時における依頼者の本人特定事項の確認）
第2条 弁護士等は、法律事務（官公署及び外国の裁判所の委嘱によって行う場合を除く。第6条及び第7条において同じ。）に関連して、依頼者の金融機関の口

座を管理し、又は依頼者から若しくは依頼者のために金員、有価証券その他の資産（その合計が規則で定める金額以上のものに限る。）を預かり（金融機関による送金の場合を含む。以下同じ。）、若しくはその管理を行う（以下「資産管理行為等」という。）ときは、第3項各号に掲げる方法により、依頼者の本人特定事項（自然人にあっては氏名、住居及び生年月日、法人にあっては名称及び本店又は主たる事務所の所在地をいう。ただし、自然人について、本人特定事項の確認を求めることが正当な法律事務の受任の妨げになるおそれがあるとして規則で定める場合にあっては、規則で定める事項をいう。以下同じ。）を確認しなければならない。ただし、次に掲げる場合は、この限りでない。

一 裁判所、法務局、金融機関その他の機関に予納金、供託金、保証金、租税、保釈保証金、罰金、科料、追徴にかかる金銭、過料その他これに類する金員を納付するために金員の預託を受けたとき。

二 裁判所その他の紛争解決機関の関与した手続における判決、決定、調停、和解等によって依頼者その他の関係人が負担する債務の履行のために金員の預託を受けたとき。

三 裁判所その他の紛争解決機関の関与した手続において相手方その他の関係人が負担する弁済金、和解金その他これに類する金員を受領したとき。

四 刑事事件について、被害者、その遺族又はその代理人（法定代理人を含む。）に弁済するために見舞金、被害弁償金、示談金その他これに類する金員の預託を受けたとき。

五 弁護士等の報酬又は費用の前受けとして金員を受領したとき。

六 任意後見契約に関する法律（平成11年法律第150号）第2条第1号の任意後見契約に基づく事務として行うとき。

七 依頼者が成年後見人、破産管財人等裁判所により選任されるものであって、当該依頼者の職務として行うことができる行為について依頼を受けたとき。

2 弁護士等は、取引その他の行為であって次に掲げるもの（以下「取引等」という。）について、依頼者のためにその準備又は実行をするときは、次項各号に掲げる方法により、依頼者の本人特定事項を確認しなければならない。ただし、官公署の委嘱による場合は、この限りでない。

一 不動産の売買

二 会社の設立又は経営を目的とする出資その他これに類する資金拠出をする行為又は手続

三 会社の組織変更、合併、会社分割、株式交換、株式移転又は定款に規定され

た目的の変更
  四　会社の業務を執行し、又は会社を代表する者の選任
  五　法人（会社を除く。）、組合、匿名組合、投資事業有限責任組合、有限責任組合その他これらに類する団体（以下「団体等」という。）の設立又は合併に関する行為又は手続
  六　団体等の定款、規約又は組合契約に規定された目的の変更
  七　団体等の業務を執行し、又は団体等を代表する者の選任
  八　信託契約の締結、信託の併合若しくは分割又は信託契約若しくは規約に規定された目的若しくは受託者の変更
  九　会社の買収又は売却
3　前2項に規定する本人特定事項の確認は、次の各号のいずれかの方法による。
  一　次に掲げる本人確認書類のいずれかの提示を受ける方法
    イ　弁護士等に対する依頼の手続又は弁護士等に依頼する取引等に係る書類に押印した印鑑に係る印鑑登録証明書
    ロ　国民健康保険等の被保険者証
    ハ　国民年金手帳
    ニ　官公庁から発行され、又は発給された書類その他これに類するもので、当該自然人の本人特定事項の記載があり、かつ、当該官公庁が当該自然人の写真を貼り付けたもの
    ホ　法人の設立の登記に係る登記事項証明書、印鑑登録証明書その他官公庁から発行され、又は発給された書類で、当該法人の本人特定事項の記載があるもの
  二　官公庁から発行され、又は発給された書類その他これに類するもので本人特定事項の記載があるもの（前号に掲げるものを除く。）の提示を受け、当該本人確認書類に記載されている当該依頼者の住居に宛てて、委任契約書（委任契約書の作成を要しない場合は、当該依頼者との取引に係る文書。以下「委任契約書等」という。）を書留郵便若しくはその取扱いにおいて引受け及び配達の記録をする郵便又はこれらに準じるもの（以下「書留郵便等」という。）により、その取扱いにおいて転送をしない郵便物又はこれに準ずるもの（以下「転送不要郵便物等」という。）として送付する方法
  三　官公庁から発行され、又は発給された書類その他これに類するもので本人特定事項の記載があるもの（写しを含む。）の送付を受けて、当該本人確認書類（写しを含む。以下この号において同じ。）を第5条第1項に規定する確認記

録に添付するとともに、当該本人確認書類に記載されている当該依頼者の住居に宛てて、委任契約書等を書留郵便等により、転送不要郵便物等として送付する方法

四　他の事業者の紹介による依頼者で当該他の事業者が法令の規定により本人特定事項の確認を行っている場合、依頼者の属性、依頼者との業務上の関係、依頼内容等に照らして、依頼の目的が犯罪収益の移転に関わるおそれが少ない場合又は前３号に掲げる方法によって本人特定事項の確認を求めることが正当な法律事務の受任の妨げになるおそれがあるとして規則で定める場合において規則で定める方法

4　前項各号に掲げる方法により本人特定事項を確認した依頼者については、新たに資産管理行為等を行い、又は取引等の準備若しくは実行を行う場合であっても、５年間は前項各号に掲げる方法による依頼者の本人特定事項の確認を要しない。弁護士法人が合併、事業譲渡その他これに準じるものにより他の弁護士法人の事業を承継した場合において、当該他の弁護士法人がこの規程により本人特定事項を確認した依頼者についても同様とする。

（厳格な顧客管理を行う必要性が特に高いと認められる場合における本人特定事項の確認）

第３条　弁護士等は、依頼者のために、資産管理行為等又は取引等の準備若しくは実行をする場合において、次の各号のいずれかに該当するものを行うときは、当該依頼者について、前条第３項各号に掲げる方法のいずれかにより本人特定事項の確認を行わなければならない。この場合において、第１号又は第２号に該当する場合の本人特定事項の確認は、資産管理行為等又は取引等の準備若しくは実行を開始する際に行った本人特定事項の確認（以下「取引時確認」という。）の方法とは異なる方法により、又は取引時確認において用いたものと異なる本人確認書類を用いて行うものとする。

一　資産管理行為又は取引等の当事者が、取引時確認に係る依頼者又は代表者等になりすましている疑いがあるもの

二　取引時確認が行われた際に当該取引時確認に係る事項を偽っていた疑いがある依頼者（その代表者等が当該事項を偽っていた疑いがある依頼者を含む。）との間におけるもの

三　犯罪による収益の移転防止に関する制度の整備が十分に行われていないと認められる国又は地域として規則で定めるものに居住し、又は所在する依頼者との間におけるものその他これらの国等に居住し、又は所在する者に対する財産

の移転を伴うもの
（依頼行為を行っている自然人の依頼権限及び本人特定事項の確認）
第4条　弁護士等は、依頼者が法人であるときその他当該弁護士等に対して現に依頼行為を行っている自然人（以下「当該自然人」という。）が依頼者と異なるときは、依頼者の本人特定事項の確認に加え、規則で定める方法により、当該自然人が依頼権限を有することを確認しなければならない。
2　前項に規定する場合において依頼者が実体のない法人その他の団体であるときは、弁護士等は、依頼者の本人特定事項及び当該自然人の依頼権限の確認に加え、規則で定める方法により、当該自然人の本人特定事項を確認しなければならない。
3　前2条の規定にかかわらず、第1項に規定する場合において依頼者が次の各号のいずれかに該当するときは、当該依頼者の本人特定事項の確認を要しない。
　一　国
　二　地方公共団体
　三　実在することが確実であるものとして規則で定めるもの
4　前2条及び第1項の規定にかかわらず、同項に規定する場合において依頼者が人格のない社団又は財団であるときは、弁護士等は、依頼者の本人特定事項及び当該自然人の依頼権限の確認を要しない。この場合において、弁護士等は規則で定める方法により当該自然人の本人特定事項を確認しなければならない。

（記録の保存）
第5条　弁護士等は、前3条の規定に基づいて依頼者の本人特定事項を確認したときは、当該確認に関して規則で定める内容を記載した書面を作成し、依頼者から提示を受けた書類の写し又は送付若しくは提出を受けた書類の原本若しくは写しを当該資産管理行為等又は当該取引等の終了後5年間保存しなければならない。
2　弁護士等は、資産管理行為等をし、又は取引等の準備若しくは実行をしたとき（前3条の規定により依頼者の本人特定事項を確認しなければならない場合に限る。）は、それらの概要及び規則で定める内容を記載した書面を作成し、当該資産管理行為等又は当該取引等の終了後5年間保存しなければならない。
3　第2条第4項に規定する場合においては、前2項に規定する保存期間は、最終の資産管理行為等又は取引等の終了後から起算する。

（依頼の際の適切な対応）
第6条　弁護士等は、法律事務の依頼を受けようとするときは、依頼者の属性、依頼者との業務上の関係、依頼内容等に照らし、その依頼の目的が犯罪収益の移転に関わるものであるか否かについて慎重に検討しなければならない。

2 弁護士等は、依頼の目的が犯罪収益の移転に関わるものであると認めるときは、その依頼を受けてはならない

（依頼を受けた後の適切な対応）
第7条 弁護士等は、法律事務の依頼を受けた後に、その依頼の目的が犯罪収益の移転に関わるものであることを知ったときは、依頼者に対し、違法であることを説明するとともに、その目的の実現を回避するよう説得に努めなければならない。
2 弁護士等は、依頼者が前項の説得に応じない場合には、辞任しなければならない。

（法律事務以外で金員等を預かる際の適切な対応）
第8条 弁護士等は、法律事務に関連することなく、金員、有価証券その他の資産を預かる場合は、資産を預けようとする者の属性、その者との業務上の関係、預託に係る資産の内容等に照らし、その預託の目的が犯罪収益の移転に関わるものであるか否かについて慎重に検討しなければならない。
2 弁護士等は、前項に規定する場合において、その預託の目的が犯罪収益の移転に関わるものであると認めるときは、当該資産を預かってはならない。
3 第1項に規定する検討の結果、弁護士等が資産を預かるときは、第2条第3項各号に掲げる方法により当該資産を預けようとする者の本人特定事項を確認し、そのために提示を受けた書類の写し又は送付若しくは提出を受けた書類の原本若しくは写し及び当該資産預託の概要が記載された書面を当該資産の預託終了後5年間保存しなければならない。
4 弁護士等は、第1項に規定する場合において資産を預かった後に、その預託の目的が犯罪収益の移転に関わるものであることを知ったときは、当該資産を預けた者に対し、違法であることを説明するとともに、その目的の実現を回避するよう説得に努めなければならない。

（本人特定事項の確認等を的確に行うための措置）
第9条 弁護士等は、本人特定事項の確認並びに確認記録及び取引記録の作成及び保存等の措置を的確に行うため、使用人に対する教育訓練の実施その他の必要な体制の整備に努めなければならない。

（規則への委任）
第10条 この規程に定めるもののほか、弁護士等による依頼者の本人特定事項の確認、記録の保存等の措置に必要な事項は、規則で定める。

附　則（略）

開示証拠の複製等の交付等に関する規程

(平成18年3月3日会規第74号)

（目的）
第1条　この規程は、日本弁護士連合会会則第16条の規定に基づき、刑事訴訟手続において検察官から弁護人に開示された証拠の複製等を被告事件の審理準備等のために交付等する際の弁護士の職務の規律を定め、もって被告人の防御権及び弁護人の弁護権を保障しつつ、弁護士に対する信頼を確保することを目的とする。

（定義）
第2条　この規程において、次の各号に掲げる用語の意義は、当該各号に定めるところによる。
　一　開示証拠　被告事件の審理の準備のために検察官から弁護人に閲覧又は謄写の機会を与えられた証拠をいう。
　二　複製等　複製その他証拠の全部又は一部をそのまま記録した物及び書面をいう。
　三　審理準備等　刑事訴訟法第281条の4第1項各号に掲げる手続又はその準備をいう。
　四　交付等　複製等を人に交付し、又は提示し、若しくは電気通信回線を通じて提供することをいう。

（被告人への交付等）
第3条　弁護士は、開示証拠の複製等を被告人に交付等するときは、被告人に対し、複製等に含まれる秘密及びプライバシーに関する情報の取扱いに配慮するように注意を与えなければならない。
2　弁護士は、前項の規定により複製等を交付等するに当たり、被告人に対し、開示証拠の複製等を審理準備等の目的以外の目的でする交付等の禁止及びその罰則について規定する刑事訴訟法第281条の4第1項及び第281条の5第1項の規定の内容を説明しなければならない。

（被告人以外の者への交付等）
第4条　弁護士は、開示証拠の複製等を被告人以外の者に審理準備等のために交付等するときは、使用の目的を達成するために必要な範囲を超えて複製等に含まれ

る秘密及びプライバシーに関する情報を伝えることのないように注意しなければならない。
2　弁護士は、前項の場合には、審理準備等のための使用を終えた後、速やかに、複製等を弁護士に返還し、又は適切な方法で廃棄し、若しくは削除するように求めることその他の方法により、秘密及びプライバシーに関する情報が使用の目的を超えて漏れることのないように注意しなければならない。

　　附　　則（略）

刑事法廷における弁護活動に関する倫理規程

（昭和54年5月26日会規第22号）

第1条　この規程は、刑事法廷における弁護活動の正しい運用をはかることを目的とする。
第2条　弁護人は、正当な理由のない不出頭、退廷および辞任等不当な活動をしてはならない。

　　附　　則（略）

　提案理由

　本規程は、弁護士自治の実質をたかめるとともに、三者協議の場において宣明したことを具体化するものである。
　この規程の目的は、刑事法廷における弁護活動に関し、公平な裁判と適正な手続を保障し、弁護活動の正しい運用をはかることにある。
　弁護士は、人権を擁護し正義を実現することを使命とし、この使命に基づき常に誠実、公正に職務を行い、このことを通じ憲法の志向する正しい社会秩序の維持と法律制度の改善に努力しなければならないことは当然である。
　刑事事件において弁護人は、右の使命と職責に基づき被告人の正当な利益と権利を擁護するため、常に最善の努力をなし、実質的な弁護活動につとめなければならない。

しかしながら、弁護活動は客観的にも肯定されるものでなければならず、実質的弁護の域を逸脱するような不出頭、退廷、辞任は厳につつしまなければならない。

もとより、弁護権行使の限界が問題となる場合には、必要に応じて弁護士相互の自主的論議と批判によって、自律的に是正、改善することが望ましく、また弁護士会における適切な援助、指導、監督がなされるべきものである。

日本弁護士連合会は、かねてよりこの基本的見解を明らかにし、また三者協議の場でも強調してきたところである。

よって、ここに弁護人が遵守すべき刑事法廷における倫理規程として本会規制定を提案するものである。

なお、弁護活動に関する倫理規程については、今後とも総合的に検討し、現行弁護士倫理（昭和30年3月19日理事会決議）についても早急に整備し、本規程もこれに組み入れ、成案を得次第総会に提出し、承認を求める方針であることを明らかにするものである。

債務整理事件処理の規律を定める規程

（平成23年2月9日会規第93号）

（目的）
第1条　この規程は、過払金返還請求事件を含む債務整理事件が多量に生じている状況において、債務整理事件について一部の弁護士（弁護士法人を含む。第7条を除き、以下同じ。）によって不適切な勧誘、受任及び法律事務処理並びに不適正かつ不当な額の弁護士報酬の請求又は受領がなされているとの批判があることにかんがみ、臨時の措置として、債務整理事件の勧誘、受任及び法律事務処理に関して弁護士が遵守すべき事項を定めるとともに、主として過払金返還請求事件における弁護士報酬の額を適正化し、もって弁護士に対する国民の信頼の確保及び依頼者の利益の擁護を図ることを目的とする。

（定義）
第2条　この規程において、次の各号に掲げる用語の意義は、当該各号に定めるところによる。
一　債権者金融業者に対して債務を負担する個人又は次に掲げるいずれかの会社であって、第5号に掲げる債務整理事件を弁護士に依頼し、又は依頼しようと

する者をいう。ただし、総債権者に対する債務（住宅の建設若しくは購入に必要な資金（住宅の用に供する土地又は借地権の取得に必要な資金を含む。）又は住宅の改良に必要な資金の貸付けに係る分割払の定めのある債権であって、当該債権又は当該債権に係る債務の保証人（保証を業とする者に限る。）の主たる債務者に対する求償権を担保するための抵当権が住宅に設定されているものに係る債務を除く。）の総額が5000万円を超える者を除く。

 イ 工業、鉱業、運送業その他の業種（商業又はサービス業を除く。）に属する事業を主たる事業として営む会社であって、常時使用する従業員の数が20人以下のもの

 ロ 商業又はサービス業に属する事業を主たる事業として営む会社であって、常時使用する従業員の数が5人以下のもの

二 債権者 債務者に対して債権を有するとみられる者をいう。

三 任意整理事件 債権者が債務者に対して有するとみられる債権について、弁済の額、方法等について裁判外で債権者と交渉をして処理する事件をいい、債権者との取引について、利息制限法（昭和29年法律第100号）が定める利息の利率による引直し計算をした結果、債務者が、債権者に対して債務を負担しないこととなる場合及び第6号に規定する過払金債権を有することとなる場合の事件を含む。

四 非事業者等任意整理事件 任意整理事件のうち、弁護士が受任する時点において、当該任意整理事件において処理すべき法律事務が次条及び第四条に規定する事務のほかには、第10条第1項第2号イからトまでに掲げるものにほぼ尽きると予想される事件をいう。

五 債務整理事件 債務者に係る任意整理事件、破産手続開始申立事件、民事再生手続開始申立事件、特定調停申立事件及びこれらに類する事件（任意整理事件に付随して特定調停申立て等を行う場合を含む。）をいう。

六 過払金返還請求事件 債権者との取引について、利息制限法が定める利息の利率による引直し計算をした結果、弁済すべき金額を超えて支払った金額（以下「過払金」という。）が生じることとなった債務者が、当該債権者に対してその返還請求を行う事件をいう。

七 弁護士報酬 弁護士がその職務の対価として受ける報酬をいう。

八 着手金 弁護士報酬のうち、弁護士が、事件又は法律事務の性質上、委任事務処理の結果に成功不成功があるものについて、その結果のいかんにかかわらず受任時に受けるべき委任事務処理の対価をいう。

九　報酬金弁護士報酬のうち、弁護士が、事件又は法律事務の性質上、委任事務処理の結果に成功不成功があるものについて、その成功の程度に応じて受ける委任事務処理の対価をいう。

(聴取すべき事項等)
第3条　弁護士は、債務整理事件を受任するに当たっては、あらかじめ、当該事件を受任する予定の弁護士（複数の弁護士が受任する予定である場合にあっては少なくともそのうちのいずれか1人を、弁護士法人が受任する予定である場合にあっては当該弁護士法人の社員又は使用人である弁護士のうち少なくともいずれか1人をいう。）が、当該債務者と自ら面談をして、次に掲げる事項を聴取しなければならない。ただし、面談することに困難な特段の事情があるときは、当該事情がやんだ後速やかに、自ら面談をして、次に掲げる事項を聴取することで足りる。

一　債務の内容
二　当該債務者（当該債務者と生計を同じくする家族があるときは、当該家族を含む。）の資産、収入、生活費その他の生活状況
三　当該債務者が不動産を所有している場合にあっては、その処理に関する希望
四　前号に掲げるもののほか、当該債務整理事件の処理に関する意向

2　弁護士は、前項ただし書に規定する特段の事情がある場合であっても、電話、書面、ファクシミリ、電子メールその他の適当な通信手段により、又は同居の親族を介するなどして、前項に掲げる事項を把握した上で受任しなければならない。この場合においては、当該弁護士が面談して聴取を行う場合と変わらない程度に、当該事項を的確に把握することができるように努める。

3　第1項の面談は、債務者ごとに行わなければならない。ただし、当該債務整理事件の債務者及び当該債務整理事件に関連する他の債務整理事件の債務者について、その両者と同時に面談することが必要な場合その他特別な事情があるときは、この限りでない。

(事件処理方針等及び不利益事項の説明)
第4条　弁護士は、債務整理事件を受任するに際し、事件処理の方針及び見通し、弁護士報酬及びその他の費用（以下「弁護士費用」という。）並びに当該方針に係る法的手続及び処理方法に関して生じることが予想される次に掲げる事項その他の不利益事項の説明をしなければならない。

一　破産手続を選択したときは、法令の定めによる資格等の制限により当該債務者が就くことのできない職業があること。

二　当該債務者が信用情報機関（資金需要者の借入金返済能力に関する情報の収集及び金融機関に対する当該情報の提供を行うものをいう。）において借入金返済能力に関する情報を登録され、金融機関からの借入れ等に関して支障が生じるおそれのあること。

三　当該債務者が所有している不動産等の資産を失う可能性があること。

2　前項の説明は、前条に規定する聴取を行った弁護士において、自ら、当該聴取に引き続いて行わなければならない。

3　前項の規定にかかわらず、第1項の説明は、前条に規定する聴取を行った弁護士の同席の下で、他の受任弁護士（弁護士法人が受任する場合にあっては、当該弁護士法人の社員又は使用人である弁護士であって、前条に規定する聴取を行った弁護士以外の弁護士をいう。以下この条において同じ。）において行うことができる。

4　第2項の規定にかかわらず、第1項の説明は、前条に規定する聴取に引き続いて行うに十分な時間が不足するときその他正当な理由がある場合は、当該聴取後、遅滞なく、当該聴取を行った弁護士において、自ら行うことができる。ただし、当該弁護士と十分な意思疎通を図った上で他の受任弁護士において説明することを妨げない。

5　前項の場合において、当該債務者が面談によらないで説明を受けることを希望するときは、電話、書面、ファクシミリ、電子メールその他の適当な通信手段を用いて説明をすることができる。この場合においては、当該弁護士が面談して行う場合と同じ程度に当該債務者が説明を理解することができるように努める。

（弁護士費用の説明等）

第5条　弁護士は、前条の規定により弁護士費用について説明をするに当たっては、債務者に弁護士費用に関する誤解が生じないようにし、かつ、自らの弁護士報酬の額が適正かつ妥当であることの理解を得るよう努める。

2　弁護士は、弁護士費用に関する事項を委任契約書に記載するに当たっては、当該債務者に弁護士費用に関する誤解が生じないように努める。

（民事法律扶助制度の説明）

第6条　弁護士は、債務整理事件を受任するに際しては、事案に応じ、当該債務者の経済生活の再生の観点から必要かつ相当と認められる場合には、法律扶助制度その他の資力の乏しい者の権利保護のための制度を説明し、当該債務者が当該制度の利用を希望するときは、その利用が可能となるように努める。

（受任弁護士等の明示等）

第7条　債務整理事件を受任した弁護士又は弁護士法人は、当該債務者に対し、速やかに、弁護士にあっては氏名（職務上の氏名を使用している者については、職務上の氏名をいう。以下同じ。）及び法律事務所の所在地（法律事務所に名称がある場合にあっては、その名称を含む。以下同じ。）を、弁護士法人にあっては当該弁護士法人の社員（弁護士法（昭和24年法律第205号）第30条の14の規定に基づき当該債務整理事件について業務を担当する社員を指定した場合にあっては、当該社員）又は使用人である弁護士の氏名及び当該社員又は使用人である弁護士が所属する法律事務所の所在地を明示しなければならない。
2　前項の規定による明示は、弁護士及び弁護士法人が債務整理事件を共同受任した場合には、受任したすべての弁護士及び弁護士法人が、その明示すべきすべての事項について、共同してしなければならない。
3　債務整理事件を受任した弁護士又は弁護士法人が復代理人を選任したときは、当該債務者に対して、選任後速やかに、当該復代理人の氏名、法律事務所の所在地及び所属弁護士会を、書面、ファクシミリ、電子メールその他これらに類する適当な方法により通知しなければならない。
4　債務整理事件の復代理人に選任された弁護士は、選任後速やかに、当該債務者に対して、前項の方法によりその旨を通知しなければならない。ただし、前項の規定による通知が復代理人との連名によるものであるときは、この限りでない。

（過払金返還請求事件の受任等に関する規律）
第8条　弁護士は、債務者から過払金返還請求事件の依頼を受けるに当たっては、当該債務者が負担している他の債務の有無、内容及び件数を確認し、当該債務者が負担するすべての債務に関する事項を把握するように努める。債務者から過払金返還請求事件の依頼を受けて事件処理を行っている間に、当該債務者が他の債務を負担していると思料される事情があることを知ったときも、同様とする。
2　弁護士は、債務者が負担している他の債務があることを知りながら、当該他の債務についての債務整理事件の依頼を受けずに過払金返還請求事件のみの依頼を受けてはならない。ただし、弁護士が当該他の債務について債務整理を行わない場合に生じる可能性のある不利益について説明し、その説明を受けても当該債務者が当該他の債務についての債務整理事件を依頼することを希望せず、かつ、その理由が不当な目的に基づくものではないと認められるときは、この限りでない。

（任意整理事件の弁護士報酬）
第9条　弁護士は、次条から第16条までの規定に反して、任意整理事件の弁護士報酬を請求し、又は受領してはならない。

2　次条から第16条までに規定する弁護士報酬の額には、消費税額を含まないものとする。

（任意整理事件の着手金）

第10条　弁護士は、任意整理事件を受任するに際して着手金について定めるときは、弁護士の報酬に関する規程（会規第68号）第二条に規定する事情のほか、次に掲げる事情に照らして適正かつ妥当な金額としなければならない。

一　第３条第１項第２号に掲げる事項

二　当該事件において処理すべき法律事務が、第３条及び第４条に規定する事務のほかには、次に掲げるものにほぼ尽きると予想されるか否か。

　　イ　債権者に対し、事件を受任したことを通知し、取引履歴の開示を要求すること（債務者及びその家族、保証人等の関係者への請求を差し控えるよう要求すること並びに違法行為を行っている債権者に対して支払の拒絶を通知することを含む。）。

　　ロ　債権者との取引について利息制限法が定める利息の利率による引直し計算を行うこと。

　　ハ　ロの引直し計算の方法について債権者と交渉をすること。

　　ニ　ロの引直し計算をした結果（ハの交渉を経た場合を含む、債務者が負担することが明らかとなった債務。）について、主に債務者の将来の収入を弁済原資として、債権者との間で分割弁済の交渉をして裁判外で和解をすること。

　　ホ　ニに掲げる事務の結果成立した和解に基づく弁済の送金代行を受任する場合にあっては、当該事務を行うこと。

　　ヘ　過払金の返還請求を裁判上又は裁判外で行い、それを回収すること。

　　ト　第３条及び第４条に規定する事務並びにイからヘまでに掲げる事務に通常付随して行われる事務

2　弁護士は、受任した非事業者等任意整理事件については、次に掲げる場合その他の特段の事情がある場合であって、受任の際に定めた着手金の額が不相応となったときを除き、着手金を追加して請求し、又は受領してはならない。

一　債権者の数が着手金の金額を定めた時までに債務者から申告されていた数よりも増えたとき。

二　債権者からの請求訴訟に応訴し、又はその他の法的手続に対処して代理人となるとき。

三　受任の際に予想されなかった法律事務処理が必要となり、かつ、当該法律事務処理に相当の時間又は労力を必要とするとき。

四　第3条若しくは第4条に規定する事務又は前項第2号イからトまでに掲げる事務の処理に、受任の際に予想された程度を著しく超えて時間又は労力を必要とするとき。
3　弁護士は、任意整理事件の着手金を受領している場合には、当該事件の債権者に過払金返還請求をすることについて別に着手金を請求してはならない。ただし、次に掲げる場合は、この限りでない。
　一　過払金返還請求訴訟を提起する場合であって、その被告となるべき者が過払金の返還に応じない理由に相応の合理性があるとき。
　二　過払金返還請求訴訟の判決に対して上訴を提起する場合
　三　過払金返還請求訴訟の被告であった者に上訴を提起された場合
　四　過払金返還請求権についての債務名義に基づき強制執行を申し立てる場合

（個別事務手数料等の規制）
第11条　弁護士が、非事業者等任意整理事件について着手金を請求し、又は受領しているときは、前条第1項第2号イからトまでに掲げる個別の事務の処理（同号ホに掲げる事務の処理を除く。）に関して、着手金、手数料その他名目のいかんを問わず弁護士報酬（次条に規定する報酬金を除く。）を請求し、又は受領してはならない。

（非事業者等任意整理事件の報酬金）
第12条　この条から第15条までにおいて、次の各号に掲げる用語の意義は、当該各号に定めるところによる。
　一　解決報酬金　第10条第1項第2号ニの和解が成立したこと又は債権者からの請求を事実上免れるに至ったことについての報酬金であって、経済的利益に応じて算定する方式を採らないもの
　二　減額報酬金　弁護士が受任した時点で債権者が主張していた債務について、それを減額させ、又は免れさせた場合に、その減額され、又は免れた債務の金額を経済的利益として、その経済的利益に応じて算定される報酬金
　三　過払金報酬金　過払金を回収した場合に、その過払金の金額を経済的利益として、その経済的利益に応じて算定される報酬金
2　弁護士は、前項各号の報酬金のほか、非事業者等任意整理事件についての報酬金を請求し、又は受領してはならない。
3　弁護士は、非事業者等任意整理事件の報酬金の金額が、第1項各号の報酬金として次条から第15条までの規定に従って算出した場合における上限の金額の合計額を超えないときは、前項の規定にかかわらず、報酬金を請求し、又は受領する

ことができる。

（解決報酬金）

第13条　弁護士は、非事業者等任意整理事件について解決報酬金を請求し、又は受領するときは、その金額を、債権者一人当たり、5万円を超えない範囲内で規則で定める上限の金額を超える金額としてはならない。

（減額報酬金）

第14条　弁護士は、非事業者等任意整理事件について減額報酬金を請求し、又は受領するときは、その金額を、減額され、又は免れた債務の金額を経済的利益として、当該経済的利益に、10パーセント以下の範囲内で規則で定める割合を乗じた金額を超える金額としてはならない。

（過払金報酬金）

第15条　弁護士は、非事業者等任意整理事件について過払金報酬金を請求し、又は受領するときは、その金額を、回収した過払金の金額を経済的利益として、当該経済的利益に、25パーセント以下の範囲内で規則で定める割合を乗じた金額を超える金額としてはならない。

（送金代行についての手数料）

第16条　本会は、弁護士が任意整理事件で成立した和解に基づき割賦金を債権者に支払うことを代行する場合の手数料について、規則で定めるところにより、債務者の利益を図る目的で、その金額、算定方法その他必要な規制をすることができる。

（事件処理報告に関する規律）

第17条　弁護士は、受任した破産手続開始申立事件及び民事再生手続開始申立事件について、裁判所から決定書その他これに準ずる書類を受領したときは、速やかに、その原本又は写しを債務者に交付しなければならない。

2　弁護士は、受任した債務整理事件（破産手続開始申立事件及び民事再生手続開始申立事件を除く。）について、和解契約書、調停調書その他の法律事務処理の結果を示す文書を作成し、又は受領したときは、遅滞なく、その原本又は写しを債務者に交付しなければならない。

3　弁護士は、受任した債務整理事件に関し、債権者が開示した取引履歴その他の重要な事項について報告又は説明をするときは、債務者に対し、自ら面談し、又は書面、ファクシミリ、電子メールその他これらに類する適当な方法によって行わなければならない。この場合においては、必要に応じて、当該事項に関して受領した文書、第2条第3号の引直し計算をした結果が記された書面その他の資料

を示さなければならない。
4　弁護士は、受任した過払金返還請求事件について、過払金の返還を受けたときは、債務者に速やかに報告し、清算方法を協議した上、清算の結果を書面により報告しなければならない。

（広告に関する規律）
第18条　弁護士は、債務整理事件に関する業務広告を行うときは、債務整理事件に係る報酬の基準を表示するように努める。
2　弁護士は、債務整理事件に関する業務広告を行うときは、依頼を受けるに際して受任する弁護士と面談する必要があることを表示するように努める。
3　弁護士は、専ら過払金返還請求を取り扱う旨を表示する等債務者が負担している他の債務の処理を行わずに過払金返還のみを行うことに不利益がないかのように誤認又は誤導するおそれのある業務広告を行ってはならない。

（解釈適用）
第19条　この規程は、弁護士の職務が本来多様性と個別性を有することにかんがみ、弁護士の債務整理事件処理を不当に萎縮させることのないよう実質的に解釈し、適用しなければならない。

　　　附　則

1　この規程は、平成23年4月1日から施行する。
2　この規程の施行の際現に受任している債務整理事件の処理に関する事項については、なお従前の例による。
3　この規程は、この規程の施行の日から起算して5年を超えない範囲内において理事会で定める日に、その効力を失う。

●判例索引●

【～昭和20】
大判昭和5・3・4新聞3126号10頁 …………………………………… 29
大判昭和6・11・18刑集10巻609頁 ………………………………… 38, 258
大判昭和7・3・10刑集11巻286頁 …………………………………… 261, 319
大判昭和17・11・19評論32巻諸法152頁 …………………………… 208

【昭和21～40】
最大判昭和23・11・17刑集2巻12号1565頁 ………………………… 346
東京地判昭和26・8・24下民集2巻8号1027頁 ……………………… 77
名古屋高判昭和29・12・24高民集7巻12号1127頁 ………………… 101
最判昭和30・5・10民集9巻6号657頁 ……………………………… 103
名古屋高判昭和30・7・19下民集6巻7号1526頁 …………………… 74
最判昭和30・8・9裁判集民事19号31頁 ……………………………… 72
最判昭和33・6・14新聞100号15頁 …………………………………… 73
最決昭和34・12・26刑集13巻13号3372頁 …………………………… 367
最判昭和35・3・22民集14巻4号525頁 ……………………………… 209
大阪高判昭和36・1・28下民集12巻1号128頁 ……………………… 101
最判昭和36・5・26民集15巻5号1440頁 ……………………………… 38
最判昭和36・12・20刑集15巻11号1902頁 …………………………… 297
最判昭和37・2・1民集16巻2号157頁 ……………………………… 139
最判昭和37・4・20民集16巻4号913頁 ……………………………… 73
東京高判昭和38・2・25行例集14巻2号366頁 ……………………… 62
大阪地判昭和38・6・4判時347号54頁 ……………………………… 101
福岡高判昭和38・7・31判時352号65頁 ……………………………… 134
最大判昭和38・10・30民集17巻9号1266頁 ………………………… 72, 114
東京地判昭和38・11・28下民集14巻11号2336頁 …………………… 290
東京高判昭和39・9・29高刑集17巻6号597頁 ……………………… 37
東京地判昭和40・4・17判タ178号150頁 …………………………… 185
青森地判昭和40・10・9判タ187号185頁 …………………………… 73

【昭和41～60】
東京地判昭和41・6・29判時462号3頁 ……………………………… 115
最判昭和42・3・23民集21巻2号419頁 ……………………………… 114
東京高判昭和42・11・7東高民事報18巻11号173頁 ………………… 144

最判昭和44・3・27民集23巻3号601頁	210
仙台高判昭和46・2・4下民集22巻1・2号81頁	75, 123
東京高判昭和46・3・9判タ264号351頁	85
東京地判昭和46・6・29判時645号89頁	220
最大判昭和46・7・14刑集25巻5号690頁	212
東京地判昭和49・8・28判時760号76頁	181
東京高判昭和50・1・30行例集26巻1号87頁	62
東京地判昭和51・4・28判時837号55頁	208
東京高判昭和52・7・15判時867号60頁	315
東京地判昭和52・9・28判時886号71頁	178
最判昭和53・9・7刑集32巻6号1632頁	314
東京地昭和54・5・30判タ394号93頁	181
東京高判昭和54・7・16判時945号51頁	31
東京地判昭和55・9・28判時896号74頁	101
東京高判昭和58・10・7判タ520号143頁	84
大阪高判昭和59・10・16判時1138号161頁	84
大阪高判昭和60・2・26判時1162号73頁	30
東京地判昭和60・9・25判タ599号43頁	38

【昭和61〜63】

最判昭和61・2・18民集40巻1号32頁	110
最判昭和61・4・25刑集40巻3号215頁	314
大阪地判昭和61・10・24金法1158号33頁	110
東京地判昭和62・10・15判タ658号149頁	264, 292
最判昭和63・9・16刑集42巻7号1051頁	315

【平成元〜20】

千葉地松戸支判平成2・8・23判タ784号231頁	166
福岡地判平成2・11・9判時1379号119頁	220
東京地判平成4・4・28判時1469号106頁	181
東京高判平成4・12・21自正44巻2号99頁	330
東京地判平成5・7・8判時1479号53頁	311
東京地判平成6・11・21判タ881号191頁	189
東京地判平成6・12・16判時1562号141頁	280
広島地判平成7・7・17判時1564号98頁	49
東京地判平成7・11・9判タ921号272頁	217
最判平成8・3・19民集50巻3号615頁	329

千葉地判平成9・2・24判タ960号192頁	189
名古屋高判平成9・9・29高刑集50巻3号139頁	283
最大決平成10・12・1民集52巻1号1716頁	352
東京地判平成11・1・26判タ1041号220頁	290
大阪地判平成11・2・15判時1688号148頁	189
福岡高判平成11・8・10判タ1714号87頁	178
最判平成12・2・29民集54巻2号582頁	184
最大決平成13・3・30判時1760号68頁	349
最判平成14・1・22民集56巻1号123頁	212
東京地判平成14・3・29判時1795号119頁	145
最判平成14・4・25判時1785号31頁	330
東京地判平成16・7・9判時1878号103頁	181
東京地判平16・8・23判時1865号92頁	30
東京地判平成17・3・14判時1893号54頁	39
東京地判平成17・3・23判時1912号30頁	178
高松高判平成17・12・8判時1939号36頁	292
東京高判平成18・8・31判時1950号76頁	39
東京高判平成18・9・20判タ1240号192頁	59
大阪地判平成18・12・8判時1972号103頁	311
大阪高判平成19・2・28判タ1272号273頁	121
最判平成19・4・24民集61巻3号1102頁	302, 310
神戸地尼崎支判平成19・7・17判時1995号104頁	329
大阪高判平成20・11・12判時2085号96頁	329

【平成21～】

大阪地判平成21・1・24判時2105号44頁	121
東京地判平成21・3・25判タ1307号174頁	178
横浜地判平成21・7・10判時2074号97頁	145
最判平成21・8・12民集63巻6号1406頁	209
福岡高判平成22・12・22判時2100号50頁	180
最判平成23・7・15民集65号5号2362頁	58
最判平成24・2・13判時2156号141頁	122, 126

事項索引

【英　字】

ABS	149
ADR	86
CSR	42
FATF	125
IOLTAプラン	223
LLP	225
MDP	149
SEC	124, 262

【あ　行】

相手方に対する配慮義務	292
アソシエイト	226
預り金	190
預り金品	223
預り品	191
アドバイス義務	172
アルツハイマー病	186
荒れる法廷	316
アンビュランス・チェイサー	158
異議説	113
異議の申出	27
異業種共同事業	149
意見の不一致	194
遺言執行者	103
イソ弁	226
一人法人	239
一般的公益侵害回避義務	53
委任契約書	146
違法収集証拠	314
依頼者から得た情報	172
依頼者からの独立性	42
依頼者との金銭貸借	203
依頼者の意思	185
依頼者の承諾	123
インハウス・ローヤー	256
インフォームド・コンセント	171
疑わしい取引	125
訴え提起前の和解	101
浦和充子事件	345
営利業務従事の許可制	63
営利業務の禁止	357
営利性	65
営利を目的とする業務	65
エシックス・ウォール	232
エンロン事件	124
エンロン社	262
大津事件	345
公の弾劾	358
汚職行為	297
オフ・カウンセル	235
親子会社	264

【か　行】

会規	24
外国法共同事業	149
開示証拠	130
会則の遵守義務	328
外部通報	265
会務離れ現象	45
学識経験者	334
隠れた取立委任裏書	210
家族の窮状の救済	348

429

事項索引

勝ちスジ・負けスジ	323	群馬県司法書士会事件	330
活動の本拠	62	経済的利益	99
過払金返還請求事件	287	係争権利	208
株主代表訴訟	108	係争の目的物	209
関係志向的モデル	7	経費共同型	226
官公署の委嘱	334	契約立会い	38
監査役	109	ゲートキーパー	125
完全成功報酬制	139	検察官同一体の原則	364
鑑定料	138	検察官の独立性	365
議員立法	16	検察庁	362
企業内弁護士	256	検察の在り方検討会議	362
企業の不祥事	263	検察の理念	363
記者会見	39	検事局	361
偽証教唆	319	兼職の禁止	357
偽造委任状	49	建設工事紛争審査会	86
起訴権	370	権力からの独立性	42
起訴便宜主義	370	公益活動	44
義務	125	公益通報保護法	265
客観的真実	48	公益の代表者	367
キャリア・システム	342	公益配慮義務	53
旧々弁護士法	15	高価品	191
旧々弁護士倫理	22	綱紀委員会	26
旧弁護士法	16	綱紀審査会	27
旧弁護士倫理	22	公共の利益	124
凶悪犯罪者	35	広告	153
供応	297	広告規程	153
協議	72	公事師	15
競業避止義務	254	公証人	83
強制加入団体	329	公職兼任禁止	63
共同事務所	227	公正証書	101
共犯者の同時受任	282	公設事務所	239
業務執行の権利義務	240	控訴院	339
虚偽	319	交通事故紛争処理センター	86
虚偽の証拠	272	高度注意義務	171
勤務弁護士	226	幸福追求権	184

事項索引

公務員	83
コーポレート・ラッダー・レポーティング方式	263
顧客管理措置	126
国王の代官	360
国政調査権	345
国選弁護人の解任事由	200
児島惟謙	345
個人情報の保護	129
国家公務員倫理規程	341
国家公務員倫理法	341
顧問契約先	90
顧問弁護士	108, 110
顧問料	138
コンティンジェント・フィー	139
コンプライアンス	34
コンプライアンス・オフィサー	240
コンプライアンス・マニュアル	240

【さ 行】

最善の弁護活動	276
裁判外紛争解決機関	86
裁判官	339
裁判官弾劾法	358
裁判官の公平性	348
裁判官の職権の独立	344
裁判官の懲戒	357
裁判官の罷免	358
裁判官分限法	357
裁判官倫理規範	342
裁判所管制	339
裁判所構成法	339, 361
裁判所法	340
裁判説	200
裁判の合議	356
裁判の引き延ばし	321
在野法曹	6
詐欺的取引	215
サーベンス・オックスリー法	262
賛助	72
三百代言	15
時間制	138
資金洗浄	125
事件漁り	158
事件の同一性	73
事件の見通し	172
事件屋	165, 213
自己決定権	171, 176, 184, 276
自己防衛	124
事実関係	188
私選弁護	289
思想・良心の自由	328
自宅	62
自治的懲戒制度	25
実体的真実の発見	48
実費	286
執務上知り得た秘密	229
辞任する義務	196
辞任の自由	201
司法権の独立	344
司法修習生	84
司法省	338
司法職務定制	14, 338, 361
司法制度改革審議会	17
事務移転権	365
事務職員	132
事務引取移転権	365
事務引取権	365
社会生活上の医師	3
釈明権の行使	348

431

事項索引

自由裁量性	41	真摯でない依頼	168
収支共同型	226	真摯な同意	283
収支計算	223	信認関係	52, 200
周旋	212	尋問事項書	319
周旋屋	165	信用維持	56
主観的真実	48	信頼関係	76, 200
従たる事務所	238	信頼しうる正義の担い手	23
住民訴訟	111	吹田黙祷事件	345
受任している事件	79	スクリーン	232
守秘義務	115	政治運動	352
守秘義務違反	80	政治団体	329
紹介料	165, 166	誠実義務	51, 267, 292
将棋倒し型	94	成年後見	185
上級機関	264	成年後見人	105
消極的真実義務	48, 267	セカンド・オピニオン	307
証拠隠滅	271	責問権	114
常駐	242	セクション制	232
使用人	66	積極的真実義務	267
証人汚染	318	接触禁止条項	294
証人のコーチ	319	説明義務	171
消費者契約法	145	善管注意義務	29
情報遮断措置	233	総会決議取消請求訴訟	330
情報提供義務	171	組織運営能力	341
職務上知り得た	121	組織内弁護士	256
職務専念義務	356	訴訟救助	176
職務の公正を保ち得る事由	232	即決和解	101
職務の中立	336	蕎麦屋の出前	179
助言義務	172	ソリシター	34
助長	216	損害賠償請求訴訟	310
自力救済	291		
人格権侵害	121	【た　行】	
人格的自立権	184		
信義	305	代位請求訴訟	111
審査請求	27	対価	286
真実義務	47, 266	代言人	14
		代言人規則	15

432

事項索引

代言人組合	15
第三者委員会	42
大審院	338
代替的業務組織	149
怠慢	323
タイム・チャージ	138
立会人	38
脱プロフェッション	35
他の弁護士からの独立性	42
頼もしい権利の護り手	23
治罪法	339, 361
チャイニーズ・ウォール	232
着手金	138
仲裁人	86
忠実義務	171, 240
中立型調整役	96
中立公正義務	104, 106
懲戒委員会	26
懲戒請求	302
調査委員会	42, 90
調停委員	83
直接交渉	294
通知事務	168
通報	125
唾付け	76
定額制	139
手形の割引	203
敵ながらあっぱれ	79
手数料	138
手続運営能力	340
寺西判事補事件	352
テレビ番組	58
電子データベース	236
転送報酬	166
同一パイ	95

等距離	104, 105
当事者照会	315
独占禁止法	134
独断処理	182
特定目的事業法人	262
独任制	360
独立性	41
独立当事者参加	73
飛び込み	77
ドミノ倒し型	94
豊田商事事件	215
取消訴訟	27

【な　行】

内縁関係	88
長沼事件	346
日当	138
任期付公務員	64, 256

【は　行】

ハードディスク	130
パートナー	226
パートナーシップ契約	226
パートナー分配金	166
破産管財人	106
破産債権者	106
バブル経済	38
パラ・リーガル	232
判事	339
反社会的勢力	35
ビジネス・モデル	6
非常駐許可制度	243
非弁護士の温床	62
非弁取締り	212
秘密	121

433

事項索引

秘密漏示罪	122	弁護士の職務	32
平賀書簡事件	346	弁護士の独立性	149, 257
品位	57, 68	弁護士報酬の分配	149
品位保持義務	57, 357	弁護士法人制度	237
品位を失うべき非行	26	弁護士倫理委員会	24
ファクシミリの誤送信	54	弁護士を紹介する行為	101
封じ込め	76	法科大学院生	132
複数事務所の設置	61	法過程への忠実義務	315
不当介入	307	防御権	279
不当執行	30	報告義務	182
不当訴訟	30	法サービス・モデル	6
不法行為責任	30	報酬アンケート	139
プライバシー	130	報酬基準会規	134, 143
プライバシー侵害	121	報酬金	138
フリードマン	266	法曹一元制度	342
プロ・ボノ活動	45	法曹制度検討会	17
プロフェッション	3	法曹倫理	2
プロフェッション・モデル	6	法曹倫理に関する報告書	11
紛議調停委員会	206	法廷活動	37
紛議調停制度	206, 310	法的観点指摘義務	351
分室	62	法的助言	220
弁護過誤	29	法的判断能力	340
弁護官	16	法務部長	264
弁護士－依頼者秘匿特権	121	法律事務	37
弁護士会が指定した事項	332	法律事務所	60
弁護士会照会	122	法律事務所の名称	60
弁護士会仲裁センター	86	法律相談料	138
弁護士業務の商業化	34	暴力的取引	215
弁護士自治	20	法令	188
弁護士紹介システム	12, 212	ホームページ	153
弁護士職務基本規程	22	保護者的機能	276
弁護士道徳	8	保佐	185
弁護士の計算	209	補助	185
弁護士の使命	32	保証	203
弁護士の社会的責任	44	ボス弁	226

ホットポテト法則	197	行方不明	186
		譲受け	209

【ま 行】

マネー・ロンダリング	125
身代わり犯人	271
見なし成功報酬	144
南九州税理士会政治献金事件	329
民事法律扶助	176
無断録音テープ	316
無料法律相談	74
明治9年代言人規則	15
明治13年代言人規則	15
名誉毀損	30
メール	77
黙秘権	267, 279
黙秘の勧め	280

【ら 行】

リーガル・エイド	176
利益供与	299
利益相反行為	69
利益相反チェック	236
利害の対立	175
リハーサル	319
利用	123
良心	346
隣接士業	132
倫理	2
レイク・プレゼント事件	119
廉潔の保持	56
連帯保証人	94
漏示	123
労働公安事件	283

【や 行】

喧しい辞任	124, 263
役員	65
雇われガンマン	267
有限責任組合	225
有罪の告白	270
有利な結果	160

【わ 行】

ワールドコム事件	124
ワールドコム社	262
ワンストップ・サービス	149

● 著 者 略 歴 ●

髙中正彦（たかなか　まさひこ）
　1951 年 8 月　千葉県生まれ
　1974 年 3 月　早稲田大学法学部卒業
　1979 年 4 月　弁護士登録
　現在　弁護士（東京弁護士会所属）

経歴　日本弁護士連合会常務理事・調査室長、東京弁護士会副会長等歴任
著書　弁護士法概説［第 4 版］（三省堂・2012・初版 2000）
　　　判例弁護過誤（弘文堂・2011）
　　　弁護士法人制度解説（三省堂・2001）
　　　ガイドブック中間法人法（税務経理協会・2002）
　　　金庫株・単元株制度の解説（共著・日本法令・2001）
　　　注解民事訴訟法Ⅱ（分担執筆・青林書院・2000）
　　　民事再生法の実務（共著・三省堂・2000）
　　　実務民事再生法（共著・税務経理協会・2000）
　　　21 世紀弁護士論（分担執筆・有斐閣・2000）
　　　新民事訴訟法大系（第 1 巻）（分担執筆・青林書院・1997）
　　　ケーススタディ不動産取引（共著・商事法務研究会・1992）
　　　破産否認の事例研究（共著・商事法務研究会・1992）ほか

法曹倫理

平成25年4月12日　第1刷発行

定価　本体3900円（税別）

著　　者	髙　中　正　彦
発　　行	株式会社　民事法研究会
印　　刷	株式会社　太平印刷社

発行所　株式会社　民事法研究会

〒150-0013　東京都渋谷区恵比寿3-7-16
　　　　　　TEL 03(5798)7257〔営業〕　FAX 03(5798)7258
　　　　　　TEL 03(5798)7277〔編集〕　FAX 03(5798)7278
　　　　　　http://www.minjiho.com/

落丁・乱丁はおとりかえします。　ISBN978-4-89628-851-3 C2032　¥3900E
カバーデザイン　鈴木　弘

■弁護士誕生史から未来を展望し矜持を考える！

弁護士の誕生
―その歴史から何を学ぶか―

弁護士 谷 正之 著

Ａ５判・368頁・定価　3,885円（税込、本体3,700円）

▷▷▷▷▷▷▷▷▷▷▷▷▷▷▷▷▷▷▷ **本書の特色と狙い** ◁◁◁◁◁◁◁◁◁◁◁◁◁◁◁◁◁◁◁

▶立法への関与、法典論争、法律学校の設立、自由民権運動、司法権の独立など激動の明治期の免許代言人の活躍の記録／

▶法律家、議員、教育者、民権家として活躍した免許代言人および、その後を引き継いだ弁護士が、日本の近代化、民主化のために先導役を果たした事実を、法制度の発展、各種運動や事件を通して具体的に描いた意欲作／

▶来し方から行く末を展望し、弁護士の誇りとは何かを考える／

❖❖❖❖❖❖❖❖❖❖❖❖❖❖❖❖❖❖❖ **本書の主要内容** ❖❖❖❖❖❖❖❖❖❖❖❖❖❖❖❖❖❖❖

序　説
第１章　民事法制・刑事法制の近代化への萌芽
　Ｉ　民事法制
　Ⅱ　刑事法制
第２章　西洋法の導入と裁判所の設置
　Ｉ　西洋法の導入
　Ⅱ　裁判所の設置
第３章　代言人の登場
　Ｉ　代言人法制
　Ⅱ　法律研究所と法律学研究
第４章　免許代言人・代言人組合
　Ｉ　明治９年代言人規則
　Ⅱ　明治13年改正代言人規則
　Ⅲ　免許代言人の法律学研究と法律学校の設立
第５章　弁護士・弁護士会
　Ｉ　議会における免許代言人議員の活躍
　Ⅱ　明治26年弁護士法
第６章　免許代言人と言論弾圧との闘い
　Ｉ　言論統制法
　Ⅱ　免許代言人の政談演説
第７章　自由民権運動と免許代言人
　Ｉ　自由民権思想
　Ⅱ　自由民権運動
　Ⅲ　自由民権運動をリードした免許代言人
第８章　自由民権裁判と免許代言人
　Ｉ　集会条例違反事件
　Ⅱ　不敬事件
第９章　自由民権運動の弾圧事件――高等法院で弁護した免許代言人
　Ｉ　福島事件
　Ⅱ　高田事件
第10章　自由民権運動の激化事件――重罪裁判所で弁護した免許代言人
　Ｉ　国事犯でも通常裁判所で裁判せよ
　Ⅱ　加波山事件
　Ⅲ　秩父事件
　Ⅳ　静岡事件
第11章　免許代言人・弁護士の刑事裁判――法廷で闘う免許代言人・弁護士
　Ｉ　星亨・大井憲太郎の刑事裁判
　Ⅱ　弁護士と官憲との衝突
第12章　法典論争と免許代言人
　Ｉ　民法典・商法典の編纂
　Ⅱ　法典論争――延期派と断行派の攻防
　Ⅲ　新法典の編纂と現代の民法商法改正
第13章　司法権の独立――大津事件と免許代言人
　Ｉ　ニコライ皇太子遭難
　Ⅱ　法廷論争
第14章　免許代言人・弁護士の巨人
　Ｉ　山崎今朝彌の弁護士大安売
　Ⅱ　多くのエピソードを残した免許代言人・弁護士

発行　民事法研究会

〒150-0013　東京都渋谷区恵比寿3-7-16
（営業）TEL. 03-5798-7257　FAX. 03-5798-7258
http://www.minjiho.com/　info@minjiho.com

■弁護士のあり方から司法制度改革までを綴ったメッセージ！

弁護士道の実践
―法の支配による平和・人の幸せを求めて―

鈴木繁次 著

A5判・184頁・定価 1,000円（税込、本体価格 952円）

▷▷▷▷▷▷▷▷▷▷▷▷▷▷▷▷ 本書の特色と狙い ◁◁◁◁◁◁◁◁◁◁◁◁◁◁◁◁

▶法曹歴45年の著者による市民本位の弁護士道の実践方法から、司法改革への提言、法の支配による世界平和への訴えを綴った熱いメッセージ！

▶法曹たるものはその前にまず人間であるべきこと、法律の大衆化（法律をわかりやすくして市民に説明するという意味）、法曹としての仕事の目的―いかに市民生活の幸せに貢献するか、法曹は今後どのような社会貢献が期待されているかなど、後進に向けた想いを込めた1冊！

本書の主要内容

- 第1章　法曹を志した動機
- 第2章　裁判官に任官
- 第3章　弁護士登録
- 第4章　法曹である前に人間であれ――稲穂を思い起こせ
- 第5章　先輩弁護士の弁護士地位向上の尽力に感謝
- 第6章　弁護士登録時（昭和45年）頃の法曹界の状況
- 第7章　弁護士は専門分野をもて
- 第8章　専門分野の具体的事件の処理の仕方
- 第9章　苦労したその他の一般事件
- 第10章　予防法学
- 第11章　弁護士会の委員会活動のすすめ
- 第12章　自己研鑽を怠るな
- 第13章　法曹の選抜――旧司法試験考査委員（民法）の経験から
- 第14章　司法改革に関する所感
- 第15章　法曹養成――神奈川大学法科大学院教授の経験から
- 第16章　国民の弁護士の選択、弁護士報酬問題
- 第17章　弁護士の公益的活動（外部委員）の心がまえ
- 第18章　弁護士会の改革
- 第19章　東日本大震災と弁護士
- 終　章　まとめに代えて――法の支配による平和（人間の幸せ）を求めて

発行 民事法研究会

〒150-0013　東京都渋谷区恵比寿3-7-16
（営業）TEL. 03-5798-7257　FAX. 03-5798-7258
http://www.minjiho.com/　info@minjiho.com

▶**北の大地に生きる弁護士からの熱いメッセージ！**

弁護士を生きる Part 2
―法の光を社会の隅々に―

北海道弁護士会連合会　編

Ａ５判・284頁・定価　2,310円（税込、本体2,200円）

── 本書の特色と狙い ──

▶弁護士という職業をこよなく愛し、誇りをもって市民、地域、社会のために奮闘する多様な生き様を通して、あるべき弁護士像と制度の未来を考える！
▶市民、社会は弁護士に何を求め、期待しているのか、弁護士は地域・社会とどう向き合うべきか、弁護士が有すべき資質・矜持とは何か……など、紛争・事件の現場で苦悩する真実の姿を通して、その足跡を歴史に刻みつつ弁護士とは何かを探求する！
▶広大な北海道の大地に根を張って、社会の不条理・不合理に憤怒し、涙し、温かい手を差し伸べるために苦悶・苦闘する赤裸々な弁護士の生き様を後世に残す！
▶これから弁護士を目指そうとしている方々をはじめ、新人・若手弁護士の方々にとって、確固たる弁護士としての生き様を考えるうえでの道標・指針を提示！

── 本書の主要内容 ──

❶	半農半弁で暮らしています	国分妙子
❷	弁護士から国会議員へ	佐々木秀典
❸	「司法改革」の原点	中村元弥
❹	民暴との闘い	成川　毅
❺	世界の刑務所	八重樫和裕
❻	過疎地域の活動こそ弁護士の醍醐味	梅本英広
❼	後進への「遺言」	今　瞭美
❽	支部で複数弁護士の事務所を運営する理由	齋藤道俊
❾	すずらん基金法律事務所の設立へ	松浦　護
❿	ハロー弁護士相談から法テラスに連なるもの	市川茂樹
⓫	「弁護士というものを信じます」と言われて	伊藤誠一
⓬	弁護士会活動の魅力	岸田洋輔
⓭	労働者、市民とともに	後藤　徹
⓮	再審弁護人として生きる	笹森　学
⓯	後輩とともに切磋琢磨する喜び	髙橋　剛
⓰	われわれは、どこから来て、どこへ向かおうとしているのか	田中　宏
⓱	「女性弁護士」として	秀嶋ゆかり
⓲	日本国憲法に関して	廣谷陸男
⓳	夢と、勇気と……	山中善夫
⓴	法曹生活５９年	嶋田　敬
㉑	スタッフ弁護士に対する思いと江差における活動	南部潤一郎
㉒	演劇と弁護士	前田健三
㉓	地域の弁護士として生きて	山﨑英二

発行　**民事法研究会**

〒150-0013　東京都渋谷区恵比寿3-7-16
（営業）TEL.03-5798-7257　FAX.03-5798-7258
http://www.minjiho.com/　info@minjiho.com